感谢联合国儿童基金会对本书"中国儿童政策进步指数"的赞助

感谢中国医药卫生事业发展基金会、中国红十字基金会对本书
"中国老年人政策进步指数"的撰写给予的资助

2019
中国社会政策进步指数报告

CHINA SOCIAL POLICY PROGRESS
INDEX REPORT

王振耀　主编
高华俊　高玉荣　柳永法　副主编

图书在版编目（CIP）数据

中国社会政策进步指数报告（2019）/ 王振耀主编. —北京：中国发展出版社，2019.8

ISBN 978-7-5177-1051-6

Ⅰ.①中… Ⅱ.①王… Ⅲ.①社会政策—研究报告—中国—2019 Ⅳ.①D601

中国版本图书馆CIP数据核字（2019）第199778号

书　　　名：	中国社会政策进步指数报告（2019）
著作责任者：	王振耀
出 版 发 行：	中国发展出版社
联 系 地 址：	北京市西城区裕民东路3号9层　100029
标 准 书 号：	ISBN 978-7-5177-1051-6
经 　销 　者：	各地新华书店
印 　刷 　者：	河北鑫兆源印刷有限公司
开　　　本：	710mm×1000mm　1/16
印　　　张：	25
字　　　数：	350千字
版　　　次：	2019年9月第1版
印　　　次：	2019年9月第1次印刷
定　　　价：	99.00元

联 系 电 话：（010）68990630　68990692
购 书 热 线：（010）68990682　68990686
网 络 订 购：http://zgfzcbs.tmall.com//
网 购 电 话：（010）88333349　68990639
本 社 网 址：http://www.develpress.com.cn
电 子 邮 件：370118561@qq.com

版权所有·翻印必究

本社图书若有缺页、倒页，请向发行部调换

中国社会政策进步指数报告（2019）
编委会

主　编

王振耀　　北京师范大学中国公益研究院院长、教授

副主编

高华俊　　北京师范大学中国公益研究院常务副院长、副教授

高玉荣　　北京师范大学中国公益研究院副院长

柳永法　　北京师范大学中国公益研究院政策研究专员

综合分析组

柳永法　　北京师范大学中国公益研究院政策研究专员

贾龙慧子　北京师范大学中国公益研究院慈善研究中心研究主管

隋欣颖　　北京师范大学中国公益研究院慈善研究中心高级分析员

成绯绯　　北京师范大学中国公益研究院养老研究中心主任

柴宇阳　　北京师范大学中国公益研究院养老研究中心资深分析员

张　柳　　北京师范大学中国公益研究院儿童福利与保护研究中心主任

王淑清　　北京师范大学中国公益研究院儿童福利与保护研究中心高级分析员

慈善进步指数研究组

程　芬　　北京师范大学中国公益研究院助理院长

赵延会　　深圳国际公益学院公益研究中心社会服务与公共政策部主任

葛均泊	北京师范大学中国公益研究院慈善研究中心主任
黄浠鸣	北京师范大学中国公益研究院慈善研究中心副主任
叶　萌	北京师范大学中国公益研究院慈善研究中心副主任
霍　达	北京师范大学中国公益研究院慈善研究中心研究主管
贾龙慧子	北京师范大学中国公益研究院慈善研究中心研究主管
唐晓云	北京师范大学中国公益研究院慈善研究中心研究主管
隋欣颖	北京师范大学中国公益研究院慈善研究中心高级分析员
王一帆	北京师范大学中国公益研究院慈善研究中心研究助理
于　畅	北京师范大学中国公益研究院慈善研究中心研究助理
张玉函	北京师范大学中国公益研究院慈善研究中心研究助理

老年人、残疾人政策进步指数研究组

李　坤	北京师范大学中国公益研究院副院长
高云霞	北京师范大学中国公益研究院院长助理
成绯绯	北京师范大学中国公益研究院养老研究中心主任
柴宇阳	北京师范大学中国公益研究院养老研究中心资深分析员
金姗姗	北京师范大学中国公益研究院养老研究中心研究助理
蔡彦洵	北京师范大学中国公益研究院养老研究中心研究助理
马昌明皓	北京师范大学中国公益研究院养老研究中心研究助理

儿童政策进步指数研究组

李　洁	北京师范大学中国公益研究院院长助理
张　柳	北京师范大学中国公益研究院儿童福利与保护研究中心主任
王淑清	北京师范大学中国公益研究院儿童福利与保护研究中心高级分析员
张怡然	北京师范大学中国公益研究院儿童福利与保护研究中心高级分析员

戴权益	北京师范大学中国公益研究院研究助理
葛雨蒙	北京师范大学中国公益研究院研究助理
张可天	北京师范大学中国公益研究院研究助理
王艺洁	北京师范大学中国公益研究院研究助理
王硕果	北京师范大学中国公益研究院研究助理

报告审定组

王振耀	北京师范大学中国公益研究院院长、教授
高华俊	北京师范大学中国公益研究院常务副院长、副教授
柳永法	北京师范大学中国公益研究院政策研究专员

外部专家组

冯善伟	中国残联残疾人事业发展研究中心副研究员

传播组

李　静	北京师范大学中国公益研究院传播部副主任
张　栋	北京师范大学中国公益研究院传播中心传播官员

序 言
Preface

以社会政策进步推动经济社会发展成果共享

2018年,我国经济保持总体平稳、稳中有进的发展态势,国内生产总值突破90万亿元,较上一年度增长6.6%,人均GDP达到9608美元,经济从高速发展趋向高质量发展。居民收入增长与经济增长保持同步,全国居民人均可支配收入实际增长6.5%,快于人均GDP增速0.4个百分点。2018年服务业占GDP比重达到52.2%,人均GDP接近1万美元,这是我国逐渐步入"善经济时代"的重要标志,社会价值逐渐引领经济价值,全社会向善的需求进一步增强。在社会领域,国家始终把改善人民生活、增进人民福祉置于重中之重位置,密集出台了一系列涉及慈善、养老、儿童、残疾人领域的政策,各地在积极贯彻落实国家政策的同时,结合实际不断探索社会政策创新,社会政策体系已经基本建立,惠及2.7亿儿童、2.5亿老年人和0.8亿残疾人,增强了他们的获得感、幸福感和安全感。

但是,也应该看到,当前我国社会主要矛盾已经转化为人民日益增长的美好生活需要和不平衡不充分的发展之间的矛盾,一些结构性问题依然存在。中国已步入老龄化社会,养老服务供给能力特别是长期照护能力与实际需求不相适应;儿童福利、儿童保护、专业化服务与实际需求不相适应;残疾人康复、劳动就业等方面也与实际需求不相适应;东中西部等不同地区发展存在差异,同一地区不同领域的发展也不均衡。这些问题的解决需要社会政策不断创新、不断优化,以促进经济社会发展成果的全民共享。

北京师范大学中国公益研究院作为专门研究社会政策的智库,始终致力于推进社会政策的进步。五年前我提出用"指数"这一工具评价各省社会政策实施和创新情况。作为这一研究的倡导者，我和我的同事们构建了中国社会政策进步指数指标体系，每年发布"中国慈善政策进步指数""中国老年人政策进步指数""中国儿童政策进步指数""中国残疾人政策进步指数"。这次出版的《中国社会政策进步指数报告（2019）》，不仅汇总了慈善、老年人、儿童和残疾人专项指数，还包括综合评价慈善、老年人、儿童和残疾人的总指数，力争用权威数据客观反映各省份社会政策进步情况及社会政策进步程度的差异，并对社会政策发展趋势做出判断，旨在推动各地社会政策的持续进步。

我们欣喜地发现，《中国社会政策进步指数报告》越来越受到各地政府部门和社会的关注，将评价结果作为政策优化和创新的重要参考，客观上起到了推动各地社会政策创新的作用。

今年的指数报告，由研究院政策研究专员柳永法带领指数团队具体执行。儿童福利与保护研究中心负责儿童政策进步指数的研发和报告撰写；养老研究中心负责老年人进步指数和残疾人进步指数的研发和报告撰写；慈善研究中心负责慈善政策进步指数的研发和报告撰写，同时也负责整体指数报告的统稿和出版工作。

五年来，中国公益研究院指数研发团队集众智、汇众力，不断求索，深入研究。他们始终保持着对老年人、儿童、残疾人等群体的深切情怀，凭借着扎实的研究功底以及丰富的研究经验，在实践中不断改进和优化各项分析工具，构建全面、客观的衡量中国社会政策进步的评价体系。这一评价体系是密切追踪并结合社会变化发展趋势的成果，未来也将随着社会政策的变化不断进行调整和完善。在此过程中，我们希望得到各界读者的反馈和指正，共同推动中国社会进步！

王振耀

2019 年 8 月 27 日

目 录
Contents

第一章 总 论 ·· 001
    一、构建中国社会政策进步指数的背景 ·· 002
    二、中国社会政策进步指数主要特点 ··· 003
    三、中国社会政策进步指数指标体系 ··· 004
    四、中国社会政策进步指数指标调整情况 ··· 006
    五、中国社会政策进步指数的测量结果 ·· 007
    六、2012～2017年中国社会政策进步指数排名特点 ···························· 011
    七、中国社会政策发展趋势 ··· 020
    八、数据处理说明 ·· 028

第二章 中国慈善进步指数 ·· 031
    一、中国慈善发展形势与挑战 ·· 032
    二、中国慈善进步指数指标体系 ·· 039
    三、中国慈善进步指数2017年省份排名 ··· 040
    四、中国慈善进步指数2012～2017年排名特点 ································ 045
    五、中国慈善进步指数单项三级指标突出省份 ·································· 052
    六、省级慈善政策创新度省份排名与特点 ·· 054
    七、中国慈善事业发展趋势 ··· 065

第三章　中国老年人政策进步指数 ············· 069

一、中国老年人政策发展形势与挑战 ············· 070
二、中国老年人政策进步指数指标体系 ············· 086
三、中国老年人政策进步指数2017年省份排名 ············· 088
四、中国老年人政策进步指数2012~2017年排名特点 ············· 095
五、中国老年人政策进步指数单项指标排名突出省份 ············· 098
六、省级老年人政策创新亮点省份 ············· 102
七、中国老年人政策发展六大趋势 ············· 145

第四章　中国儿童政策进步指数 ············· 149

一、中国儿童政策发展形势与挑战 ············· 150
二、中国儿童政策进步指数指标体系 ············· 167
三、中国儿童政策进步指数2017年省份排名 ············· 168
四、中国儿童政策进步指数2012~2017年排名特点 ············· 171
五、中国儿童政策进步指数单项三级指标突出省份 ············· 178
六、省级儿童政策创新度排名与特点 ············· 179
七、中国儿童政策六大发展趋势 ············· 189

第五章　中国残疾人政策进步指数 ············· 195

一、中国残疾人政策发展形势与挑战 ············· 196
二、中国残疾人政策进步指数指标体系 ············· 203
三、中国残疾人政策进步指数2017年省份排名 ············· 205
四、中国残疾人政策进步指数2012~2017年排名特点 ············· 211
五、2017年中国残疾人政策进步指数单项指标突出省份 ············· 215
六、2017年中国省级残疾人政策创新特点 ············· 220
七、中国残疾人政策发展趋势 ············· 236

附件 ·· 241

　　附件一　中国社会政策进步指数三级指标汇总 ·················· 242

　　附件二　中国社会政策进步指数指标赋权表 ······················ 247

　　附件三　中国社会政策进步指数指标解释与来源表 ············ 253

　　附件四　国家政策省级本地化率政策列表 ························· 275

　　附件五　省级政策创新度政策列表 ·································· 282

参考文献 ·· 382

后记 ·· 383

第一章

总 论

一、构建中国社会政策进步指数的背景

当前，我国社会的主要矛盾是人民日益增长的美好生活需要和不平衡不充分的发展之间的矛盾。党的十八大以来，以习近平同志为核心的党中央，始终把改善人民生活、增进人民福祉当成重中之重，国家密集出台了一系列慈善、养老、儿童、残疾人领域的政策，各地积极贯彻落实，并结合实际不断探索创新。社会政策进步使幼有所育、学有所教、劳有所得、病有所医、老有所养、住有所居、弱有所扶等方面持续取得新进展，有力地促进了社会均衡发展，通过努力满足人民的多样化需求，让改革发展成果更多、更公平地惠及全体人民，提升人民的获得感、公平感、安全感、幸福感。

为客观评价31个省份[①]慈善、养老、儿童、残疾人政策进步水平，北京师范大学中国公益研究院构建了"中国社会政策进步指数"指标体系，力争用以权威数据为基础的指数反映31个省份实施和创新社会政策的情况，客观地反映地区和领域发展的分布情况，同时也对社会政策发展趋势做出判断。

《中国社会政策进步指数报告（2019）》是继《中国社会政策进步指数报告（2016）》《中国社会政策进步指数报告（2018）》发布之后的又一份研究成果。我们持续多年研发《中国社会政策进步指数报告》，旨在为各地政府加大社会政策实施力度、不断创新社会政策提供参考信息，为中国社会政策进步贡献一份力量。

---

① 本书统计的省份不含港澳台，以下不再重复说明。

二、中国社会政策进步指数主要特点

《中国社会政策进步指数报告》系列，是以评价31个省份社会政策环境和执行效果为主题的年度研究报告。近几年来，研究社会福利、社会保障、社会保险、社会服务等方面的"指数"不少。在已有诸多"指数"研究的背景下，既要使"中国社会政策进步指数"避免雷同、具有特色，又要使评价内容比较全面地体现社会政策内涵，难度非常大，面临着一系列挑战。为此，课题组突破构建"指数"单一评价政策执行效果的做法，增加评价省级政策环境，以及分析判断发展趋势的内容，经过持续不断的努力，使中国社会政策进步指数指标体系形成如下特点。

（一）持续评价省级政策创新度

中国社会政策进步指数，不仅对社会政策执行情况进行评价，还设计了评价省级政策环境的指标，开创了评价省级社会政策的先例，这是区别于其他"指数"报告的重要特征。比如：为了使中国社会政策进步指数具有鲜明的特点，课题组运用日常监测积累的信息，在三级指标体系中，创设了慈善、老年人、儿童、残疾人领域国家政策省级本地化率和省级政策创新度两个指标。力图通过客观评价，全面反映各省份在慈善、老年人、儿童、残疾人领域政策的创新情况以及省际差异，从而激发各地创新社会政策的热情，增强创新社会政策的责任感。

（二）自行设计评价指标

课题组在构建中国社会政策进步指数指标体系时，根据客观、全面评价和形成特色的需要，自行设计了一些具有实用性和贡献率的三级指标。自设的三级指标过半，既满足了客观评价的需求，又尽可能地避免评价指标的雷同。

（三）评价内容点面结合

课题组在如何评价社会政策上，曾考虑过从社会服务这一点评价社会政策，也考虑过全面系统地评价社会政策。基于评价一个方面不能反映社会政策的全貌，以及全领域评价可行性不足的情况，经过权衡，放弃了单一和面面俱到评价社会政策的想法，选择了慈善、老年人、儿童、残疾人领域作为评价的内容，以便更好地做到点面结合。这四个领域不仅涉及社会福利、社会服务、社会救助、社会保险等方面发展变化情况，而且还涉及教育、就业、社会组织、社区服务设施等方面发展变化情况。虽然只评价四个领域，但重点比较突出、内容比较丰富，能够比较好地体现社会政策的核心要素。

（四）预测政策发展趋势

课题组结合近年来中国社会宏观政策环境的变化情况和快速发展的社会客观需求，观察中国社会政策整体形势和各个地方的不同发展态势，对社会政策的整体及相关方面的发展趋势做出预测。

三、中国社会政策进步指数指标体系

今年的"中国社会政策进步指数"指标体系，沿用了2018年报告中提出的指数框架，为充分体现慈善、老年人、儿童、残疾人等社会政策发展的情况，我们对二级指标和三级指标进行了调整。调整后，共设慈善、老年人、儿童和残疾人4个一级指标，下设24个二级指标、100个三级指标。其中，慈善领域，设政策环境、组织发展、贡献影响和社会参与4个二级指标、16个三级指标。老年人领域，设政策环境、老年社会服务、老年社会救助、老年社会保险、老年社会福利和老年教育与公益6个二级指标、28个三级指标。儿童领域，设政策环境、生活保障、教育发展、医疗健康和安全保护5个二级指标、25个三级指标。残疾人领域，设政策环境、康复服务、教育发展、支持就业、社会保障、扶贫开发、文化体育、权益维护、组织设施9个二级指标、31个三级指标（见图1-1）。

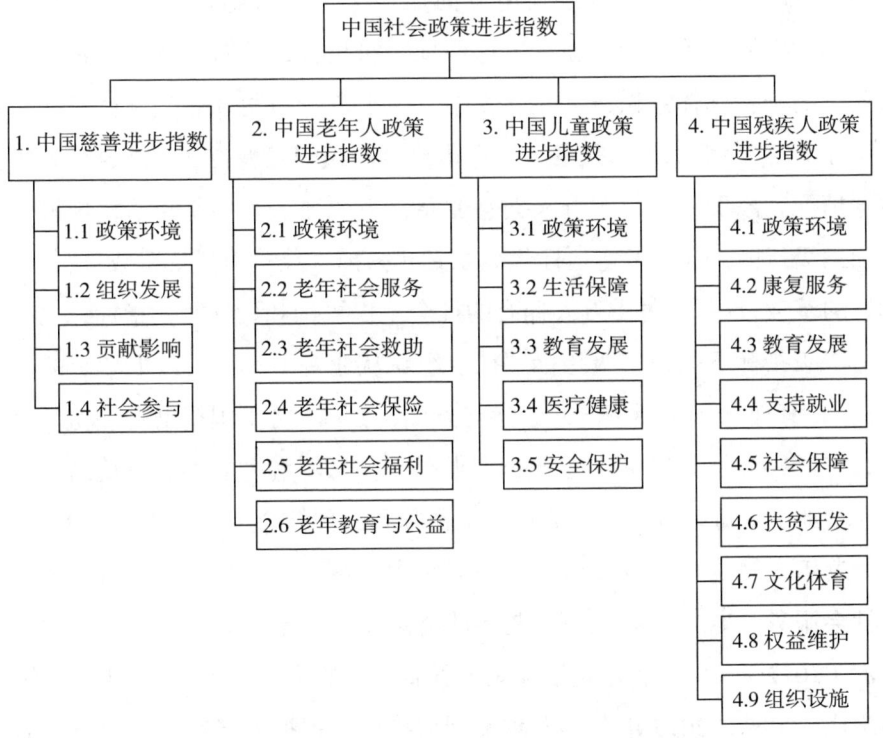

图1-1 中国社会政策进步指数指标体系架构图

四、中国社会政策进步指数指标调整情况

"中国社会政策进步指数2019"的指标体系基本沿用了"中国社会政策进步指数2018"提出的指数框架，但根据政策发展的新情况对部分二级或三级指标进行了调整与完善。

慈善领域，在2018年指标体系的基础上，根据当前中国慈善事业发展情况，做出了调整。2019年指标体系与2018年一样，包括政策环境、组织发展、贡献影响和社会参与4个二级指标。三级指标个数由2018版的20个调整为16个：政策环境方面沿用了"国家慈善政策省级本地化率"和"省级慈善政策创新度"这两项三级指标，并对"省级慈善政策创新度"的子指标体系做出调整，新增"组织监管与奖励""慈善信托""慈善服务""社会组织参与扶贫"等评价维度。组织发展方面，结合公开可得数据情况，添加了"每十万人拥有的慈善组织数"和"慈善信托规模"这两项三级指标，综合考量指标代表意义，去掉"慈善信托备案数""每万人拥有的基金会数""每十万人拥有的社会工作机构和设施数"指标；贡献影响力二级指标下去掉三级指标"社会组织从业者中本科及以上学历的人数比例"，其他分指标不变。社会参与方面，去掉"《中国捐赠百杰榜》上榜人数""每十万人拥有的社会捐赠接收站、点数"和"志愿服务持续度"指标，增加了"每十万人拥有的社会工作师和助理社会工作师数"指标。

老年人领域，2019年版"中国老年人政策进步指数"由政策环境、老年社会服务、老年社会救助、老年社会保险、老年社会福利、老年教育与自治（2012～2014年为老年健康与教育）6个二级指标以及28个三级指标构成。另外，2019年老年人政策创新指标，根据养老服务业政策发展新形势，进行了优化升级，评价点从2018年的33个增加至39个，其中16个为保留指标，23个为新增指标。

儿童领域，在2018年"中国儿童政策进步指数"工作的基础上，根据儿童福利与保护发展新形势，经多次论证，完善评价指标调整方案、认真核实统计数据、调整细化自设指标评价点，最终该版指数由政策环境、生活保障、教育发展、医疗健康和救助保护5个二级指标以及25个三级指标构成。2019年儿童政策创新度指标，根据儿童政策发展新形势，进行了优化升级。评价点从22个增加至34个，其中11个为保留指标，23个为修订或新增指标。

残疾人领域，2019年"中国残疾人政策进步指数"由政策环境、康复服务、教育发展、支持就业、社会保障、扶贫开发、文化体育、权益维护、组织设施9个二级指标以及31个三级指标构成。其中，根据残疾人政策发展新形势，2019年残疾人政策创新指标评价点从2018年的30个增加至49个，其中14个为保留指标，35个为新增指标。

五、中国社会政策进步指数的测量结果

2017年，各地出台一系列方针政策，推出一系列重要举措，有力地促进了慈善、老年人、儿童、残疾人四大领域社会政策的实施，使经济社会发展成果更多、更公正地惠及特别需要关注、关爱的群体。

2017年社会政策进步指数排名前十位的省份依次是北京、上海、浙江、江苏、山东、广东、福建、湖南、甘肃、河北。

从四个领域发展均衡度分析，北京、上海、浙江、江苏4个省份在慈善、老年人、儿童和残疾人四个领域的政策进步指数均排在前十位，基本呈现出同步发展的态势；山东在慈善、儿童和残疾人领域位列前十名，老年人领域排12位；福建在慈善、老年人领域位列前十名，在儿童、残疾人领域分别排在19、14位；湖南在慈善和儿童领域位列前十名，在老年人、

残疾人领域分别排在 28、22 位；河北在老年人和残疾人领域位列前十名，在慈善、儿童领域分别排在 25、18 位；广东在慈善领域位列前十名；甘肃在残疾人领域位列前十名。

（一）指数排名前十位集中于东部地区

2017 年社会政策进步指数前十位的地区分布：东部地区有 8 个省份，中部地区和西部地区各有 1 个省份。指数排名第 11～20 位的 10 个省份的地区分布：西部地区占 6 个，中部地区占 3 个，东部地区 1 个。在指数排名第 21～31 位的省份中，西部地区占 5 个，东北地区 3 个，中部地区 2 个，东部地区 1 个（见表 1-1）。

表 1-1　　2017 年社会政策进步指数省份排名

排名情况 \ 地区	东部地区	中部地区	西部地区	东北地区
第 1～10 位	8 个：北京、上海、浙江、江苏、山东、广东、福建、河北	1 个：湖南	1 个：甘肃	无
第 11～20 位	1 个：天津	3 个：山西、安徽、湖北	6 个：云南、四川、宁夏、陕西、重庆、青海	无
第 21～31 位	1 个：海南	2 个：江西、河南	5 个：广西、内蒙古、新疆、贵州、西藏	3 个：辽宁、吉林、黑龙江

（二）指数排名优势领域不同，地区之间存在差异

东部地区在慈善、老年人、儿童、残疾人四个领域的政策进步指数整体靠前，其中，在慈善、老年人领域的排名上优势更明显，在儿童和残疾人领域的排名优势相对较弱。东部地区在慈善、老年人领域排名的前十位

中均占7席,在残疾人领域排名前十位中占6席,在儿童领域排名前十位中占5席。

中部地区在慈善、老年人、儿童、残疾人四个领域分别有1~2个省份排在前十位,其余省份在慈善、儿童领域均排在前20位,在老年人、残疾人领域排名较为靠后,在第21~31位中分别占5席和3席。

西部地区在老年人、残疾人领域排名比在慈善、儿童领域整体靠前,其中老年人领域的排名最为突出,有10个省份排在老年人政策进步指数的前20位,有8个省份排在残疾人政策进步指数的前20位。

东北地区在残疾人领域排名领先于慈善、老年人、儿童领域,有1个省份在残疾人领域的第11~20位中占据1席,其余省份排在各领域的第21~31位。

(三)八省份指数排名大幅高出人均GDP排名,半数为西部省份

2017年社会政策进步指数排名与人均GDP排名对比,有14个省份排名变动5个以内名次,比2016年少2个省份。

8个省份的社会政策进步指数排名高出人均GDP排名5个及以上位次。其中,西部地区有4个省份,分别是甘肃(22)、云南(19)、四川(9)、广西(7);中部地区3个省份,分别是山西(12)、安徽(10)、湖南(8);东部地区1个省份,即河北(9)。

9个省份的指数排名低于人均GDP排名5个及以上位次。其中,东部地区2个省份,分别是海南(-13)、天津(-15);中部地区2个,分别是河南(-6)、湖北(-9);西部地区3个,分别是重庆(-7)、内蒙古(-13)、新疆(-5);东北地区2个,分别是辽宁(-12)、吉林(-15)(见表1-2)。

表 1-2　　2017 年社会政策进步指数省份排名

排名	省份	社会政策进步指数	慈善进步指数（25%）	老年人政策进步指数（25%）	儿童政策进步指数（25%）	残疾人政策进步指数（25%）	人均GDP（元）	人均GDP排名	与人均GDP排名比较
1	北京	0.531	0.713	0.456	0.536	0.420	128994	1	0
2	上海	0.474	0.395	0.524	0.483	0.496	126634	2	0
3	浙江	0.462	0.434	0.433	0.523	0.459	92057	5	2
4	江苏	0.408	0.387	0.338	0.535	0.373	107150	4	0
5	山东	0.363	0.283	0.318	0.482	0.368	72807	8	3
6	广东	0.352	0.382	0.319	0.420	0.287	80932	7	1
7	福建	0.346	0.223	0.412	0.404	0.345	82677	6	−1
8	湖南	0.329	0.346	0.220	0.431	0.319	49558	16	8
9	甘肃	0.328	0.184	0.312	0.417	0.398	28497	31	22
10	河北	0.325	0.129	0.323	0.409	0.440	45387	19	9
11	云南	0.321	0.147	0.317	0.420	0.400	34221	30	19
12	四川	0.319	0.237	0.294	0.433	0.313	44651	21	9
13	山西	0.317	0.151	0.319	0.411	0.388	42060	25	12
14	安徽	0.311	0.205	0.268	0.415	0.357	43401	24	10
15	宁夏	0.311	0.190	0.275	0.417	0.360	50765	15	0
16	陕西	0.308	0.160	0.338	0.443	0.290	57266	12	−4
17	重庆	0.303	0.166	0.269	0.430	0.346	63442	10	−7
18	天津	0.301	0.158	0.319	0.386	0.341	118944	3	−15
19	青海	0.300	0.139	0.301	0.347	0.415	44047	22	3
20	湖北	0.291	0.166	0.304	0.382	0.331	60199	11	−9
21	广西	0.291	0.146	0.262	0.462	0.275	38102	28	7
22	内蒙古	0.286	0.124	0.296	0.385	0.338	63764	9	−13
23	江西	0.283	0.188	0.218	0.401	0.326	43424	23	0
24	河南	0.276	0.148	0.227	0.410	0.321	46674	18	−6
25	新疆	0.270	0.100	0.359	0.292	0.330	44941	20	−5
26	辽宁	0.264	0.116	0.259	0.349	0.331	53527	14	−12
27	贵州	0.258	0.136	0.282	0.342	0.274	37956	29	2

续表

排名	省份	社会政策进步指数	慈善进步指数（25%）	老年人政策进步指数（25%）	儿童政策进步指数（25%）	残疾人政策进步指数（25%）	人均GDP（元）	人均GDP排名	与人均GDP排名比较
28	吉林	0.256	0.111	0.254	0.347	0.313	54838	13	-15
29	黑龙江	0.235	0.132	0.252	0.371	0.187	41916	26	-3
30	海南	0.222	0.128	0.202	0.302	0.257	48430	17	-13
31	西藏	0.166	0.062	0.217	0.204	0.182	39267	27	-4

注：社会政策进步指数排名高于人均GDP排名的，与人均GDP排名比较为正值；反之则为负值。

六、2012～2017年中国社会政策进步指数排名特点

课题组以省份社会政策进步指数分值为基础，对比2012～2017年31个省份指数分值，据实记录对比结果，客观显示省份排名，以此推动在社会政策进步指数排名中居于后位的省份加大社会政策实施和创新力度。

（一）北京等六个东部省份连续六年位列中国社会政策进步指数前十名

2012～2017年，北京、上海、浙江、江苏、山东、广东6个省份连续六年进入社会政策进步指数排名的前十位，其中北京连续六年稳居榜首。值得一提的是，这6个省份均在东部地区。天津2012～2015年连续四年进入前十，甘肃2012～2014年连续三年进入前十后，2017年再次进入前十，重庆2012～2014年连续三年进入前十，福建2015～2017年连续三年进入前十，陕西、河北两次进入前十，湖北、四川、贵州、云南、宁夏、湖南各有一年排名进入前十位（见表1-3）。

表1-3　　2012～2017年社会政策进步指数省份排名

排名	2012年社会政策进步指数		2013年社会政策进步指数		2014年社会政策进步指数		2015年社会政策进步指数		2016年社会政策进步指数		2017年社会政策进步指数	
	省份	分值	省份	分值	省份	分值	省份	分值	省份	分值	省份	分值
1	北京	0.528	北京	0.581	北京	0.555	北京	0.534	北京	0.593	北京	0.531
2	浙江	0.492	浙江	0.496	上海	0.514	上海	0.491	上海	0.484	上海	0.474
3	上海	0.466	上海	0.477	江苏	0.511	浙江	0.462	浙江	0.460	浙江	0.462
4	江苏	0.437	江苏	0.474	浙江	0.498	江苏	0.440	江苏	0.419	江苏	0.408
5	山东	0.380	广东	0.422	山东	0.427	天津	0.383	广东	0.381	山东	0.363
6	广东	0.374	天津	0.393	广东	0.408	福建	0.359	福建	0.381	广东	0.352
7	重庆	0.363	山东	0.383	天津	0.389	广东	0.351	山东	0.359	福建	0.346
8	天津	0.351	陕西	0.363	重庆	0.368	河北	0.333	陕西	0.337	湖南	0.329
9	宁夏	0.350	重庆	0.357	甘肃	0.353	山东	0.329	四川	0.329	甘肃	0.328
10	甘肃	0.329	甘肃	0.344	湖北	0.349	贵州	0.327	云南	0.326	河北	0.325
11	福建	0.318	福建	0.342	陕西	0.347	宁夏	0.322	天津	0.325	云南	0.321
12	陕西	0.317	湖北	0.333	湖南	0.346	陕西	0.320	山西	0.322	四川	0.319
13	湖北	0.314	宁夏	0.329	福建	0.344	山西	0.318	甘肃	0.321	山西	0.317
14	吉林	0.306	辽宁	0.329	四川	0.329	湖北	0.317	湖北	0.316	安徽	0.311
15	新疆	0.302	河北	0.326	山西	0.326	甘肃	0.315	重庆	0.306	宁夏	0.311
16	青海	0.299	山西	0.320	宁夏	0.326	四川	0.310	宁夏	0.303	陕西	0.308
17	四川	0.296	新疆	0.317	内蒙古	0.325	黑龙江	0.307	湖南	0.300	重庆	0.303
18	辽宁	0.295	青海	0.315	河北	0.322	重庆	0.304	贵州	0.300	天津	0.301
19	山西	0.292	湖南	0.312	辽宁	0.315	湖南	0.303	河北	0.287	青海	0.300
20	内蒙古	0.281	四川	0.312	安徽	0.315	云南	0.303	黑龙江	0.284	湖北	0.291
21	云南	0.279	云南	0.301	黑龙江	0.314	河南	0.285	江西	0.280	广西	0.291
22	河北	0.272	内蒙古	0.301	云南	0.314	江西	0.271	广西	0.275	内蒙古	0.286
23	湖南	0.270	黑龙江	0.287	新疆	0.304	新疆	0.271	辽宁	0.274	江西	0.283
24	安徽	0.265	吉林	0.287	贵州	0.303	辽宁	0.271	安徽	0.274	河南	0.276
25	江西	0.263	安徽	0.283	吉林	0.295	内蒙古	0.270	河南	0.274	新疆	0.270
26	黑龙江	0.261	海南	0.271	青海	0.292	青海	0.265	内蒙古	0.262	辽宁	0.264
27	海南	0.243	贵州	0.269	河南	0.290	广西	0.263	青海	0.257	贵州	0.258
28	河南	0.242	江西	0.260	江西	0.289	安徽	0.249	新疆	0.252	吉林	0.256
29	贵州	0.235	广西	0.256	广西	0.281	海南	0.247	吉林	0.224	黑龙江	0.235
30	广西	0.226	河南	0.250	海南	0.267	吉林	0.227	海南	0.221	海南	0.222
31	西藏	0.159	西藏	0.168	西藏	0.188	西藏	0.162	西藏	0.141	西藏	0.166

从连续六年位列前十的省份在四个领域的发展均衡度来看，2012～2017年，北京、浙江、上海在慈善、老年人、儿童和残疾人四个领域均位列前

十位；江苏在老年人领域2012和2013年分别排在14和11位；山东在老年人领域2017年排12位，在慈善领域2015年排20位，在儿童领域2013年排11位，在残疾人领域2015和2016年分别排30、20位；广东在老年人领域2012～2017年分别排在24、23、26、18、12、11位，在儿童领域2012年排12位，2015～2017年排14、12、11位，在残疾人领域2015～2017年分别排21、12、26位。同一省份在四个领域的社会政策发展方面并不均衡。

从社会政策进步与经济发展关系来分析，东部省份不但经济发展走在全国前列，社会政策创新和实施也走在全国前列。西部地区的甘肃、重庆、陕西等省份虽然经济发展水平不及东部地区的北京、上海、江苏、浙江、山东、广东等省份，但是社会政策进步指数排名也多次进入前十。这说明社会政策进步与经济发展水平相关，也与各地社会政策创新和实施的力度密切相关。

（二）指数排名具有东部位居前列、西部有亮点等特点

（1）排名前十中，东部为主、西部次之。2012～2017年进入前十的省份共18个：东部地区占9席，中部地区占2席，西部地区占7席（见表1-4）。其中，连续六年排名进入社会政策进步指数前十位的省份有6个（北京、上海、江苏、浙江、山东、广东），均为东部地区省份。

表1-4　进入2012～2017年社会政策指数排名前十位的省份分布

东部地区	中部地区	西部地区	东北地区
9席： 北京（☆☆☆☆☆☆） 浙江（☆☆☆☆☆☆） 上海（☆☆☆☆☆☆） 江苏（☆☆☆☆☆☆） 山东（☆☆☆☆☆☆） 广东（☆☆☆☆☆☆） 天津（☆☆☆☆） 福建（☆☆☆） 河北（☆☆）	2席： 湖北（☆） 湖南（☆）	7席： 甘肃（☆☆☆☆） 重庆（☆☆☆） 陕西（☆☆） 云南（☆） 贵州（☆） 四川（☆） 宁夏（☆）	0席： 无

注：☆数量为进入前十位次数。

（2）地区排名位次有波动，多数省份波动较大。2012～2017年，中国社会政策进步指数排名波动幅度均保持在5个及以内位次的省份共有12个。其中：东部地区7个，分别是北京、上海、江苏、浙江、山东、广东、海南；中部地区1个，是山西；西部地区3个，是广西、西藏、宁夏；东北地区1个，是辽宁。

2012～2017年排名波动曾有过5个以上位次的省份有19个。其中：西部地区最多，有9个，分别是内蒙古、重庆、四川、贵州、云南、陕西、甘肃、青海、新疆；中部地区5个，分别是山西、安徽、湖北、湖南、河南；东部地区有3个，分别是天津、河北、福建；东北地区2个，分别是吉林和黑龙江。

（3）地区排名走势不同，地区内部存在分化。2012～2017年，除天津2016～2017年排名11、18位、福建2012～2014年排名11～13位之外，东部地区在社会政策进步指数中的排名集中在前十。但河北、海南与同属东部地区的其他省份差距较大。中部地区山西、安徽、江西、湖南4个省份排名前移，湖北略有下降。西部地区省份排名整体略有后移，但部分省份排名呈上升趋势，如广西、四川、贵州、云南等。东北地区3个省份排名均出现下降（见表1-5）。

表1-5　　2012～2017年社会政策进步指数排名地区分布

省份	2012年排名	2013年排名	2014年排名	2015年排名	2016年排名	2017年排名
东部地区（10个）						
北京	1	1	1	1	1	1
天津	8	6	7	5	11	18
河北	22	15	18	8	19	10
上海	3	3	2	2	2	2
江苏	4	4	3	4	4	4
浙江	2	2	4	3	3	3
福建	11	11	13	6	6	7

续表

省份	2012年排名	2013年排名	2014年排名	2015年排名	2016年排名	2017年排名
山东	5	7	5	9	7	5
广东	6	5	6	7	5	6
海南	27	26	30	29	30	30
中部地区（6个）						
山西	19	16	15	13	12	13
安徽	24	25	20	28	24	14
江西	25	28	28	20	21	23
河南	28	30	27	21	25	24
湖北	13	12	10	14	14	20
湖南	23	19	12	19	17	8
西部地区（12个）						
内蒙古	20	22	17	25	26	22
广西	30	29	29	27	22	21
重庆	7	9	8	18	15	17
四川	17	20	14	16	9	12
贵州	29	27	24	10	18	27
云南	21	21	22	20	10	11
西藏	31	31	31	31	31	31
陕西	12	8	11	12	8	16
甘肃	10	10	9	15	13	9
青海	16	18	26	26	27	19
宁夏	9	13	16	11	16	15
新疆	15	17	23	23	28	25
东北地区（3个）						
辽宁	18	14	19	24	23	26
吉林	14	24	25	30	29	28
黑龙江	26	23	21	17	20	29

（三）指数排名对比人均 GDP 排名呈现匹配度减弱等特点

指数研究团队以社会政策进步指数省份排名和人均 GDP 排名为基础，对比 2012～2017 年两者排名情况，据实记录对比结果，客观显示哪些省份社会政策发展速度与经济发展速度是同步的，哪些省份社会政策发展速度走在经济发展速度前面，哪些省份社会政策发展滞后于经济发展速度，以此推动社会政策发展。

（1）指数排名与人均 GDP 排名匹配度略有起伏。2012～2017 年社会政策进步指数排名与人均 GDP 排名对比，相差 5 位以内的省份数目，2012 年为 17 个，2013 年上升至 19 个，2014 年下降到 14 个，2015 年上升至 19 个，2016 年下降至 16 个，2017 年下降至 15 个（见表 1-6）。

（2）指数排名高于人均 GDP 排名的省份中，西部地区居多。2012～2017 年社会政策进步指数排名高于人均 GDP 排名 5 个及以上位次的省份中，西部地区分别占九成、八成、五成、六成、八成和五成。其中，甘肃连续六年社会政策进步指数排名比人均 GDP 排名高出 16 个及以上位次，四川、云南连续六年社会政策进步指数排名比人均 GDP 排名高出 5 个及以上位次，山西连续五年社会政策进步指数排名比人均 GDP 排名高出 6 个及以上位次，贵州连续三年社会政策进步指数排名比人均 GDP 排名高出 6 个及以上位次（见表 1-7）。

表 1-6　2012～2017 年社会政策进步指数排名与人均 GDP 排名差异

省份	2012年 指数排名	2012年 人均GDP排名	2012年 排名差异	2013年 指数排名	2013年 人均GDP排名	2013年 排名差异	2014年 指数排名	2014年 人均GDP排名	2014年 排名差异	2015年 指数排名	2015年 人均GDP排名	2015年 排名差异	2016年 指数排名	2016年 人均GDP排名	2016年 排名差异	2017年 指数排名	2017年 人均GDP排名	2017年 排名差异
北京	1	2	1	1	2	1	1	2	1	1	2	1	1	1	0	1	1	0
天津	8	1	-7	6	1	-5	7	1	-6	5	1	-4	11	3	-8	18	3	-15
河北	22	15	-7	15	16	1	18	18	0	8	19	11	19	19	0	10	19	9
山西	19	19	0	16	22	6	15	24	9	13	27	14	12	27	15	13	25	12
内蒙古	20	5	-15	22	6	-16	17	6	-11	25	6	-19	26	8	-18	22	9	-13
辽宁	18	7	-11	14	7	-7	19	7	-12	24	9	-15	23	14	-9	26	14	-12
吉林	14	11	-3	24	12	-12	25	11	-14	30	12	-18	29	12	-17	28	13	-15
黑龙江	26	17	-9	23	17	-7	21	20	-1	17	21	4	20	22	2	29	26	-3
上海	3	3	0	3	3	0	2	3	1	2	3	1	2	2	0	2	2	0
江苏	4	4	0	4	4	0	3	4	1	4	4	0	4	4	0	4	4	0
浙江	2	6	4	2	5	3	4	5	1	3	5	2	3	5	2	3	5	2
安徽	24	26	2	25	25	0	20	26	6	28	25	-3	24	25	1	14	24	10
福建	11	9	-2	11	9	-2	13	8	-5	6	7	1	6	6	0	7	6	-1
江西	25	25	0	28	26	-2	28	25	-3	20	24	4	21	23	2	23	23	0
山东	5	10	5	7	10	3	5	10	5	9	10	1	7	9	2	5	8	3
河南	28	23	-5	30	23	-7	27	22	-5	21	22	1	25	20	-5	24	18	-6
湖北	13	13	0	12	14	2	10	13	3	14	13	-1	14	11	-3	20	11	-9

续表

省份	2012年 指数排名	2012年 人均GDP排名	2012年 排名差异	2013年 指数排名	2013年 人均GDP排名	2013年 排名差异	2014年 指数排名	2014年 人均GDP排名	2014年 排名差异	2015年 指数排名	2015年 人均GDP排名	2015年 排名差异	2016年 指数排名	2016年 人均GDP排名	2016年 排名差异	2017年 指数排名	2017年 人均GDP排名	2017年 排名差异
湖南	23	20	-3	19	19	-1	12	17	5	19	16	-3	17	16	-1	8	16	8
广东	6	8	2	5	8	3	6	9	3	7	8	1	5	7	2	6	7	1
广西	30	27	-3	29	27	-2	29	27	-2	27	26	-1	22	26	4	21	28	7
海南	27	22	-5	26	21	-5	30	21	-9	29	18	-11	30	17	-13	30	17	-13
重庆	7	12	5	9	12	3	8	12	4	18	11	-7	15	10	-5	17	10	-7
四川	17	24	7	18	24	5	14	23	9	16	23	7	9	24	15	12	21	9
贵州	29	31	2	27	31	4	24	30	6	10	29	19	18	29	11	27	29	2
云南	21	29	8	21	29	8	22	29	7	20	30	10	10	30	20	11	30	19
西藏	31	28	-3	31	28	-3	31	28	-3	31	28	-3	31	28	-3	31	27	-4
陕西	12	14	2	8	13	5	11	14	3	12	14	2	8	13	5	16	12	-4
甘肃	10	30	20	10	30	20	9	31	22	15	31	16	13	31	18	9	31	22
青海	16	21	5	18	20	2	26	19	-7	26	17	-9	27	18	-9	19	22	3
宁夏	9	16	7	13	15	2	16	15	-1	11	15	4	16	15	-1	15	15	0
新疆	15	18	3	17	18	1	23	16	-7	23	20	-3	28	21	-7	25	20	-5

注：社会政策进步指数排名高于人均GDP排名的，排名差异为正值；社会政策进步指数排名落后于人均GDP排名的，排名差异为负值。

表 1-7　2012～2017 年社会政策进步指数排名比人均 GDP 排名高出 5 个及以上位次的省份

2012 年（7 个）		2013 年（5 个）		2014 年（8 个）		2015 年（6 个）		2016 年（6 个）		2017 年（8 个）	
省份	高出人均 GDP 排名位次	省份	高出人均 GDP 排名位次	省份	高出人均 GDP 排名位次	省份	高出人均 GDP 排名位次	省份	高出人均 GDP 排名位次	省份	高出人均 GDP 排名位次
甘肃	20	甘肃	20	甘肃	22	贵州	19	云南	20	甘肃	22
云南	8	云南	8	山西	9	甘肃	16	甘肃	18	云南	19
宁夏	7	山西	6	四川	9	山西	14	山西	15	山西	12
四川	7	四川	5	云南	7	河北	11	四川	15	安徽	10
重庆	5	陕西	5	贵州	6	云南	10	贵州	11	四川	9
青海	5			安徽	6	四川	7	陕西	5	河北	9
山东	5			山东	5					湖南	8
				湖南	5					广西	7

七、中国社会政策发展趋势

（一）科技推动慈善事业发展，扶贫和环保将成为公益慈善事业发展的两大重点领域

1. 科技进步助力慈善信息透明化

公益行业的信息公开是近年来公众持续关注的热点问题，相关部门出台了一系列法律法规和配套文件，规定了相关组织的权利和义务，其中科技成为信息公开工作的有力推手。2018年民政部发布《社会组织信用信息管理办法》，以社会组织为主体的信用体系建设成效逐步显现；同年民政部印发《"互联网+社会组织（社会工作、志愿服务）"行动方案（2018—2020年）》，旨在依托"互联网+"，促进社会组织、专业社会工作、志愿服务健康有序发展；慈善中国、社会组织信息公开平台等借助互联网和大数据技术，打造了有效的信息公开渠道；区块链技术凭借其去中心化、透明度高、信息不可篡改的特性，在公益领域得到越来越多的应用：蚂蚁金服的善款追溯、京东公益的物资追溯、成都青年志愿服务区块链证书以及爱佑慈善基金会的儿童医疗救助数据公示等等，体现出科技进步正在并将持续助力慈善组织诚信体系建设。

"互联网+慈善"的模式不断增强慈善的社会效应并提高了效率。网络公益的法制化、规模化、场景化、大众化、专业化、透明化、跨界化，为公益组织提供了便捷、高覆盖的传播渠道，并对其自身专业能力提出了更高的要求，更好地为公益组织赋能。互联网公益使公众参与与多方合作得到深化，为慈善事业发展注入更强活力。

2. 互联网募捐热情将持续高涨

《慈善法》颁布以来，互联网募捐呈现良好发展态势。民政部 2016 年 9 月公布第一批 13 家互联网公开募捐信息平台，2018 年 6 月公布第二批 9 家互联网公开募捐信息平台。截至目前，除中国慈善信息平台、基金会中心网退出外，民政部指定的平台已达 20 家，其中 6 家平台由社会组织（5 家基金会、1 家社会团体）运营。2017 年 1 月至 2018 年 12 月，首批互联网公开募捐信息平台总筹款额超过 57.6 亿元，筹款金额前三名的平台分别为腾讯公益（33.5 亿元）、支付宝公益（11.6 亿元）和阿里巴巴公益（7.4 亿元）。具体而言，"99 公益日"在腾讯公益的筹款中占有较高比重，自发起以来，2015～2018 年公众捐赠金额达 1.3 亿元、3.1 亿元、8.3 亿元和 8.3 亿元。

互联网公开募捐信息平台的建设增强了公众参与互联网募捐的安全性和便利性，对慈善组织募捐项目的信息公开也起到了推动作用。如"99 公益日"探索配捐机制、透明准入机制，广泛动员公众、企业参与，有效助力互联网公益生态透明化发展。

3. 扶贫和环保将成为公益慈善事业发展的两大重点领域

2019 年是我国"十三五"规划实施的最后阶段，也是我国"精准扶贫"计划目标实现的关键一年，扶贫领域会是 2019 年公益慈善事业发展的重点领域之一。从数据来看，大量公益资源向扶贫倾斜，57% 的慈善信托以"扶贫"作为信托目的；近 1400 家基金会将"扶贫济困"作为机构宗旨或项目目标；根据 2014～2017 年间的《中国慈善捐助报告》，扶贫始终是接收慈善捐助金额最大的领域之一。

2019 年也是中国决胜全面建成小康社会、打好污染防治攻坚战的关键之年。2018 年国务院印发《打赢蓝天保卫战三年行动计划》，在大气污染综合治理、海洋治理、土壤污染防治、农村人居环境整治等方面将全面攻坚，促进经济高质量发展，加强生态保护修复与监管。同年，中国政府代表团出席联合国气候变化大会，就低碳发展、碳市场、可再生能源、南南合作、气候投融资、森林碳汇、地方企业气候行动等领域，全面、立体地对外宣传介绍中国应对气候变化、推动绿色低碳发展的政策、行动与成就，展现了积极推进全球生态文明建设、构建人类命运共同体的负责任大国形象。在这一过程中，我国的环保基金会和境外环保类非政府组织将持续合作，开展一系列污染防治项目、环保宣传活动及相关研究项目。

（二）综合管理和产业融合趋于加强，老年人长期照护服务政策体系将成为各地建设重点

1. 养老服务业放管结合，综合监管将全面加强

2018年12月29日，"取消养老机构设立许可"在新修订的《中华人民共和国老年人权益保障法》的获准通过，标志着养老机构设置难的困境得到破解。从国家近两年出台的《关于全面放开养老服务市场提升养老服务质量的若干意见》（国办发〔2016〕91号）、《关于加快推进养老服务业放管服改革的通知》（民发〔2017〕25号）等文件中关于降低养老机构准入门槛、放宽外资准入、精简行政审批环节、加快公办养老机构改革等要求来看，国家正在加快全面放开养老服务市场的步伐，并推动社会力量逐步承担主体作用。从另一方面看，国家近几年出台了《养老机构基本规范》《养老机构服务质量基本规范》《养老机构等级划分与评定标准》等文件，以及发布《关于开展养老院服务质量建设专项行动的通知》（民发〔2017〕51号）等，也在加强对养老服务的科学管理。截至2018年12月15日，全国各地已出台的与养老机构相关的地方标准共计88个，其中与养老机构服务质量建设相关的有58个，与养老机构安全建设相关的有6个。地方标

准的出台使得各地在对养老机构服务质量监管时能够有章可循，也使得各级民政部门对养老机构的评价更加体系化、规范化。以上态势表明，我国养老服务管理体制正在走向"放管结合"的道路。2019年，随着各地机构改革方案的逐步落实，卫健委和民政部门将牵头并联合发展改革、公安、财政、人社、环保、住房城乡建设、农业、市场监管、消防、金融等部门共同组建起一套针对养老服务业发展的综合监管体系，以适应新阶段发展的需要。

2. 养老产业将加快与地产、保险、医疗等产业融合

目前，社会资本正在成为全国养老服务市场的重要参与力量。产业发展方面，在《国务院关于加快发展养老服务业的若干意见》（国发〔2013〕35号）等国家文件的引导下，地产、保险、医疗、文化、旅游、互联网、健康、体育、农业、教育、娱乐、康复辅具等产业的融合速度持续加快，精细化市场成为很多跨界企业的深耕领域。部分前期持观望或探索态度的医疗类企业，在2018年宣布将通过收购医院资产等方式进入养老产业。2019年，在《关于印发完善促进消费体制机制实施方案（2018—2020年）的通知》（国办发〔2018〕93号）、《乡村振兴战略规划（2018—2022年）》《养老服务行业信贷政策（2018年制定）》等国家有关政策支持下，养老产业与其他产业跨界融合之势将进一步加强，已经初步实现多产业跨界融合的企业将开始谋划全链条布局。

3. 长期照护服务政策体系将成为各地建设重点

世界卫生组织（WHO）已将人口老龄化列为21世纪人类必须面对的主要卫生议题之一，其在《关于老龄化与健康的全球报告》中提出，21世纪，没有任何一个国家能够负担得起缺乏综合性系统的长期照护的后果。近些年来，为了进一步推动长期照护服务体系建设，国家层面已经相继出台《老年人能力评估》（MZ/T001—2013）、《关于建立健全经济困难的高龄

失能等老年人补贴制度的通知》（财社〔2014〕113号）、《关于开展长期护理保险制度试点的指导意见》（人社厅发〔2016〕80号）等重要文件。这些文件分别从统一老年人能力评估标准、高龄失能老年人补贴制度、长期护理保险制度等角度为国家和各地长期照护服务体系的建设提供了政策及法规基础。长期护理保险制度方面，我国已由国家试点向省级试点拓展，2018年，山东、吉林、江苏、新疆、安徽五个省份开始在全省范围内试点探索长期护理保险制度，全国范围内的长期护理保险制度建设正从国家试点向省级试点拓展。未来，随着我国人口老龄化特别是高龄化日益凸显，失能、半失能老年人持续增加，以统一的老年人能力评估、失能补贴、护理保险等制度为核心的长期照护服务政策体系将成为各地建设重点。

（三）儿童福利与服务向普惠型专业化发展，"9+N" 免费教育将在全国持续推广

1. 基层儿童福利与保护服务体系基本全覆盖，专业化培训将全面铺开

据2019年5月27日民政部第二季度例行新闻发布会消息，全国已初步配备了4.5万名的儿童督导员和62万名的儿童主任，基本实现全覆盖。民政部联合十部委出台《关于进一步健全农村留守儿童和困境儿童关爱服务体系的意见》（民发〔2019〕34号），明确了儿童主任六项工作职责、儿童督导员八项基本工作职责和培训原则，要求各地按照"分层级、多样化、可操作、全覆盖"的原则组织开展儿童工作业务骨干以及师资培训。每年至少轮训一次，初任儿童督导员和儿童主任经培训考核合格后方可开展工作。基层儿童工作队伍专业化水平、精细化程度将进一步提高，2019年基层儿童福利与保护服务体系将向普惠型专业化快速推进。

2. "9+N"免费教育将在全国持续推广，普惠性学前教育资源覆盖面进一步扩大

联合国教科文组织在《教育2030行动框架》指出，各国应确保提供12年免费的、公共资助的、全纳的、公平的、有质量的初等和中等教育，积极探索"9+N"免费教育符合国际主流做法。十九大报告提出，办好学前教育、特殊教育和网络教育，普及高中阶段教育，努力让每个孩子都能享有公平而有质量的教育。截至2018年底，已有20个省份实施"9+N"免费教育，推进学前和高中阶段教育普及。2019年初多部门出台《加大力度推动社会领域公共服务补短板强弱项提质量 促进形成强大国内市场的行动方案》，明确要求到2020年教育现代化取得重要进展的主要目标，并提出扩大城乡普惠性学前教育资源，到2020年全国学前三年毛入园率达到85%，80%以上的在园幼儿享受到普惠性学前教育的行动任务。2019年，"9+N"免费教育将在全国持续推广，普惠性学前教育资源扩容有望获得各地更积极的政策支持。

3. 完善儿童保护社会支持网络，预防干预机制将进一步强化

司法机关多措并举助推的未成年人社会支持体系基本形成，最高检、团中央构建未成年人检察工作社会支持体系。2018年2月，最高人民检察院、共青团中央共同签署了《关于构建未成年人检察工作社会支持体系的合作框架协议》，2018年3月，最高检印发《全面加强未成年人国家司法救助工作意见》，八类司法过程中陷困境未成年人将获国家司法救助。2018年底，最高检设立未成年人检察厅，由第九检察厅专门负责未成年人检察工作。截至2018年底，地方人民检察院已经有24个省级人民检察院、1400多个市（县）级人民检察院设立了专门的未成年人检察机构。

与此同时，2018年发生的多起性侵儿童的案件引发社会的广泛关注，进而引发关于如何提升家庭、学校、服务机构以及全社会的儿童保护意识，

完善相关制度，采取有效措施预防儿童遭受性侵以及专业化处理等深层面的探讨。2019年，随着《国务院教育督导委员会办公室关于开展中小学生欺凌防治落实年行动的通知》（国教督办函〔2018〕28号）、《教育部办公厅进一步加强中小学（幼儿园）预防性侵害学生工作的通知》（教督厅函〔2018〕9号）等一系列政策文件的落实，儿童侵害防治工作将进入专业化快速发展阶段。此外，地方将继续探索创新预防性侵与儿童保护工作机制，各地司法机关、教育等机构在实践中积极开展探索，地方创新将推动国家层面预防性侵与儿童保护工作机制的构建。

（四）残疾人保障体系将进一步加强，残疾儿童康复救助制度将全面落实

1. 残疾人社会保障体系建设将进一步加强

根据《国务院办公厅转发中国残联等部门和单位关于加快推进残疾人社会保障体系和服务体系建设指导意见的通知》（国办发〔2010〕19号）、《关于印发"十三五"加快残疾人小康进程规划纲要的通知》（国发〔2016〕47号）等国家文件要求，各地要不断完善残疾人民生兜底保障重点政策，力争建立包括最低生活保障制度、困难残疾人生活补贴制度和重度残疾人护理补贴制度、残疾儿童康复救助制度、残疾人基本型辅助器具补贴、贫困残疾人家庭无障碍改造补贴、困难残疾人社会保险个人缴费资助、重度残疾人医疗报销制度、盲人和聋人特定信息消费支持、阳光家园计划等在内的多项残疾人社会保障制度。截至目前，这些制度已在多个省份开始实行。以近些年开始推进的城乡残疾居民社会保险个人缴费资助为例，截至2017年底，全国547.2万60岁以下参保的重度残疾人中，已有529.5万得到政府的参保扶助，代缴养老保险费比例96.8%；同时，还有282.9万非重度残疾人享受了全额或部分代缴养老保险费的优惠政策；此外，1042.3万

残疾人领取了养老金。这些动态表明，残疾人社会保障体系建设将进一步加强。

2. 残疾儿童康复救助制度将实现全面落实

国家高度重视残疾人康复事业，残疾儿童康复政策基础已经夯实。"十九大"报告提出要"发展残疾人事业，加强残疾康复服务"；习近平总书记强调"要重视残疾人健康，努力实现残疾人'人人享有康复服务'的目标"。目前，我国针对全体残疾人已出台《残疾预防和残疾人康复条例》《国务院关于加快推进残疾人小康进程的意见》（国发〔2015〕7号）等法规政策，对建立残疾儿童康复救助制度也提出了明确要求。2018年出台的《国务院关于建立残疾儿童康复救助制度的意见》对残疾儿童康复工作提出了总体要求，计划到2020年建立与全面建成小康社会目标相适应的残疾儿童康复救助制度体系，基本实现残疾儿童应救尽救；到2025年，残疾儿童康复救助制度体系将更加健全完善，残疾儿童普遍享有基本康复服务，残疾儿童健康成长、全面发展的权益得到有效保障。截至2018年底，全国31个省份均在本地下发残疾儿童康复救助制度意见，在《国务院关于加快推进残疾人小康进程的意见》的指引下，从康复救助儿童年龄、病种、户籍等角度界定了受助儿童，并明确了具体救助标准以及救助申请流程。

2019年，各地残疾儿童康复救助制度和配套措施将全面落实，促进形成残疾儿童康复救助工作从项目式运作到制度化保障的重要转变，我国残疾儿童康复制度将实现全面覆盖。

3. 精准化特色产业扶贫将成为各地重要举措

"十二五"以来，在《中共中央 国务院关于打赢脱贫攻坚战的决定》《农村残疾人扶贫开发纲要（2011—2020年）》等国家政策的推动下，我国残疾人扶贫工作取得重大进展。《2017年中国残疾人事业发展统计公报》

数据显示，2017年，全国贫困残疾人脱贫攻坚取得阶段性成效，残疾人生产生活状况得到进一步改善，贫困残疾人得到有效扶持。

随着《贫困残疾人脱贫攻坚行动计划（2016—2020年）》和《发展手工制作 促进贫困残疾妇女就业脱贫行动实施方案》《电子商务助残扶贫行动实施方案》《产业扶持助残扶贫行动实施方案》等具体行动方案在各地的逐步落实，以及河北、山西、吉林、浙江、安徽、福建、山东、湖南、广东、广西、云南、甘肃12个省份已经开展的因地制宜的产业扶贫计划，精准化特色产业扶贫正成为各地推进残疾人扶贫工作的重要举措。

八、数据处理说明

（一）逆向指标正向化

课题组对于逆向指标，先做正向化处理，再进行无量纲化。主要采用负数法和倒数法两种方法。"围产儿死亡率""出生低体重婴儿比重""义务教育阶段残疾儿童少年未入学率"等三个指标均为百分比，数值较小，若取倒数进行正向化，正向化后数据之间差异将缩小。因此，此三个指标不适合用倒数法进行正向化，适宜采用负数法。负数法保证了数据与均值、相互之间的绝对距离不变。"各级教育阶段学校平均生师比"采用倒数法进行正向化，正向化后为"各级教育阶段学校平均师生比"。

（二）无量纲化处理

课题组为消除指标量纲的影响，有效合成不同量纲的指标，将具有不同量纲的指标放在一起计算整体的指数值，统一衡量标准，进行无量纲化处理。课题组在测算时，运用了"最大值最小值法"和"标准差标准化法"两种方法进行测试，比对测试结果，验证测试结果的精确度。经比对"标准差标准化"测算方式与"最大值最小值"测算方式的测试结果差别不大，各有千秋，总体都比较符合中国公益研究院日常监测情况。由于"标准差标准化"方法是将31个省份评价指标的均值作为衡量标准，凡测算结果在均值之上的省份为正数，凡测算结果在均值之下的省份为负数。测算结果为负数的省份很容易给人造成没做工作的错觉，且视觉效果也不好。课题组权衡利弊，最终选择了"最大值最小值"方法。某项指标值等于该项指标计算值与最小值之差除以最大值与最小值之差。其公式为：

$$y_i = \frac{x_i - \min x_i}{\max x_i - \min x_i}$$

其中，y_i 为某项指标值，x_i 为某项指标计算值，$\min x_i$ 为所有地区某项指标计算值中的最小值，$\max x_i$ 所有地区某项指标计算值中的最大值。

（三）省级政策创新指标平均赋权

基于构建省级政策创新度的需求，课题组采用平均赋权的原则细化省级社会政策创新指标体系中各级指标的权重。

三级指标赋权：省级慈善政策创新度、省级老年人政策创新度、省级儿童政策创新度、省级残疾人政策创新度4个三级指标各赋权25%。

评价维度赋权：在每个评价维度之下，根据设置的评价维度的具体数量来平均分配权重。例如：三级指标"省级慈善政策创新度"之下的"慈善综合性政策""组织认定与登记""组织公开募捐""组织监管与奖励""慈善信托""社区社会组织""慈善服务""社会组织参与扶贫"8个评价维度各占1/8的权重。三级指标"省级老年人政策创新度"之下的"机构养老服务""社区居家服务""长期照护服务""医养结合""养老人才""养老产业""行业信用""老年公益""农村养老服务"9个评价维度各占 1/9 的权重。

评价点赋权：在每个评价维度之下设评价点，每个评价点在衡量政策创新时采取"有计 1，无计 0"的方式进行打分，所有评价点采取了时间追溯方式，即只要在该评价年度及以前有相关省级政策文件出台的，该评价点计"1"分，无则计"0"。在计算权重时，同一个评价指标下对应的评价点，按照平均分配的方式进行赋权。如评价维度"慈善服务"下，设置"是否明确志愿服务规模目标""是否有志愿者培训体系政策""是否明确社会工作岗位规模设置目标"三个评价点，并各赋权重 1/3。若某省在三个评价点中满足两个，则为 2 ×（1/3），该级指标得分为 2/3。

第二章

中国慈善进步指数

一、中国慈善发展形势与挑战

2017年10月,党的十九大在北京胜利召开。十九大报告中多次提及社会组织、志愿服务、乡村振兴等内容,彰显了慈善事业在社会治理体系中的重要作用。2017年也是我国《慈善法》实施的第一个完整年份,我国公益慈善事业在这一年进入平稳发展阶段。

(一)中国慈善事业稳步推进

1. 慈善法律体系不断完善

2017年,中央和地方层面制定施行了一系列与《慈善法》相配套的政策法规。志愿服务方面,《志愿服务条例》的出台填补了我国志愿服务领域的政策法规空白;税收方面,全国人大常委会公布修订版《企业所得税法》,规定捐赠支出超过限额可以结转3年,实现与《慈善法》的衔接;慈善信托方面,银监会、民政部联合印发《慈善信托管理办法》,对我国慈善信托的发展起到良好促进作用;慈善募捐方面,2017年公布了两项互联网募捐平台规范,分别是《慈善组织互联网公开募捐信息平台技术规范》和《慈善组织互联网公开募捐信息平台基本规范》,此外,民政部及中国红十字会总会共同出台了《关于红十字会开展公开募捐有关问题的通知》;在保值增值方面,《慈善组织保值增值投资活动管理暂行办法(征求意见稿)》[①]

---

① 已于2018年10月25日民政部部务会议通过,2019年1月1日起施行。

规范了慈善组织的投资活动。2017年我国出台的《慈善法》相关法规文件如下表2-1所示。

表2-1　　2017年修订出台的与《慈善法》相关的法律规范和文件

序号	实施时间	名称
1	2017年2月24日	《企业所得税法》
2	2017年7月26日	《慈善信托管理办法》
3	2017年8月1日	《慈善组织互联网公开募捐信息平台基本技术规范》
4	2017年8月1日	《慈善组织互联网公开募捐信息平台基本管理规范》
5	2017年9月8日	《关于红十字会开展公开募捐有关问题的通知》
6	2017年12月1日	《志愿服务条例》

2. 慈善组织和社会组织持续发展壮大

慈善组织登记与认定方面，截至2017年底共有28个省份出台慈善组织登记或认定办事指南，20个省份发布慈善组织申请公开募捐资格指南；组织监管与鼓励方面，15个省份出台了社会组织评估管理办法，13个省份出台了地方慈善奖奖励办法。数据显示，截至2017年底，全国共有3378家慈善组织，其中2017年度在民政部门认定和设立的慈善组织为2794家，是2016年全国慈善组织登记认定总量的4.78倍；全国31个省份获得公开募捐资格的慈善组织数量为816个，2017年各省份平均每十万人拥有的慈善组织数约为11个，每万人拥有6个社会组织。

社会组织持续发展壮大。2017年全国共有社会组织765039个，较上一年增长了8.4%；每万人拥有的社会组织数量为5.5个，较上一年增长了7.8%。2015~2017年，社会组织数量和每万人拥有的社会组织数量如图2-1所示。

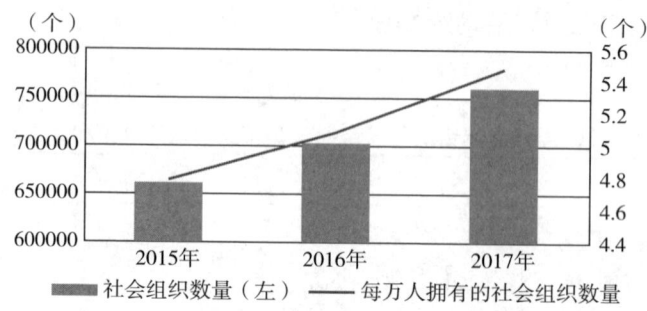

图 2-1　2015～2017 年每万人拥有的社会组织数量

2017年我国社会组织年度收入为4383.6亿元，社会组织年度费用支出为4325.1亿元①，收入与支出基本持平。2017年全国社会组织收入额是2015年1.5倍，是2016年的1.6倍，社会组织支出费用分别为2015年和2016年的1.6和1.8倍。整体来看，2017年我国社会组织提供社会服务的能力提升明显。2015～2017年我国社会组织的年度收入和支出情况如图2-2所示②。

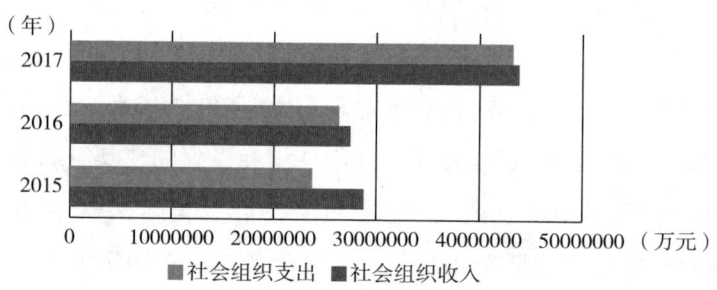

图 2-2　2015～2017 年我国社会组织支出和收入情况

3. 慈善信托发展潜力初现③

慈善信托方面，2017年共有17个省份新增慈善信托备案45单，较上一年增加34单。其中浙江、北京两地慈善信托新增备案数最多，分别为6

---

① 数据来源：《中国民政统计年鉴2018》。
② 数据来源：《中国民政统计年鉴2016》《中国民政统计年鉴2017》。
③ 数据来源：慈善中国。

单和5单,其余省份新增备案数量不超过4单。图2-3为2017年各省慈善信托备案数量。

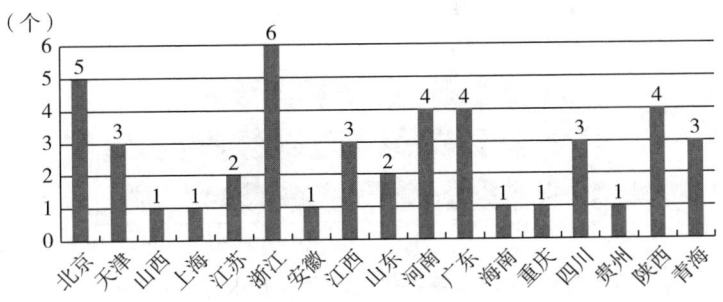

图2-3　2017年各省慈善信托备案数量

2017年全国慈善信托备案总金额为6.95亿元[②],较上一年增加近5亿元。其中广东、河南两省备案金额超过1亿元,分别达到4.9亿和1.1亿,两省慈善信托金额总量约占全部金额的87%。其余15省慈善信托备案金额共0.65亿,占总金额的13%。各省慈善信托备案金额占比情况如下图2-4所示。

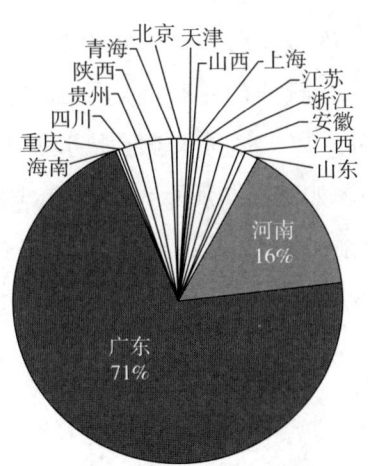

图2-4　2017年各省慈善信托备案金额占比情况

从备案期限来看,2017年备案期限为无固定期限或永续备案[①]的慈善

---

① 无固定期限或永续备案:慈善信托备案类型登记为"无固定限期备案""不设固定期限备案""不设固定存续期限""无期限""永续备案"。

信托共 15 单，占总量的 33%；共有 17 单慈善信托备案期限不超过 5 年，占总单数的 38%；共有 13 单慈善信托备案期限为 10～30 年，占总数的 29%。2017 年慈善信托备案期限分类占比情况如图 2-5 所示。

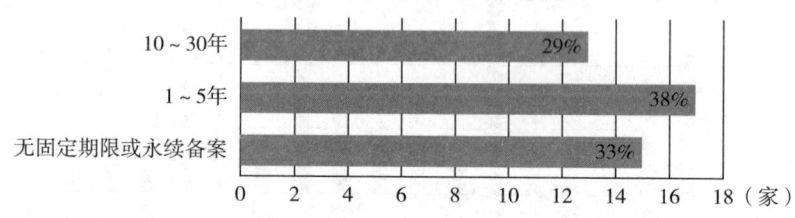

图 2-5　2017 年慈善信托备案期限分类占比情况

4. 慈善服务①水平不断优化

志愿服务方面，2017 年 6 月《志愿者服务条例》出台，7 月全国志愿服务信息系统上线，我国志愿服务的制度化和信息化水平不断提高，全民踊跃参与志愿服务。如图 2-6 所示，2017 年我国志愿服务人数约为 1.7 亿人，志愿服务时间达 5396 万小时，平均每万名常住人口中社会服务志愿者服务人次约为 1234 人，较前两年我国志愿服务参与程度显著提高；从 2015～2017 年志愿服务人数、时间和志愿服务参与率变化来看，我国志愿服务整体发展态势良好。如图 2-7 所示，2017 年志愿服务的经济规模达到 25.84 亿元②，较上一年增加了 1.1 倍，约占 2017 年 GDP 总量的 0.003%。截至 2019 年 3 月，实名志愿者人数已超过 1.1 亿人，志愿服务时间总数 13.1 亿小时③。

---

① 慈善服务是指慈善组织和其他组织以及个人基于慈善目的，向社会或者他人提供的志愿无偿服务以及其他非营利服务，主要包括志愿服务和专业社会服务。(《中华人民共和国慈善法》)

② 志愿服务规模=志愿服务时间×平均时薪。相关数据来源：《中国民政统计年鉴2018》，国家统计局。

③ http://www.chinavolunteer.cn/全国志愿服务。

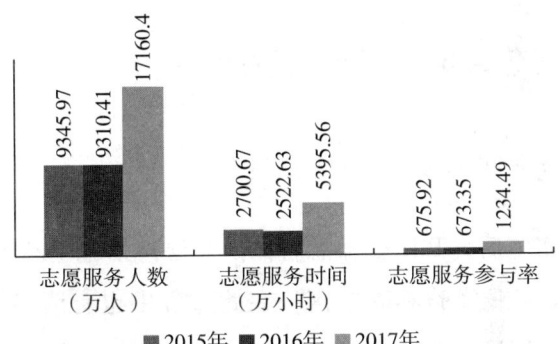

图 2-6　2015～2017 年我国志愿服务发展情况

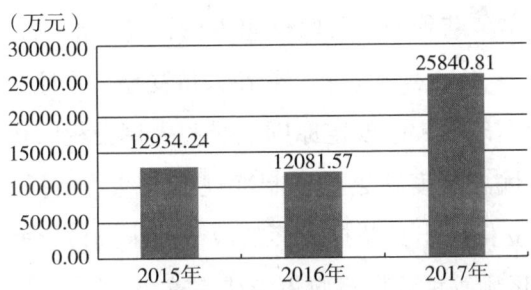

图 2-7　2015～2017 年我国志愿服务经济规模

2015～2017 年，我国专业社会服务稳步发展。截至 2017 年底，社会工作机构和设施超过 44.4 万个，共有注册社工师和助理社工师 32.7 万人。每十万人拥有社工机构数最多的是北京市，约为 178.9 个；甘肃省每十万人拥有的社工师和助理社工师数量最多，约为 209 人。图 2-8 为 2015～2017 年我国社工师及助理社工师数、社会工作机构和设施数变化情况。

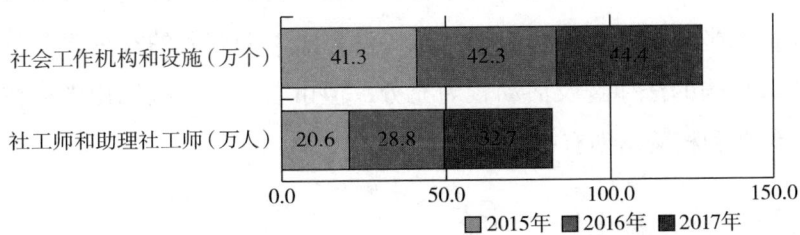

图 2-8　2015～2017 年我国（助理）社工师数、社会工作机构和设施数

（二）中国慈善事业面临的挑战

1.《慈善法》衔接法律法规亟待健全

《慈善法》实施后，我国公益慈善的配套法规措施不断出台，《慈善法》配套政策的执法实践经验不断丰富，在此过程中也有诸多挑战开始显现。综合性慈善政策方面，仅江苏、浙江、安徽、陕西、北京正式通过地方综合性慈善政策或发布相关征求意见稿，全国大部分省市尚未推进《慈善法》在地方的有效落实。慈善捐赠税收优惠方面，尚未形成完善的慈善税收优惠体系。《慈善法》中虽然规定了"受益人接受慈善捐赠，依法享受税收优惠"，《基金会管理条例》中规定原则上受益人享受税收优惠，但对慈善捐赠受益人的税收优惠制度缺乏具体制度规范。慈善信托的税收优惠方面，当前接受捐赠设立信托出具票据方面的政策尚未到位，而受托人管理信托财产、信托财产运用等税收优惠政策亟待完善。

2. 慈善组织专业性有待提升

2017年慈善组织在遵守和运用法律方面的挑战较多。"同一天生日"网络捐助叫停事件，河南济源市爱心艺术团、湖北省爱心帮扶促进会和北京市慈善义工联合会的非法募捐，都不同程度违反了《慈善法》《行政处罚法》等相关法律法规，由此可见慈善组织在机构治理和开展慈善项目方面的专业性水平还有很大提升空间。从《慈善法》颁布后的宣传普及效果来看，省级机构的法律普及活动较为充分，但市县（区）级机构尚存在《慈善法》传播和相关培训有待加强的情况。

3. 信息公开程度仍需加强

为落实《慈善法》对信息公开的相关规定，2017年9月4日全国慈善信息公开平台开通使用，自此全国慈善组织信息、慈善信托备案、慈善组织公开募捐方案备案等相关信息都可通过此平台查询。从目前可查的公开数据来看，"全国社会组织信息查询平台""全国慈善信息公开平台"及地方层面的相关组织信息并不完全统一，部分信息公开不全，信息监测公开及时性不足，社会组织数据管理和共享、不同层级和部门间的信息互通亟待推动。而从公众关心的角度来看，慈善组织信息披露，尤其是善款的管理公开程度有限如具体流向和用途等。基金会中心网显示，截至2018年1月15日，全国纳入评分的4960家基金会的FTI（基金会透明标准评价系统）均值为33.55分（满分100分）；而截至2019年3月，基金会中心网对7234家基金会评估的中基透明指数FTI平均值也仅为50.08[①]，我国慈善机构的社会化和透明化程度偏低。

二、中国慈善进步指数指标体系

2018年中国慈善进步指数指标体系沿用2016年及2017年中国慈善进步指数指标体系的二级指标分类，即"政策环境""组织发展""贡献影响""社会参与"4个二级指标，及16个三级指标。"政策环境"延续上两年"国家慈善政策省级本地化率"和"省级慈善政策创新度"2个三级指标；"组织发展"保留了"慈善组织数""每万人拥有的社会组织数""获得公益性捐赠税前扣除资格的社会组织数"3个三级指标，新增"每十万人拥有的慈善组织数""获得公开募捐资格的慈善组织数""慈善信托规模"3

---

① 数据来源：基金会中心网，http://fti1.foundationcenter.org.cn/，最后访问时间：2019年3月11日。基金会中心网注：因部分2015年成立的基金会不需要提交2015年度工作报告，同时2016年以后成立的基金会无2015年度工作报告，所以中基透明指数FTI未对2015年1月1日以后成立的基金会进行评分。

个指标;"贡献影响"保留了"社会组织收入总额占 GDP 比例""社会组织费用总额占 GDP 比例""社会组织就业贡献率",新增"志愿服务贡献规模"1 个三级指标。"社会参与"保留了"人均捐赠额""彩票公益金人均贡献额""志愿服务参与率",并将"每十万人拥有的社工师和助理社工师数"也放入该二级指标中。本着选用数据的公开权威原则,课题组采集原始数据的来源为《中国统计年鉴》《中国民政统计年鉴》和慈善中国全国慈善信息公开平台。图 2-9 为中国慈善进步指数(2017)指标体系图。

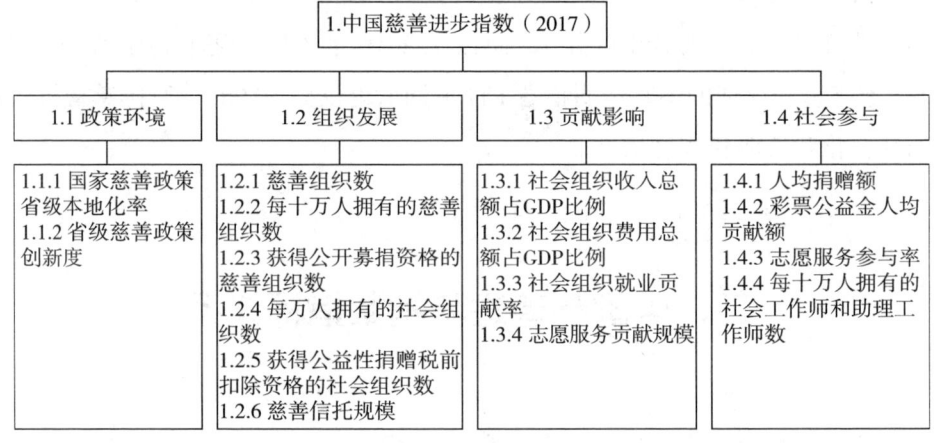

图 2-9 中国慈善进步指数指标体系结构

三、中国慈善进步指数 2017 年省份排名

在 2017 年中国慈善进步指数测算中,榜单前十的省份分别是北京、浙江、上海、江苏、广东、湖南、山东、四川、福建、安徽。

东部地区省份整体排名较为靠前,1~10 名中,除湖南、安徽和四川外都为东部省份,11~31 名中,东部省份占三席,其中天津位列榜单第 17 位,河北、海南分列榜单第 25 位和第 26 位;中部地区省份排名分布较为分散，其中湖南和安徽分别位列第 6 和第 10 名，第 11～20 名中有 4 个中部省份，分别是江西、湖北、山西、河南；西部省份中，四川位列榜单前十，其余西部省份主要分布在第 11～31 名。在 2017 年中国慈善进步指数榜单中，东北三省黑龙江、辽宁和吉林排位均在 20 名之后。

表 2-2　　2017 年中国慈善进步指数省份排名地区分布

1～10 名					11～20 名					21～31 名				
全国排名	东北	东部	中部	西部	全国排名	东北	东部	中部	西部	全国排名	东北	东部	中部	西部
1		北京			11				宁夏	21				广西
2		浙江			12			江西		22				青海
3		上海			13				甘肃	23				贵州
4		江苏			14			湖北		23	黑龙江			
5		广东			15				重庆	25		河北		
6			湖南		15				陕西	26		海南		
7		山东			17		天津			27				内蒙古
8				四川	18			山西		28	辽宁			
9		福建			19			河南		29	吉林			
10			安徽		20				云南	30				新疆
										31				西藏

在 4 个二级指标中，"政策环境"排名前 3 名的省份依次是江苏、浙江、山东；在"组织发展"中，排名前 3 名的分别是北京、广东和浙江；在"贡献影响"单项排名中，北京、四川和湖南分列前 3 名，而陕西和甘肃虽然总体排名不突出，但在该单项排名中分别位列第 6 和第 8 名；北京、上海和西藏在"社会参与"方面位列全国前三，天津、重庆和辽宁分列第 5 名、第 6 名和第 9 名。

如表 2-3 中所示，2017 年北京人均 GDP 排名与慈善进步指数排名均高居榜首。

总体来看，2017 年 14 个省份的慈善进步指数排名领先于人均 GDP 排名。慈善进步指数排名领先于人均 GDP 排名的省份分别是浙江（3）、广东（2）、湖南（10）、山东（1）、四川（13）、安徽（14）、宁夏（4）、江西（11）、甘肃（18）、山西（7）、云南（10）、广西（7）、贵州（6）、黑龙江（2）。

2017 年，共有 14 个省份的慈善进步指数排名低于人均 GDP 排名，东部地区省份包括上海（-1）、河北（-6）、天津（-14）、福建（-3）、海南（-9），中部地区省份包括湖北（-3）、河南（-1），西部地区省份包括内蒙古（-18）、重庆（-4）、陕西（-4）、新疆（-10）、西藏（-4），东北地区包括辽宁（-14）、吉林（-16）。此外，北京、江苏、青海三省的慈善进步指数排名与人均 GDP 排名完全相同。

表 2-3 2017 年中国慈善进步指数省份排名

省份	政策环境		组织发展		贡献影响		社会参与		总分		人均 GDP 排名	与人均 GDP 排名比较
	得分	排名	得分	排名	得分	排名	得分	排名	总分	排名		
北京	0.122	4	0.250	1	0.172	1	0.169	1	0.713	1	1	0
浙江	0.142	2	0.206	3	0.056	9	0.030	8	0.434	2	5	3
上海	0.116	5	0.119	6	0.084	4	0.076	2	0.395	3	2	-1
江苏	0.143	1	0.152	5	0.053	11	0.039	4	0.387	4	4	0
广东	0.080	9	0.224	2	0.048	12	0.030	7	0.382	5	7	2
湖南	0.044	23	0.188	4	0.099	3	0.015	16	0.346	6	16	10
山东	0.135	3	0.066	12	0.066	5	0.015	15	0.283	7	8	1
四川	0.035	25	0.081	7	0.106	2	0.015	17	0.237	8	21	13
福建	0.094	8	0.067	11	0.043	15	0.019	12	0.223	9	6	-3
安徽	0.095	7	0.072	9	0.030	22	0.008	26	0.205	10	24	14
宁夏	0.070	13	0.048	18	0.054	10	0.019	11	0.190	11	15	4
江西	0.112	6	0.024	27	0.047	13	0.004	29	0.188	12	23	11
甘肃	0.045	22	0.071	10	0.058	8	0.010	24	0.184	13	31	18
湖北	0.047	20	0.080	8	0.025	24	0.014	18	0.166	14	11	-3

续表

省份	政策环境		组织发展		贡献影响		社会参与		总分		人均GDP排名	与人均GDP排名比较
	得分	排名	得分	排名	得分	排名	得分	排名	总分	排名		
重庆	0.047	21	0.043	20	0.046	14	0.031	6	0.166	14	10	-4
陕西	0.041	24	0.037	22	0.060	6	0.023	10	0.160	16	12	-4
天津	0.073	11	0.037	21	0.011	30	0.037	5	0.158	17	3	-14
山西	0.066	14	0.057	13	0.019	26	0.010	25	0.151	18	25	7
河南	0.073	12	0.054	15	0.017	27	0.004	31	0.148	19	18	-1
云南	0.056	19	0.026	26	0.058	7	0.007	27	0.147	20	30	10
广西	0.061	17	0.033	25	0.041	16	0.011	23	0.146	21	28	7
青海	0.033	27	0.054	14	0.036	19	0.016	14	0.139	22	22	0
贵州	0.064	16	0.024	28	0.035	21	0.013	19	0.136	23	29	6
黑龙江	0.059	18	0.046	19	0.015	28	0.012	21	0.132	24	26	2
河北	0.065	15	0.034	24	0.026	23	0.004	30	0.129	25	19	-6
海南	0.031	29	0.054	16	0.037	18	0.005	28	0.128	26	17	-9
内蒙古	0.032	28	0.051	17	0.023	25	0.017	13	0.124	27	9	-18
辽宁	0.023	30	0.034	23	0.035	20	0.024	9	0.116	28	14	-14
吉林	0.076	10	0.023	29	0.000	31	0.011	22	0.111	29	13	-16
新疆	0.034	26	0.014	30	0.039	17	0.013	20	0.100	30	20	-10
西藏	0.000	31	0.004	31	0.014	29	0.044	3	0.062	31	27	-4

综合2012~2017年中国慈善进步指数排名可以看出：

北京地区慈善发展依旧走在全国前列，连续六年排名全国第1。2017年中国慈善进步指数榜单中，北京在"贡献影响"和"社会参与"两个方面都位列第1，慈善事业发展优势明显。

浙江省在历年排名中稳居榜单前五，2015~2017年排名逐年上升，2017年榜单排名中位居第2，慈善事业发展成绩显著。

安徽在2017年首次进入慈善进步指数榜单前十，对比2016年有较大的名次提升，进步明显。湖南第二次进入前十，在"组织发展"和"贡献影响"两项单项排名中分列第4和第3，表现十分亮眼。

四川是西部地区中唯一进入榜单前十的省份,也是2016年以来连续排名跻身前十。

表2-4 　　2012～2017年中国慈善进步指数省份排名

排名	2012年 省份	分值	2013年 省份	分值	2014年 省份	分值	2015年 省份	分值	2016年 省份	分值	2017年 省份	分值
1	北京	0.632	北京	0.689	北京	0.621	北京	0.617	北京	0.758	北京	0.713
2	江苏	0.557	江苏	0.595	上海	0.558	上海	0.441	上海	0.468	浙江	0.434
3	上海	0.488	广东	0.543	江苏	0.556	江苏	0.382	浙江	0.378	上海	0.395
4	浙江	0.474	浙江	0.511	浙江	0.445	浙江	0.372	广东	0.351	江苏	0.387
5	广东	0.406	上海	0.508	广东	0.43	广东	0.345	江苏	0.336	广东	0.382
6	宁夏	0.356	宁夏	0.38	宁夏	0.352	天津	0.331	福建	0.259	湖南	0.346
7	山东	0.264	辽宁	0.326	山东	0.309	河北	0.303	宁夏	0.253	山东	0.283
8	辽宁	0.26	重庆	0.323	重庆	0.301	宁夏	0.279	天津	0.227	四川	0.237
9	重庆	0.254	山东	0.317	湖南	0.3	陕西	0.239	四川	0.221	福建	0.223
10	天津	0.243	福建	0.311	福建	0.272	福建	0.236	山东	0.221	安徽	0.205
11	四川	0.238	天津	0.306	天津	0.257	江西	0.233	湖南	0.217	宁夏	0.190
12	福建	0.234	四川	0.276	河北	0.244	海南	0.227	陕西	0.196	江西	0.188
13	安徽	0.218	陕西	0.274	云南	0.244	湖南	0.226	重庆	0.19	甘肃	0.184
14	湖南	0.211	湖南	0.268	湖北	0.239	重庆	0.221	云南	0.187	湖北	0.166
15	湖北	0.211	海南	0.267	四川	0.237	四川	0.213	河北	0.185	重庆	0.166
16	陕西	0.2	湖北	0.264	陕西	0.237	甘肃	0.203	贵州	0.183	陕西	0.160
17	内蒙古	0.184	河北	0.261	甘肃	0.235	云南	0.202	海南	0.179	天津	0.158
18	海南	0.184	甘肃	0.257	贵州	0.233	贵州	0.193	辽宁	0.166	山西	0.151
19	贵州	0.173	云南	0.252	辽宁	0.23	湖北	0.186	江西	0.164	河南	0.148
20	吉林	0.172	安徽	0.244	海南	0.224	山东	0.175	湖北	0.161	云南	0.147
21	新疆	0.169	内蒙古	0.238	内蒙古	0.214	广西	0.168	黑龙江	0.16	广西	0.146
22	青海	0.165	贵州	0.223	安徽	0.211	辽宁	0.159	甘肃	0.159	青海	0.139
23	云南	0.156	新疆	0.222	新疆	0.198	青海	0.159	青海	0.153	贵州	0.136
24	黑龙江	0.144	青海	0.222	江西	0.19	新疆	0.159	内蒙古	0.152	黑龙江	0.132
25	山西	0.144	江西	0.221	青海	0.189	山西	0.148	山西	0.151	河北	0.129
26	甘肃	0.144	山西	0.217	广西	0.184	安徽	0.134	新疆	0.147	海南	0.128
27	江西	0.14	吉林	0.215	山西	0.156	河南	0.13	广西	0.139	内蒙古	0.124
28	河北	0.136	广西	0.202	吉林	0.156	黑龙江	0.118	安徽	0.138	辽宁	0.116
29	广西	0.13	黑龙江	0.2	黑龙江	0.152	吉林	0.117	河南	0.097	吉林	0.111

续表

排名	2012年		2013年		2014年		2015年		2016年		2017年	
	省份	分值	省份	分值	省份	分值	省份	分值	省份	分值	省份	分值
30	西藏	0.09	河南	0.136	河南	0.124	内蒙古	0.114	西藏	0.092	新疆	0.100
31	河南	0.081	西藏	0.076	西藏	0.116	西藏	0.082	吉林	0.091	西藏	0.062

四、中国慈善进步指数 2012～2017 年排名特点

2012～2017年，共有16个省份进入中国慈善进步指数年度前十位。其中，6个省份六次进入榜单前十，分别是北京、上海、江苏、浙江、广东、福建；宁夏、山东五次进入榜单前十，天津、重庆三次进入榜单前十，四川、辽宁、湖南两次进入榜单前十，河北、陕西、安徽都只进入榜单前十位一次。下表为2012～2017年中国慈善进步指数排名前十的省份。

表 2-5　2012～2017 年进入中国慈善进步指数排名前十的省份

序号	省份	2012年	2013年	2014年	2015年	2016年	2017年	进入前十次数
1	北京	是	是	是	是	是	是	6
2	上海	是	是	是	是	是	是	6
3	江苏	是	是	是	是	是	是	6
4	浙江	是	是	是	是	是	是	6
5	广东	是	是	是	是	是	是	6
6	福建	否	是	是	是	是	是	6
7	宁夏	是	是	是	是	是	否	5
8	山东	是	是	是	否	是	是	5
9	天津	是	否	否	是	是	否	3
10	重庆	是	是	是	否	否	否	3
11	四川	否	否	否	否	是	是	2

续表

序号	省份	2012年	2013年	2014年	2015年	2016年	2017年	进入前十次数
12	辽宁	是	是	否	否	否	否	2
13	湖南	否	否	是	否	否	是	2
14	河北	否	否	否	是	否	否	1
15	陕西	否	否	否	是	否	否	1
16	安徽	否	否	否	否	否	是	1

（一）东部地区慈善发展走在全国前列

东部地区慈善事业发展继续保持领先态势。2012～2017年，东部地区共9个省份进入中国慈善进步指数排名前十位的榜单，其中有6个省份连续六年进入榜单前十，分别是北京、上海、江苏、浙江、广东、福建；中部地区的湖南和安徽分别跻身榜单前十两次和一次；西部地区共有4个省份进入榜单前十，分别是宁夏、重庆、四川、陕西；东北地区只有辽宁两次位列榜单前十。2012～2017年中国慈善进步指数排名前十省份地区分布如下表2-6所示。

表2-6　　2012～2017年中国慈善进步指数排名前十省份地区分布

东部地区	中部地区	西部地区	东北地区
9席 北京（☆☆☆☆☆☆） 上海（☆☆☆☆☆☆） 江苏（☆☆☆☆☆☆） 浙江（☆☆☆☆☆☆） 广东（☆☆☆☆☆☆） 福建（☆☆☆☆☆☆） 山东（☆☆☆☆） 天津（☆☆☆） 河北（☆）	2席 湖南（☆☆） 安徽（☆）	4席 宁夏（☆☆☆☆☆） 重庆（☆☆☆） 四川（☆☆） 陕西（☆）	1席 辽宁（☆☆）

注：☆数量为排名进入前十的次数。

（二）各省整体排名变化不大

通过对比分析，课题组发现2012～2017年中国慈善进步指数各省排名基本稳定。东部地区10个省份排名较为靠前，北京连续六年排位居于首位，上海、江苏、浙江、广东连续六年排名前五；中部地区和西部地区排名较为分散，东北地区排名靠后，吉林和黑龙江都排在第21～31位。北京、上海、江苏、浙江、广东、西藏、青海连续六年变化不超过3个排位。2012～2017年中国慈善进步指数排名地区分布情况如下表2-7所示。

表2-7　2012～2017年中国慈善进步指数排名地区分布

省份\年份	2012	2013	2014	2015	2016	2017	省份\年份	2012	2013	2014	2015	2016	2017
东部地区（10个）							西部地区（12个）						
北京	1	1	1	1	1	1	内蒙古	17	21	21	30	24	27
天津	10	14	11	11	15	17	广西	29	28	26	21	27	21
河北	28	17	12	19	7	25	重庆	9	8	8	14	13	14
上海	3	5	2	2	2	3	四川	11	12	15	15	9	8
江苏	2	2	3	3	5	4	贵州	19	22	18	18	16	23
浙江	4	4	4	4	3	2	云南	23	19	13	17	14	20
福建	12	10	10	10	6	9	西藏	30	31	31	31	30	31
山东	7	9	7	20	10	7	陕西	16	13	16	9	12	16
广东	5	3	5	5	4	5	甘肃	26	18	17	16	22	13
海南	18	15	20	12	17	26	青海	22	24	25	23	23	22
							宁夏	6	6	6	8	7	11
							新疆	21	23	23	24	26	30
中部地区（6个）							东北地区（3个）						
山西	25	26	27	25	25	18	辽宁	8	7	19	22	18	28
安徽	29	26	21	25	26	10	吉林	20	27	28	29	31	29
江西	27	25	24	11	19	12	黑龙江	24	29	29	28	21	24
河南	31	30	30	27	29	19							
湖北	15	16	14	19	20	14							
湖南	14	14	9	13	11	6							

（三）慈善事业发展态势良好

综合考量近两年的中国慈善进步指数指标体系及测算方法，我们在所有三级指标中选取了2018年和2019年指标体系均有收录、且测算使用数据来源一致的9个三级指标，就2015～2017年我国慈善事业发展情况进行分析。这9个三级指标当中，组织发展、贡献影响和社会参与二级指标下各有2个3个和4个（见表2-8）。未选取政策环境指标的原因是，其原本就采用逐年累加的积分方式，所以无法根据政策环境三级指标计算值来进行趋势分析。

分析方法是，用全国31个省份当年上述9个指标的9个平均值来代表当年全国慈善事业发展水平，再分别比较2015、2016、2017年9个指标平均值的变化情况来判断我国慈善事业的发展趋势。表2-8为2015～2017年全国各省平均发展水平表。

表2-8　　2015～2017年全国慈善事业平均发展水平

序号	三级指标	2015年	2016年	2017年
1	每万人拥有的社会组织数（个）	4.81	5.12	5.61
2	社会组织收入总额占GDP比例（%）	0.29	0.24	0.35
3	社会组织费用总额占GDP比例（%）	0.23	0.24	0.36
4	社会组织就业贡献率（%）	0.73	0.78	0.86
5	人均捐赠额（元）	48	51	64.40
6	彩票公益金人均贡献额（元）	46.2	49.84	55.18
7	志愿服务参与率（人次/万人）	97.12	100.71	214.86
8	每十万人拥有的社会工作师和助理社会工作师数（人）	14.753	20.584	23.22
9	获得公益性捐赠税前扣除资格的社会组织数（个）	118	141.645	154.71

表2-8所列三级指标中,"每万人拥有的社会组织数"和"获得公益性捐赠税前扣除资格的社会组织数"为"组织发展"的二级指标;"社会组织收入总额占GDP比例""社会组织费用总额占GDP比例""社会组织就业贡献率"都为二级"贡献影响"的分指标;"人均捐赠额""彩票公益金人均贡献额""志愿服务参与率"及"每十万人拥有的社工师和助理社工师数"都为"社会参与"的分指标。由上述指标平均值变化趋势可以看出,总体上,各指标平均值逐年增加趋势明显,中国慈善事业在组织发展、贡献影响和社会参与度方面呈良好发展态势。值得关注的是,2017年志愿服务参与率是2015年和2016年的两倍之多,2017年志愿服务参与率显著提升。

(四)地方经济水平影响慈善发展,但非绝对因素

总体来看,2012～2017年我国各省慈善事业发展程度与经济发展水平并不总是有显著的相关性。2012～2017年,北京、黑龙江、上海、江苏、浙江、福建、山东、河南、湖北、广东、青海、新疆12个省份的人均GDP排名与慈善进步指数排名差值较小(排位差不大于3),这些地区的慈善发展和人均GDP的发展水平差异不大。有些地区的慈善发展水平远领先于经济发展水平,如2012～2017年,内蒙古、吉林有5个年份慈善进步指数排名领先于人均GDP排名10个以上位次,而一些地区恰好相反,如云南、甘肃、贵州、四川超过四年慈善进步指数排名较人均GDP排名落后10个以上位次。表2-9为2012～2017年中国慈善进步指数省份排名与其人均GDP排名差异。

表 2-9　2012～2017 年中国慈善进步指数省份排名与其人均 GDP 排名差异

省份	2012 年			2013 年			2014 年			2015 年			2016 年			2017 年		
	慈善进步指数排名	人均GDP排名	排名差异	慈善进步指数排名	人均GDP排名	排名差异	慈善进步指数排名	人均GDP排名	排名差异	慈善进步指数排名	人均GDP排名	排名差异	慈善进步指数排名	人均GDP排名	排名差异	慈善进步指数排名	人均GDP排名	排名差异
北京	1	2	1	1	2	1	1	2	1	1	2	1	1	1	0	1	1	0
天津	10	1	-9	11	1	-10	11	1	-10	6	1	-5	8	3	-5	17	3	-14
河北	28	15	-13	17	16	-1	12	18	6	7	19	12	15	19	4	25	19	-6
山西	25	19	-6	26	22	-4	27	24	-3	25	27	2	25	27	2	18	25	7
内蒙古	17	5	-12	21	6	-15	21	6	-15	30	6	-24	24	8	-16	27	9	-18
辽宁	8	7	-1	7	7	0	19	7	-12	22	9	-13	18	14	-4	28	14	-14
吉林	20	11	-9	27	11	-16	28	11	-17	29	12	-17	31	12	-19	29	13	-16
黑龙江	24	17	-7	29	17	-12	29	20	-9	28	21	-7	21	22	1	24	26	2
上海	3	3	0	5	3	-2	2	3	1	2	3	1	2	2	0	3	2	-1
江苏	2	4	2	2	4	2	3	4	1	3	4	1	5	4	-1	4	4	0
浙江	4	6	2	4	5	1	4	5	1	4	5	1	3	5	2	2	5	3
安徽	13	26	13	20	25	5	22	26	4	26	25	-1	28	25	-3	10	24	14
福建	12	9	-3	10	9	-1	10	8	-2	10	7	-3	6	6	0	9	6	-3
江西	27	25	-2	25	26	1	24	25	1	11	24	13	19	23	4	12	23	11
山东	7	10	3	9	10	1	7	10	3	20	10	-10	10	9	-1	7	8	1

续表

省份	2012年 慈善进步指数排名	2012年 人均GDP排名	2012年 排名差异	2013年 慈善进步指数排名	2013年 人均GDP排名	2013年 排名差异	2014年 慈善进步指数排名	2014年 人均GDP排名	2014年 排名差异	2015年 慈善进步指数排名	2015年 人均GDP排名	2015年 排名差异	2016年 慈善进步指数排名	2016年 人均GDP排名	2016年 排名差异	2017年 慈善进步指数排名	2017年 人均GDP排名	2017年 排名差异
河南	31	23	-8	30	23	-7	30	22	-8	27	22	-5	29	20	-9	19	18	-1
湖北	15	13	-2	16	14	-2	14	13	-1	19	13	-6	20	11	-9	14	11	-3
湖南	14	20	6	14	19	5	9	17	8	13	16	3	11	16	5	6	16	10
广东	5	8	3	3	8	5	5	9	4	5	8	3	4	7	3	5	7	2
广西	29	27	-2	28	27	-1	26	27	1	21	26	5	27	26	-1	21	28	7
海南	18	22	4	15	21	6	20	21	1	12	18	6	17	17	0	26	16	-10
重庆	9	12	3	8	12	4	8	12	4	14	11	-3	13	10	-3	15	10	-5
四川	11	24	13	12	24	12	15	23	8	15	23	8	9	24	15	8	21	13
贵州	19	31	12	22	31	9	18	30	12	18	29	11	16	29	13	23	29	6
云南	23	29	6	19	29	10	13	29	16	17	30	13	14	30	16	20	30	10
西藏	30	28	-2	31	28	-3	31	28	-3	31	28	-3	30	28	-2	31	27	-4
陕西	16	14	-2	13	13	0	16	14	-2	9	14	5	12	13	1	16	12	-4
甘肃	26	30	4	18	30	12	17	31	14	16	31	15	22	31	9	13	31	18
青海	22	21	-1	24	20	-4	25	19	-6	23	17	-6	23	18	-5	22	22	0
宁夏	6	16	10	6	15	9	6	15	9	8	15	7	7	15	8	11	15	4
新疆	21	18	-3	23	18	-5	23	16	-7	24	20	-4	26	21	-5	30	30	0

五、中国慈善进步指数单项三级指标突出省份

（一）组织发展：东部地区发展较快，六省份位列前十

从二级指标"组织发展"情况来看，排名前十的省份依次是北京、广东、浙江、湖南、江苏、上海、四川、湖北、安徽、甘肃。东部地区发展优势明显，前十位共占5席，分别是北京、广东、浙江、江苏、上海、山东；中部地区湖南、湖北、安徽占3个席位；西部地区四川、甘肃占2个席位。

从二级指标"组织发展"之下的6个三级指标来看，"慈善组织数"指标排名中北京、浙江、广东、湖南、上海位列前五，它们的慈善组织数依次是533、411、335、268、178；"每十万人拥有的慈善组织数"排名前五的省份分别是北京、上海、浙江、湖南、青海，每十万人拥有的慈善组织数分别是2.5、0.74、0.73、0.39、0.37；"每万人拥有的社会组织数"指标排名中，江苏、甘肃、宁夏、浙江、青海位列前五，它们的数值分别是10.84、10.31、9.6、9.08、8.85；"获得公募资格的慈善组织数"指标中排名前五的省份分别是湖南、四川、广东、浙江、北京，它们的数量分别是143、66、67、52、46；"获得公益性捐赠税前扣除资格的社会组织数"排名前五的省份是浙江、北京、江苏、湖南、广东，它们的数量分别是566、542、500、474、415；广东、河南、陕西、安徽、浙江五个省份在"慈善信托规模"指标排名中位列前五，它们的慈善信托规模分别是4.9亿、1.1亿、1700万、1300万、1196万。这6项指标排名中，浙江6次进入排名前五，北京、广东4次进入前五，表现突出。

（二）贡献影响：西部地区优势明显，五省份位列前十

从二级指标"贡献影响"的得分情况来看，排名前十的省份依次是北京、四川、湖南、上海、山东、陕西、云南、甘肃、浙江、宁夏。其中西部地区共有五个省份，分别是四川、陕西、云南、甘肃和宁夏；东部地区共有四个，分别是北京、上海、山东、浙江；中部地区仅有湖南排名第三。

从二级指标"贡献影响"之下的4个三级指标中，"社会组织收入总额占 GDP 比例"排名位列前五的是四川、北京、上海、湖南、广东，它们的数据分别位 2.91%、1.26%、1.05%、0.92%、0.53%。"社会组织费用总额占 GDP 比例"指标中，排名前五的省份分别是湖南、北京、上海、四川、广东，比例依次为 3.83%、1.05%、0.94%、0.48%、0.45%。在"社会组织贡献率"指标排名中，北京、山东、陕西、甘肃、宁夏位列前五，贡献率依次是 1.35%、1.31%、1.27%、1.25%、1.16%；北京、山东、江苏、浙江、重庆五个省份在"志愿服务贡献规模"指标中位列前五，它们的贡献规模依次是 25.56 亿、8728 万、7551 万、5336 万、5205 万。在四个三级指标排名中，北京 4 次位列前五，广东、山东、湖南、四川、上海 3 次位列前五。值得一提的是，"志愿服务规模"是课题组首次将其作为三级指标进行考量，该指标的计算方法是根据志愿服务时间与平均时薪的折算结果相乘得出各省的志愿服务贡献价值。

（三）社会参与：东部地区排名占优，六省份位列前十

从二级指标"社会参与"情况来看，排名前十的省份依次是北京、上海、西藏、江苏、天津、重庆、广东、浙江、辽宁、陕西。位列前十的省份中，东部省份占 6 席，依次是北京、上海、江苏、天津、广东和浙江；3 席为西部地区省份，分别是西藏、重庆、陕西；东北地区仅有辽宁

排名第九。

从二级指标"社会参与"下的4个三级指标来看,"人均捐赠额"指标排名前五的省份是北京、上海、贵州、湖南、宁夏,人均捐赠额依次是1131.9元、112.2元、100.1元、58.9元、50.2元;西藏、青海、浙江、宁夏、内蒙古在"彩票公益金人均贡献额"指标中位列前五,它们的贡献额依次是255.5元、81.9元、79.5元、74.7元、71.6元;在指标"志愿服务参与率"指标中,北京、重庆、贵州、山东、浙江位列前五,它们的数值依次是每万人5766.3人次、183.7人次、133.1人次、92.8人次、72.4人次;"每十万人拥有的社会工作师和助理工作师数"指标排名中,北京、上海、广东、江苏、浙江位列前五,它们的数量分别是124、70、58、53、47。四个三级指标排名中,北京、浙江3次位列榜单前五,上海、浙江、贵州2次位列榜单前五,出现频率较高。

六、省级慈善政策创新度省份排名与特点

（一）中国省级慈善政策创新指数指标体系

中国省级慈善政策创新指数由北京师范大学中国公益研究院独立研发,旨在通过系统评价2017年全国31个省份慈善政策创新情况,分析判断慈善政策发展趋势,推动各地慈善政策创新。2017年中国省级慈善政策创新度选取了慈善综合性政策、组织认定与登记、组织公开募捐、组织监管与奖励、慈善信托、社区社会组织、慈善服务、社会组织参与扶贫8个评价维度,并进一步将其细化为27个评价点,每个评价维度下的评价点平均分配分值（详见下表2-10）。

表 2-10　　省级慈善政策创新度评价维度和评价点[①]

三级指标	评价维度	评价点
省级慈善政策创新度	1. 慈善综合性政策	是否出台慈善综合性政策
	2. 组织认定与登记	（1）是否出台慈善组织登记指南
		（2）是否出台慈善组织认定指南
		（3）是否明确《慈善法》公布后实施前设立的社会组织成为慈善组织的方式
		（4）是否明确社会组织认定为慈善组织的时限规定
	3. 组织公开募捐	（1）是否出台慈善组织申请公募资格指南
		（2）是否明确开展公募活动备案办理程序
		（3）是否明确异地公开募捐备案的操作规范
		（4）是否出台合作募捐的相关政策
	4. 组织监管与奖励	（1）是否细化慈善组织信息公开规定
		（2）是否出台信用信息管理办法
		（3）是否细化社会组织评估管理办法
		（4）是否出台政府购买慈善组织服务等方面的促进政策
		（5）是否出台公益创投政策
		（6）是否出台设立地方慈善奖项的政策
	5. 慈善信托	（1）是否出台或细化地方慈善信托政策
		（2）是否鼓励信托公司开展慈善信托业务
		（3）是否鼓励城乡社区组织等主体参与慈善信托
	6. 社区社会组织	（1）是否明确社区社会组织备案管理制度
		（2）是否细化设立社区社会组织的发展目标
		（3）是否鼓励市县两级出台管理办法
	7. 慈善服务	（1）是否明确志愿服务规模目标
		（2）是否有志愿者培训体系政策
		（3）是否明确社会工作岗位规模设置目标

① 本次指标体系中8个一级指标平均赋权，各占1/8的权重，在计算权重时，同一个一级指标下对应的二级指标同样按照平均分配的方式进行赋权，所有二级指标在总指标中的权重为上述权重相乘的结果。

续表

三级指标	评价维度	评价点
省级慈善政策创新度	8.社会组织参与扶贫	（1）是否明确扶贫公益项目管理的考核制度 （2）是否明确定点扶贫实施办法 （3）是否出台政策建立长效激励机制

（二）2017年中国省级慈善政策创新指数排名

1. 2017年中国省级慈善政策创新指数排名

2017年中国省级慈善政策创新指数排名前十的省份依次为：江苏、浙江、山东、北京、上海、江西、天津、吉林、安徽、福建。从地域分布上来看，2017年中国省级慈善政策创新指数排名中，东部地区依然走在全国前列。各省排名地域分布情况如下表2-11所示。

表2-11　　2017年中国省级慈善政策指数省份排名地区分布

1～10名					11～20名					21～31名				
全国排名	东北	东部	中部	西部	全国排名	东北	东部	中部	西部	全国排名	东北	东部	中部	西部
1		江苏			11				贵州	21			山西	
2		浙江			12				广西	22				四川
3		山东			13	黑龙江				23		河北		
4		北京			14		广东			24				内蒙古
5		上海			15			河南		25				云南
6			江西		16			湖北		26	辽宁			
7	吉林				16				重庆	27				青海
8		天津			18				宁夏	28				甘肃
9			安徽		19			湖南		29				新疆
10		福建			20				陕西	30		海南		
										31				西藏

在排名前十的省份中，东部地区占七席，分别是江苏、浙江、山东、北京、上海、天津、福建；中部地区占两席，分别是江西和安徽；东北地

区的吉林占据一个席位。总体来看,东部地区省份除广东、河北和海南外,各省份排名主要集中在 1～10 名;中部地区的江西和安徽分居全国第 6 名和第 9 名,山西排名第 21 位,其余中部地区省份排名集中在 11～20 名;在 11～20 名和 21～31 名中,西部省份分别占据 5 个席位和 7 个席位。东北地区省份排名较为分散,除吉林排在第 7 位外,黑龙江、辽宁分列第 13 和 26 位。

2. 2012～2017 年中国省级慈善政策创新指数排名特点

综合 2012～2017 年中国省级慈善政策创新指数排名可以看出,东部地区全国领先,江苏和上海连续 6 年位列前十;整体上排名较稳定,安徽、广西排名显著提升;慈善政策创新指数排名与人均 GDP 排名不完全对应。总体呈现慈善政策创新力度不断加强的趋势。表 2-12 为 2012～2017 年中国省级慈善政策创新指数排名汇总。

表 2-12　2012～2017 年中国省级慈善政策创新指数排名汇总

2012 年		2013 年		2014 年		2015 年		2016 年		2017 年	
排名	省份	排名	省份	排名	省份	排名	省份	排名	省份	排名	省份
1	江苏	1	江苏	1	宁夏	1	天津	1	北京	1	江苏
2	宁夏	2	宁夏	2	江苏	2	上海	2	山东	2	浙江
3	上海	3	陕西	3	上海	3	江西	3	上海	3	山东
3	广东	3	河北	4	湖南	4	江苏	4	浙江	4	北京
5	湖南	5	湖南	5	陕西	4	浙江	5	天津	5	上海
6	海南	6	上海	6	河北	6	北京	6	福建	6	江西
7	陕西	6	广东	7	内蒙古	6	陕西	7	黑龙江	7	吉林
8	吉林	8	浙江	7	福建	8	湖南	7	江西	8	天津
9	内蒙古	9	福建	9	江西	8	宁夏	9	内蒙古	9	安徽
10	黑龙江	9	云南	10	贵州	10	河北	10	江苏	10	福建
10	浙江							10	湖南		
10	四川										

根据 2012～2017 年中国省级慈善政策创新指数排名结果,指数团队发现如下特点。

（1）东部地区全国领先，江苏和上海连续6年位列前十。2012～2017年，东部地区共有9个省份曾进入中国省级慈善政策创新指数榜单前十，分别是江苏、上海、广东、海南、浙江、福建、河北、天津、山东，其中江苏三次位居榜首，江苏和上海连续6年位列前十；西部地区共有5个省份进入榜单前十，分别是宁夏、陕西、云南、贵州、内蒙古；中部地区仅有江西、安徽和湖南曾进入前十；东北地区黑龙江、吉林都曾两次进入排名前十。

（2）排名总体稳定，安徽、广西排名显著提升。2012～2017年，中国省级慈善政策创新指数排名总体呈稳定态势，尤其是排名前十的省份变化趋于平稳，上海、江苏、浙江、宁夏、福建、江西、湖南、陕西都至少四次进入榜单前十。东部省份位列榜单前十的优势明显，每年占5～7个席位不等，中部省份、西部省份的排名多在榜单10名之后。

安徽排名波动升高。2012～2017年，安徽在省级慈善政策创新指数排名中分别位列第17位、第18位、第24位、第24位、第26位、第9位，2017年安徽在"慈善组织认定与登记""社会组织参与扶贫"方面创新点较多，得分较高。

近三年广西排名大幅提升。在省级慈善政策创新指数排名中分别位列19、29、26、24、21、12。2017年省级慈善政策创新指数排名计分中，广西在慈善组织公开募捐政策创新方面较完善，得分较高。

（3）慈善政策创新指数排名与人均GDP排名不完全对应。从2012～2017年全国省级慈善政策创新排名与人均GDP排名对比可以看出（如表2-13所示），东部地区省级创新指数排名与人均GDP发展水平总体正向相关；中西部地区部分省份慈善创新指数排名显著高于人均GDP排名。例如2016年陕西、重庆、海南省级慈善政策指数排名高于人均GDP排名五位以上；2017年贵州、广西、江西三省省级慈善政策指数排名高于人均GDP排名十位以上。具体到2017年，省级政策创新指数排名高于人均GDP排名的省份有17个，14个省份省级创新指数排名低于人均GDP排名。表2-13为2012～2017年中国慈善政策创新指数省份排名与其人均GDP排名差异。

表2-13 2012~2017年中国慈善政策创新指数省份排名与其人均GDP排名差异

省份	2012年 政策创新指数排名	2012年 人均GDP排名	2012年 排名差异	2013年 政策创新指数排名	2013年 人均GDP排名	2013年 排名差异	2014年 政策创新指数排名	2014年 人均GDP排名	2014年 排名差异	2015年 政策创新指数排名	2015年 人均GDP排名	2015年 排名差异	2016年 政策创新指数排名	2016年 人均GDP排名	2016年 排名差异	2017年 政策创新指数排名	2017年 人均GDP排名	2017年 排名差异
北京	15	2	-13	17	2	-15	22	2	-20	6	2	-8	1	1	0	4	1	-3
天津	19	1	-18	20	1	-19	30	1	-29	1	1	-13	5	3	-2	8	3	-5
河北	13	15	2	4	16	12	6	18	12	10	19	-5	23	19	-4	23	19	-4
山西	19	19	0	11	22	11	21	24	3	14	27	3	19	27	8	21	25	4
内蒙古	9	5	-4	18	6	-12	7	6	-1	30	6	-8	9	8	-1	24	9	-15
辽宁	19	7	-12	20	7	-13	23	7	-16	24	9	-21	15	14	-1	26	14	-12
吉林	8	11	3	14	11	-3	18	11	-7	14	12	10	24	12	-12	7	13	6
黑龙江	10	17	7	16	17	1	28	20	-8	29	21	17	7	22	15	13	26	13
上海	3	3	0	6	3	-3	3	3	0	3	3	-1	3	2	-1	5	2	-3
江苏	1	4	3	1	4	3	2	4	2	4	4	-20	10	4	-6	1	4	3
浙江	10	6	-4	8	5	-3	11	5	-6	4	5	-6	4	5	1	2	5	3
安徽	17	26	9	18	25	7	24	26	2	24	25	22	24	25	1	9	24	15
福建	19	9	-10	9	9	0	8	8	0	11	7	-11	6	6	0	10	6	-4
江西	19	25	6	20	26	6	9	25	16	2	24	8	7	23	16	6	23	17
山东	19	10	-9	15	10	-5	25	10	-15	18	10	-9	2	9	7	3	8	5
河南	19	23	4	29	23	-6	16	22	6	16	22	14	14	20	6	15	18	3

续表

省份	2012年 政策创新指数排名	2012年 人均GDP排名	2012年 排名差异	2013年 政策创新指数排名	2013年 人均GDP排名	2013年 排名差异	2014年 政策创新指数排名	2014年 人均GDP排名	2014年 排名差异	2015年 政策创新指数排名	2015年 人均GDP排名	2015年 排名差异	2016年 政策创新指数排名	2016年 人均GDP排名	2016年 排名差异	2017年 政策创新指数排名	2017年 人均GDP排名	2017年 排名差异
湖北	19	13	-6	29	14	-15	29	13	-16	19	13	-6	15	11	-4	16	11	-5
湖南	5	20	15	5	19	14	4	17	13	8	16	8	10	16	6	19	16	-3
广东	3	8	5	6	8	2	12	9	-3	19	8	-11	12	7	-5	14	7	-7
广西	19	27	8	29	27	-2	26	27	1	24	26	2	24	26	2	12	28	16
海南	6	22	16	11	21	10	13	21	8	11	18	7	24	17	-7	30	16	-14
重庆	19	12	-7	26	12	-14	27	12	-15	19	11	-1	30	10	-20	16	10	-6
四川	10	24	14	11	24	13	17	23	6	19	23	-1	24	24	0	22	21	-1
贵州	19	31	12	26	31	5	10	30	20	11	29	-1	15	29	14	11	29	18
云南	19	29	10	9	29	20	19	29	10	24	30	24	15	30	15	25	30	5
西藏	17	28	11	26	28	2	31	28	-3	31	28	4	30	28	-2	31	27	-4
陕西	6	14	8	3	13	10	5	14	9	6	14	-2	19	13	-6	20	12	-8
甘肃	19	30	11	20	30	10	20	31	11	24	31	23	24	31	7	28	31	3
青海	13	21	8	20	20	0	15	19	4	16	17	-2	21	18	-3	27	22	-5
宁夏	2	16	14	2	15	13	1	15	14	8	15	15	12	15	3	18	15	-3
新疆	15	18	3	23	18	-5	14	16	2	19	20	1	22	21	-1	29	30	1

（三）中国省级慈善政策创新亮点

亮点一：江苏出台《慈善法》颁布后首部地方慈善综合性政策

慈善综合性政策方面，截至2017年共有4个省份在该创新点上得分。2017年12月《江苏省慈善条例》在江苏省第十二届人大常委会第三十三次会议审议通过，成为《慈善法》颁布后首个地方制定的慈善法规。《江苏省慈善条例》提出建立慈善综合评价体系和区域慈善指数发布制度，定期向社会发布慈善指数。值得一提的是，2010年江苏省就曾出台《江苏省慈善事业促进条例》，在《慈善法》出台前有效促进了江苏省慈善事业的发展。在《慈善法》正式出台前，浙江、山东、宁夏也曾出台地方综合性慈善政策推动本省公益慈善事业发展。

亮点二：过半数省份出台慈善组织登记与认定配套政策

慈善组织登记与认定方面，截至2017年12月底，有27个省份发布地方慈善组织认定（登记）办法，22个省级政府政务平台可查询当地慈善组织认定办事指南，山东、湖南、广东等6个省份出台慈善组织登记办事指南；湖北、山东、吉林等6个省份出台政策明确《慈善法》公布后至实施前登记注册的社会组织成为慈善组织的方式，明确"空档期"社会组织获取慈善属性方式；而甘肃、山东、安徽和广西四省份则对本省慈善组织认定完成的时间做出时限规定，以促进慈善组织认定工作更高效地进行。自2016年《慈善法》实施至2017年底，全国累计登记认定慈善组织达3378家。慈善组织集中在东部地区及较发达省份，其中北京以533家慈善组织居首位，占全国慈善组织总量的15.8%。2016年，仅有9.2%的基金会登记认定为慈善组织，2017年这一比例增至42.7%[①]。

---

① 数据来源：《新时代慈善事业进程与展望——中国〈慈善法〉2017年实施报告》。

亮点三：上海、吉林、湖北出台异地合作募捐规定，规范公开募捐行为

慈善组织公开募捐方面，根据《慈善法》规定，慈善组织开展公开募捐应当制定募捐方案，并在开展募捐活动前报慈善组织登记的民政部门备案，不具有公开募捐资格的慈善组织进行公开募捐行为时将被追责。多个省份多措并举就慈善组织的公开募捐行为、公开募捐活动备案等做出指引。截至2017年12月底，共有20个省份出台公开募捐资格办事指南或操作规范，10个省份出台与慈善组织公募活动备案有关的文件或指南。异地公开募捐方案备案方面，福建、浙江和广西都做到了有据可依，指引组织规范进行异地公开募捐方案备案。其中，上海出台《关于规范本市具有公开募捐资格的慈善组织与异地社会组织合作开展公开募捐活动的通知》，对异地合作公开募捐行为的备案流程、相关慈善组织的合法性等做出了具体要求[①]。

亮点四：广东、贵州着力推进社会组织信息公开

社会组织信息公开方面，截至2017年底，已有7个省份印发组织信息公开指引或实施办法细则。2017年12月广东省公布《社会组织信息公开办法（试行）（征求意见稿）》，对社会组织信息公开内容、方式等作出规定，该办法试行期为两年。截至2017年底，9个省份出台信用信息管理相关政策，北京、黑龙江、上海、山东、湖北等14个省份出台政策细化社会组织评估管理办法，提升社会组织公开度和透明度，促进社会组织规范运作。民政部在加快基础建设和总结地方实践的基础上，立足构建全国统一的社会组织信用信息记录和管理制度，并于2018年1月发布了《社会组织信用信息管理办法》[②]。

---

① 数据来源：《新时代慈善事业进程与展望——中国〈慈善法〉2017年实施报告》。
② 引自《〈社会组织信用信息管理办法〉政策问答》，http://www.mca.gov.cn/article/gk/jd/shzzgl/201801/20180115007688.shtml。

亮点五：江苏、北京、浙江推动慈善信托备案管理实施落地

慈善信托方面，截至2017年底，北京、江苏和浙江分别出台相关政策确保本省慈善信托工作落实。其中，《江苏省慈善信托备案管理实施办法》于2017年12月出台。该办法明确了在江苏省境内由民政部门负责慈善信托的备案和监管，银行业监管机构负责账户资金保管的监管，并从绩效评估、监管谈话、年报制度、行政处罚等方面明确了民政和银监部门的监管分工，规范了信托名称、备案流程、信息公开和公开募集方式等内容，为地方开展慈善信托提供指导。值得一提的是，北京市是第一个对慈善信托制定规范性管理办法的省份，《北京市慈善信托管理办法》在《慈善信托管理办法》出台前已经面世，对慈善信托设立、运作流程等方面做出明确规定，为国家慈善信托政策的出台提供了借鉴。2017年11月，浙江省发布了《慈善信托备案指南须知》，对慈善信托备案的管辖机关和备案流程等做出规定，为浙江省慈善信托事业的发展提供了政策依据。

亮点六：黑龙江多举措推动社区枢纽型社会组织体系建立

社区社会组织建设方面，截至2017年底，7个省份出台政策明确各地社区社会组织备案管理制度，8个省份出台政策明确了社区社会组织建设目标。值得一提的是，黑龙江省民政厅在2017年11月发布《关于培育发展社区枢纽型社会组织的指导意见》，明确了社区社会组织的定义，3~5年后各市社区枢纽型社会组织体系将基本建立。值得关注的是，浙江省民政厅发布的《关于进一步加强社区社会组织建设的指导意见》要求以区市为单位，结合当地实际制定《社区社会组织备案管理办法》，用以明确社区社会组织的备案条件、程序、材料和资产管理方式等，确定社区社会组织命名规则和编号形式，制作《社区社会组织章程示范文本》。

亮点七：广西、宁夏等省份着力推进慈善服务发展

志愿服务和社会工作方面，截至 2017 年 12 月，共有 5 个省份明确提出志愿服务规模的发展目标，8 个省份出台政策推动形成志愿者培训体系。2017 年 12 月，广西壮族自治区民政厅出台的《关于进一步推进志愿者注册工作的意见》明确提出，到 2020 年注册志愿者人数要达到居民总数的 13%（730 万），进一步发展壮大志愿组织，规范志愿服务行为，推进志愿者注册工作，促进志愿服务组织的稳健发展。

截至 2017 年 12 月，共有 9 个省份出台推进社会工作发展方面的政策文件，其中江苏、宁夏、吉林、山西都明确了社区工作专业人才的发展目标，要求增加社区社会工作专业岗位设置比例或数量，逐渐构建社区、社会组织、专业社会工作"三社联动"机制，吸引广大社会工作专业人才，以满足专业化社会治理与服务的迫切需要。江苏省民政厅发布《关于加快推进社区社会工作服务的实施意见》，该文件要求结合江苏社区建设实际，创新社区服务发展模式，科学设置社区社会工作专业岗位，到 2020 年，城市社区社会工作专业岗位设置比例不低于岗位总量的 30%，农村社区不低于 20%。

亮点八：上海、安徽等省份创新出台社会组织参与扶贫政策

社会组织参与扶贫方面，截至 2017 年底，黑龙江、上海、安徽、重庆、四川、广西 6 个省份在地方社会组织参与社会脱贫攻坚的政策文件中细化社会组织对口扶贫的方向和办法。其中上海市出台《上海市对口支援与合作交流专项资金资助社会力量参与对口支援工作的实施细则（试行）》，出资鼓励社会力量参与上海市对口支援地区脱贫攻坚，助推当地社会公益项目的发展；江西和安徽出台政策鼓励建立社会组织参与脱贫攻坚的长效考核激励机制，定期表彰积极参与脱贫攻坚的社会组织。

七、中国慈善事业发展趋势

2017年，民政部、财政部、国家税务总局、银监局等相关部门制定实施了多项促进慈善事业发展的政策措施，地方相关部门也在积极落实，在地方综合性政策法规、慈善信托、公开募捐、志愿服务等方面都取得了明显进展，也体现了慈善政策领域的发展趋势。

（一）地方综合性慈善政策加速出台

2017年江苏省人大通过《江苏省慈善条例》，这是全国首个全面落实《慈善法》的省级法规；2018年，浙江省和安徽省分别出台了《浙江省实施〈中华人民共和国慈善法〉办法》和《安徽省实施〈中华人民共和国慈善法〉办法》，陕西省就地方综合性政策面向公众征求意见，北京市正在修订《北京市促进慈善事业若干规定》。这些地区在制定综合性慈善法规政策方面走在了全国前列，发挥了引领作用，随着《慈善法》实施的逐步深入，各地将加速推进综合性慈善法规政策的制定出台。

（二）慈善信托得到加快推进

2016年9月，北京市出台全国首个地方制定的慈善信托法规，2017年7月，民政部、银监会联合印发《慈善信托管理办法》，该办法细化了《慈善法》中有关慈善信托的内容，对慈善信托的设立、备案、财产的管理和处分、监管管理和信息公开等多个方面进行了规定，标志着我国慈善信托规制体系逐渐完备。而后江苏、浙江陆续出台地方性慈善信托管理规定，对地方慈善信托的发展起到了规范作用。随着受托管理不断规范，慈善效果更加突出,慈善信托持续快速发展的态势开始显现。

2017年9月1日,"慈善中国"全国慈善信托公开平台(一期)正式开始运营,成功备案的慈善信托事务处理情况及财务状况均可在该平台进行查询。2017年1~6月我国共有10单慈善信托备案,《慈善信托管理办法》颁布后,7~12月共备案35单,相比上半年增加250%;全国共有17个省份成功备案了45单慈善信托[1],慈善信托总合同金额超过6.9亿元。这表明,国家和地方慈善信托政策的出台将有力促进慈善信托发展。

(三)慈善捐赠筹款保持增长态势

2017年2月修订的《企业所得税法》纳入了捐赠超额部分结转3年的规定,实现了与《慈善法》的衔接,为大额捐赠创造了良好政策环境。2017年,中国大额捐赠持续快速增长,陈天桥夫妇资助新兴领域、何享健家族公布60亿捐赠计划、阿里巴巴投入百亿成立脱贫基金,高校亿元级捐赠频繁出现。根据《中国捐赠百杰榜》历年榜单显示,2011~2017年中国大额捐赠整体上呈增长态势,2017年百杰捐赠体量亿元以上占39%,创七年榜单新高;其中年度捐赠总额亿元以上捐赠人共40位,比上年度增加2位;捐赠10亿元以上人共6位,比上年度增加1位。

在互联网募捐方面,2017年7月,民政部发布《慈善组织互联网公开募捐信息平台基本管理规范》《慈善组织互联网公开募捐信息平台基本技术规范》,公众监督意识加强,透明度对捐赠市场影响明显,互联网募捐运营更加规范完善。

2017年12家民政部指定的互联网募捐信息平台总筹款额超过25亿元,而2017年"99公益日"期间的总计募款金额超过13亿元,是2016年"99公益日"总计善款金额的2.16倍,刷新了国内互联网募捐记录[2]。网

---

[1] 慈善中国, http://cishan.chinanpo.gov.cn/platform/login.html。
[2] 数据来源:《新时代慈善事业进程与展望——中国〈慈善法〉2017年实施报告》。

络募捐的快速发展对中国公益慈善事业的发展起到了良好助推作用。

（四）志愿服务稳步健康发展

2017年12月，《志愿者服务条例》正式实施，该条例的出台填补了我国志愿服务领域在国家层面的立法空白，保障了志愿行为相关主体的合法权益。中国志愿服务正在向常态化和专业化的进程发展，对相关法律法规的细化出台需求也更为迫切。在《志愿者服务条例》正式实施以前，已有诸多省份出台志愿服务记录、志愿者注册、志愿服务信息系统规范、志愿者注册等相关法规，这些政策对志愿服务的专业化、规范化发展起到了良好的作用。2017年6月，全国志愿服务信息系统正式上线，可提供实时在线志愿服务统计数据。2017年中国志愿者总数为1.58亿人，有6093万志愿者通过131万家志愿服务组织参与志愿服务活动，服务时间达17.93亿小时。2016年，志愿服务参与率为73.4%，2017年这一比例增加为83.7%，活跃志愿者的比例提升了10%[①]。未来在有法可依的前提下，志愿服务行为将得到必要的保障和激励，志愿服务的质量将不断提升。

---

① 数据来源：《中国慈善发展报告2018》。

第三章

中国老年人政策进步指数

一、中国老年人政策发展形势与挑战

人口老龄化是21世纪以来中国社会变化的主要特征。2019年1月21日,国家统计局发布最新人口数据,显示2018年末,全国60周岁及以上、65周岁及以上人口总数分别达到24949万人、16658万人,比例也分别攀升至17.9%、11.9%,继续创历史新高,老龄化形势日益严峻。面对紧迫形势,"十二五"以来,国家和地方着力优化老年人政策,不断推进实务创新,推动我国养老服务业发展,提升了老年人的获得感、幸福感和安全感。但是,由于养老护理服务体系建设等一系列带有结构性的问题尚未得到有效解决,未来我国还需要进一步优化老年人政策,进一步创新实务措施,进一步提升养老服务业的整体发展水平。

(一)中国养老服务业呈现良好发展趋势

1. 健康养老政策法规不断健全

近年来,尤其是进入"十二五"以后,国家高度重视应对人口老龄化,积极推动养老服务工作,各地也把发展养老服务作为新的经济增长点和重大民生工程来抓。目前我国初步建立了以《老年人权益保障法》为统领,国务院关于养老服务的专项规划和规范性文件为骨干,部委和地方性法规政策、国家和行业标准为支撑的法规政策体系。初步形成以居家为基础、社区为依托、机构为补充、医养相结合的养老服务格局。养老服务的支持体系逐步健全,改革举措陆续推进,政策累积效应逐渐释放,社会力量和民间资本热情涌入,养老服务的发展环境不断优化。

表 3-1　　2013～2018 年国家健康养老服务政策文件关键词统计

年份	国务院文件关键词	部委政策文件关键词
2013	加快发展养老服务业,促进健康服务业发展	"菜单式"志愿服务、养老服务协作与对口支援机制、公办养老机构改革试点、养老服务业综合改革试点、老年人优待
2014	创新重点领域投融资机制,鼓励社会投资	养老服务标准化、养老服务设施规划建设、养老机构责任保险、养老服务设施用地、城镇养老服务设施建设、养老服务人才培养、老年人住房反向抵押养老保险试点、向养老机构的远程医疗、国家智能养老物联网应用、老年人家庭及相关公共设施无障碍改造、政府购买养老服务、高龄津贴、护理补贴、福彩公益金购买社会力量提供的养老服务、减免行政事业费问题、开展政府和社会资本合作、计划生育家庭养老照护试点、推动养老服务产业发展、鼓励外国投资者在华设立营利性养老机构
2015	加快发展生活性服务业,促进消费结构升级	规范养老机构收费管理、村镇无障碍环境建设、遴选全国职业院校养老服务类示范专业点、鼓励民间资本参与养老服务业发展、印发《养老产业专项债券发行指引》、开发性金融支持社会养老服务体系建设、开展社会福利机构消防安全专项治理、推进医疗卫生与养老服务相结合、家政服务标准化
2016	"健康中国 2030"规划	金融支持养老服务业加快发展、开展长期护理保险制度试点、开展老年人意外伤害保险、开展 2016 年居家和社区养老服务改革试点、医养结合试点、老年教育发展规划、推进老年宜居环境建设、整合改造闲置社会资源发展养老服务、养老服务体系建设中央补助激励支持、全面放开养老服务市场提升养老服务质量
2017	"十三五"国家老龄事业发展和养老体系建设规划,制定和实施老年人照顾服务项目	养老院服务质量建设专项行动、推进养老服务业放管服改革、农村留守老年人关爱服务、"十三五"健康老龄化规划、智慧健康养老产业发展、第二批公办养老机构改革、印发《养老服务标准体系建设指南》、发展商业养老保险、运用政府和社会资本合作模式支持养老服务业发展
2018	—	养老服务领域防范和处置非法集资、第三批中央财政支持开展居家和社区养老服务改革

2. 老年人社会保障制度持续完善

（1）全国老年人社会养老保险水平逐步提高。2005年至今，全国各类养老金平均水平稳步提高，为养老护理体系建设奠定良好基础。其中，城镇职工基本养老金已实现"十三"连涨。2005～2015年，企业退休人员基本养老金连续11年每年上调10%左右；2016年机关事业单位和企业退休人员首次实现基本养老金同步调整，制度公平性进一步提高，当年上涨幅度在6.5%；2017年继续在2016年基础上增长5.5%，经过连续调整城镇职工基本养老金达2492元，是2005年的3.48倍。2017年，城乡居民养老保险待遇水平也进一步提高，人均基础养老金达105元，基本实现了每五年翻一番的目标。

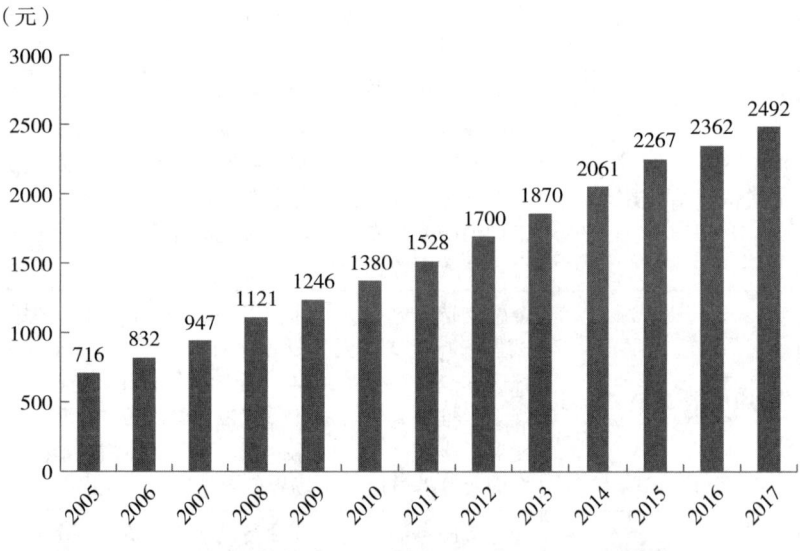

图 3-1　全国城镇企业退休职工平均养老金增长趋势图

（2）基本医疗保障制度框架已经形成。"十二五"期间，基本医疗保险制度进一步完善，基本实现了医疗保险全覆盖。"十二五"期末，我国城乡居民（包括老年人）医保覆盖率达到95%以上，待遇保障水平持续提高，城乡居民住院医疗费用政策范围内报销比例达到75%。

（3）老年人基本生活救助制度继续完善。从低保制度来看，截至 2017 年底，全国有城市低保对象 741.5 万户、1261.0 万人，其中约 17% 的城市低保对象为老年人。2017 年全国城市低保平均标准 540.6 元／人·月。全国有农村低保对象 2249.3 万户、4045.2 万人，其中约 40% 的农村低保对象是老年人。2017 年全国农村低保平均标准 4300.7 元／人·年。从特困供养制度来看，截至 2017 年底，全国共有农村特困人员 466.9 万人，其中约 85% 的特困人员为老年人。全年各级财政共支出农村特困人员救助供养资金 269.4 亿元，比上年增长 17.7%。全国共有城市特困人员 25.4 万人，其中约 70% 的特困人员为老年人。全年各级财政共支出城市特困人员救助供养资金 21.2 亿元。

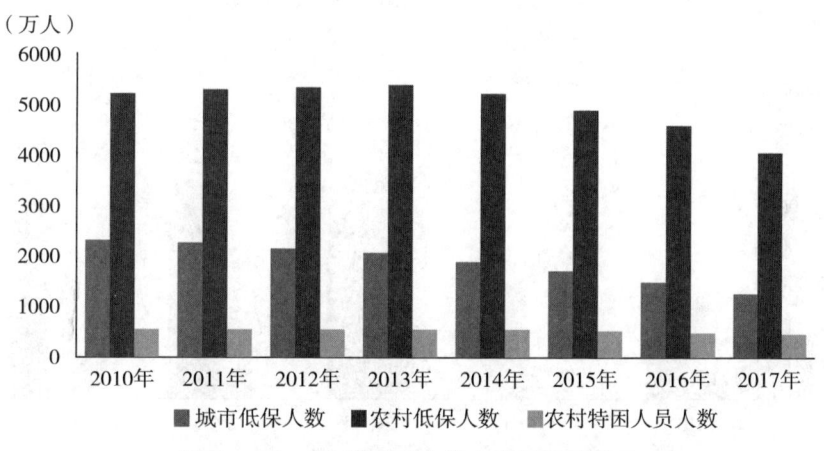

图 3-2　2017 年困难群众基本生活救助情况

（4）老年人服务补贴制度普遍建立。截至 2018 年 4 月，经济困难的高龄老年人津贴制度实现省级全覆盖（覆盖人数详见图 3-3），陕西、青海两省甚至将高龄标准放低至年满 70 周岁以上，广东省广州市和东莞市、吉林珲春市、贵州凯里市、山东青岛李沧区、新疆若羌县等地也将高龄津贴拓展向 70～79 岁这一年龄段。除了高龄津贴制度之外，养老服务补贴和护理补贴制度分别覆盖全国 30 个、29 个省份（覆盖人数详见图 3-4）。

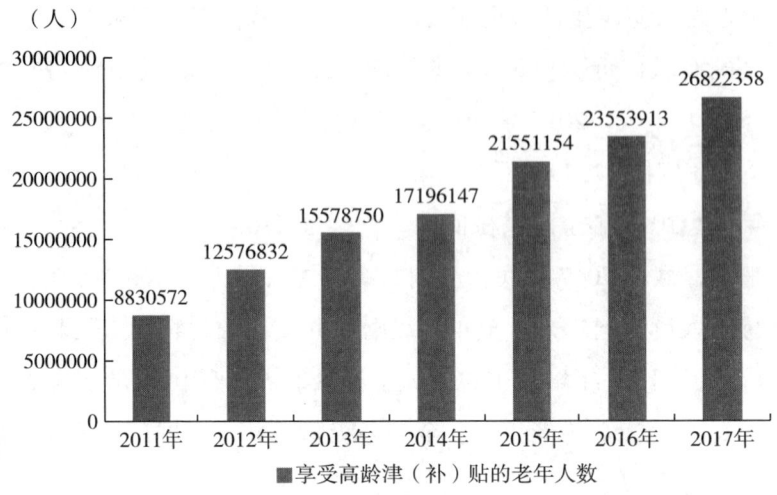

图 3-3　2011～2017 年享受高龄津（补）贴的老年人数

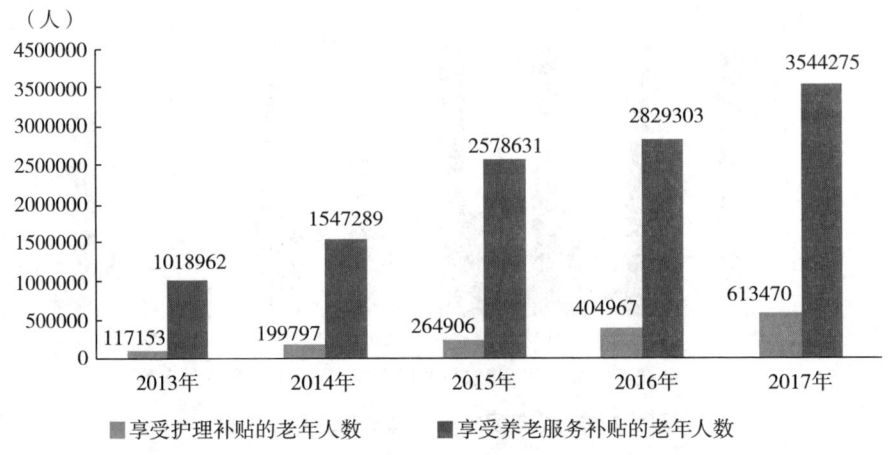

图 3-4　2013～2017 年享受护理补贴和养老服务补贴的人数

（5）长期护理保险试点取得初步进展。2016 年 7 月 8 日，人社部办公厅印发《关于开展长期护理保险制度试点的指导意见》，提出开展长期护理保险制度试点工作的原则性要求，明确 15 个省级及地市级市为试点单位，标志着国家层面推进全民护理保险制度建设与发展的启动。截至 2018 年 9 月，全国 15 个试点已经全部启动并实施长期护理保险制度。

表 3-2　　　　　　　全国 15 个试点地区的国家政策落实情况

序号	时间	地区	文件名称
1	2016.07	全国	《关于建立长期护理保险制度的意见（试行）》和《八师石河子市长期护理保险实施细则（试行）》
2	2012.06	山东青岛	《关于建立长期医疗护理保险制度的意见（试行）的通知》
3	2015.10	江苏南通	《建立基本照护保险制度的意见（试行）》
4	2016.11	河北承德	《城镇职工长期护理保险制度的实施意见》
5	2016.12	湖北荆门	《荆门市长期护理保险办法（试行）》
6	2016.12	江苏苏州	《苏州市长期护理保险试点办法（征求意见稿）》
7	2016.12	上海	《上海市长期护理保险试点办法》
8	2017.01	安徽安庆	《关于安庆市城镇职工长期理保险试点的实施意见》
9	2017.02	四川成都	《关于印发成都市长期照护保险制度试点方案的通知》
10	2017.02	江西上饶	《开展长期护理保险试点工作实施方案的通知》
11	2017.03	新疆石河子	《关于建立长期护理保险制度的意见（试行）》和《八师石河子市长期护理保险实施细则（试行）》
12	2017.03	吉林长春	《关于进一步推进长期护理保险制度试点的实施意见（征求意见稿）》
13	2017.08	广东广州	《广州市长期护理保险试行办法》
14	2017.09	黑龙江齐齐哈尔	《齐齐哈尔市长期护理保险实施细则（试行）》
15	2017.12	浙江宁波	《宁波市人民政府办公厅关于印发宁波市长期护理保险制度试点方案的通知》和《宁波市长期护理保险试点实施细则》
16	2018.01	重庆	《重庆市长期护理保险制度试点意见》

数据来源：媒体监测。

3. 养老机构和床位总体供给能力基本适应需求

（1）全国养老机构床位增幅显著。我国养老机构床位总量继续增长，床位建设从追求数量转变追求质量。截至 2017 年底，全国各类养老床位合计 744.8 万张，每千名老年人拥有床位 30.9 张。养老床位建设经历了 2011～2015 年长达五年的高速增长期后，在 2016 年首次迎来了增幅下降，在 2017 年增幅更是下降到 1.9%。表明中国养老床位建设已经逐步放弃从单一、粗放型的发展模式，逐步向功能化、均衡化的发展模式转变，不再简单追求床位数量的高速增长。

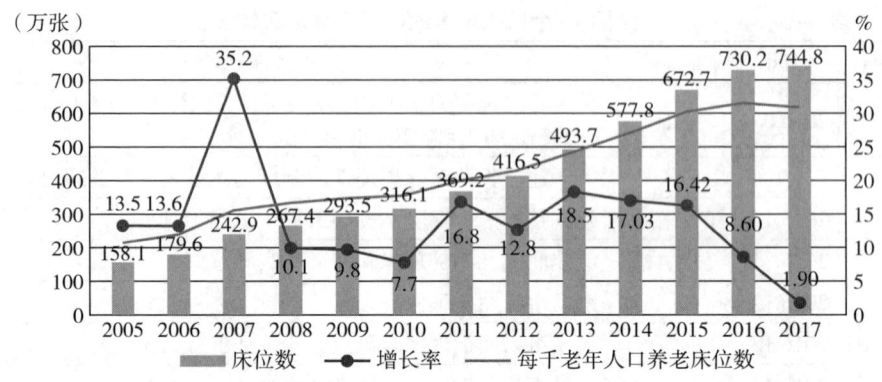

图 3-5 2005～2017 全国养老床位增长趋势图

（2）机构收住失能半失能老年人比例逐年上升。失能半失能老年人的比例正在逐年提升，反映出对专业化照护需求也在逐年增长。截至 2016 年底，全国养老服务机构年末收住半自理和不能自理老年人共 70 万人，占收住老年人总数的 31.84%。2009 年全国养老机构收住失能半失能老年人的比例为 20.9%，每年以 2% 的速度增长，到 2016 年增至 31.84%。

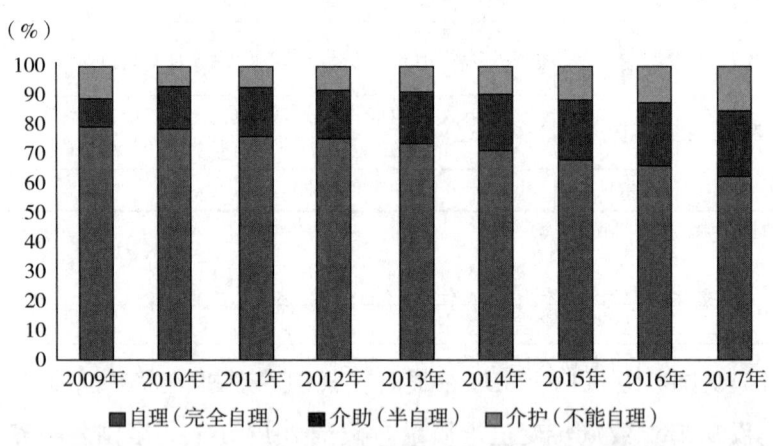

图 3-6 2009～2016 年养老机构收住老年人自理情况比例

（3）养老机构服务质量提升和标准化建设正在加强。2017 年 3 月，为期四年的养老院服务质量建设专项行动正式启动。从 2017 年起，每年确定专项行动主要任务并制定实施方案，逐一解决养老院服务质量建设中的重大问题。2017 年养老院服务质量建设专项行动以"五查五改、对标达标"

为主要内容，对照影响养老院服务质量的运营管理、生活服务、健康服务、社会工作服务、安全管理等五个方面，具体可见表3-3中的《养老院服务质量大检查指南》评价体系标准。

2017年专项行动取得显著成效，通过开展全国养老院拉网式大检查，安全隐患大幅消除，全国整治服务隐患19.7万项，依法取缔、关停、撤并安全隐患严重、无法有效整治的养老院2000多家，养老服务能力明显提升，养老院内部管理更加规范，行业管理制度进一步健全，服务质量意识日益提升。

表3-3 《养老院服务质量大检查指南》中的评价体系标准

序号	一级指标	二级指标	三级指标数量（个）
1	运营管理	依法取得相应服务资质	3
		配备适应服务需要的服务人员	7
		规范服务管理	15
		设施设备及物品要求	9
2	生活服务	营造安全、舒适的服务环境	3
		为自理老年人提供基础生活照料服务	6
		为部分失能老年人提供基础生活照料服务	8
		为失能老年人提供基础生活照料服务	9
		提供安全、营养均衡膳食服务	9
		提供居室清洁卫生服务	1
		提供公共服务区域清洁卫生服务	1
		提供物品洗涤服务	1
3	健康服务	开展医疗卫生服务	2
		促进老年人健康管理	5
		防止养老院内感染	4
4	社会工作服务	协助新入住老年人适应养老院生活	1
		为老年人提供心理疏导、矛盾调处、危机干预等服务	5
		开展适合老年人身心特点的文化娱乐活动	5
		组织志愿者服务老年人，倡导老年人互帮互助、老有所为	1
5	安全管理	确保消防安全	14
		确保特种设备安全	3
		妥善处理突发事件	3

4. 社区居家养老服务体系建设成效初步显现

（1）社区居家养老服务设施增速显著。全国社区养老机构和设施从2014年的1.9万个增长至2017年的4.3万个，社区互助型养老设施从2017年的4万个增长至2017年的8.3万个；社区留宿和日间照料床位也从2014年的187.5万张增长至2017年的338.5万张。

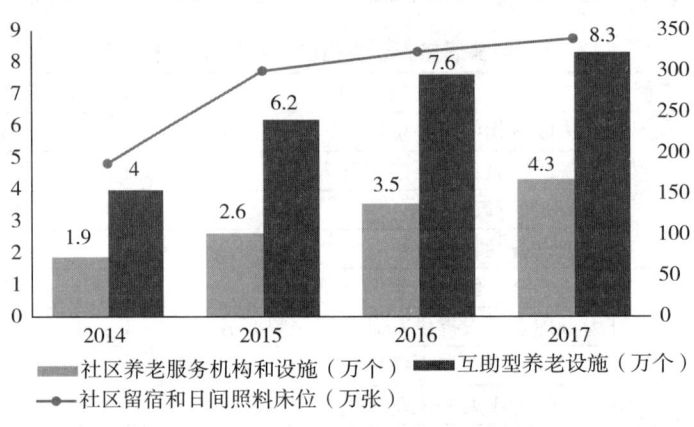

图3-7　2014～2017年社区养老服务机构和设施情况

（2）居家和社区养老服务改革试点推动力度大。自2016年底全国遴选出26个城市作为全国居家和社区养老服务改革试点起，民政部、财政部出台系列文件明确了26个试点城市的任务和工作要求，除常规遴选、申报、公布机制外，还专项出台了试点补助资金管理办法、试点地区绩效考核办法，另外由民政部、财政部联合开展了对第一批试点地区的考核，制定了由组织实施、资金安排、工作成效等方面构成的详细指标评价体系，形成了推动居家和社区养老服务改革的良性奖惩机制。与其余10项国家级试点相比，政策的延续性及可操作性明显较强，这也体现了养老资源共同向居家社区服务倾斜的大趋势。截至2018年9月底，中央财政支持开展居家和社区养老服务改革试点共公布三批90个试点市（区），并完成第一批试点的首年考核。

表 3-4 中央财政支持开展居家和社区养老服务改革试点工作的进程

文件名称	发文单位	出台时间
《关于中央财政支持开展居家和社区养老服务改革试点工作的通知》	民政部、财政部	2016年7月13日
《关于确定2016年中央财政支持开展居家和社区养老服务改革试点地区的通知》	民政部、财政部	2016年11月11日
《中央财政支持居家和社区养老服务改革试点补助资金管理办法》	财政部、民政部	2017年2月10日
《关于做好第一批中央财政支持开展居家和社区养老服务改革试点工作的通知》	民政部、财政部	2017年3月28日
《中央财政支持开展居家和社区养老服务改革试点工作绩效考核办法》	民政部、财政部	2017年3月28日
《关于开展第一批中央财政支持开展居家和社区养老服务改革试点工作绩效考核的通知》	民政部、财政部	2017年7月28日
《关于确定第二批中央财政支持开展居家和社区养老服务改革试点地区的通知》	民政部、财政部	2017年11月10日
《关于第一批中央财政支持开展居家和社区养老服务改革试点地区绩效考核结果的通报》	民政部、财政部	2017年11月30日
《关于下达第一批居家和社区养老服务改革试点地区奖励资金的通知》	财政部	2017年12月11日
《关于确定第三批中央财政支持开展居家养老和社区养老服务改革试点地区的通知》	民政部、财政部	2018年5月9日

5. 医养结合进一步深化细化

2015年国务院办公厅转发卫生计生委等部门《关于推进医疗卫生与养老服务相结合的指导意见的通知》，标志着我国医养结合工作的正式开展。近年来，中央及各地卫生计生、民政等相关部门密切协作，出台多项政策措施，大力推进医养结合，并将医养结合作为重要内容，纳入《"健康中国2030"规划纲要》《"十三五"国家老龄事业发展和养老体系建设规划》等重要战略规划。各地也多措并举，引导鼓励民间资本积极参与医养结合，积极探索多种医养结合模式，满足机构、社区以及居家老人的健康养老需求。

（1）两批医养结合试点大力推动地方创新。2016年5月17日，国家卫计委办公厅、民政部办公厅联合发布遴选国家级医养结合试点单位的通知。2016年6月第一批国家级医养结合试点地区名单产生；9月，第二批试点也确定下来，两批试点共涉及30个省份的90个市（区），基本实现全国覆盖。

自2015年国家卫生健康委员会（原卫生计生委）出台《关于推进医疗卫生与养老服务相结合指导意见的通知》以来，各地十分重视医养结合工作，试点地区也纷纷出台了相关文件，从政策层面大力推进医养结合工作，形成了有点有面、全国性覆盖的形势。截至2018年9月，全国共有62个试点市（区）出台了医养结合专项文件。东部35个试点地区中有25个试点市（区）出台了医养结合文件，占比达71.4%；中部23个试点市（区），其中16个试点市（区）出台了医养结合政策文件，出台文件的比例达到69.5%；另外西部共有21个试点市（区）出台文件，比例达到65%[①]。各区域试点出台政策都达到60%以上。

（2）养老机构内设医疗机构稳步推进。养老机构内设医疗机构，并纳入医保定点保障范围是国家医养结合政策的重要鼓励方向。全国29省份已经出台医养结合实施意见，从实际进展来看，目前山东济南、北京、上海、天津、福建等地进行了养老机构医保定点资质方面具体工作部署，其中，以上海市发展最为突出。如表3-5中所示。分析上海市进展，可以发现《关于本市部分养老机构中的内部医疗机构纳入医保结算范围的试行意见》（沪医保〔2001〕160号）文件就已对养老机构内设医疗机构并纳入医保结算范围做出明确规定；随后《关于本市新增养老机构的内部医疗机构纳入医保结算的通知》（沪医保〔2005〕111号）中则首次将17家养老机构内设的医疗机构纳入医保定点范围。上海是全国最早出台认证名单的省份。2015年6月21日，上海《文汇报》的一则新闻动态中引用上海市民政局的介绍：上海市全部660家养老机构中，已有139家设立医疗机构，其中103家纳入医保联网结算；并且从当年起，养老机构内设医疗机构的建设

---

① 东、中、西部地区划分参照《2017中国卫生和计划生育统计年鉴》。

将进入提速期。

表 3-5　　各地认定养老机构具备医保定点资质进展

序号	地区	实施时间	最新进展
1	山东济南	2014	截至 2014 年 11 月，济南全市共有医养结合的养老公寓 10 家，床位 1457 张，占总床位数的 17%，绝大多数都是依托现有医院设施设立，仅有舒心港湾和富翔老年公寓两家被批准在机构内部设置医疗机构
2	北京	2014.08	《关于公布北京市第二十一批医疗保险定点医疗机构名单的通知》认定新增的 277 家定点医疗机构中，养老机构内设医务室 37 家
3	上海	2005、2015	2005 年时，《上海市医保局、市民政局关于本市新增养老机构的内部医疗机构纳入医保结算的通知》(沪医保〔2005〕111 号)，首次认定徐汇区第二社会福利院等 17 所养老机构中的内部医疗机构纳入医保结算。医保结算范围限于职工个人医疗账户段和个人自负段；截至 2015 年 6 月，上海 660 家养老机构中，已有 139 家设立医疗机构，其中 103 家纳入医保联网结算
4	天津	2016	截至 2016 年 6 月 3 日，天津共有 59 家医护型养老机构内设有医疗机构，其中 30 家已取得医保资质，床位合计 18687 张
5	福建	2017	2017 年 1 月 16 日召开的全省民政工作视频会上提出，2017 年，福建省养老床位中护理型床位比例达 25%，医保定点养老机构比重达 35%

数据来源：网络监测。

（3）多地积极制定医养结合标准。在医养结合省级标准方面，全国已有北京、山东、河南、山西四个省份出台了相关文件；其中北京《养老机构医务室服务质量控制规范》是一项新的服务领域，《医疗养老结合基本服务规范》使得发展"医疗+养老"服务有了指导标准。

近年来，医养结合服务方面做了多种探索和实践，但各地在服务过程中的做法不尽相同，亟待有一个标准来指导医疗养老结合服务机构，同时开展养老护理和医疗保健服务。《医疗养老结合基本服务规范》的制定为保障老年人在医疗保健服务和生活照料等服务方面得到有依据的专业照护，推动医养结合服务的有序健康发展起到了重要作用，各个规范的主要内容包括医疗养老结合服务模式和基本要求、养老机构增设医疗服务功能、医疗机构增设养老机构或委托外部养老机构提供养老服务、社区居家养老与周边医疗机构结合、评价与改进等。

具体来说,该规范分别规定了养老机构增加医疗服务功能、医疗机构增加养老服务功能、社区居家养老与医疗机构合作三种医养结合服务模式的一般要求、服务内容及服务要求,其中一般要求包括人员、房屋、设施设备、管理制度、信息化管理;医疗服务内容主要有健康管理、疾病诊治、应急救治、康复服务、健康教育、感染防控;对服务内容,做了具体要求。通过机构自评、服务对象及家属评价以及社会第三方机构评价,及时发现问题并予以改进。

表3-6　　　　各地已经出台的医养结合省级标准一览

序号	地区	标准名称	文号	出台时间
1	北京	《养老机构医务室服务质量控制规范》	DB11/T 220—2004	2004年1月
2	山东	《医疗养老结合基本服务规范》	DB37/T2721—2015	2015
3	河南	《医养结合机构基本服务规范》	DB41/T 1374—2017	2017年7月24日
4	山西	《医疗养老结合基本服务规范》	DB14/T 1331—2017	2017年

资料来源:网络检测。

(4)智慧健康养老进一步推动医养结合。2017年国家卫生健康委员会(原国家卫生计生委)与工信部、民政部联合印发《智慧健康养老产业行动计划(2017—2020)》,依托智能设备和产品,开展智慧化服务,提升健康养老服务的水平和效率;联合遴选示范企业53家、示范街道82个、示范基地19个,并联合召开智慧健康养老产业发展大会,交流经验,部署工作,表彰授牌;联合遴选智慧健康养老产品和服务推广目录;在杭州、青岛、武汉、厦门、广州和绵阳等6个示范城市开展智慧健康养老应用示范项目。在智慧健康养老领域,多部门联合制定规划、出台政策、选树示范、推广服务和产品,助推产业发展,成为新的经济增长点。

（二）中国养老服务业面临的紧迫形势及应对策略

在充分肯定我国养老服务业取得重大进展的同时，我们要清醒地看到，还有一些相当突出的结构性问题没有解决，亟需调整相应老年人政策来应对新局面。

1. 长期护理保险制度体系顶层设计亟待建立

随着人口老龄化的不断发展和护理需求的日益增长，我国建立长期护理保险制度的必要性也日益增强。但是截至目前，国家层面只是在一些综合性和规划性养老政策中不断提及要探索建设长期护理保险制度，在制度体系方面还缺乏整体的顶层设计，尤其是关键的覆盖人群、筹资机制、需求评估、保险给付等环节还没有实现突破。例如，在人社部办公厅2016年公布的长期护理保险制度试点城市名单中，在覆盖人群方面，只有山东青岛、江苏南通两地扩展到了参加城镇职工基本医疗保险和城镇居民基本医疗保险的人群，与国际社会根据医疗保险确定保障范围的做法基本一致；在筹资机制方面，国际社会通行做法是政府补贴、保险缴费和使用者负担共同筹资，其中使用者负担一般不超过20%，但试点城市政府大多采取从医保基金中划转的方式，导致使用者负担加重，后期的支付标准也就随之不断降低；在需求评估方面，只有上海、青岛等地开展了针对老年人的护理需求分级和评估制度，其他地区仍在探索阶段。

2. 养老护理服务体系建设过程中三个严重不对接问题亟须破解

在我国养老护理服务体系建设过程中，失能/半失能老年人与社区不对接、养老机构与需要护理人员不对接、养老护理经费与所需人员不对接三大问题表现得最为严重。具体而言，失能/半失能老年人与社区不对接表现为只有抽样数据，缺乏社区层面更具体的普查数据，因此就会导致宏观需求与微观落实不对接，政府和社会力量很难给这些失能/半失能老人提供针对性服务；养老机构与需要护理人员不对接表现为养老机构收住的老年人是以健康老年人或者贫困人口为主，而不是以需要护理的失能、半失能老年人为主；养老护理经费与所需人员不对接表现为实际领取护理和服务补贴的老年人数和真正需要的失能/半失能老人总数差距巨大，如2016年末，享受护理、服务补贴的老年人数分别为40.5万人、282.9万人，远不足以对应2015年全国老龄办4063万失能/半失能老人总数。

3. 推动民营养老机构发展的政策支持和落实力度与实际需求不相适应

养老服务业以社会化运营为主是趋势，但民营养老机构的发展需要得到政府有力支持。国际社会的普遍经验是在建设土地、资金和人员培训方面给予全方位的支持。但在这几个方面我国的支持系统还相当薄弱，尤其针对鼓励民间机构发展的优惠政策落实情况不尽人意。具体而言，在用地政策方面，虽然《养老服务设施用地指导意见》（国土资厅发〔2014〕11号）等国家主管部门文件中早已明确要向社会资本提供养老用地、用于营利性养老机构建设，但覆盖面和供应宗数都远远不足以应对民营养老机构快速发展的需求；在资金支持政策方面，全国各省份基本都已出台针对民办养老机构建设和运营补贴的相关政策，由于土地、房产、消防证件等难以解决的历史原因，社会资本也很难真正享受得到；在人才培训方面，全国目前仅有北京、天津、上海等十几个省份明确提出要为养老机构护理人员提供相关补贴政策，不但补贴标准较低（最高不超过2500元/人）、补贴类别单一，而且真正能够享受到的民营养老机构寥寥无几，主要面向对象还是公办养老机构。

4. 投融资体制与养老服务业海量发展需求不相适应

首先，我国在养老服务业方面的整体投入不足，缺乏制度化支持。目前，财政统计中尚无养老服务业支出指标，关于护理和长期照护的支出指标尚未形成。而据世界经济论坛发布的公报，发达国家之长期照护支出占GDP比率，在2005年平均约为1%，预估至2050年将增至2%~4%。日本老年人的护理费用90%由护理保险制度解决，英美等国家老年人长期照顾的费用超过半数由医疗保障体系解决。而我国养老服务筹资体制尚未建全。其次是投入结构的不合理。整个养老服务体系建设的重点仍然停留于床位和院所的硬件建设，服务和护理的软件体系建设还没有摆上重要议事日程。三是促进民间力量发展养老服务业方面，有利于融资的优惠政策力度不足，影响养老服务业的快速发展。根本原因在于我国还未形成类似长期护理保险这样强有力的筹资制度。

5. 养老服务人才供给能力严重不足

近年来，我国养老人才培养力度明显加大，社会各界参与主体多元化，各类养老人才有明显增长。但也应看到，中国养老人才短缺的整体格局没有改变，养老服务发展的瓶颈依然存在，与加快发展养老服务业的要求不相适应，与当前急迫的养老服务需求不相适应。管理人员缺乏专业化知识，居家养老多停留在家政服务层面，社区养老多停留在文化娱乐和就餐层面。大多数只能为老年人提供简单的生活照料和家政服务，无法提供医疗康复、精神慰藉、安全援助等专业性服务。从专业养老人才配备较为集中的养老机构来看，根据《2018中国民政统计年鉴》，2017年，全国养老服务机构在院老人187.5万人，而年末职工数为36.9万人。从管理水平来看，差异较大，落后地区的敬老院的管理者与东部发达城市的民办养老机构管理者相比，专业化水平差异明显。专业化的养老机构管理人员严重缺乏，已经成为制约养老机构发展的重要因素。

从总体上看，我国养老服务业在产业转型中的重要地位尚未确立，数万亿的养老服务业市场没有被激活，2.49亿老年人的消费市场未能得到有效开发。为更好地应对这一局面，未来急需在以下方面对有关老年人政策作出调整：①确立养老服务及相关产业在国民经济体系中的重要地位；②摸清养老护理需求，推动养老服务与老年人需求无缝对接；③建立长期护理保险制度，撬动养老服务相关产业发展；④扩展投融资渠道，通过多种方式推动社会力量的广泛参与。

二、中国老年人政策进步指数指标体系

中国老年人政策进步指数[①]由政策环境、老年社会服务、老年社会救助、老年社会保险、老年社会福利、老年教育与公益6个二级指标以及28个三级指标构成（见图3-8）。评价对象是除港澳台之外的31个省份。本指数旨在通过建立政策实施、政策创新、政策趋势研判一体化的老年人政策进步水平评价模式，对2017年各省份的老龄事业发展作出全方位评价。同时，我们还希望借此推动各省加大老年人政策实施和创新力度，促进老年人事业健康快速发展，助力人口老龄化的积极应对和2020年小康社会的全面建成。

---

① 本指数所采集的数据来自《2018中国统计年鉴》《2018中国统计摘要》《2018中国民政统计年鉴》等官方统计年鉴，以及国务院、民政部、各省政府和相关职能部门的官方网站。

图3-8 中国老年人政策进步指数指标体系结构图

三、中国老年人政策进步指数 2017 年省份排名

2017 年是我国老龄事业发展取得重大突破的一年。在这一年里,仅国务院层面,就相继出台《关于印发"十三五"国家老龄事业发展和养老体系建设规划的通知》(国发〔2017〕13 号)等 4 个文件,对全国养老服务业的发展做出综合部署,有力地促进了老龄事业和养老体系建设。

2017 年中国老年人政策进步指数排名前 10 名的省份依次是上海、北京、浙江、福建、新疆、陕西、江苏、河北、天津、山西。从地区分布来看,东部地区占 7 席,分别是上海、北京、浙江、福建、江苏、河北、天津;中部地区占 1 席,是山西;西部地区占 2 席,分别是新疆和陕西;东北地区没有省份入围。

表 3-7   2017 年中国老年人政策进步指数省份排名分布

排名情况 \ 地区	东部地区	中部地区	西部地区	东北地区
第 1 至 10 名	7 个:上海、北京、浙江、福建、江苏、河北、天津	1 个:山西	2 个:新疆、陕西	无
第 11 至 20 名	2 个:广东、山东	无	8 个:云南、甘肃、广西、青海、内蒙古、四川、贵州、宁夏	无
第 21 至 31 名	1 个:海南	5 个:安徽、湖北、河南、湖南、江西	2 个:重庆、西藏	3 个:辽宁、吉林、黑龙江

表 3-8   2017 年中国老年人政策进步指数省份排名

排名	地区	政策环境	老年社会服务	老年社会救助	老年社会保险	老年社会福利	老年教育与公益	总分
1	上海	0.850	0.491	0.412	0.840	0.449	0.077	0.524
2	北京	0.838	0.376	0.360	0.582	0.380	0.282	0.456
3	浙江	0.351	0.516	0.277	0.491	0.125	0.779	0.433

续表

排名	地区	政策环境	老年社会服务	老年社会救助	老年社会保险	老年社会福利	老年教育与公益	总分
4	福建	0.506	0.508	0.138	0.180	0.145	0.794	0.412
5	新疆	0.332	0.385	0.414	0.399	0.350	0.216	0.359
6	陕西	0.455	0.353	0.221	0.175	0.341	0.375	0.338
7	江苏	0.528	0.410	0.228	0.145	0.218	0.243	0.338
8	河北	0.580	0.416	0.192	0.201	0.111	0.135	0.323
9	天津	0.464	0.381	0.388	0.142	0.219	0.118	0.319
10	山西	0.240	0.403	0.265	0.370	0.101	0.429	0.319
11	广东	0.426	0.433	0.211	0.131	0.185	0.195	0.319
12	山东	0.427	0.422	0.154	0.211	0.130	0.294	0.318
13	云南	0.343	0.363	0.428	0.171	0.091	0.475	0.317
14	甘肃	0.371	0.371	0.627	0.122	0.067	0.230	0.312
15	广西	0.390	0.377	0.300	0.262	0.128	0.199	0.304
16	青海	0.247	0.282	0.345	0.472	0.444	0.023	0.301
17	内蒙古	0.452	0.302	0.383	0.309	0.221	0.054	0.296
18	四川	0.304	0.328	0.304	0.034	0.298	0.392	0.294
19	贵州	0.275	0.267	0.448	0.185	0.206	0.398	0.282
20	宁夏	0.428	0.287	0.338	0.266	0.157	0.121	0.275
21	重庆	0.326	0.297	0.203	0.313	0.137	0.296	0.269
22	安徽	0.470	0.275	0.253	0.089	0.230	0.192	0.268
23	湖北	0.378	0.274	0.240	0.256	0.154	0.227	0.262
24	辽宁	0.483	0.249	0.255	0.205	0.165	0.161	0.259
25	吉林	0.468	0.301	0.279	0.000	0.091	0.219	0.254
26	黑龙江	0.270	0.316	0.346	0.172	0.170	0.084	0.252
27	河南	0.403	0.267	0.191	0.154	0.070	0.150	0.227
28	湖南	0.270	0.269	0.190	0.045	0.150	0.262	0.220
29	江西	0.370	0.179	0.353	0.118	0.132	0.235	0.218
30	西藏	0.000	0.199	0.305	0.615	0.304	0.000	0.217
31	海南	0.319	0.246	0.133	0.084	0.157	0.104	0.202

（一）上海在政策环境、社会保险、社会福利三个板块排名首位

从单项二级指标来看，上海在政策环境、老年社会保险、老年社会福利三个板块的评分均居全国首位。其中，在政策环境方面，上海关于"十三五"老龄事业发展和养老体系建设规划的国家政策本地化率以及机构养老服务、长期照护服务、养老人才、养老产业、行业信用、老年公益的省级政策创新度都是全国最高；在老年社会保险方面，上海城乡居民基础养老金平均水平（1019元/月）居全国第一；在老年社会福利方面，上海高龄津贴平均水平（2305.515元/人·年）为全国最高；此外，其余二级指标中，上海在老年社会服务（第3位）、老年社会救助（第5位）两个领域的指标都跻身前十名，显示出该地区全方位的领先优势。

（二）北京在政策环境、社会保险、社会福利三个板块位居前三

从单项二级指标来看，北京在政策环境（第2位）、老年社会保险（第3位）、老年社会福利（第3位）三个板块的评分均居全国前三。其中，在政策环境方面，北京关于全面放开养老服务市场提升养老服务质量、"十三五"老龄事业发展和养老体系建设规划的国家政策本地化率以及机构养老服务、社区居家服务、长期照护服务、医养结合、行业信用方面的省级政策创新度都是全国最高；在老年社会保险方面，北京城镇职工基本养老金平均水平（3770元/月）、城乡居民基础养老金平均水平（610元/月）均居全国第二；在老年社会福利方面，北京的养老服务补贴覆盖率（7.799%，第1位）、护理补贴覆盖率（0.943%，第2位）也都在全国前列；此外，其余二级指标中，北京在老年社会救助（第8位）、老年教育

与公益（第10位）两个领域的指标也都跻身全国前十，和上海一样，该地区老年人政策发展的全面优势凸显。

（三）浙江在社会服务板块位列榜首

从单项二级指标来看，浙江在老年社会服务领域排名第一。在这个板块，浙江在每千名老人拥有日间照料床位数（18.491张/千人，第2位）、每千名老人拥有养老机构床位数（57.1张/千人，第1位）、每万名老人拥有老年活动站/中心/室数（0.976个/万人，第3位）、每万名老人拥有老年法律援助中心数（0.403个/万人，第3位）方面都跻身前三。同时，浙江在老年社会保险（第4位）、老年教育与公益（第2位）两个领域均列全国前五，其中城镇职工基本养老金平均水平（3085元/月，第5位）、城镇职工基本养老保险替代率（60.59%，第1位）排名前五，老年教育与公益方面的各项指标均居全国前三，全方位优势明显。

（四）福建在教育与公益板块位列榜首

从单项二级指标来看，福建在老年教育与公益领域排名第一。这一板块中，福建的每万名老人拥有老年学校数量（18.547个/万人）居全国第一，每万名老年人参与老年人协会人数（4217.861人/万人）、每万名老人拥有老年人协会数量（27.483个/万人）分别位于第2位和第4位，显示出福建在该领域的全国领先优势。同时，福建在政策环境（第5位）、老年社会服务（第2位）方面也排名前五。其中，福建的国家政策省级本地化率均在全国前十，省级政策创新度总体居第7位；在社会服务领域的每万名老人拥有老年活动站/中心/室数（30.424个/万人）、每万名老人拥有老年法律援助中心数（4.585个/万人）均为全国第一。

（五）新疆在社会服务、救助、保险、福利四个板块均居前十

从单项二级指标来看，除政策环境、老年教育与公益板块，新疆在老年社会服务（第9位）、老年社会救助（第4位）、老年社会保险（第6位）、老年社会福利（第4位）均居全国前十。其中，在老年社会服务方面，新疆养老机构工作人员中专业技术技能人员占比（81.162%，第2位）、每万名老人拥有老年活动站/中心/室数（30.061个/万人，第2位）、每万名老人拥有老年法律援助中心数（3.104个/万人，第2位）都位居全国前两位；在老年社会救助方面，新疆最低生活保障覆盖率（11.309%，第2位）、最低生活保障预算支出占财政预算支出比例（1.463%，第6位）都位前十；在老年社会保险方面，新疆各项指标均跻身前十；在老年社会福利方面，新疆的护理补贴平均水平（10447.101元/人·年）排名全国首位。以上信息说明，新疆虽然为西部省份，但在全国老年人政策发展方面已经取得显著成绩，甚至超过一些东部省份，成为西部地区的突出省份。

（六）陕西在政策环境、社会福利、教育公益三个板块跻身前十

从单项二级指标来看，陕西在政策环境（第10位）、老年社会福利（第5位）、老年教育与公益（第7位）三个领域均进入全国前十。其中，在政策环境方面，陕西整体省级政策创新度排名全国第10位，尤其是关于农村养老服务、养老产业的政策创新度更位居全国首位；在老年社会福利方面，陕西的高龄津贴覆盖率、护理补贴平均水平（3266.016元/人·年）都跻身全国前三；在老年教育与公益方面，每万名老人拥有老年人协会数量（29.13个/万人）达到全国第二。

（七）江苏在政策环境、社会服务两个板块跻身前十

从单项二级指标来看，江苏在政策环境（第4位）、老年社会服务（第7位）上均跻身全国前十名。其中，在政策环境方面，江苏所有四项国家政策本土化率的指标都进入前十，农村养老服务（第3位）、养老人才（第1位）、老年公益（第2位）省级政策创新度的成绩也很突出；在老年社会服务方面，江苏的每千名老人拥有养老机构床位数（40.2张/千人，第3位）、养老机构工作人员中专业技术技能人员占比（77.441%，第3位）也都跻身到了前三名的序列。

（八）河北在政策环境、社会服务两个板块进入前十

从单项二级指标来看，河北在政策环境（第3位）、老年社会服务（第6位）两个板块跻身全国前十。其中，在政策环境方面，河北农村养老服务（第1位）、养老人才（第1位）、行业信用（第3位）、老年公益（第2位）的省级政策创新度均进入全国前三名；在老年社会服务方面，河北每千名老人拥有日间照料床位数（15.637张/千人，第3位）、每千名老人拥有养老床位数（32.6张/千人，第8位）、民办非企业注册养老机构比例（60.65%，第7位）、养老机构工作人员配比（28.324%，第3位）、养老机构工作人员中专业技术技能人员占比（76.054%，第6位）、养老机构收住失能/半失能人员比例（42.632%，第8位）六个指数值都进入全国前十位，凸显了该地区发展老年社会服务的全面性。

（九）天津在政策环境和社会服务、救助、福利四板块跻身前十

从单项二级指标来看，天津在政策环境（第9位）、老年社会服务（第

10位)、老年社会救助(第6位)、老年社会福利(第10位)都进入全国前十。其中,在政策环境方面,天津的机构养老服务(第1位)、农村养老服务(第3位)、老年公益(第2位)省级政策创新度都跻身前三。在老年社会服务方面,天津的民办非企业注册养老机构比例(84.892%,第3位)、养老机构工作人员配比(22.874%,第8位)、养老机构收住失能/半失能人员比例(54.701%,第5位)、每万名老人拥有老年医院数(0.122%,第7位)都进入前十。在老年社会救助方面,天津的城市低保平均标准(860元/月)、农村低保平均标准(860元/月)均居第三。在老年社会福利方面,天津的高龄津贴平均水平(1001.812元/人·年,第6位)、护理补贴覆盖率(0.394%,第7位)、护理补贴平均水平(3966.705元/人·年,第2位)都进入前十。此外,在老年社会保险方面,天津的城乡居民基础养老金平均水平(277元/人·月)也排到了全国第3名的位置。

(十)山西在社会服务、保险、教育与公益三个板块跻身前十

从单项二级指标来看,山西在老年社会服务(第8位)、老年社会保险(第7位)、老年教育与公益(第4位)三个领域跻身全国前十。其中,在老年社会服务方面,山西的每千名老人拥有日间照料床位数(10.126张/千人,第8位)、

养老机构工作人员配比(24.129%,第5位)、每万名老人拥有老年活动站/中心/室数(29.495个/万人,第4位)、每万名老人拥有老年医院数(0.1个/万人,第9位)、每万名老人拥有老年临终关怀医院数(0.13个/万人,第1位)进入前十。在老年社会保险方面,山西的城镇职工基本养老金平均水平(2831元/月,第6位)、城镇职工基本养老保险替代率(55.196%,第4位)也为前十;在老年教育与公益方面,山西的每万名老年人参与老年人协会人数(2168.15人/万人)、每万名老人拥有老年人协

会数（34.555个/万人）分别位列第9和第1位。

四、中国老年人政策进步指数2012～2017年排名特点

纵观2012年至2017年中国老年人政策进步指数的排名结果，我们发现这六年的指数变化呈现出三个特点。

（一）东部地区持续引领全国，四省份连续六年进入前十

2012～2017年，全国共有16个省份曾进入中国老年人政策进步指数排行榜前十。其中，东部地区有8个，中部地区有1个，西部地区有5个，东北地区有2个。这些省份中，北京、浙江、上海、福建连续六年进入前十；山东（2012～2016年）、山西（2013～2017年）连续五年进入前十；江苏（2014～2017年）、新疆（2012～2013年和2016～2017年）、陕西（2012～2014年和2017年）、甘肃（2012～2014年和2016年）各有四年进入前十；天津、河北、云南、贵州各有两年进入前十；黑龙江、吉林各有一年进入前十。东部地区领先优势明显。

表3-9 2012～2017年中国老年人政策指数排名前十位省份分布

东部地区	中部地区	西部地区	东北地区
8席： 北京（☆☆☆☆☆☆） 浙江（☆☆☆☆☆☆） 上海（☆☆☆☆☆☆） 福建（☆☆☆☆☆☆） 山东（☆☆☆☆☆） 江苏（☆☆☆☆） 天津（☆☆） 河北（☆☆）	1席： 山西（☆☆☆☆☆）	5席： 新疆（☆☆☆☆） 陕西（☆☆☆☆） 甘肃（☆☆☆☆） 云南（☆☆） 贵州（☆☆）	2席： 黑龙江（☆） 吉林（☆）

注：☆数量为名次进入前十位次数。

（二）省份排名波动较小，六省份至少五年进入前十名

对比 2012～2017 年排名结果，我们发现各省份基本稳定，波动较小。其中，全国发生的最大一次波动是 2012～2013 年的吉林（浮动 24 位），其次是河北、宁夏、江西、河南、辽宁、吉林、黑龙江 7 个省份发生的 11～15 位波动（河北、辽宁发生过两次，分别是 2012～2013 年、2016～2017 年的河北和 2012～2014 年的辽宁），其余均为 10 位内波动。另外，需要说明的是，前十名连续六年并未发生太大变化，北京、浙江、上海、福建、山东、山西都做到了至少五年进入。

表 3-10　2012～2017 年中国老年人政策指数排名地区分布

省份\年份	2012	2013	2014	2015	2016	2017	省份\年份	2012	2013	2014	2015	2016	2017
东部地区（10 个）							西部地区（12 个）						
北京	1	1	2	6	2	2	内蒙古	22	20	16	15	23	17
天津	15	14	14	10	15	9	广西	31	29	29	27	21	15
河北	21	9	12	19	19	8	重庆	17	21	19	26	30	21
上海	8	2	3	1	1	1	四川	16	16	17	20	14	18
江苏	14	11	5	4	5	7	贵州	18	13	6	9	16	19
浙江	3	3	1	2	4	3	云南	9	18	18	13	9	13
福建	10	8	7	3	3	4	西藏	30	28	30	31	31	30
山东	2	5	4	8	8	12	陕西	7	4	8	16	11	6
广东	24	23	26	18	12	11	甘肃	5	6	9	12	6	14
海南	28	31	31	28	29	31	青海	13	12	20	14	13	16
							宁夏	11	22	24	22	22	20
							新疆	4	7	11	11	10	5
中部地区（6 个）							东北地区（3 个）						
山西	12	10	10	5	7	10	辽宁	26	15	28	21	25	24
安徽	29	26	21	25	26	22	吉林	6	30	23	30	27	25
江西	19	24	15	29	24	29	黑龙江	20	17	13	7	18	26
河南	25	25	22	17	17	27							
湖北	27	27	27	23	20	23							
湖南	23	19	25	24	28	28							

(三)指数排名与经济水平并不对应,中西部地区力争上游

从数据来看,2017年全国各省份老年人政策进步指数排名与人均GDP水平并不完全对应,经济相对落后的中西部地区力争上游。具体而言,进步指数高于人均GDP排名3位及以上的省份有10个,其中高出10~20位的省份有7个,依次是云南(17位)、甘肃(17位)、新疆(15位)、山西(15位)、广西(13位)、河北(11位)、贵州(10位);高出6~9位的省份有2个,依次是陕西(6位)、青海(6位);高出3~5位的省份有1个,是四川(3位)。由此我们可以很清楚看到,这10个省份中仅有河北属于东部,其余全部位于中部或西部。

表3-11 2017年全国各省份人均GDP水平与老年人指数排名对比表

省份	人均GDP排名	指数排名	排名差异	省份	人均GDP排名	指数排名	排名差异
北京	1	2	-1	海南	17	31	-14
上海	2	1	1	河南	18	27	-9
天津	3	9	-6	河北	19	8	11
江苏	4	7	-3	新疆	20	5	15
浙江	5	3	2	四川	21	18	3
福建	6	4	2	青海	22	16	6
广东	7	11	-4	江西	23	29	-6
山东	8	12	-4	安徽	24	22	2
内蒙古	9	17	-8	山西	25	10	15
重庆	10	21	-11	黑龙江	26	26	0
湖北	11	23	-12	西藏	27	30	-3
陕西	12	6	6	广西	28	15	13
吉林	13	25	-12	贵州	29	19	10
辽宁	14	24	-10	云南	30	13	17
宁夏	15	20	-5	甘肃	31	14	17
湖南	16	28	-12				

注:老年人政策进步指数省份排名高于其人均GDP排名的,排名差异为正值;老年人政策进步指数省份排名低于其人均GDP排名的,排名差异为负值。

五、中国老年人政策进步指数单项指标排名突出省份

（一）老年社会服务：东部地区优势明显，八省份位列前十

从二级指标老年社会服务的省份排名来看，浙江、福建、上海、广东、山东、河北、江苏、山西、新疆、天津位列前十。其中，东部地区占8席，依次是浙江、福建、上海、广东、山东、河北、江苏、天津；中部地区占1席，是山西；西部地区占1席，是新疆。东部地区优势明显，其余各区相对薄弱。

从二级指标老年社会服务之下的11个三级指标来看，"每千名老人拥有日间照料床位数"排名前五的省份是甘肃、浙江、河北、广东、山东，它们的数据分别是21.426张/千人、18.491张/千人、15.637张/千人、13.014张/千人、12.705张/千人；"每千名老人拥有养老机构床位数"排名前五的省份是浙江、内蒙古、江苏、北京、贵州，它们的数据分别是57.1张/千人、52.2张/千人、40.2张/千人、39.6张/千人、36.7张/千人；"工商注册养老机构比例"排名前五的省份是重庆、海南、北京、广东、四川，它们的数据分别是9.012%、8.571%、4.421%、4.243%、4.212%；"民办非企业注册养老机构比例"排名前五的省份是上海、安徽、天津、黑龙江、辽宁，它们的数据分别是94.768%、89.900%、84.892%、83.135%、77.447%；"养老机构工作人员配比"排名前五的省份是广西、上海、河北、广东、山西，它们的数据分别是31.511%、30.675%、28.324%、28.047%、24.129%；"养老机构工作人员中专业技术技能人员占比"排名前五的省份是云南、新疆、江苏、山东、北京，它们的数据分别是83.656%、81.162%、77.441%、77.280%、76.378%；"养老机构收住失能/半失能人员比例"排名前五的省份是上海、广西、广东、青海、天津，它们的数据分别是76.650%、

63.200%、59.635%、55.168%、54.701%；"每万名老人拥有老年活动站 / 中心 / 室数"排名前五的省份是福建、新疆、浙江、山西、山东，它们的数据分别是 30.424 个 / 万人、30.061 个 / 万人、29.703 个 / 万人、29.495 个 / 万人、28.041 个 / 万人；"每万名老人拥有老年医院数"排名前五的省份是四川、贵州、黑龙江、江苏、陕西，它们的数据分别是 0.426 个、0.343 个、0.314 个、0.186 个、0.133 个；"每万名老人拥有老年临终关怀医院数"排名前五的省份是山西、上海、四川、陕西、湖北，它们的数据分别是 0.130 个 / 万人、0.077 个 / 万人、0.066 个 / 万人、0.066 个 / 万人、0.062 个 / 万人；"每万名老人拥有老年法律援助中心数"排名前五的省份是福建、新疆、浙江、云南、辽宁，它们的数据分别是 4.585 个 / 万人、3.104 个 / 万人、1.849 个 / 万人、1.603 个 / 万人、1.229 个 / 万人。从这 11 个三级指标的排行中可以看出，广东、浙江四次进入前五，出现频率最高。

（二）老年社会救助：西部地区优势明显，五省份进入前十

从二级指标老年社会救助的省份排名来看，甘肃、贵州、云南、新疆、上海、天津、内蒙古、北京、江西、黑龙江位列前十。其中，东部地区占 3 席，依次是上海、天津、北京；中部地区占 1 席，是江西；西部地区占 5 席，依次是甘肃、贵州、云南、新疆、内蒙古；东北地区占 1 席，是黑龙江。西部地区优势明显。

从二级指标老年社会救助之下的 4 个三级指标来看，"城市低保平均标准"排名前五的省份是上海、北京、天津、西藏、浙江，它们的数据分别是 1028 元 / 月、945 元 / 月、860 元 / 月、752 元 / 月、706 元 / 月；"农村低保平均标准"排名前五的省份是上海、北京、天津、浙江、江苏，它们的数据分别是 970 元 / 月、925 元 / 月、860 元 / 月、670 元 / 月、596 元 / 月；"最低生活保障覆盖率"排名前五的省份甘肃、新疆、青海、云南、贵州，它们的数据分别是 13.875%、11.309%、9.371%、8.349%、8.143%；"最低生

活保障预算支出占财政预算支出比例"排名前五的省份是甘肃、贵州、云南、江西、黑龙江，它们的数据分别是2.485%、1.886%、1.858%、1.643%、1.573%。从这4个三级指标的排行中可以看出，上海、北京、天津、浙江、甘肃、云南、贵州均两次进入前五，出现频率较高。

（三）老年社会保险：西部地区优势明显，六省份进入前十

从二级指标老年社会保险的省份排名来看，上海、西藏、北京、浙江、青海、新疆、山西、重庆、内蒙古、宁夏位列前十。其中，东部地区占3席，依次是上海、北京、浙江；中部地区占1席，是山西；西部地区占6席，依次是西藏、青海、新疆、重庆、内蒙古、宁夏。西部地区领跑全国，占前十名比例达到60%。

从二级指标老年社会保险之下的3个三级指标来看，"城镇职工基本养老金平均水平"排名前五的省份是西藏、北京、上海、青海、浙江，它们的数据分别是3989元/月、3770元/月、3691元/月、3440元/月、3085元/月；"城镇职工基本养老保险替代率"排名前五的省份是浙江、西藏、新疆、山西、青海，它们的数据分别是60.590%、59.466%、57.447%、55.196%、54.530%；"城乡居民基础养老金平均水平"排名前五的省份是上海、北京、天津、宁夏、海南，它们的数据分别是1019元/月、610元/月、277元/月、186元/月、160元/月。从这3个三级指标的排行中可以看出，北京、上海、青海、浙江、西藏两次进入前五，出现频率最高。

（四）老年社会福利：西部地区优势明显，六省份进入前十

从二级指标老年社会福利的省份排名来看，上海、青海、北京、新疆、陕西、西藏、四川、安徽、内蒙古、天津位列前十。其中，东部地区占3席，依次是上海、北京、天津；西部地区占6席，依次是青海、新疆、陕

西、西藏、四川、内蒙古；中部地区占1席，是安徽。西部地区领跑全国，占前十名比例达到60%。

从二级指标老年社会福利之下的5个三级指标来看，"高龄津贴覆盖率"排名前五的省份是青海、陕西、上海、广东、西藏，它们的数据分别是356.409%、355.164%、287.115%、190.097%、131.586%；"高龄津贴平均水平"排名前五的省份是上海、宁夏、内蒙古、黑龙江、新疆，它们的数据分别是2305.515元/人·年、1660.467元/人·年、1185.149元/人·年、1037.381元/人·年、1012.069元/人·年；"护理补贴覆盖率"排名前五的省份是西藏、北京、安徽、青海、福建，它们的数据分别是1.828%、0.943%、0.934%、0.821%、0.602%；"护理补贴平均水平"排名前五的省份是新疆、天津、陕西、辽宁、湖北，它们的数据分别是10447.101元/人·年、3966.705元/人·年、3266.016元/人·年、3152.401元/人·年、3027.191元/人·年；"养老服务补贴覆盖率"排名前五的省份是北京、四川、青海、贵州、上海，它们的数据分别是7.799%、6.723%、3.165%、3.009%、2.872%。从这5个三级指标的排行中可以看出，三项榜首属于西部；上海三次进入前五，出现频率最高。

（五）老年教育与公益：前十名省份东西部地区基本对半分布

从二级指标老年教育与公益的省份排名来看，福建、浙江、云南、山西、贵州、四川、陕西、重庆、山东、北京位列前十。其中，东部地区占4席，依次是福建、浙江、山东、北京；西部地区占5席，依次是云南、贵州、四川、陕西、重庆；中部地区占1席，是山西。东西部地区基本对半分布，占据前十席位。

从二级指标老年教育与公益之下的3个三级指标来看，"每万名老人拥有老年学校数量"排名前五的省份是福建、浙江、云南、北京、贵州，它们的数据分别是 18.547 个 / 万人、9.972 个 / 万人、5.546 个 / 万人、5.462 个 / 万人、2.933 个 / 万人;"每万名老年人参与老年人协会人数"排名前五的省份是浙江、福建、云南、四川、重庆,它们的数据分别是 7113.486 人 / 万人、4217.861 人 / 万人、3392.999 人 / 万人、3124.354 人 / 万人、2926.351 人 / 万人;"每万名老人拥有老年人协会数量"排名前五的省份是山西、陕西、浙江、福建、山东,它们的数据分别是 34.555 个 / 万人、29.130 个 / 万人、27.834 个 / 万人、27.483 个 / 万人、26.485 个 / 万人。从这 3 个三级指标的排行中可以看出,福建、浙江三次进入前五,出现频率最高。

六、省级老年人政策创新亮点省份

我们将二级指标"政策环境"之下的三级指标"省级老年人政策创新度"单独抽出,构建评价省级老年人政策创新度指标体系。这样做的目的是通过量化的数据分析,客观呈现各地老年人政策省级创新度,以此推动各地不断创新、优化老年人政策,使老年人有更多的获得感、安全感和幸福感。本次省级老年人政策创新度选取了机构养老服务、社区居家服务、长期照护服务、医养结合、养老人才、养老产业、行业信用、老年公益、农村养老服务 9 个重要方面作为评价维度,并进一步将其细化为 39 个评价点,每个评价维度下的评价点平均分配分值①(详见表 3-12)。评价数据全部来自于 31 个省份的省级政府官网。

---

① 省级老年人政策创新度作为单独的分析对象时,因其内部数值单位标准一致,故没有进行去量纲化处理,而是直接基于其计算数值开展分析;另外,我们采集原始数据时采取的是追溯方式,2017年底之前均算。

表 3-12　省级老年人政策创新度评价维度和评价点[①]

三级指标	评价维度	评价点
省级老年人政策创新度	1. 机构养老服务	（1）是否明确护理型床位占比
		（2）是否制定养老机构服务细分标准
		（3）是否明确养老机构登记注册程序
		（4）是否明确政府运营的养老床位数占比
		（5）是否制定养老机构公建民营实施办法
	2. 社区居家服务	（1）是否编制居家社区养老服务设施规划
		（2）是否明确建立居家养老服务清单制度
		（3）是否明确针对社区养老设施进行补贴
		（4）是否出台社区居家养老服务细分标准
		（5）是否确定开展老年人助餐服务体系实施方案
		（6）是否明确养老机构综合责任险延伸至社区养老设施
		（7）是否明确为老旧社区和老年人家庭改造提供资金支持
	3. 长期照护服务	（1）是否统一老年人能力评估标准
		（2）是否明确老年人能力评估流程
		（3）是否建立老年人护理补贴制度
		（4）是否制定养老服务评估实施办法
		（5）是否确定开展省级长期护理保险制度试点
		（6）是否将生活照料纳入长期护理保险保障范围
	4. 医养结合	（1）是否确定开展省级医养结合试点
		（2）是否明确出台医养结合相关服务标准
		（3）是否明确出台家庭老年人照护能力培训政策
		（4）是否明确提出发展社区居家老年人慢性病管理
		（5）是否出台促进中医药健康养老服务发展的专项文件

---

① 本次指标体系中九个一级指标平均赋权，各占1/9的权重；在计算权重时，同一个一级指标下对应的二级指标同样按照平均分配的方式进行赋权，例如"是否明确护理型床位占比"在"机构养老服务"中占据1/5的权重。所有二级指标在总指标中的权重为上述权重相乘的结果，如"是否明确护理型床位占比"占1/45。

续表

三级指标	评价维度	评价点
省级老年人政策创新度	5.养老人才	（1）是否出台养老护理员在职补贴政策
		（2）是否施行养老护理员积分落户政策
		（3）是否明确培训补贴或职业技能鉴定补贴政策
		（4）是否出台中高职、普通本科学生入职奖补政策
	6.养老产业	（1）是否出台财政贴息与担保政策
		（2）是否要求设立产业投资引导基金
		（3）是否明确提出养老用地指标和性质类型
		（4）是否明确为境外企业投资提供政策优惠
		（5）是否明确为老年智能产品研发企业提供政策优惠
		（6）是否要求银行业金融机构为养老机构提供信贷支持
	7.行业信用	（1）是否制定开展养老服务业诚信体系建设的具体措施
		（2）是否要求制定养老服务业公共信用信息目录
	8.老年公益	（1）是否出台老年教育专项发展规划
		（2）是否建立老年人服务信息管理系统
	9.农村养老服务	（1）是否制定农村特困人员供养服务机构社会化改革政策
		（2）是否明确为农村养老服务设施提供资金支持

（一）2017年中国省级老年人政策创新指数排名

2017年，中国省级老年人政策创新指数排名前十位的省份依次是上海、北京、河北、江苏、吉林、天津、福建、广东、陕西、辽宁。从地区分布来看，东部地区7个省份，依次是上海、北京、河北、江苏、天津、福建、广东；西部地区有1个省份，是陕西；东北部地区有2个省份，依次为吉林和辽宁。这说明，东部地区老年人政策创新优势明显，延续了以往东部地区的领先优势。

(二)2012～2017年中国省级老年人政策创新排名特点

纵观2012～2017年中国省级老年人政策创新指数排名的分析结果，主要呈现以下特点。

1. 东部地区老年人政策省级创新持续引领全国

2012～2017年，在东部地区的10个省份中，北京、天津、上海、福建四个省份连续六年进入全国前十名；其中，北京于2012～2013年连续两年位列全国第一，天津于2015年成为全国第一，上海于2016～2017年连续两年位列第一；山东于2012～2016年连续五年进入前十名，并于2014年位列全国第一。中部地区的6个省份中，江西、河南曾有两年进入前十名，湖南有一年进入前十名；西部地区的12个省份中，内蒙古、陕西、青海、新疆曾有两年进入前十名，云南有一年进入前十名；东北部的3个省份中，吉林有三年进入前十名，辽宁和黑龙江各有一年进入。这充分说明了东部地区在老年政策创新方面的引领作用。

表3-13 2012～2017年中国省级老年人政策创新排名前十位省份分布

东部地区	中部地区	西部地区	东北省份
9席： 北京（☆☆☆☆☆☆） 天津（☆☆☆☆☆☆） 河北（☆☆） 上海（☆☆☆☆☆☆） 江苏（☆☆☆☆） 浙江（☆☆） 福建（☆☆☆☆☆☆） 山东（☆☆☆☆☆） 广东（☆☆）	3席： 江西（☆☆） 河南（☆☆） 湖南（☆）	5席： 内蒙古（☆☆） 云南（☆） 陕西（☆☆） 青海（☆☆） 新疆（☆☆）	3席： 辽宁（☆） 吉林（☆☆☆） 黑龙江（☆）

注：☆数量为名次进入前十位次数。

2. 所有省份排名变化相对平稳，北京等九省份至少有三年进入前十名

对比 2012～2017 年排名结果，我们发现全部 31 个省份整体变化相对平稳，只有河北、江苏、重庆、四川、青海、江西、河南、辽宁 8 个省份曾发生 15 名以上的排位变化且基本都只有一次（只有青海是两次）。即便按曾发生 10 名以上排位变化的省份来统计，全国也只有 18 个省份，发生次数最多的也只有 3 次，分别是广东（2013～2014 年、2014～2015 年、2015～2016 年）、宁夏（2013～2014 年、2014～2015 年、2016～2017 年）、安徽（2012～2013 年、2013～2014 年、2016～2017 年）、湖南（2013～2014 年、2015～2016 年、2016～2017 年）。另外，需要注意的是，前十名连续六年并未发生太大变化，北京、天津、河北、上海、江苏、浙江、福建、山东、吉林九省份至少都有三年进入。

表 3-14　2012～2017 年中国省级老年人政策创新排名各地区分布

省份\年份	2012	2013	2014	2015	2016	2017	省份\年份	2012	2013	2014	2015	2016	2017
东部地区（10 个）							西部地区（12 个）						
北京	1	1	3	5	2	2	内蒙古	24	14	9	6	15	14
天津	7	7	6	1	6	6	广西	21	24	25	28	20	16
河北	5	10	20	17	19	3	重庆	16	20	19	29	31	23
上海	8	4	5	9	1	1	四川	12	17	28	13	14	22
江苏	26	27	7	3	3	4	贵州	23	26	15	11	12	26
浙江	9	11	11	7	10	17	云南	6	13	18	27	26	19
福建	3	5	8	2	4	7	西藏	30	30	31	31	30	31
山东	2	2	1	4	5	11	陕西	13	3	14	20	18	9
广东	20	16	29	18	8	8	甘肃	31	31	26	14	17	18
海南	22	25	17	21	24	21	青海	17	21	27	10	9	28
							宁夏	25	22	12	25	22	12
							新疆	4	9	23	19	27	24

续表

省份\年份	2012	2013	2014	2015	2016	2017	省份\年份	2012	2013	2014	2015	2016	2017
中部地区（6个）							东北地区（3个）						
山西	18	19	24	26	23	29	辽宁	19	18	22	16	25	10
安徽	27	23	13	24	29	13	吉林	14	8	4	12	11	5
江西	10	12	10	30	16	25	黑龙江	15	15	2	15	21	27
河南	28	28	30	8	7	15							
湖北	29	29	21	22	28	20							
湖南	11	6	16	23	13	30							

3. 各地省级政策创新排名与经济水平并不完全对应，中西部地区力争上游

从目前能采集到的最新数据来看，2017年全国各省份老年人政策省级创新排名与人均GDP水平并不完全对应，经济相对落后的中西部地区在力争上游。具体而言，省级政策创新排名高于人均GDP排名的省份有12个，其中，高于10位及以上的省份有5个，依次为河北（16位）、甘肃（13位）、广西（12位）、安徽（11位）、云南（11位），其中有4个省份位于中西部地区；高于5～9位的省份只有为吉林（8位）；高于1～4位的省份有6个，依次为辽宁（4位）、陕西（3位）、宁夏（3位）、河南（3位）、贵州（3位）、上海（1位），其中也有4个省份位于中西部地区。此外，江苏的人均GDP排名与省级政策创新排名相同，其余18个省份省级政策创新排名低于人均GDP排名。

表3-15 2017年全国各省份人均GDP水平与省级政策创新排名对比表

省份	人均GDP排名	创新排名	排名差异	省份	人均GDP排名	创新排名	排名差异
北京	1	2	-1	海南	17	21	-4
上海	2	1	1	河南	18	15	3
天津	3	6	-3	河北	19	3	16
江苏	4	4	0	新疆	20	24	-4
浙江	5	17	-12	四川	21	22	-1

续表

省份	人均GDP排名	创新排名	排名差异	省份	人均GDP排名	创新排名	排名差异
福建	6	7	−1	青海	22	28	−6
广东	7	8	−1	江西	23	25	−2
山东	8	11	−3	安徽	24	13	11
内蒙古	9	14	−5	山西	25	29	−4
重庆	10	23	−13	黑龙江	26	27	−1
湖北	11	20	−9	西藏	27	31	−4
陕西	12	9	3	广西	28	16	12
吉林	13	5	8	贵州	29	26	3
辽宁	14	10	4	云南	30	19	11
宁夏	15	12	3	甘肃	31	18	13
湖南	16	30	−14				

（三）2017年中国省级老年人政策创新特点

1. 北京等五省份创新机构养老服务政策，安徽标准化建设单项全国领先

截至2017年底，北京、天津、上海、湖北、宁夏五个省份在机构养老服务政策创新方面得分最高，在"是否明确护理型床位占比""是否制定养老机构服务细分标准""是否明确养老机构登记注册程序""是否明确政府运营的养老床位数占比""是否制定养老机构公建民营实施办法"五个评价点均有相关政策出台。此外，安徽虽然得分略低于上述五个省份，但在养老机构细分服务标准建设全国领先，在评价年份中内已有15项标准出台。

（1）29省份明确规定护理型床位占比，北京以不低于70%的标准领先。在评价年份内，全国已有29个省份明确规定了护理型床位的占比，这些政策基本来自《"十三五"老龄事业和养老体系规划》和《关于全面放开养老服务市场提升养老服务质量的实施意见》,说明各省级政府开始明确意识到养老机构发展的核心在于护理体系建设,也愿意从战略角度引导社会力量进入到养老机构护理质量的提升。从具体规定情况来看,所有29个省份中有21个和国家规定一致,即护理型床位占比不少于30%;6个省份超出国家规定,其中最高的是北京(不低于70%),上海、江苏、浙江、广西并列第二,要求不低于50%,第三是广东(不低于35%);2个省份低于国家规定,依次是福建(不低于25%)和青海(不低于20%)。

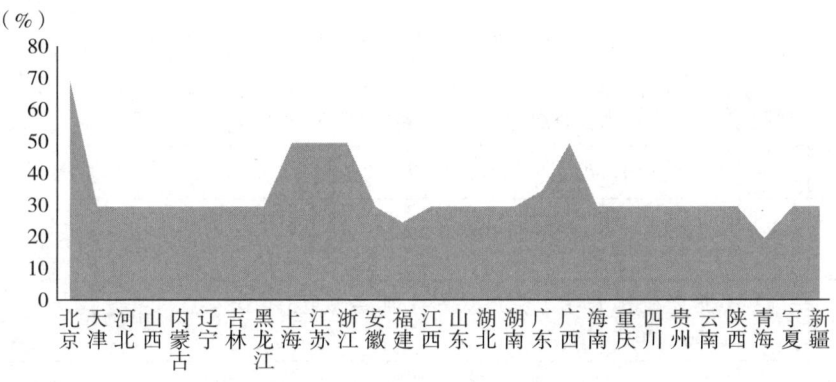

图3-9 各省份关于护理型床位占比的规定对比

(2)11省份已制定养老机构服务细分标准,安徽体系化建设走在全国前列。在评价年份内,全国已有11个省份制定养老机构服务细分标准,有力推动了所辖地区养老机构服务的规范化发展。其中,东部省份有6个,分别是北京、天津、河北、辽宁、上海和广东;中部省份有3个,分别是安徽、河南、湖北;西部省份有2个,分别是广西和宁夏。东中部地区的领先优势说明养老机构服务标准的规范化程度在一定程度上和该地区的经济发展程度呈正相关,也符合人们一贯的认知常识。但需要说明的是,安徽虽然是中部省份,但是该地区的养老机构服务标准的体系化建设走在全国前列,目前已有15项细分标准制定出台。

表 3-16　关于养老机构服务细分标准的各省文件汇总表

序号	地区	标准名称及编号	颁布时间
1	北京	《养老服务机构老年人健康评估服务规范》（DB11/T 305—2005）	2005年6月28日
2	天津	《养老服务机构社会工作服务规范》（DB12/T 671—2016）	2016年11月30日
3	河北	《养老服务机构老年人健康评估规范》（DB13/T 1603—2012）	2012年9月5日
4	辽宁	《养老机构服务质量星级划分》（DB21T 2344—2014）	2014年7月15日
5	上海	《养老机构设施与服务要求》（DB31/T685—2013）	2013年3月1日
6	安徽	《养老机构常见病预防控制规范》（DB34/T 2468—2015）等	2015年
7	河南	《养老机构入住评估规范》（DB41/T 1370—2017）	2017年2月10日
8	湖北	《养老机构常见服务风险防控基本规范》	2017年6月1日
9	广东	《养老机构社会工作服务规范》（DB44/T 1999—2017）	2017年5月10日
10	广西	《养老机构安宁（临终关怀）服务规范》（DB45/T 1606—2017）	2017年11月8日
11	宁夏	《养老机构生活照料服务规范》（DB 64/ T1496—2017）	2017年

表 3-17　安徽省养老机构服务细分标准汇总表

序号	地区	标准名称及编号	颁布时间
1	安徽	养老机构常见病预防控制规范（DB34/T 2468—2015）	2015年
2		养老机构休养人员心理护理规范（DB34/T 2469—2015）	
3		养老机构休养人员情绪沟通规范（DB34/T 2470—2015）	
4		养老机构信息管理规范（DB34/T 2471—2015）	
5		养老机构介护休养人员临终关怀规范（DB34/T 2472—2015）	
6		养老机构介护休养人员保护性护理规范（DB34/T 2473—2015）	
7		养老机构人员培训管理规范（DB34/T 2474—2015）	

续表

序号	地区	标准名称及编号	颁布时间
8	安徽	养老机构康复基础训练规范（DB34/T 2475—2015）	2015 年
9		养老机构危险源识别与控制规范（DB34/T 2476—2015）	
10		养老机构自理休养人员日常服务规范（DB34/T 2624—2016）	2016 年
11		养老机构业务咨询服务规范（DB34/T 2625—2016）	
12		养老机构休养人员入住评估规范（DB34/T 2626—2016）	
13		养老机构突发事件应急处置通用规范（DB34/T 2627—2016）	
14		养老机构介护休养人员日常服务规范（DB34/T 2628—2016）	
15		养老机构查房服务规范（DB34/T 2629—2016）	

（3）27省份明确养老机构注册登记程序，上海、福建出台企业类专项意见。在评价年份内，全国已有27个省份明确规定了养老机构注册登记程序，对应政策主要来源于《养老机构设立许可办法》《养老机构管理办法》《关于全面放开养老服务市场提升养老服务质量的实施意见》等省级文件，基本遵循了国家文件中的相关规定。其中，上海和福建分别发布《转发市民政局、市工商局关于本市养老服务业企业登记管理实施意见的通知》（沪府办〔2016〕39号）、《关于建立养老服务企业登记管理制度的意见》（闽民福〔2017〕108号），就养老服务类企业的登记管理程序作出专项规定，就全国而言创新明显。

表 3-18　　全国已明确养老机构注册登记程序的省份分布

是否明确 \ 地区	东部地区	中部地区	西部地区	东北地区
已明确	9个：上海、北京、浙江、福建、江苏、河北、天津、山东、海南	6个：山西、河南、湖北、湖南、安徽、江西	9个：新疆、甘肃、云南、青海、内蒙古、陕西、四川、宁夏、重庆	3个：黑龙江、吉林、辽宁
未明确	1个：广东	无	3个：贵州、西藏、广西	无

（4）27省份明确规定政府运营养老床位占比，山西等五省要求最严。在评价年份内，全国已有27个省份明确规定政府运营的养老床位占比，这些政策同护理型床位占比相似，也主要来自《"十三五"老龄事业和养老体系规划》和《关于全面放开养老服务市场提升养老服务质量的实施意见》。这标志着各地从量化指标上开始明确支持社会力量主体作用的发挥。从各省数据来看，山西、黑龙江、江苏、浙江、安徽要求政府运营的养老床位占比不能超过30%，在全国层面要求最为严格；其次是吉林、山东、湖北、海南四地，要求不超过40%；再次是北京、天津、河北、内蒙古、辽宁、上海、福建、江西、河南、湖南、广东、广西、重庆、四川、贵州、陕西、甘肃、宁夏、新疆19个省份与国家规定一致，即不超过30%。

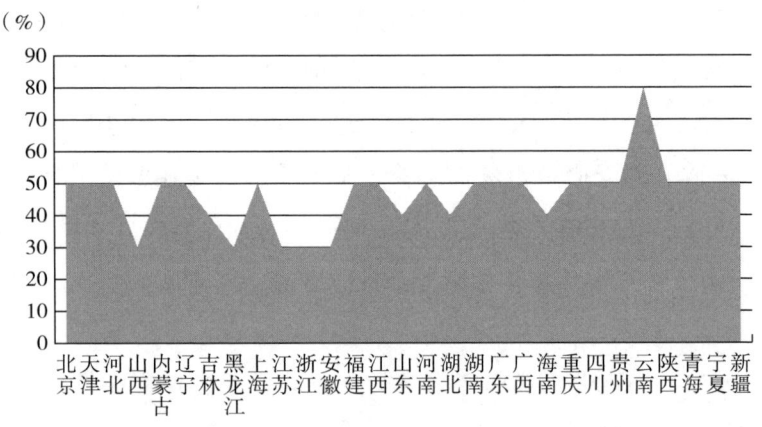

图3-10 各省份关于政府运营养老床位占比的规定对比

（5）14省份制定养老机构公建民营实施办法，北京配套政策建设相对突出。在评价年份内，全国已有14个省份制定养老机构公建民营实施办法，从制度保障的角度为所处地区社会力量进入养老机构的发展提供了支持。不过，从具体政策建设情况来看，所有14个省份中北京虽然起步稍晚，但其配套政策建设却相对突出。例如，北京在颁布《北京市养老机构公建民营实施办法》（京民福发〔2015〕268号）的同时，还出台《北京市公办养老机构入住及评估管理办法》（京民福发〔2015〕269号）、《北京市公办养老机构收费管理暂行办法》(京民福发〔2015〕270号),分别从入住评估和收费管理两方面提供配套支持。

表 3-19　关于养老机构公建民营实施办法的各省文件汇总表

序号	地区	标准名称及编号	颁布时间
1	北京	《北京市养老机构公建民营实施办法》(京民福发〔2015〕268号)	2015年7月
2	天津	《关于推进我市公办养老机构公建民营的意见》(津民发〔2014〕82号)	2014年11月
3	山西	《关于开展养老机构公建民营试点工作的实施方案》(晋民发〔2016〕71号)	2016年11月
4	内蒙古	《关于开展公办养老机构改革试点工作的通知》(内民政社福〔2014〕15号)	2014年1月
5	上海	《关于本市公建养老服务设施委托社会力量运营的指导意见(试行)》(沪民福发〔2017〕29号)	2017年9月
6	浙江	《关于推进养老机构公建民营规范化的指导意见》(浙民福〔2016〕26号)	2016年9月
7	福建	《关于加强公建民营养老机构管理的意见》(闽民福〔2014〕400号)	2014年9月
8	山东	《关于推进公办养老机构改革的指导意见》(鲁民〔2016〕86号)	2016年11月
9	河南	《关于开展公办养老机构改革试点工作的指导意见》(豫民文〔2014〕20号)	2014年1月
10	湖北	《关于印发〈湖北省社会福利机构民办公助办法〉(试行)和〈湖北省社会福利机构公办民营指导意见〉(试行)的通知》(鄂民政发〔2014〕100号)	2004年12月
11	广西	《养老设施公建民营实施办法(试行)》(桂民发〔2016〕40号)	2016年8月
12	四川	《关于开展公办养老机构改革试点工作的通知》(川民发〔2014〕1号)	2014年1月
13	贵州	《关于推进全省公办养老机构公建民营的指导意见》(黔民发〔2015〕48号)	2015年
14	宁夏	《关于推进公办养老机构改革的指导意见》	2017年12月

2. 北京社区居家养老服务政策全面领先，上海、吉林、山东单项政策突出

截至 2017 年底，北京在社区居家养老服务政策创新方面得分最高，在"是否编制居家社区养老服务设施规划""是否明确建立居家养老服务清单制度""是否明确针对社区养老设施进行补贴""是否出台社区居家养老服务细分标准""是否确定开展老年人助餐服务体系实施方案""是否明确养老机构综合责任险延伸至社区养老设施""是否明确为老旧社区和老年人家庭改造提供资金支持"七个评价点均有相关政策出台，全面领先于其余省份的建设。另外，上海、吉林、山东这一方面得分依次位列第二、第三、四位，各有单项突出。

（1）11 省份编制居家社区养老服务设施规划，北京规范化程度最高。在评价年份内，全国已有 11 个省份编制居家社区养老服务设施规划，有力呼应了近年来养老资源向社区居家服务倾斜的整体趋势，也符合广大老年群体的社区居家养老服务需求。其中，北京在 2015 年 11 月 24 日出台的《北京市社区养老服务驿站建设规划（2016 年—2020 年）》首次站在全省层面对社区居家养老服务设施的发展做出五年战略部署，相对于其他省份而言，规范化程度最高。

表 3-20 关于编制居家社区养老服务设施规划的各省文件汇总表

序号	地区	标准名称及编号	颁布时间
1	北京	《北京市社区养老服务驿站建设规划（2016 年—2020 年）》	2015 年 11 月 24 日
2	上海	《关于 2017 年社区为老服务实事项目和老年宜居社区建设试点安排的通知》（沪民老工发〔2017〕4 号）	2017 年 3 月 2 日
3	浙江	《关于印发〈浙江省农村居家养老服务设施建设三年推进计划〉的通知》（浙民福〔2013〕68 号）	2013 年 3 月 26 日

续表

序号	地区	标准名称及编号	颁布时间
4	安徽	《关于印发〈安徽省社会办养老机构建设指导意见（试行）〉和〈安徽省社区养老服务机构建设指导意见（试行）〉的通知》	2013年12月11日
5	福建	《关于印发〈全省2012年新建千个社区居家养老服务中心（站）实施方案〉的通知》	2012年3月14日
6	山东	《关于加快推进农村幸福院建设的意见》（鲁民〔2013〕45号）	2013年8月15日
7	广东	《关于印发〈广东省居家养老服务示范活动实施方案〉的通知》（粤民福〔2010〕6号）	2010年4月9日
8	重庆	《关于下达2017年社区养老服务设施建设目标任务的通知》（渝民发〔2017〕19号）	2017年3月3日
9	贵州	《关于认真做好2013—2015年全省农村幸福院建设工作的意见》	2013年12月6日
10	陕西	《关于推进农村幸福院建设的意见》（陕民发〔2013〕17号）	2013年7月2日
11	甘肃	《关于加快推进全省社区老年人日间照料中心建设的通知》（甘政办发〔2012〕189号）	2012年7月25日

（2）6省份明确建立居家养老服务清单制度，上海规定最为详细。在评价年份内，全国已有6个省份明确建立居家养老服务清单制度，对本地区居家养老服务的具体类别作出规定。其中，上海在2015年6月8日发布的《关于印发〈社区居家养老服务规范实施细则（试行）〉的通知》（沪民老工发〔2015〕4号）规定非常详细，基本每一项服务都细致到所需步骤的具体操作。

表3-21　关于明确建立居家养老服务清单制度的各省文件汇总表

序号	地区	标准名称及编号	颁布时间
1	北京	《关于印发〈社区养老服务驿站设施设计和服务标准（试行）〉的通知》（京民福发〔2016〕392号）	2016年9月26日
2	内蒙古	《关于印发居家养老服务管理办法的通知》（内政办发〔2015〕132号）	2015年12月14日

续表

序号	地区	标准名称及编号	颁布时间
3	吉林	《关于推进社区居家养老服务工作的实施意见》（吉民发〔2009〕104号）	2009年11月30日
4	上海	《关于印发〈社区居家养老服务规范实施细则（试行）〉的通知》（沪民老工发〔2015〕4号）	2015年6月8日
5	江苏	《关于全面放开养老服务市场提升养老服务质量的实施意见》（苏政发〔2017〕121号）	2017年8月25日
6	江西	《关于加快推进全省居家和社区养老服务发展的指导意见》	2017年9月26日

（3）15省份明确对社区养老设施进行补贴，吉林、上海补贴标准清晰。在评价年份内，全国已有15个省份明确规定要对社区养老设施进行补贴，一定程度上缓解了社区养老服务提供主体在资金筹集方面的压力。其中，吉林和上海两地补贴标准清晰；吉林在《关于加快养老服务业发展的实施意见》（吉政发〔2014〕9号）中规定采取以奖代补的方式，按照建筑面积，给予日间照料中心5万～10万元补贴，给予城市社区居家养老服务中心30万～50万元补贴；上海在《关于推进本市"十三五"期间养老服务设施建设的实施意见的通知》（沪府办〔2016〕70号）中分别明确了对社区综合为老服务中心、长者照护之家、老年人日间照护机构、社区老年人助餐点、社区睦邻点等养老设施的补贴标准。

表3-22　关于明确针对社区养老设施进行补贴的各省文件汇总表

序号	地区	标准名称及编号	颁布时间
1	北京	《关于印发〈北京市社区养老服务驿站建设规划（2016年—2020年）〉的通知》（京民福发〔2017〕124号）	2017年4月
2	天津	《关于进一步发展我市居家养老服务的意见》（津政办发〔2011〕51号）	2011年4月
3	辽宁	《关于规范居家养老服务经费管理和使用的通知》（辽民福函〔2005〕95号）	2005年11
4	吉林	《关于加快养老服务业发展的实施意见》（吉政发〔2014〕9号）	2014年4月
5	上海	《关于推进本市"十三五"期间养老服务设施建设的实施意见的通知》（沪府办〔2016〕70号）	2016年8月

续表

序号	地区	标准名称及编号	颁布时间
6	安徽	《安徽省社会养老服务体系建设实施办法》(皖民生办〔2016〕1号)	2015年6月
7	江西	《关于加快发展养老服务业的实施意见》(赣府发〔2014〕15号)	2014年5月
8	山东	《关于加快发展养老服务业的意见》(鲁政发〔2014〕11号)	2014年5月
9	湖北	《关于加快发展城乡社区居家养老服务的意见》(鄂政办发〔2012〕83号)	2012年12月
10	广东	《关于印发〈广东省居家养老服务示范活动实施方案〉的通知》(粤民福〔2010〕6号)	2010年4月
11	重庆	《关于加快推进社区养老服务中心(站)建设的意见》(渝民发〔2012〕76号)	2012年5月
12	陕西	《关于加快发展养老服务业的意见》(陕政发〔2014〕21号)	2014年6月
13	甘肃	《甘肃省城乡社区老年人日间照料中心建设省级补贴资金管理办法》(甘财社〔2015〕26号)	2015年3月
14	宁夏	《关于全面放开养老服务市场加快养老服务业转型升级的实施意见》(宁政办发〔2017〕106号)	2017年6月
15	新疆	《关于加快发展养老服务业的实施意见》(新政发〔2014〕19号)	2014年3月

(4)12省份已出台社区居家养老服务细分标准,山东体系化建设位列第一。在评价年份内,全国已有12个省份出台社区居家养老服务细分标准,有力地推动了所辖地区社区居家养老服务的规范化发展。其中,东部省份有6个,分别是北京、天津、河北、吉林、浙江、山东;中部省份只有江西1个;西部省份有5个,分别是广西、四川、陕西、甘肃、青海。西部和东部近乎对半分的态势说明经济条件并非唯一影响因素。另外,值得注意的是,山东已出台社区居家养老服务细分标准9项,体系化建设位列全国第一。

表3-23 关于社区居家养老服务细分标准的各省文件汇总表

序号	地区	标准名称及编号	颁布时间
1	北京	《关于印发〈社区养老服务驿站设施设计和服务标准(试行)〉的通知》(京民福发〔2016〕392号)	2016年9月26日

续表

序号	地区	标准名称及编号	颁布时间
2	天津	《居家养老入户服务规范》（DB12/T 489—2013）	2013年7月1日
3	河北	《居家养老服务质量规范》（DB 13/T 1838—2013）	2013年12月24日
4	吉林	《居家养老服务与管理规范》（DB22/T 2680—2017）	2017年6月12日
5	浙江	《居家养老服务与管理规范》（DB33/T 837—2011）	2011年8月31日
6	江西	《养老助餐服务质量规范》（DB36/T 899—2016）	2016年3月31日
7	山东	《社区居家养老——入户服务质量规范》（DB37/T 1937—2011）等	2011年
8	广西	《家庭服务 养老护理员服务质量要求与等级划分》（DB45/T 1272—2015）	2015年12月30日
9	四川	《居家养老服务管理规范》（DB510100/T 121—2013）等	2013年4月7日
10	陕西	《家政服务指南 居家养老护理》（DB61/T 922—2014）	2013年8月1日
11	甘肃	《居家养老服务提供规范》（DB62/T 2582—2015）等	2015年8月12日
12	青海	《社区老年人日间照料服务规范》（DB 63/T 1322—2014）	2014年9月22日

表3-24　山东省社区居家养老服务细分标准汇总表

序号	地区	标准名称及编号	颁布时间
1	山东	《家政服务——居家养老服务质量规范》（DB37/T 1111—2008）	2009年1月6日
2		《家政培训服务规范》（第1部分：居家养老）（DB37/T 1598.1—2010）	2010年
3		《社区居家养老服务标准体系》（DB37/T 1934—2011）	2011年
4		《社区居家养老服务人员管理规范》（DB37/T 1935—2011）	
5		《社区居家养老——日托服务质量规范》（DB37/T 1936—2011）	
6		《社区居家养老——入户服务质量规范》（DB37/T 1937—2011）	
7		《社区居家养老服务信息管理规范》（DB37/T 1938—2011）	
8		《城镇社区老年人日间照料中心等级划分》（DB37/T 2722—2015）	2015年
9		《城镇社区老年人日间照料中心管理与服务规范》（DB37/T2723—2015）	

（5）5省份确定开展老年人助餐服务体系建设，北京、上海试点先行。在评价年份内，全国已有5个省份确定开展老年人助餐服务体系，就老年

人最关心的助餐服务需求作出制度性回应。其中，北京、上海两地采取试点先行的举措，选择部分地级行政区域率先探索不同模式的老年人助餐服务体系。具体而言，北京从2016年开始试点，试点地区有8个，分别为东城、西城、朝阳、海淀、丰台、石景山、房山、顺义，占全部区域的50%。上海早在2008年4月14日发布的《上海市民政局关于鼓励社区设立老年人助餐服务点的通知》（沪民福发〔2008〕12号）中就宣布开展社区老年人助餐服务点建设。以2017年的建设任务为例，共计涉及区域15个，分别为浦东、黄浦、静安、徐汇、长宁、普陀、虹口、杨浦、宝山、闵行、嘉定、金山、松江、青浦、崇明，占全部区域的93.75%；所有区域的社区老年人助餐服务点建设项目共计67个。

表3-25　关于确定开展老年人助餐服务体系建设的各省文件汇总表

序号	地区	标准名称及编号	颁布时间
1	北京	《关于2016年开展养老助餐服务体系试点建设工作的通知》（京民老龄发〔2016〕391号）	2016年9月28日
2	天津	《关于开展老年人助餐服务的意见》（津民发〔2011〕69号）	2011年9月13日
3	上海	《关于2017年社区为老服务实事项目和老年宜居社区建设试点安排的通知》（沪民老工发〔2017〕4号）	2017年2月20日
4	江苏	《关于开展社区老年人助餐点项目建设的通知》（苏民老龄〔2015〕2号）	2015年3月11日
5	宁夏	《宁夏回族自治区农村老饭桌管理暂行办法》（宁民发〔2016〕97号）	2016年11月25日

表3-26　北京市2016年老年人助餐服务体系建设八个试点地区模式一览

地区	主要模式	地区	主要模式
东城	采取"1+X"综合助餐服务模式。"1"为中央厨房，"X"就是在每个社区建设助餐点	丰台	依托餐饮连锁企业和包括养老照料中心在内的养老设施建设助餐网点的服务模式
西城	以"老字号"餐饮企业服务网点和依托辖区内单位食堂形成老年餐专供网络服务模式	石景山	以"中央厨房+社区养老服务驿站"的服务模式

续表

地区	主要模式	地区	主要模式
朝阳	采取"1+43+N"居家养老助餐服务模式。"1"为朝阳区养老指导中心,"43"为全区43个街道(乡镇)老年餐服务中心,"N"为各类提供老年用餐服务的服务商	房山	由政府搭台,企业市场化连锁经营,建设大型中央厨房,通过养老助餐车和社区配餐点服务模式
海淀	"中央厨房+冷链运输+社区配餐"的服务模式	顺义	以政府主导建设中央厨房配送,构建"中央厨房+社区助餐点+义工送餐"的服务模式

表3-27　上海市2017年社区老年人助餐服务点项目安排表

地区	项目地点及类型	数量	地区	项目地点及类型	数量
浦东	高桥镇、老港镇、唐镇、书院镇、惠南镇	6个	宝山	淞南镇	2个
黄浦	五里桥街道	1个	闵行	浦江镇、马桥镇、江川路街道、新虹街道	8个
静安	临汾街道、南西街道	2个	嘉定	安亭镇、嘉定工业区、外冈镇、真新街道	4个
徐汇	枫林街道、田林街道、虹梅街道、康健街道、龙华街道、华泾镇	10个	金山	枫泾镇、漕泾镇、山阳镇、廊下镇、石化街道	6个
长宁	周家桥街道	1个	松江	广富林街道、九亭镇、泖港镇、小昆山镇	5个
普陀	长风新村街道	3个	青浦	白鹤镇	3个
虹口	凉城新村街道、欧阳路街道、嘉兴路街道、曲阳路街道	4个	崇明	东平镇、中兴镇、港西镇、竖新镇、建设镇、横沙乡堡镇	10个
杨浦	定海街道、延吉街道	2个			

（6）3省份明确养老机构综合责任险延伸至社区养老设施,上海全市铺开。在评价年份内,全国已有3个省份明确要求将养老机构综合责任险延伸至社区养老设施。其中,上海在《关于做好社区为老服务机构综合责任保险工作的通知》（沪民老工发〔2017〕23号）中提出"联合相关保险公司在全市统一推行上海市社区为老服务机构综合责任保险项目",就全国

而言，工作进展明显。

表 3-28　关于明确养老机构综合责任险延伸至社区养老设施的各省文件汇总表

序号	地区	标准名称及编号	颁布时间
1	北京	《关于印发〈社区养老服务驿站设施设计和服务标准（试行）〉的通知》（京民福发〔2016〕392号）	2016年9月26日
2	吉林	《关于全面放开养老服务市场提升养老服务质量的实施意见》（吉政办发〔2017〕87号）	2017年12月28日
3	上海	《关于做好社区为老服务机构综合责任保险工作的通知》（沪民老工发〔2017〕23号）	2017年12月29日

（7）16省份明确为老旧社区和老人家庭改造提供资金支持，上海标准清晰。在评价年份内，全国已有16个省份明确为老旧社区和老人家庭改造提供资金支持，为本地区高龄、失能老年群体容易出现的摔倒风险作出制度保障。其中，大多省份都提到要通过政府补贴、产业引导和业主众筹等方式开展此次举措。需要注意的是只有上海出台《关于开展2017年"为20万高龄老年人提供家庭互助服务"和"为1000个低保等困难老年人家庭提供居室适老改造服务"的通知》（沪民老工发〔2017〕8号），就具体改造计划和标准作出专项规定。

表 3-29　全国明确为老旧社区和老人家庭改造提供资金支持的省份分布

是否明确＼地区	东部地区	中部地区	西部地区	东北地区
明确	5个：北京、上海、浙江、福建、江苏	5个：山西、河南、湖北、湖南、安徽	4个：新疆、陕西、重庆、广西	2个：吉林、辽宁
未明确	5个：河北、天津、山东、海南、广东	1个：江西	8个：贵州、甘肃、云南、青海、内蒙古、四川、宁夏、西藏	1个：黑龙江

3. 上海领衔推动长期照护服务政策，津、豫、鲁单项政策突出

截至2017年底，北京、上海在长期照护服务政策创新方面得分并列全国第一位。其中，两地在"是否统一老年人能力评估标准""是否明确老年

人能力评估流程""是否建立老年人护理补贴制度""是否确定开展省级长期护理保险制度试点"均有相关政策;但不同的是,北京还制定了养老服务评估实施办法、上海将生活照料纳入长期护理保险保障范围。另外,从单项评价点来看,天津最早探索老年人护理补贴制度建设和养老服务评估实施办法,河南紧随上海之后统一了本地老年人能力评估标准,山东率先开始省级长期护理保险制度试点。

(1) 10省份统一老年人能力评估标准,上海、河南出台专项地方标准。在评价年份内,全国已有10个省份统一老年人能力评估标准,为本地区养老服务工作的开展提供重要的基础。其中,上海、河南两地出台专项地方标准,就规范化程度而言在全国最为突出;上海为《老年照护等级评估要求》(DB 31/T 684—2013),河南为《老年人健康能力评估》(DB 41/T 1299—2016)。

表3-30 关于统一老年人能力评估标准的各省文件汇总表

序号	地区	标准名称及编号	颁布时间
1	北京	《关于印发〈经济困难的高龄和失能老年人居家养老服务试点区老年人能力评估办法〉的通知》(京民老龄发〔2015〕478号)	2015年12月31日
2	天津	《关于推进我市养老服务评估工作的意见》(津民发〔2014〕81号)	2014年11月4日
3	上海	《关于发布上海市地方标准〈老年照护等级评估要求〉的通知》(沪质技监标〔2013〕65号)	2013年2月8日
4	浙江	《关于印发〈浙江省养老服务需求评估工作实施意见(试行)〉的通知》(浙民福〔2012〕72号)	2012年4月25日
5	福建	《关于开展养老服务需求评估工作的通知》(闽民福〔2014〕181号)	2014年4月16日
6	河南	《关于印发〈社区居家养老服务规范〉和〈老年人健康能力评估〉的通知》(豫民〔2017〕3号)	2017年3月28日
7	广东	《关于开展养老服务评估工作的实施意见》(粤民发〔2016〕43号)	2016年3月22日
8	广西	《关于印发〈广西老年人能力评估管理暂行办法〉的通知》(桂民发〔2016〕34号)	2016年7月11日

续表

序号	地区	标准名称及编号	颁布时间
9	四川	《关于印发四川省养老服务评估指标体系（试行）的通知》（川民发〔2015〕2号）	2015年1月5日
10	甘肃	《关于印发〈甘肃省养老服务评估暂行办法〉的通知》（甘民发〔2015〕90号）	2015年6月15日

（2）6省份明确老年人能力评估流程，上海设计最为清晰。在评价年份内，全国已有6个省份明确老年人能力评估流程，对此项工作涉及的相关环节和程序作出规定。一般而言，申请、评估、公示、审核是这些地区规定的主要流程。不过上海由于要在全市范围内推进老年人照护统一需求评估体系的建设，因而在流程设计上最为清晰。例如，在服务分派环节，上海要求区级管理平台依据评估结果，结合老年人的自主选择，组织进行养老服务分派，梯度提供社区居家老年照护、养老机构、护理院等老年照护服务；养老机构、护理院等老年照护服务提供要形成轮候机制；各类型老年照护服务由区级管理平台转介。值得注意的是，以上规定均是其余5个省份没有涉及的细节内容。

表3-31　关于明确老年人能力评估流程的各省文件汇总表

序号	地区	标准名称及编号	颁布时间
1	北京	《关于印发〈经济困难的高龄和失能老年人居家养老服务试点区老年人能力评估办法〉的通知》（京民老龄发〔2015〕478号）	2015年12月31日
2	上海	《关于全面推进老年照护统一需求评估体系建设的意见》（沪府办〔2016〕104号）	2016年12月29日
3	河南	《关于印发〈社区居家养老服务规范〉和〈老年人健康能力评估〉的通知》（豫民〔2017〕3号）	2017年3月28日
4	广东	《关于开展养老服务评估工作的实施意见》（粤民发〔2016〕43号）	2016年3月22日
5	广西	《关于印发〈广西老年人能力评估管理暂行办法〉的通知》（桂民发〔2016〕34号）	2016年7月11日
6	宁夏	《关于印发〈关于加快推进养老服务评估工作的试行意见〉的通知》（宁民办〔2017〕45号）	2017年8月15日

（3）19省份建立老年人护理补贴制度，北京、天津是最早探索地区。在评价年份内，全国已有19个省份建立老年人护理补贴制度，从资金方面为本地区有护理服务需求的老年人提供了一定保障。其中，北京发布的《北京市市民居家养老（助残）服务（"九养"）办法》（京政办发〔2009〕104号）是全国老年人护理补贴制度的首份文件，该文件规定60～79周岁的重度残疾人可以享受每人每月100元的享受养老（助残）券，处于该年龄段且符合条件的老年人凭此券可以兑换相应的康复护理服务。2012年，天津发布《关于对我市困难老年人增加居家养老护理补贴的意见》（津民发〔2012〕67号），在全国层面率先明确提出要对评估后符合条件和照料等级的老年人增加居家养老护理补贴。

表 3-32　　全国建立老年人护理补贴制度的省份分布

地区 是否建立	东部地区	中部地区	西部地区	东北地区
已建立	8个：北京、上海、浙江、福建、江苏、山东、天津、广东	3个：山西、河南、湖南	5个：贵州、新疆、甘肃、重庆、西藏	3个：黑龙江、吉林、辽宁
未建立	2个：河北、海南	3个：湖北、安徽、江西	7个：云南、青海、内蒙古、陕西、四川、宁夏、广西	无

（4）8省份制定养老服务评估实施办法，天津、江苏是最早探索地区。在评价年份内，全国已有8个省份制定养老服务评估实施办法，开始从体系建设的角度为本地区养老服务工作的开展提供制度支持。其中，2014年11月，天津和江苏两地根据《关于推进养老服务评估工作的指导意见》（民发〔2013〕127号）等国家文件的要求和本地区实际，相继出台《关于推进我市养老服务评估工作的意见》（津民发〔2014〕81号）、《关于建立养老服务评估制度的意见》（苏民福〔2014〕34号），在全国层面率先开始建立养老服务评估制度。

表 3-33　关于制定养老服务评估实施办法的各省文件汇总表

序号	地区	标准名称及编号	颁布时间
1	北京	《关于印发〈经济困难的高龄和失能老年人居家养老服务试点区老年人能力评估办法〉的通知》（京民老龄发〔2015〕478号）	2015年12月31日
2	天津	《关于推进我市养老服务评估工作的意见》（津民发〔2014〕81号）	2014年11月4日
3	江苏	《关于建立养老服务评估制度的意见》（苏民福〔2014〕34号）	2014年11月10日
4	福建	《关于印发〈福建省社区居家养老服务承接机构服务质量评估试行办法〉的通知》（闽民福〔2017〕72号）	2017年4月1日
5	广东	《关于开展养老服务评估工作的实施意见》（粤民发〔2016〕43号）	2016年3月22日
6	四川	《关于印发〈四川省养老服务评估指标体系（试行）〉的通知》（川民发〔2015〕2号）	2015年1月2日
7	甘肃	《关于印发〈甘肃省养老服务评估暂行办法〉的通知》（甘民发〔2015〕90号）	2015年6月15日
8	宁夏	《关于印发〈关于加快推进养老服务评估工作的试行意见〉的通知》（宁民办〔2017〕45号）	2017年8月15日

（5）4省份确定开展省级长期护理保险制度试点，山东是最早探索地区。在评价年份内，全国已有4个省份确定开展省级长期护理保险制度试点，进一步拓展了《关于开展长期护理保险制度试点的指导意见》（人社厅发〔2016〕80号）中15个国家级试点地区和2个重点联系省份的范围。其中，山东早在《关于开展职工长期护理保险试点工作的指导意见》（鲁政办字〔2014〕85号）中就已明确要参照青岛的经验，在东营、潍坊、日照、聊城4市开展职工长期护理保险试点，并于2015年1月正式实施。另外，还需注意的是吉林作为重点联系省份之一（另一个是之前提到的山东），在《关于印发吉林省老龄事业发展和养老体系建设"十三五"规划的通知》（吉政办发〔2017〕73号）中明确规定，要依托现行基本医疗保险制度和管理服务体系，着力推进长期护理保险制度试点，在长春市、吉林市、松原市试点基础上，进一步扩大试点范围。

表 3-34 关于确定开展省级长期护理保险制度试点的各省文件汇总表

序号	地区	标准名称及编号	颁布时间
1	北京	《北京市残疾预防行动计划（2017—2020 年）》	2017 年 5 月 16 日
2	吉林	《关于印发吉林省老龄事业发展和养老体系建设"十三五"规划的通知》（吉政办发〔2017〕73 号）	2017 年 10 月 17 日
3	上海	《印发修订后的〈上海市长期护理保险试点办法〉的通知》（沪府发〔2017〕97 号）	2017 年 12 月 30 日
4	山东	《关于开展职工长期护理保险试点工作的指导意见》（鲁政办字〔2014〕85 号）	2014 年 6 月 11 日

（6）上海将生活照料纳入长期护理保险保障范围，创全国省级层面先河。在评价年份内，全国只有上海将生活照料纳入长期护理保险保障范围，开创了省级层面先河。该地区在《关于印发修订后的〈上海市长期护理保险试点办法〉的通知》（沪府发〔2017〕97 号）中明确社区居家照护是长期照护三大服务形式之一，该服务的定义是养老服务机构以及护理站、门诊部、社区卫生服务中心等基层医疗卫生机构和护理院，为居家的参保人员，通过上门或社区照护等形式，提供基本生活照料和与基本生活密切相关的医疗护理服务。

4. 北京位列医养结合政策创新首位，豫、鲁、沪各有单项突出

截至 2017 年底，北京在医养结合政策创新方面排名依然位居首位。该市在"是否确定开展省级医养结合试点""是否明确出台医养结合相关服务标准""是否明确提出发展社区居家老年人慢性病管理""是否出台促进中医药健康养老服务发展"的专项文件四个评价点均有相关政策出台。另外，从其余省份来看，河南、广西、云南三省将省级医养结合试点下沉至县级行政单位，山东发布首个医养结合服务标准，上海为家庭老年人照护能力培训提供专项资金支持，这些医养结合政策创新方面的举措在全国而言都具有一定的示范引领意义。

（1）26 省份确定开展省级医养结合试点，河南等 3 省下沉至县级行政单位。在评价年份内，全国已有 26 个省份确定开展省级医养结合试点，进

一步拓展了两批共计 90 个国家级医养结合试点地区的范围。其中，已经明确省级试点地区名单的省份有 10 个，其余省份只提及要选择部分地区开展省级试点。不过，这 10 个省份要求以本地区的国家级试点为基础进行省级探索，比较特殊的有河南、广西、云南，它们将省级试点下沉到了县级行政单位。

表 3-35　全国确定开展省级医养结合试点的省份分布

是否确定＼地区	东部地区	中部地区	西部地区	东北地区
确定	8 个：北京、上海、福建、江苏、河北、山东、海南、广东	6 个：山西、河南、湖北、湖南、安徽、江西	9 个：贵州、甘肃、云南、青海、陕西、四川、宁夏、重庆、广西	3 个：黑龙江、吉林、辽宁
未确定	2 个：浙江、天津	无	3 个：新疆、内蒙古、西藏	无

表 3-36　全国两批国家级医养结合试点地区名单

省份	试点地区	数量	省份	试点地区	数量
北京	东城区、海淀区、朝阳区	3 个	河南	郑州市、洛阳市、濮阳市	3 个
天津	南开区、津南区、北辰区	3 个	湖北	咸宁市、随州市	2 个
河北	石家庄市、邯郸市、邢台市、保定市	4 个	湖南	长沙市、湘潭市、岳阳市	3 个
山西	太原市、大同市、吕梁市	3 个	广东	东莞市、江门市、广州市、深圳市	4 个
内蒙古	呼和浩特市、鄂尔多斯市、乌海市	3 个	广西	南宁市、贺州市、百色市	3 个
辽宁	沈阳市、大连市、辽阳市	3 个	海南	海口市、三亚市、儋州市	3 个
吉林	长春市、公主岭市、梅河口市	3 个	重庆	九龙坡区、垫江县、沙坪坝区	3 个
黑龙江	哈尔滨市、齐齐哈尔市、伊春市	3 个	四川	雅安市、攀枝花市、德阳市、广元市	4 个
上海	徐汇区、普陀区、松江区	3 个	贵州	贵阳市、铜仁市、遵义市	3 个
江苏	苏州市、南通市、南京市	3 个	云南	昆明市、曲靖市、西双版纳州	3 个
浙江	杭州市、嘉兴市、温州市	3 个	陕西	安康市、铜川市、西安市	3 个

续表

省份	试点地区	数量	省份	试点地区	数量
安徽	池州市、芜湖市、合肥市	3个	甘肃	兰州市、庆阳市、陇南市	3个
福建	厦门市、三明市、漳州市	3个	青海	西宁市、海东市、海南州	3个
江西	南昌市、赣州市、抚州市	3个	宁夏	银川市	1个
山东	青岛市、烟台市、威海市	3个	新疆	乌鲁木齐市、克拉玛依市、巴音郭楞蒙古自治州	3个

表3-37　全国各省份已经明确省级医养结合试点地区名单

省份	试点地区	省份	试点地区
河北	石家庄市、廊坊市	广西	柳州市鹿寨县、桂林市永福县、梧州市长洲区、北海市海城区、防城港市防城区、钦州市浦北县、贵港市港北区、玉林市容县、河池市大化县、河池市都安县、来宾市兴宾区、崇左市扶绥县
辽宁	沈阳市、大连市	海南	海口市、三亚市、儋州市
江西	南昌市、新余市、鹰潭市、赣州市、抚州市	云南	昆明市、曲靖市、西双版纳州作为首批省级试点市；红河州、大理州各不少于3个县（市）、昭通市、玉溪市、楚雄州、文山州、普洱市、临沧市各不少于2个县（市、区），保山市、德宏州、丽江市、怒江州、迪庆州各不少于1个县（市、区）作为首批试点
河南	郑州市、洛阳市、濮阳市、兰考县、长垣县、临颍县、汤阴县、商城县	甘肃	兰州市、陇南市
广东	广州市、深圳市	宁夏	银川市、吴忠市

（2）4省份出台医养结合相关服务标准，山东体系化建设最早。在评价年份内，全国4个省份出台医养结合相关服务标准，对本地区医养结合服务工作的开展作出了明确的规定。其中，虽然北京早在2014年5月21日就已发布《养老机构医务室服务规范》（DB11/T 220—2014），但就体系化建设而言，山东在2015年发布的《医疗养老结合基本服务规范》（DB37/T2721—2015）应当是国内首个养老服务行业领域的"医养结合"标准。该标准除了对养老服务与医疗服务结合的形式作出规定外，还对保障医养结合的医

保定点设立、机构资质审批、人员执业资质、人员管理、政府多部门协调联动工作机制等关键问题都提出明确要求，为全国医养结合服务工作的规范化建设起到了良好示范。

表 3-38　关于出台医养结合相关服务标准的各省文件汇总表

序号	地区	标准名称及编号	颁布时间
1	北京	《养老机构医务室服务规范》（DB11/T 220—2014）	2014 年 5 月 21 日
2	山西	《医疗养老结合基本服务规范》（DB14/T 1331—2017）	2017 年
3	山东	《医疗养老结合基本服务规范》（DB37/T2721—2015）	2015 年
4	河南	《医养结合机构基本服务规范》（DB41/T 1374—2017）	2016 年 8 月 12 日

（3）4 省份明确出台家庭老年人照护能力培训政策，上海提供专项资金支持。在评价年份内，全国已有 4 个省份明确出台家庭老年人照护能力培训政策，对家庭中失能老年人的照料者提出要给予一定资金支持。其中，上海比较突出，在《关于继续开展"老年宜居社区"市级配送项目试点工作的通知》（沪民老工发〔2016〕24 号）中提出，要通过专业社会组织为失能老人家庭照料者开展相关培训，使其在照护理论和技能上获得一定的专业指导，从而提升自行照护失能老人的能力。随后又出台专项资金支持政策《关于下拨市福利彩票公益金资助 2017 年"老吾老计划"试点项目的通知》（沪民老工发〔2017〕22 号），进一步明确要实施"老吾老——家庭照护能力提升计划"，并计划在 8 个区、11 个街道选择专业机构组织实施；每个街道给予 8 万元资金支持，合计 88 万元。

表 3-39　关于明确出台家庭老年人照护能力培训政策的各省文件汇总表

序号	地区	标准名称及编号	颁布时间
1	上海	《关于继续开展"老年宜居社区"市级配送项目试点工作的通知》（沪民老工发〔2016〕24 号）	2016 年 10 月 18 日
2	吉林	《关于印发吉林省老龄事业发展和养老体系建设"十三五"规划的通知》（吉政办发〔2017〕73 号）	2017 年 10 月 17 日
3	江苏	《关于全面放开养老服务市场提升养老服务质量的实施意见》（苏政发〔2017〕121 号）	2017 年 8 月 25 日

续表

序号	地区	标准名称及编号	颁布时间
4	浙江	《关于开展养老护理知识技能进家庭进社区活动的通知》（浙民福〔2013〕115号）	2013年5月13日

表3-40　上海市2017年"老吾老计划"项目资金分配表

区	街道	项目资金（万元）	区	街道	项目资金（万元）
徐汇区	虹梅路街道	8	浦东新区	陆家嘴街道	8
静安区	共和新路街道	8		塘桥街道	8
	南京西路街道	8	普陀区	甘泉街道	8
黄浦区	外滩街道	8	杨浦区	五角场街道	8
	老西门街道	8	虹口区	欧阳路街道	8
长宁区	江苏路街道	8	合计	11	88

（4）18省份明确提出发展社区居家老人慢性病管理，制度建设是共同特征。在评价年份内，全国已有18个省份明确提出发展社区老年人慢性病管理，就困扰绝大多数老年人的慢性病问题作出制度化探索。这些省份都不同程度地提到要以基层医疗卫生机构为居家老年人提供上门服务的能力为基础，建立慢性病管理制度，将高血压、糖尿病、慢性呼吸系统疾病等常见的老年人慢性病纳入管理。此外，还有部分省份提到要推广以慢病管理、中医老年营养运动干预为主的适宜技术，帮助老年人尽可能地减少自身失能风险。

表3-41　全国明确提出发展社区居家老年人慢性病管理的省份分布

是否明确提出 \ 地区	东部地区	中部地区	西部地区	东北地区
明确提出	7个：北京、上海、浙江、福建、天津、海南、广东	1个：湖北	8个：甘肃、云南、青海、内蒙古、陕西、宁夏、重庆、广西	2个：吉林、辽宁
未明确提出	3个：江苏、河北、山东	5个：山西、河南、湖南、安徽、江西	4个：贵州、新疆、四川、西藏	1个：黑龙江

（5）北京出台促进中医药健康养老服务发展专项文件，成全国唯一。在评价年份内，全国只有北京出台了促进中医药健康养老服务发展的专项文件《北京中医药健康养老试点工作实施方案》，在全国率先开始探索中医药与养老服务相结合的模式。在该方案中，北京选择东城、西城、丰台、石景山、通州、大兴6个区作为试点启动了此次中医健康养老社区示范工程建设，具体任务包括组建中医药健康养老服务联合体、建立北京中医药健康养老服务专区等。

5. 河北等四省份引领养老人才政策创新，福建单项突出

截至2017年底，河北、辽宁、上海、江苏四省份在养老人才政策创新方面得分并列首位。这四省份在"是否出台养老护理员在职补贴政策""是否施行养老护理员积分落户政策""是否明确培训补贴或职业技能鉴定补贴政策""是否出台中高职或普通本科学生入职奖补政策"四个评价点均有相关政策出台。另外，从其余省份看，福建出台培训专项资金管理办法，单项表现突出。

（1）12省份出台养老护理员在职补贴政策，江苏补贴标准最高。在评价年份内，全国已有12个省份出台养老护理员在职补贴政策，为已在养老机构工作一定年限的护理人员提供资金补助。其中，江苏在《关于加快发展养老服务业完善养老服务体系的实施意见》（苏政发〔2014〕39号）中规定的补贴标准最高，在全国起到了示范作用；该文件要求对取得国家养老护理员技师、高级工、中级工、初级工职业资格证书后，在养老机构护理岗位连续从业2年以上的人员，分别给予每人3000元、2000元、1000元、500元一次性补贴。

表3-42　关于出台养老护理员在职补贴政策的各省文件汇总表

序号	地区	标准名称及编号	颁布时间
1	北京	《关于加强养老服务人才队伍建设的意见》（京民福发〔2016〕527号）	2016年12月26日

续表

序号	地区	标准名称及编号	颁布时间
2	天津	《关于加快我市养老服务业发展的意见》（津政发〔2008〕27号）	2008年3月19日
3	内蒙古	《关于加快发展养老服务业的实施意见》（内政发〔2014〕57号）	2014年5月21日
4	河北	《关于全面放开养老服务市场提升养老服务质量的实施意见》（冀政办字〔2017〕115号）	2017年9月13日
5	辽宁	《关于印发"十三五"辽宁省老龄事业发展和养老体系建设规划的通知》（辽政发〔2017〕41号）	2017年9月1日
6	上海	《关于印发〈上海市养老护理人员队伍建设（专项）规划（2015—2020年）〉的通知》（沪人社职〔2015〕422号）	2015年10月8日
7	江苏	《关于加快发展养老服务业完善养老服务体系的实施意见》（苏政发〔2014〕39号）	2014年4月2日
8	浙江	《关于发展民办养老产业的若干意见》（浙政发〔2014〕16号）	2014年4月25日
9	安徽	《关于加快发展养老服务业的实施意见》（皖政〔2014〕60号）	2014年7月28日
10	福建	《关于下达2017年全省养老护理员培训经费的通知》（闽民计〔2017〕294号）	2017年12月11日
11	山东	《关于加快发展养老服务业的意见》（鲁政发〔2014〕11号）	2014年5月26日
12	重庆	《关于加快推进养老服务业发展的意见》（渝府发〔2014〕16号）	2014年4月21日

（2）10省份实行养老护理员积分落户政策，上海落实细则最为明确。在评价年份内，全国已有10个省份实行养老护理员积分落户政策，为部分进城务工且有着突出表现的养老护理员提供了落户机遇。其中，上海落实细则最为明确；该市规定要将养老护理员纳入《上海市职业技能鉴定项目目录》，在积分落户时持有养老护理员国家职业资格五级的可加15分，四级加30分，三级加60分，其他级别护理员不加分。另外，天津虽然未在正式文件中要求实行此项政策，但在实施中，已将养老护理员列入《天津积分落户紧缺职业（工种）目录》（2017年第一版），定为一般紧缺岗位，

可在积分落户时额外加 10 分。

表 3-43　关于实行养老护理员积分落户政策的各省文件汇总表

序号	地区	标准名称及编号	颁布时间
1	北京	《关于加强养老服务人才队伍建设的意见》(京民福发〔2016〕527 号)	2016 年 12 月 26 日
2	河北	《关于全面放开养老服务市场提升养老服务质量的实施意见》(冀政办字〔2017〕115 号)	2017 年 9 月 13 日
3	内蒙古	《关于全面放开养老服务市场提升养老服务质量的实施意见》(内政办发〔2017〕127 号)	2017 年 7 月 17 日
4	辽宁	《关于印发"十三五"辽宁省老龄事业发展和养老体系建设规划的通知》(辽政发〔2017〕41 号)	2017 年 9 月 1 日
5	上海	《关于加快推进本市养老护理人员队伍建设的实施意见》(沪民老工发〔2017〕2 号)	2017 年 1 月 12 日
6	江苏	《关于全面放开养老服务市场提升养老服务质量的实施意见》(苏政发〔2017〕121 号)	2017 年 8 月 25 日
7	福建	《关于印发"十三五"福建省老龄事业发展和养老体系建设规划的通知》(闽政〔2017〕28 号)》	2017 年 7 月 13 日
8	湖北	《关于全面放开养老服务市场提升养老服务质量的实施意见》(鄂政办发〔2017〕44 号)	2017 年 6 月 9 日
9	广东	《广东省养老服务体系"十三五"规划》(粤民发〔2016〕160 号)	2016 年 11 月 16 日
10	陕西	《关于全面放开养老服务市场提升养老服务质量的实施意见》(陕政办发〔2017〕76 号)	2017 年 9 月 11 日

表 3-44　全国部分大城市养老护理员积分落户政策实施细则一览

序号	路径	时间	地区	具体内容
1	导向加分	2014 年	广州	将养老护理员纳入《广州市积分职业资格及职业工种目录》,积分落户时可以额外加 20 分
2		2017 年	天津	将养老护理员列入《天津积分落户紧缺职业(工种)目录》(2017 年第一版),定为一般紧缺岗位,可在积分落户时额外加 10 分
3			青岛	将养老机构护理员作为特别紧缺工种,增加 20 分落户导向分;养老护理员(含外地户籍)在本市养老机构累积服务时间满 3 年,并获得初级养老护理员以上证书的,在申请公共租赁住房保障时,在同等条件下可优先纳入享受范围

续表

序号	路径	时间	地区	具体内容
4	分级加分	2016年	上海	将养老护理员纳入《上海市职业技能鉴定项目目录》，在积分落户时持有养老护理员国家职业资格五级的可加15分，四级加30分，三级加60分，其他级别护理员不加分
5		2017年	南京	南京市积分落户管理办法规定，养老护理员国家职业资格三级计100分、四级计60分、五级计40分

（3）23省份明确培训补贴或职业技能鉴定补贴政策，福建出台实施细则。在评价年份内，全国已有23个省份明确培训补贴或职业技能鉴定补贴政策，进一步落实了国家对养老服务从业人员的相关扶持规定。其中，从实施细则看，福建出台《福建省养老护理从业人员岗位培训专项资金管理办法》（闽财社〔2015〕44号），从专项政策的角度要求省级财政按照每人每天280元的标准，全额承担养老机构管理人员和护理人员的培训经费；对按规定取得职业资格证书的给予500～2000元的职业培训补贴，对初次通过职业资格考试的，给予不少于150元的职业技能鉴定补贴。这在全国而言，具有一定的示范借鉴意义。

表3-45　全国明确培训补贴或职业技能鉴定补贴政策的省份分布

是否明确＼地区	东部地区	中部地区	西部地区	东北地区
明确	9个：北京、上海、浙江、福建、江苏、河北、天津、山东、海南	4个：湖北、湖南、安徽、江西	7个：贵州、新疆、甘肃、云南、内蒙古、宁夏、广西	3个：黑龙江、吉林、辽宁
未明确	1个：广东	2个：山西、河南	5个：青海、陕西、四川、重庆、西藏	无

（4）11省份出台中高职、普通本科学生入职奖补政策，辽宁等地规定具体。在评价年份内，全国已有11个省份出台中高职、普通本科学生入职奖补政策，一定程度上推动受教育程度较高的学生进入养老服务业领域工作。其中，辽宁、上海、江苏、浙江、安徽、甘肃、宁夏等地政策实施细则相对具体。例如，甘肃在《印发〈关于鼓励民间资本参与养老服务业发

展的扶持政策〉的通知》中规定要对高等院校、高职养老服务相关专业毕业、与社会办养老机构签订 5 年以上正式劳动合同且在岗工作满一年的人员，按学制给予逐年返还全额学费。

表 3-46 关于出台中高职、普通本科学生入职奖补政策的各省文件汇总表

序号	地区	标准名称及编号	颁布时间
1	河北	《关于全面放开养老服务市场提升养老服务质量的实施意见》(冀政办字〔2017〕115 号)	2017 年 9 月 13 日
2	辽宁	《关于印发加快养老服务业发展若干政策的通知》(辽政办发〔2014〕46 号)	2014 年 10 月 2 日
3	上海	《关于加快推进本市养老护理人员队伍建设的实施意见》(沪民老工发〔2017〕2 号)	2017 年 1 月 12 日
4	江苏	《关于全面放开养老服务市场提升养老服务质量的实施意见》(苏政发〔2017〕121 号)	2017 年 8 月 25 日
5	浙江	《关于印发〈浙江省老年服务与管理类专业毕业学生入职奖补办法〉的通知》(浙民福〔2013〕113 号)	2013 年 5 月 10 日
6	安徽	《关于加快发展养老服务业的实施意见》(皖政〔2014〕60 号)	2014 年 7 月 28 日
7	山东	《山东省养老服务业转型升级实施方案》(鲁政办字〔2016〕22 号)	2016 年 3 月 12 日
8	江西	《关于全面放开养老服务市场的实施意见》(赣府厅发〔2017〕55 号)	2017 年 8 月 1 日
9	甘肃	《印发〈关于鼓励民间资本参与养老服务业发展的扶持政策〉的通知》	2015 年 7 月 24 日
10	青海	《关于加快发展养老服务业的实施意见》(青政〔2014〕33 号)	2014 年 5 月 16 日
11	宁夏	《关于全面放开养老服务市场加快养老服务业转型升级的实施意见》(宁政办发〔2017〕106 号)	2017 年 6 月 5 日

6. 吉林等五省份并列养老产业政策创新首位，北京、天津、山西各有单项突出

截至 2017 年底，吉林、上海、河南、陕西、宁夏五个省份在养老产业

政策创新方面评分并列第一名。这些省份在"是否出台财政贴息与担保政策""是否要求设立产业投资引导基金""是否明确提出养老用地指标和性质类型""是否明确为境外企业投资提供政策优惠""是否明确为老年智能产品研发企业提供政策优惠""是否要求银行业金融机构为养老机构提供信贷支持"均有相关政策出台。此外,从其余省份来看,北京发布养老服务设施专项规划,天津最早出台财政贴息与担保政策,山西以试点方式逐步为境外投资者提供政策优惠,各有单项突出。

(1) 26省份出台财政贴息与担保政策,天津是最早探索地区。在评价年份内,全国已有26个省份出台财政贴息与担保政策,确定要对社会力量进入养老服务业提供资金支持。其中,天津早在2008年就已开始探索。该市在《关于加快我市养老服务业发展的意见》(津政发〔2008〕27号)中明确规定符合条件的个人或合伙兴办养老机构、持续经营2年以上和设置床位200张以上的社会力量办养老机构、通过银行按揭贷款购置养老服务经营用房的社会力量办养老机构可以按照给予一定数额的资金担保和财政贴息。另外,从担保额度来看,辽宁、贵州、云南规定民办养老机构最高可获200万元担保贷款,这在全国而言标准最高,充分说明了东北、西部地区对于社会力量的重视程度。

表3-47　　　　全国出台财政贴息与担保政策的省份分布

是否出台＼地区	东部地区	中部地区	西部地区	东北地区
已出台	8个:北京、上海、浙江、福建、江苏、河北、天津、海南	4个:山西、河南、安徽、江西	11个:贵州、新疆、甘肃、云南、青海、陕西、四川、宁夏、重庆、西藏、广西	3个:黑龙江、吉林、辽宁
未出台	2个:山东、广东	2个:湖北、湖南	1个:内蒙古	无

(2) 20省份要求设立产业投资引导基金,湖南等六省份已实际推进。在评价年份内,全国已有20个省份要求设立产业投资引导基金,希望以政府投资专项基金的方式吸引社会资本进入,共同破解本地区养老服务业融

资难题。这些省份大多提到通过政府投资引导基金设立养老服务业发展投资基金，采取股权、债权等投资方式，对符合产业发展方向的产品、服务和项目进行重点投资。从实际推进角度看，目前已经建立政府引导型产业基金的省份有六个，分别是湖南、甘肃、江西、福建、安徽、江苏，它们的规模多集中在 10 亿~60 亿。

表 3-48　　全国要求设立产业投资引导基金的省份分布

是否要求＼地区	东部地区	中部地区	西部地区	东北地区
要求	7 个：北京、上海、福建、江苏、河北、海南、广东	4 个：河南、湖北、湖南、江西	8 个：新疆、云南、青海、陕西、四川、宁夏、重庆、广西	1 个：吉林
未要求	3 个：浙江、天津、山东	2 个：山西、安徽	4 个：贵州、甘肃、内蒙古、西藏	2 个：黑龙江、辽宁

（3）25 省份明确提出养老用地指标和性质类型，北京表现最为突出。在评价年份内，全国已有 25 个省份明确提出养老用地指标和性质类型，为破解养老服务业发展过程中的用地难题提供了制度支持。其中，所有省份中表现最为突出的是北京。该市在 2015 年 11 月 24 日发布的《北京市养老服务设施专项规划》中规定：通过"优化提升存量、多渠道多方式保证增量"，分区分级规划设置各类养老服务设施，至 2020 年，全市人均养老设施用地约 0.25 平方米。

表 3-49　　全国明确提出养老用地指标和性质类型的省份分布

是否明确提出＼地区	东部地区	中部地区	西部地区	东北地区
明确提出	8 个：北京、上海、浙江、福建、江苏、河北、山东、广东	6 个：山西、河南、湖北、湖南、安徽、江西	9 个：新疆、甘肃、云南、青海、内蒙古、陕西、宁夏、重庆、广西	2 个：黑龙江、吉林
未明确提出	2 个：天津、海南	无	3 个：贵州、四川、西藏	1 个：辽宁

（4）21 省份明确为境外企业投资提供政策优惠，山西相对突出。在评价年份内，全国已有 21 个省份明确为境外企业投资提供政策优惠。这些省

份规定境外投资者在本地区以独资、合资、合作等方式举办养老服务机构时，享有与国内资本举办养老服务机构相同的税收等优惠政策。其中，山西表现相对突出。该省在《关于加快推进全省社会养老服务体系建设的意见》（晋政办发〔2012〕52号）中明确提出通过试点，逐步允许境外服务提供者以独资民办非企业单位形式举办非营利性养老服务机构；此项举措就全国而言系首次规定。

表 3-50　　全国明确为境外企业投资提供政策优惠的省份分布

地区 是否明确	东部地区	中部地区	西部地区	东北地区
明确	6个：北京、上海、浙江、江苏、海南、广东	5个：山西、河南、湖北、湖南、江西	7个：新疆、甘肃、云南、内蒙古、陕西、宁夏、重庆	3个：黑龙江、吉林、辽宁
未明确	4个：福建、河北、天津、山东	1个：安徽	5个：贵州、青海、四川、西藏、广西	无

（5）10省份明确为老年智能产品研发企业提供政策优惠，高新技术企业所得税减免是普遍举措。在评价年份内，全国已有10个省份明确为老年智能产品研发企业提供政策优惠，在一定程度上提升了相关社会力量参与主体的积极性。这些省份基本都提到如果研发老年智能产品的企业被认定为为高新技术企业的，可按规定享受企业所得税优惠。除此之外，吉林、上海两地还出台了其他优惠措施，进一步加大了老年智能产品研发企业的扶持；例如，《关于印发吉林省老龄事业发展和养老体系建设"十三五"规划的通知》（吉政办发〔2017〕73号）中规定"支持符合条件的老年用品企业牵头承担各类科技计划（专项、基金等）科研项目"，《印发〈关于完善本市养老基本公共服务的若干意见〉和〈关于鼓励社会力量参与本市养老服务体系建设的若干意见〉的通知》（沪府办〔2015〕124号）中规定"充分发挥天使投资专项引导基金、服务业发展引导资金、信息化发展专项资金等引导作用，支持鼓励社会资本投资种子期、早期养老服务创业项目"。

表 3-51 关于明确为老年智能产品研发企业提供政策优惠的各省文件汇总表

序号	地区	标准名称及编号	颁布时间
1	河北	《关于全面放开养老服务市场提升养老服务质量的实施意见》（冀政办字〔2017〕115号）	2017年9月13日
2	天津	《关于印发天津市"十三五"老龄事业发展和养老体系建设规划的通知》（津政办发〔2017〕106号）	2017年11月1日
3	吉林	《关于印发吉林省老龄事业发展和养老体系建设"十三五"规划的通知》（吉政办发〔2017〕73号）	2017年10月17日
4	上海	《印发〈关于完善本市养老基本公共服务的若干意见〉和〈关于鼓励社会力量参与本市养老服务体系建设的若干意见〉的通知》（沪府办〔2015〕124号）	2015年12月28日
5	河南	《关于全面放开养老服务市场提升养老服务质量的实施意见》（豫政办〔2017〕112号）	2017年9月24日
6	湖北	《关于全面放开养老服务市场提升养老服务质量的实施意见》（鄂政办发〔2017〕44号）	2017年6月9日
7	广西	《关于全面放开养老服务市场提升养老服务质量的实施意见》（桂政办发〔2017〕129号）	2017年9月13日
8	重庆	《关于全面放开养老服务市场提升养老服务质量的实施意见》（渝府办发〔2017〕162号）	2017年10月31日
9	陕西	《关于全面放开养老服务市场提升养老服务质量的实施意见》（陕政办发〔2017〕76号）	2017年9月11日
10	宁夏	《关于全面放开养老服务市场加快养老服务业转型升级的实施意见》（宁政办发〔2017〕106号）	2017年6月5日

（6）23省份要求银行业金融机构为养老机构提供信贷支持，上海相对突出。在评价年份内，全国已有23个省份要求银行业金融机构为养老机构提供信贷支持。这些省份普遍规定"鼓励银行业金融机构以养老服务机构有偿取得的土地使用权、产权明晰的房产等固定资产和应收账款、动产、知识产权、股权等抵质押，提供信贷支持，满足养老服务机构多样化融资需求"。不过，上海在《印发〈关于完善本市养老基本公共服务的若干意见〉和〈关于鼓励社会力量参与本市养老服务体系建设的若干意见〉的通

知》(沪府办〔2015〕124号)中的规定更加明确,该文件强调"创新信贷服务,支持开展特许经营合同、养老购买服务协议等预期收益等担保创新类贷款业务,拓宽信贷抵押担保物范围"。

表3-52 全国要求银行业金融机构为养老机构提供信贷支持的省份分布

地区 是否要求	东部地区	中部地区	西部地区	东北地区
要求	9个:北京、上海、浙江、福建、江苏、河北、山东、海南、广东	5个:山西、河南、湖北、湖南、江西	6个:新疆、甘肃、云南、内蒙古、陕西、宁夏	3个:黑龙江、吉林、辽宁
未要求	1个:天津	1个:安徽	6个:贵州、青海、四川、重庆、西藏、广西	无

7. 北京、上海引领行业信用政策创新,河北也有相关探索

截至2017年底,北京、上海在行业信用政策创新方面评分并列第一位。这两个省份在"是否制定开展养老服务业诚信体系建设的具体措施""是否要求制定养老服务业公共信用信息目录"均有相关政策出台,在全国层面首次呼应了《关于全面放开养老服务市场提升养老服务质量的若干意见》(国办发〔2016〕91号)等国家文件中关于行业信用体系建设的要求。此外,河北也进行了相关探索,明确将全省养老服务行业法人、从业人员和服务对象的行业信用信息纳入该省公共信用信息管理系统。其余省份绝大部分都只是提及,但未明确具体措施。

表3-53 关于制定开展养老服务业诚信体系建设的具体措施的各省文件汇总表

序号	地区	标准名称及编号	颁布时间
1	北京	《北京市推进养老服务业诚信体系建设指导意见》(征求意见稿)	2017年11月28日
2	河北	《关于全面放开养老服务市场提升养老服务质量的实施意见》(冀政办字〔2017〕115号)	2017年9月13日
3	上海	《关于开展养老服务机构服务质量建设专项行动的通知》(沪民福发〔2017〕13号)	2017年5月16日

表 3-54　关于要求制定养老服务业公共信用信息目录的各省文件汇总表

序号	地区	标准名称及编号	颁布时间
1	北京	《北京市推进养老服务业诚信体系建设指导意见》（征求意见稿）	2017 年 11 月 28 日
2	上海	《印发〈关于完善本市养老基本公共服务的若干意见〉和〈关于鼓励社会力量参与本市养老服务体系建设的若干意见〉的通知》（沪府办〔2015〕124 号）	2015 年 12 月 28 日

8. 上海老年公益政策创新优势明显，天津、广东单项突出

截至 2017 年底，上海在老年公益政策创新方面得分位列全国榜首。该市在"是否出台老年教育专项发展规划""是否建立老年人服务信息管理系统"方面均有相关政策发布。另外，从其余省份看，天津早在 2002 年就已探索出台老年教育发展规划，广东采取省民政厅和电信公司合作共建的方式推动老年人服务信息管理系统，这两个省的举措在全国而言都具有一定的示范引领意义。

（1）10 省份出台老年教育专项发展规划，天津是最早探索地区。在评价年份内，全国已有 10 个省份出台老年教育专项发展规划。其中，天津虽然早在 2002 年 7 月 18 日就已出台《天津市老年人教育条例》，但在具体的文件规定中已经简要规划了本地区老年教育发展的工作安排。需要注意的是，贵州在《老年教育发展规划（2016—2020 年）》（国办发〔2016〕74 号）发布之前就已率先发布全国第一个老年教育十三五规划，上海、安徽、内蒙古、四川、福建、广西、海南八个省份老年教育专项规划的发布时间则在国务院文件之后。

表 3-55　关于出台老年教育专项发展规划的各省文件汇总表

序号	地区	标准名称及编号	颁布时间
1	天津	《天津市老年人教育条例》	2002 年 7 月 18 日
2	内蒙古	《关于转发老年教育发展实施意见的通知》（内政办发〔2017〕120 号）	2017 年 7 月 10 日
3	上海	《关于印发〈上海市老年教育发展"十三五"规划〉的通知》（沪教委终〔2016〕16 号）	2016 年 10 月 13 日

续表

序号	地区	标准名称及编号	颁布时间
4	江苏	《关于进一步加强老年教育工作的意见》	2013年12月25日
5	安徽	《关于加快"十三五"期间老年教育发展的实施意见》(皖政办秘〔2017〕46号)	2017年3月2日
6	福建	《关于印发福建省老年教育发展规划（2017—2020年）的通知》(闽政办〔2017〕138号)	2017年11月16日
7	广西	《关于印发广西老年教育发展规划（2017—2020年）的通知》(桂政办发〔2017〕182号)	2017年12月9日
8	海南	《关于加快发展老年教育的实施意见》(琼府办〔2017〕213号)	2017年12月19日
9	四川	《关于印发四川省老年教育发展规划（2017—2020年）的通知》(川办发〔2017〕71号)	2017年7月21日
10	贵州	《关于转发〈贵州省老年教育发展"十三五"规划〉的通知》(黔委厅字〔2016〕3号)	2016年1月5日

（2）8省份建立老年人服务信息管理系统，广东采取政企合作共建模式。在评价年份内，全国已有8个省份建立老年人服务信息管理系统。其中，需要注意的是《关于印发〈广东省居家养老信息化服务平台建设和运营实施方案〉的通知》(粤民发〔2017〕130号)中明确规定，将根据广东省民政厅与中国电信广东公司签订的《广东省居家养老信息化服务平台建设与运营合作框架协议》，由中国电信广东公司负责广东省居家养老信息化服务平台的建设、运营和管理，为全省老年人提供居家养老服务。

表3-56　关于建立老年人服务信息管理系统的各省文件汇总表

序号	地区	标准名称及编号	颁布时间
1	北京	《关于印发〈北京市街道（乡镇）养老照料中心建设资助和运营管理办法〉的通知》(京民福发〔2017〕162号)	2017年5月4日
2	河北	《关于建设全省社区信息综合服务平台及居家养老"一键通"呼叫服务网络的通知》(冀民〔2010〕92号)	2010年10月15日
3	辽宁	《转发省民政厅关于加快推进社会养老服务体系建设意见的通知》(辽政办发〔2012〕40号)	2012年7月17日

续表

序号	地区	标准名称及编号	颁布时间
4	黑龙江	《关于印发黑龙江省民政厅〈推进养老服务业发展改革方案〉的通知》(黑民办〔2016〕24号)	2016年2月15日
5	上海	《关于印发〈上海市"一键通"为老服务项目指南〉的通知》(沪经信推〔2017〕875号)	2017年12月6日
6	广东	《关于印发〈广东省居家养老信息化服务平台建设和运营实施方案〉的通知》(粤民发〔2017〕130号)	2017年6月15日
7	云南	《关于印发云南省养老服务体系建设"十三五"规划的通知》(云政办发〔2016〕91号)	2016年9月12日
8	新疆	《关于加快推进社会养老服务体系建设的意见》(新政发〔2012〕87号)	2012年10月12日

9. 河北、陕西引领农村养老服务政策创新，内蒙古等单项突出

截至2017年底，河北、陕西在农村养老服务政策创新方面得分并列全国第一。这两个省份在"是否制定农村特困人员供养服务机构社会化改革政策""是否明确为农村养老服务设施提供资金支持"方面均有相关文件出台。此外，从其余省份来看，内蒙古、江苏、安徽、山东四个省份在对农村养老服务设施提供资金支持方面标准十分清晰，这在全国有示范引领意义。

（1）4省份制定农村特困人员供养服务机构社会化改革政策，河北试点突出。在评价年份内，全国已有4个省份制定农村特困人员供养服务机构社会化改革政策，就民政部在2015年7月出台的《关于在全国开展农村特困人员供养服务机构社会化改革试点工作的通知》(民办函〔2015〕256号)作出跟进。其中，河北在当年12月就已公示出19个省级试点单位的名单，进展十分突出。

表 3-57 关于制定农村特困人员供养服务机构社会化改革政策的各省文件汇总表

序号	地区	标准名称及编号	颁布时间
1	天津	《关于开展农村特困人员供养服务机构社会化改革试点工作的实施意见》(津民发〔2015〕69号)	2015年12月11日
2	河北	《关于省级农村特困人员供养服务机构社会化改革试点单位名单的公示》	2015年12月3日
3	陕西	《关于开展农村特困人员供养服务机构护理设施改造试点工作的通知》(陕民发〔2016〕73号)	2016年10月17日
4	青海	《关于在全省开展农村特困人员供养服务机构社会化改革试点工作的通知》(青民发〔2015〕112号)	2015年10月27日

表 3-58 河北省农村特困人员供养服务机构社会化改革试点单位名单

序号	试点单位	模式	序号	试点单位	模式
1	石家庄市新乐市民政事业服务中心	公建民营	11	张家口市阳原县东城中心敬老院	合建合营
2	唐山市玉田县社会综合福利中心	合建合营	12	张家口市崇礼红星老年公寓	
3	唐山市玉田县鸦鸿桥敬老院	公建民营	13	承德市双滦区晖阳民族老年公寓	公建民营
4	唐山市曹妃甸区民政服务中心八场分院		14	承德市滦平县民政事业服务中心	
5	秦皇岛市抚宁县特困人口供养中心		15	沧州市青县康泰医院老年养护中心	
6	邯郸市馆陶县民政事业服务中心		16	沧州市盐山县中心敬老院	合建合营
7	邯郸市肥乡县中心敬老院		17	邢台市临城县民政事业服务中心	
8	邯郸市魏县双井民政事业服务中心		18	衡水市饶阳县五公镇敬老院	公建民营
9	保定市博野县民政事业服务中心		19	廊坊市大成县王文民政事业服务中心	
10	保定市定兴县民政事业服务中心				

(2) 15省份明确为农村养老服务设施提供资金支持,江苏等4省标准清晰。在评价年份内,全国已有15个省份明确为农村养老服务设施提供资金支持,有力呼应了近些年来国家有关文件中关于养老资源要向农村倾斜的部署。其中,内蒙古、江苏、安徽、山东4个省份均作出清晰的标准界定。例如,山东在《关于加快发展养老服务业的意见》(鲁政发〔2014〕11

号)中规定,对农村幸福院,省级以上财政给予6万元建设补助和3万元开办补助。

表3-59　全国明确为农村养老服务设施提供资金支持的省份分布

地区 是否明确	东部地区	中部地区	西部地区	东北地区
明确	7个:北京、上海、江苏、河北、山东、海南、广东	2个:河南、安徽	5个:贵州、云南、内蒙古、陕西、四川	1个:吉林
未明确	3个:浙江、福建、天津	4个:山西、湖北、湖南、江西	7个:新疆、甘肃、青海、宁夏、重庆、西藏、广西	2个:黑龙江、辽宁

七、中国老年人政策发展六大趋势

2017年是我国老龄事业发展"十三五"规划的重要落实年份。在这一年里,我国老年人政策继续呈现出不断创新、持续优化的良好发展态势。这些态势具体表现为长期照护服务政策体系将成为各地规划建设重点、养老服务业放管政策陆续出台和综合监管体系将建立、东部地区继续领衔政策创新和西部地区将逐步赶超、以服务清单为基础的社区居家政策将在各地不断推出、精细化的养老服务标准将成为提质增效的重要基础、全国医养结合工作将实现由点到面的快速推进。

(一)长期照护服务政策体系将成为各地规划建设重点

世界卫生组织(WHO)已将人口老龄化列为21世纪人类必须面对的主要卫生议题之一,在《关于老龄化与健康的全球报告》中提出,在目前21世纪,没有任何一个国家能够负担得起缺乏综合性系统的长期照护的后果。近些年来，为了进一步推动长期照护服务体系建设，国家层面已经相继出台《老年人能力评估》（MZ/T001—2013）、《关于建立健全经济困难的高龄失能等老年人补贴制度的通知》（财社〔2014〕113号）、《关于开展长期护理保险制度试点的指导意见》（人社厅发〔2016〕80号）等重要文件。这些文件分别从统一老年人能力评估标准、高龄失能老年人补贴制度、长期护理保险制度等角度为国家和各地长期照护服务体系的建设提供了核心基础。在高龄化日益凸显的中国，失能/半失能老年人人口日益增加，以统一的老年人能力评估、失能补贴、护理保险等制度为核心的长期照护服务政策体系将成为各地建设重点。

（二）养老服务业放管政策陆续出台，综合监管体系将建立

2018年12月29日，"取消养老机构设立许可"在新修订的《中华人民共和国老年人权益保障法》中获准通过，这标志着一直以来养老机构，特别是民营养老机构"领证难"的困境开始得到破解。从国家近两年出台的《关于全面放开养老服务市场提升养老服务质量的若干意见》（国办发〔2016〕91号）、《关于加快推进养老服务业放管服改革的通知》（民发〔2017〕25号）等文件中关于降低养老机构准入门槛、放宽外资准入、精简行政审批环节、加快公办养老机构改革等要求来看，国家正在加快全面放开养老服务市场的步伐，并推动社会力量逐步承担主体作用。不过，从另一方面看，国家近几年也出台了《养老机构基本规范》《养老机构服务质量基本规范》《养老机构等级划分与评定标准》等标准，以及《关于开展养老院服务质量建设专项行动的通知》（民发〔2017〕51号）等，国家也在加强对养老服务的科学管理。以上两种态势表明，我国养老服务管理体制正在走向"放管结合"的道路。2019年，随着各地机构改革方案的逐步落实，卫健委和民政将牵头，并联合发展改革、公安、财政、人社、环保、住房建设、农业、市场监管、消防、金融等部门共同组建起一套针对养老服务

业发展的综合监管体系，以适应新阶段发展的需要。

（三）东部地区继续领衔政策创新，但西部地区将逐步赶超

根据2012年以来的老年人政策进步指数评分结果，我们发现东部地区持续领衔省级政策创新，但西部地区也在综合方面逐步赶超。例如，在这六年时间里，东部地区的10个省份中有北京、天津、上海、福建四个省份连续六年进入全国前十名；其中，北京于2012～2013年连续两年位列全国第一，天津于2015年成为全国第一，上海于2016～2017年连续两年位列第一；山东于2012～2016年连续五年进入前十名，并于2014年位列全国第一。但需注意，在综合指数指标体系方面，西部赶超趋势明显。例如，2017年指数结果中，西部地区在老年社会救助、社会保险、社会福利、教育与公益的前十名排行中均占据半数及以上的席位。

（四）以服务清单为基础的社区居家政策将在各地不断推出

《关于印发"十三五"国家老龄事业发展和养老体系建设规划的通知》（国发〔2017〕13号）中规定，要依托城乡社区公共服务综合信息平台，以失能、独居、空巢老年人为重点，整合建立居家社区养老服务信息平台、呼叫服务系统和应急救援服务机制，方便养老服务机构和组织向居家老年人提供助餐、助洁、助行、助浴、助医、日间照料等服务。这些规定已经在国家级居家和社区养老服务改革工作中被进一步明确为各地要积极建立社区居家养老服务清单制度。结合上海、江苏等地实际开展情况和广大社区居家老年群体，特别是高龄、失能、失智等老年群体的服务需求来看，这种既有利于老年人选择服务项目又有利于供给方提供精准服务的清单制度将呈现普及化趋势。

（五）精细化的养老服务标准将成为提质增效的重要基础

自从《关于加快发展养老服务业的若干意见》（国发〔2013〕35号）中将"养老服务业行业标准科学规范"首次正式列入国家养老服务业发展目标以来，《关于加强养老服务标准化工作的指导意见》（民发〔2014〕17号）、《关于印发〈养老服务标准体系建设指南〉的通知》（民发〔2017〕145号）等国家专项文件逐渐将养老服务标准体系建设上升为国家养老服务业战略规划。在此形势下，截至2017年10月12日，我国已经出台养老服务国家标准和行业标准各18项，另有26个省份（不包括港澳台地区）和少数养老服务机构、企业也开展了不同程度的养老服务标准建设工作，在保证养老服务业发展有标可依的基础上开始了精细化的推进。随着国家养老服务监管力度的不断加强以及广大人民群众对于提高养老服务质量的殷切期望不断提升，精细化标准建设作为提升养老服务质量的重要措施将得到进一步加强，并成为全国养老服务业提质增效的重要基础。

（六）全国医养结合工作将实现由点到面的快速推进

《国务院办公厅转发卫生计生委等部门关于推进医疗卫生与养老服务相结合指导意见的通知》（国办发〔2015〕84号）正式发布以来，国家卫生计生委、民政部等部门已经出台多项具体贯彻文件，内容涉及重点任务分工、医养结合服务机构许可、养老机构内设诊所改为备案制、遴选和实施90个国家级试点等多个方面，全面推动了医养结合在全国工作的开展。基于前文分析和国家最新机构调整方案来看，由卫健委系统、民政系统共同牵头的医养结合工作将进一步在各地铺开。随着推动医养结合政策的不断创新、不断优化，以及实践经验总结推广，全国医养结合工作将呈现由点到面快速健康推进的态势。

第四章

中国儿童政策进步指数

一、中国儿童政策发展形势与挑战

2017年是我国儿童福利与保护快速发展的一年。国家密集出台政策统筹推进儿童关爱保护服务体系建设，各地政府和相关部门全面贯彻国家政策创新实施措施，社会各界积极参与，形成了儿童关爱保护工作的良好态势。农村留守儿童关爱保护与困境儿童保障两大制度体系建设快速推开，17.1万所儿童之家、11.6万名基层工作人员立足社区为儿童及其家庭提供服务；儿童保护创制立法取得多项创新突破，76万名无人监护农村留守儿童监护措施获得落实，24个省份监护权转移司法实践获实质进展，判决69起侵害未成年人权益被撤销监护人资格案件；儿童福利保障范围扩大、资源配置不断优化，770万名困境儿童基本生活保障标准稳步提升；社会服务事业费总体支出中儿童福利经费支出稳步上升；儿童教育和医疗等基本公共服务均等化稳步推进，超八成县实现城乡义务教育一体化发展，残疾儿童康复政策覆盖范围和康复项目进一步扩展；社会力量积极捐赠参与儿童关爱保护服务体系建设，100万元以上儿童公益捐赠达92笔，儿童医疗、教育等领域投入达4.5亿元，政社学三方在7省470个村（社区）合作开展基层儿童关爱保护服务体系建设示范项目。

整体上看地区发展水平不一，仍然存在资源配置不充足、基本公共服务发展不平衡的严峻挑战。未来，加速推进普惠型与专业化现代儿童福利服务体系建设仍将成为工作重点；以社区为中心的专业化基层儿童服务人员队伍建设将快速铺开；人口政策调整需求将进一步释放；"9+N"免费教育和残疾儿童康复救助制度将全面落实；社会力量将持续在儿童关爱保护专业服务中发挥重要作用。

（一）中国儿童政策环境持续优化升级

1. 中国儿童福利与保护政策环境持续优化升级

2017年，我国儿童福利与保护事业在制度变革中迎来重大发展，尤其在留守儿童、大病儿童、孤残儿童等困境儿童的关爱制度建设和救助保护工作取得了突破。2017年在儿童福利的宏观规划、生活保障、教育发展、医疗健康、儿童保护5大领域共出台50份政策文件。

宏观规划方面出台1份政策文件，"十三五"期间更加注重儿童领域基本公共服务的均等化和普惠型发展；生活保障方面出台3份政策文件，重点加强农村留守儿童、困境儿童、残疾儿童的保障工作；教育发展方面出台27份政策文件，进一步缩小城乡、地区差异，促进教育公平，推动学前教育和特殊教育发展；医疗健康方面出台11份政策文件，加强农村贫困儿童大病专项救治工作，健全儿童医疗服务体系；儿童保护方面出台8份政策文件，重点关注校园安全与留守儿童关爱保护，加强校园欺凌综合治理。中央政策的密集出台为儿童福利、儿童保护、儿童教育、儿童医疗事业的发展创造了良好的政策环境。

2. 司法机关多措并举助推未成年人社会支持体系基本形成

我国司法大数据显示，未成年人合法权益保护力度不断加大。2013～2017年，涉未成年人权益保护案件呈总体上升趋势，从2013年的8.3万件增加至2017年的11.8万件，年平均增长率达10.46%。

近年来，中央和地方贯彻落实《中华人民共和国未成年人保护法》和《中国儿童发展纲要（2011~2020年）》关于"儿童与法律保护"的要求，积极回应社会关切问题，未成年人法律保护在国家监护理念、法律制度、保护机制三大方面取得显著进步。

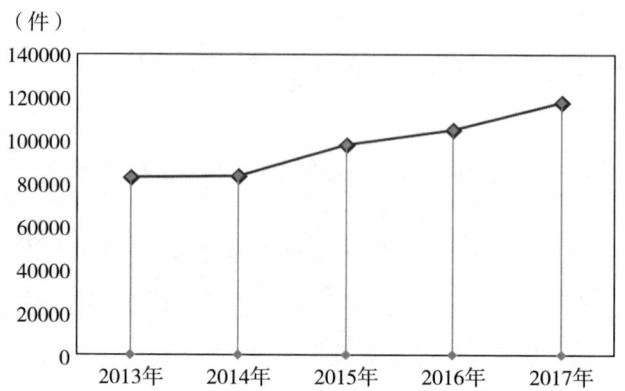

图 4-1　司法系统审理涉未成年人权益保护案件数量变化（2013～2017年）

数据来源：最高人民法院，http://www.court.gov.cn/fabu-xiangqing-119901.html。

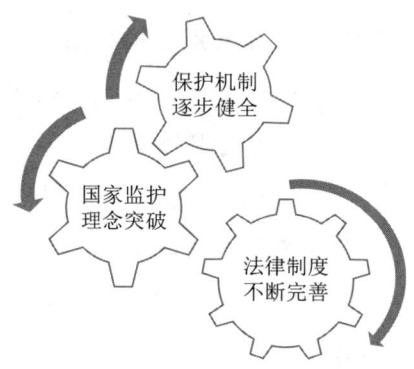

图 4-2　我国儿童保护法律体系建设取得三方面进展

国家监护理念在立法和实践中取得重要突破。儿童最大利益原则在政策制定和司法实践中得到更广泛运用，国家是儿童最终监护人的国家监护理念开始被立法和实践所接受。针对南京饿死女童案等恶性案件所暴露出的我国未成年人保护制度设计的不足，民政部在2013年开始未成年人社会保护试点改革，将政府保护对接拓展到了孤残儿童之外，特别是父母还健在但处于困境状态的儿童。2014年12月，四部委下发了《关于依法处理监护人侵害未成年人权益行为若干问题的意见》，激活了沉睡二十余年的剥夺父母监护权的条款。2017年3月，全国人大通过的《民法总则》除了进一步确立剥夺监护权制度外，明确规定在没有依法具有监护资格的人的情况下，由民政部门担任第一序位监护人。

儿童保护法律制度不断完善。在《未成年人保护法》《预防未成年人犯罪法》《义务教育法》《收养法》四部专门法律的基础上，2012年修改《刑事诉讼法》时增设了"未成年人刑事案件诉讼程序"专章；2015年《刑法修正案（九）》加大了对虐待、拐卖、性侵未成年人犯罪的惩治力度，废除了争议多年的嫖宿幼女罪罪名；2015年出台的《反家暴法》将儿童列为特殊对象加以保护；2017年《民法总则》完善了未成年人监护制度，建立起以家庭监护为基础、社会监护为补充、国家监护为兜底的监护制度。

儿童保护体制机制不断完善。为保护儿童权益，我国立法、司法、政府各有关部门以及社会团体通过建立相应的机制，监督、实施和促进儿童保护事业的健康发展。除了全国人民代表大会内务司法委员会妇女儿童专门小组、全国政治协商会议妇女青年委员会、国务院妇女儿童工作委员会外，中央和地方政府的教育、卫生、文化、公安、体育、民政等部门，皆设有负责儿童工作的职能机构。2016年，国务院先后颁布了《关于加强农村留守儿童关爱保护工作的意见》《关于加强困境儿童保障工作的意见》，确立了"强制报告、应急处置、评估帮扶、监护干预"四位一体的儿童保护机制；民政部设置了未成年人（留守儿童）保护处，走出了完善我国政府未成年人保护机制建设的重要一步。2018年底，最高检设立未成年人检察厅，由第九检察厅专门负责未成年人检察工作。

3. 大病保险与医疗救助有效衔接，实现儿童重特大疾病应救尽救

2017年4月，民政部等六部委印发《关于进一步加强医疗救助与城乡居民大病保险有效衔接的通知》（以下简称《通知》），旨在加强医疗救助和城乡居民大病保险（以下简称"大病保险"）在对象范围、支付政策、经办服务、监督管理等方面的衔接，充分发挥政策合力，提高对困难群体的医

疗保障水平。《通知》主要在以下4个方面有突破。

将建档立卡贫困户纳入医疗救助对象范围。民政医疗救助文件首次明确了对建档立卡贫困户的救助措施。目前国内尚有4000余万建档立卡贫困人口，加上6000余万低保对象合计超过1亿人口。

多种方式提高重特大疾病医疗保障水平。《通知》的措施可以概括为"一降""一扩""两提高"，即降低报销起付线，扩大合规费用范围，提高报销比例和医疗救助标准。这些措施有利于提高长期慢性病、重特大疾病和罕见病医疗保障水平。这是首次对大病医疗保险和医疗救助进行的系统性调整。

实行县级行政区域内困难群众住院先诊疗后付费。在《通知》印发之前，北京、海南等地已经开始先诊疗后付费的探索，并取得了积极效果，从技术上来说该政策已经具备了全国推广的基础。早前"先垫付后报销"的方式一度将许多困难群众拦在医疗保障范围之外，"先诊疗后付费"从机制上打破了困难群体看病的障碍。

"一站式"信息平台为异地就医提供保障。根据中国公益研究院的分析，重特大疾病往往需要异地就医，而报销比例降低和垫付资金问题成为异地就医的最大障碍。基本医疗保险、大病保险、医疗救助"一站式"费用结算信息平台的建立，将为困难群体跨地域医疗费用结算提供便利。

4. 困境儿童基本生活保障提标扩面向普惠型继续拓展

各地孤儿基本生活费标准明显提高。从全国情况看，2017年集中养育孤儿平均保障标准比上一年增长10.1%，社会散居平均保障标准比上一年增长8.2%。从地区上看，中西部地区增长幅度大于东部地区。重庆孤儿基本生活费标准涨幅全国第一，其中集中养育孤儿平均保障标准比上一年增长26.2%，社会散居平均保障标准比上一年增长63.6%。从发放金额上看，北京集中养育孤儿津贴标准最高（每人每月1925元），天津社会散居孤儿津贴标准最高（每人每月2420元）。

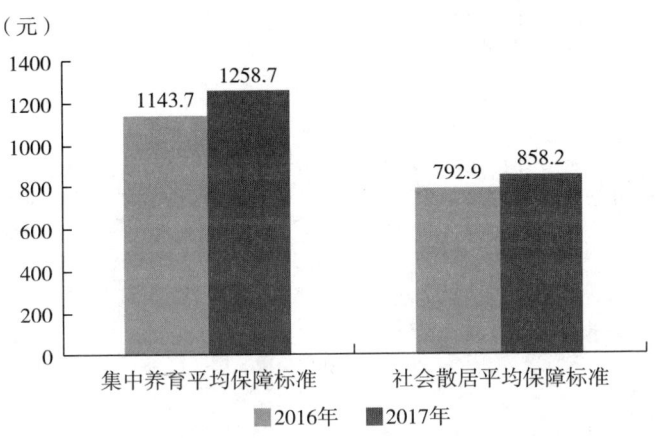

图 4-3 全国孤儿平均保障标准（2016～2017年）

资料来源：根据2018年国家统计局年度统计公报和中国统计年鉴整理。

全国22个省份探索建立事实无人抚养儿童基本生活保障制度，北京、天津、河北、山西、内蒙古、辽宁、江苏、浙江、山东、河南、湖南、广东、重庆、云南、西藏、陕西、青海、宁夏、黑龙江19个省份明确保障标准。重庆、内蒙古、广东3个省份建立省级专项保障，黑龙江、广东明确提出建立津贴自然增长机制。

5. 地方多举措推进农村留守儿童关爱保护成效凸显

各地继续深入贯彻落实《国务院关于加强农村留守儿童关爱保护工作的意见》（国发〔2016〕13号），31个省份全部出台具体实施方案，各地将农村留守儿童关爱保护纳入经济社会发展规划，进一步完善政策规定和保障措施。2017年1月，《"十三五"推进基本公共服务均等化规划》首次提出统筹推进农村留守儿童关爱保护工作。十九大报告也提出，要保障儿童合法权益、健全农村留守儿童关爱保护体系。2017年10月，全国农村留守儿童信息管理系统正式启用。2018年，全国农村留守儿童和困境儿童信息管理系统全面启用，31个省份全部完成农村留守儿童信息采集及数据录入工作。

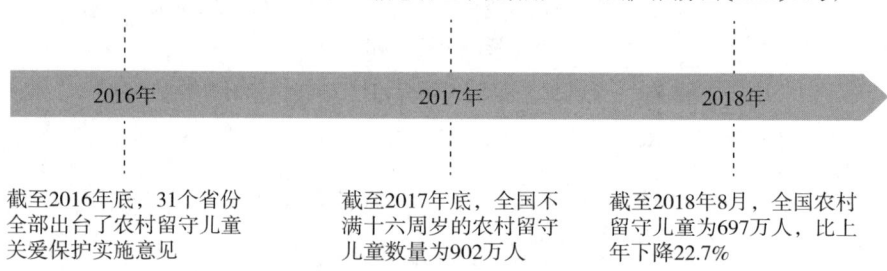

图 4-4　留守儿童信息录入政策概览

地方多举措积极推进农村留守儿童关爱保护工作，在加强财政投入力度、注重专业化人才队伍建设等多个方面取得阶段性成效。重庆在政策法规支持和制度体系保障下建设关爱农村留守儿童体系，重视社区建设，加强财政投入力度。安徽在全国率先出台了儿童保护专干工作规范，在人才队伍专业化、规范化建设方面成绩突出。云南自2016年以来，采取多项措施落实农村留守儿童关爱保护工作，特别在落实家庭监护责任、强制报告责任、临时监护责任、控辍保学责任、户口登记责任和依法打击遗弃等专项工作中，取得突出成效。江苏为解决基层工作人手不足、资金不够以及专业化程度不强等问题，采用政府购买服务的方式。贵州利用科技产品，对留守儿童实时进行电子定位和监护管理，一定程度上弥补留守儿童的监护缺失，为儿童筑起防护墙。

表 4-1　　　　　　　　地方探索农村留守儿童关爱保护五项举措

特点	代表地区及成效
以社区为中心财政全力支持	重庆：市财政安排资金 4000 万元，重点打造示范社区，利用社区平台构建"留守儿童之家"开展社工活动；安排资金 3000 万元，支持社工专业人才队伍建设，优先支持儿童类社工服务项目
注重专业化、规范化人才队伍建设	安徽：安徽省在全国率先出台了儿童保护专干工作规范，2017 年出台了《安徽省儿童保护工作规范》，要求建立一支儿童保护工作队伍，筛查管理留守儿童信息，提供儿童权益宣传教育及相关服务
精准落实儿童监护责任	云南：开展落实家庭监护责任、强制报告责任、临时监护责任、控辍保学责任和户口登记责任等专项工作，对无人监护的农村留守儿童的监护责任落实率达到 100%，将农村留守儿童关爱保护工作列入新农村建设的工作内容
政府购买专业组织服务	江苏：省财政安排 1500 万资金购买服务，引入社会力量加入关爱留守儿童的行动当中，为了保障社会组织的服务质量，省民政厅制定了细致的考核制度
运用科技手段	贵州：利用科技产品，对留守儿童实时进行电子定位和监护管理，一定程度上弥补留守儿童的监护缺失，为儿童筑起防护墙

6. 19 个省份落实卫计委大病专项救治工作，关注贫困两病儿童

2017 年 2 月 23 日，国家卫计委联合民政部和国务院扶贫办共同印发《关于印发农村贫困人口大病专项救治工作方案的通知》，以农村建档立卡贫困人口为对象，从医疗健康层面贯彻落实《中共中央国务院关于打赢脱贫攻坚战的决定》和《关于实施健康扶贫工程的指导意见》的要求，将包括儿童白血病和儿童先天性心脏病在内的 7 类大病作为专项救治病种，贫困两病儿童的救治被纳入国家重点关注事项。

据不完全统计，截至 2017 年底，已有 19 个省份下发省级大病专项救治工作实施方案，大病专项救治工作在不足一年的时间内在全国近 2/3 的省份推进落实。

表 4-2　　各省大病专项救治工作的文件下发情况

地区	发文日期	文件名称	发文字号
陕西	2017年1月2日	《陕西省卫生计生委陕西省民政厅陕西省扶贫开发办公室关于印发〈陕西省农村贫困人口大病专项救治工作实施方案〉的通知》	无文号
安徽	2017年1月25日	《关于印发安徽省农村贫困人口大病专项救治工作实施方案的通知》	无文号
贵州	2017年2月20日	《关于印发〈贵州省农村贫困人口大病专项救治工作实施方案〉的通知》	黔卫计发〔2017〕5号
四川	2017年3月10日	《关于印发〈四川省农村贫困人口大病专项救治工作方案〉的通知》	川卫发〔2017〕40号
天津	2017年3月22日	《市卫生计生委转发关于印发农村贫困人口大病专项救治工作方案的通知》	无文号
甘肃	2017年4月10日	《关于印发〈甘肃省农村贫困人口大病专项救治工作方案〉的通知》	甘卫发〔2017〕96号
河南	2017年5月15日	《河南省卫生和计划生育委员会 河南省人力资源和社会保障厅 河南省民政厅 河南省扶贫开发办公室关于印发河南省农村贫困人口大病专项救治实施方案的通知》	豫卫办〔2017〕26号
海南	2017年5月11日	《关于印发〈海南省农村贫困人口大病专项救治工作实施方案〉的通知》	琼卫医〔2017〕28号
辽宁	2017年5月21日	《关于印发〈辽宁省农村贫困人口大病专项救治工作实施方案〉的通知》	辽卫发〔2017〕55号
青海	2017年6月16日	《关于印发〈青海省农村牧区贫困人口大病专项救治工作实施方案〉的通知》	青卫医〔2017〕40号
河北	2017年6月28日	《关于印发〈河北省农村贫困人口大病专项救治工作方案〉的通知》	冀卫发〔2017〕19号
福建	2017年7月4日	《关于印发福建省建档立卡农村贫困人口大病专项救治工作实施方案的通知》	闽卫医政〔2017〕83号
广西	2017年7月6日	《关于印发广西农村贫困人口大病专项救治实施方案的通知》	桂卫医发〔2017〕20号
江西	2017年7月10日	《关于印发〈江西省城乡贫困人口重大疾病专项救治工作实施方案〉的通知》	赣卫医字〔2017〕110号
内蒙古	2017年7月11日	《关于印发内蒙古自治区农村牧区贫困人口大病专项救治工作实施方案的通知》	内卫计医发〔2017〕113号
黑龙江	2017年8月1日	解读《关于印发黑龙江省农村贫困人口大病专项救治工作实施方案的通知》	无文号

续表

地区	发文日期	文件名称	发文字号
云南	2017年8月1日	未找到文件原文	无文号
重庆	2017年8月4日	《重庆市农村贫困人口大病专项救治工作实施方案》	无文号
新疆	2017年8月9日	《自治区农村贫困人口大病专项救治工作方案》	无文号

数据来源：根据31省大病专项救治工作的政策扫描整理。

各省对儿童大病专项救治病种、救助对象和报销比例进行补充和细化。甘肃、海南、陕西等地扩大了针对儿童的救治病种范围；辽宁、新疆、广西和黑龙江增加儿童救治对象类型；贵州对儿童两病专项救治报销比例进行细化，可报100%和90%，有效减轻了农村建档立卡贫困人口中的白血病和先心病儿童高昂的医疗费用负担。

7. 多省份出台奖补政策推动普惠性学前教育，西部地区走在全国前列

22个省份已出台奖补政策推动普惠性学前教育。2017年北京、天津、内蒙古等22个省份在全省或省内部分地区出台奖补政策鼓励普惠性幼儿园发展。其中，北京、天津等12个省份出台省级政策对全省范围内普惠性幼儿园进行奖补，福建、山东、河南等10个省份在省内部分地区对普惠性幼儿园进行奖补。总体而言，各地对普惠性幼儿园的大力支持保障了普惠性学前教育资源的普及发展，进一步推动教育发展与公平。

表4-3　　　　　地方奖补普惠性幼儿园政策出台情况

地区		发文时间	奖补标准	补贴方式			
				一次性	生均	班均	园均
北京	全市	2015年5月25日	3000元/生/年；主动纳入幼儿园奖补		√		√
天津	全市	2017年6月13日	40万/班；100万~200万/园	√		√	√

续表

地区		发文时间	奖补标准	补贴方式			
				一次性	生均	班均	园均
内蒙古	全自治区	2015年12月21日	参照公办园生均标准		√		
江苏	全省	2013年	参照200元/生/年标准		√		
浙江	全省	2017	参照公办园生均标准		√		
福建	福州市	2017年	省示范园400元/生/月；市示范园350元/生/月；县、区示范园300元/生/月；普通园200元/生/月		√		
山东	青岛市	2017年4月11日	2017年：2400元/生/年；2018年：3600元/生/年以上		√		
河南	郑州	2015年9月13日	2000元/生/年		√		
湖北	武汉	2014年	一级及以上500元/生/年；二、三级园400元/生/年		√		
湖南	长沙	2014年	根据等级评定结果和区县（市）财政状况确定		√		
广东	全省	2015年8月19日	公用经费补助300元/生/年；设备费补助700元/生/年		√		
广西	全自治区	2017年	一级以上园：200元/生/年；集团示范园：10万元/园/年；达自治区示范幼儿园标准、星级幼儿园标准园：一次性奖励	√	√		√
海南	全省	2012年	20万元/园/年				√
重庆	全市	2014年	500元/生/年		√		
四川	攀枝花市	2016年	城区：不超过2000元/生/年；农村：不超过1000元/生/年		√		
贵州	贵阳市	2014年	1万元/班/年			√	
云南	昆明市	2016年	一级园100元/生/月；二级80元/生/月；三级50元/生/月		√		
陕西	全省	2015年	学前一年1300元/生/年；中小班400元/生/年		√		
甘肃	全省	2016年	1000元/生/月		√		
青海	全省	2015年7月1日	晋升等级奖补	√			

续表

地区		发文时间	奖补标准	补贴方式			
				一次性	生均	班均	园均
宁夏	银川市	2015年11月19日	市示范园：1500元/生/年； 市一类园：1200元/生/年； 市二类园：1000元/生/年； 市三类园：800元/生/年		√		
新疆	乌鲁木齐	2015年3月13日	600元/生/月		√		

数据来源：根据各省份官方网站公开信息整理。

西部地区走在全国前列。东部地区10个省份中北京、天津、江苏、浙江、福建、山东、广东、海南8个省份出台了奖补措施；中部地区6个省份中，河南、湖北、湖南3个省份出台了奖补措施；西部地区12个省份中内蒙古、广西、重庆、四川、贵州、云南、陕西、甘肃、青海、宁夏、新疆11个省份出台了奖补措施，占全国22个出台政策省份的半数，在普惠性幼儿园奖补政策的探索方面遥遥领先。

奖补方式以生均补助为主，班均、园均补助以及一次性奖励为辅。22个省份中，除天津、海南、贵州、青海4个省份外，其余18个省份均以生均补助的方式对普惠性幼儿园进行奖补。其中，北京在3000元/年的生均补助的基础上，对主动纳入管理的普惠性幼儿园给予奖补；广西在生均补助的基础上，还对有实力的社会办学主体创办的集团示范园提供10万元/年的园均补助，并给予达到自治区示范幼儿园标准以及星级幼儿园标准的幼儿园一次性奖励。

8. 社会力量积极参与，推进儿童教育与儿童医疗基本公共服务均等化

多省份因地制宜鼓励社会力量兴办民办教育，教育基本公共资源得到进一步提升。截至2018年12月，据不完全统计，已经有12个省份出台省级政策鼓励社会力量兴办教育、促进民办教育发展。其中，西部地区有甘肃、云南、内蒙古、贵州、四川5个省份，中部地区有安徽、湖北2个省份，东部地区浙江、河北、上海、海南4个省份，东北地区有辽宁1个省

份。近年，我国各级民办教育规模持续扩大，占各级教育总规模比例也逐年提高，尤其是学前教育阶段，民办幼儿园占比从2012年的44.18%增长至2017年的62.90%。

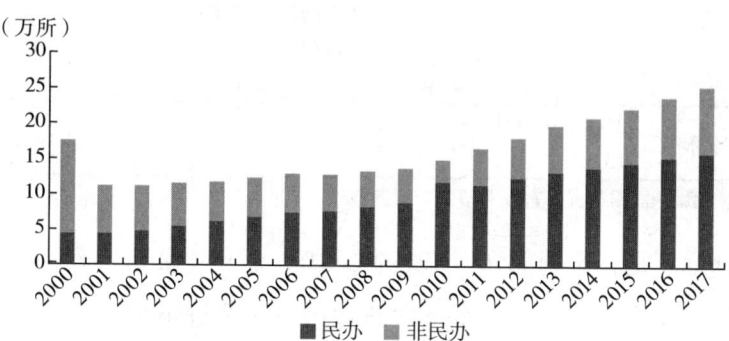

图4-5　我国民办和公办幼儿园占比变化情况（2000～2017年）

资料来源：根据历年教育统计公报数据整理。

2017年起我国儿科医联体快速发展。据不完全统计，截至2018年底，全国已经建立儿科医联体28个，东中西部儿科医联体的设立分布均衡。22个省份在本地建立儿科医联体，另有跨省份儿科医联体4个。具体来看，北京和上海各设2个儿科医联体，天津、河北、江苏、浙江、福建、山西、江西、河南、安徽、湖南、黑龙江、内蒙古、广西、四川、贵州、云南、陕西、青海、宁夏和新疆20个省份均在本地设立1个儿科医联体。我国东中西部均设立一定数量的儿科医联体，地区分布基本均衡。

表4-4　全国儿科联盟东、中、西部分布情况（截至2018年12月）

儿科联盟建立情况	已建立省份	未建立省份
东部地区	7	4
中部地区	6	2
西部地区	9	3

资料来源：根据行政区划分布整理。

9. 儿童福利机构与服务社会化水平稳步提升

我国儿童福利机构与服务社会化水平稳步提升，儿童福利机构数量和床位数量逐年增长。根据民政统计数据显示，从儿童福利机构数量上来看，2017年全国共有469家，较2016年仅增加5家。但是在床位数量上较2016年有大幅提升，儿童床位数为94850张，提升5.83%。从分布来看，四川、新疆和广东为儿童福利机构数量和提供床位数量最多的省份。在儿童福利机构数量上，三省份均占儿童福利机构总数的近10%。新疆床位最多，超过全国总数的10%。

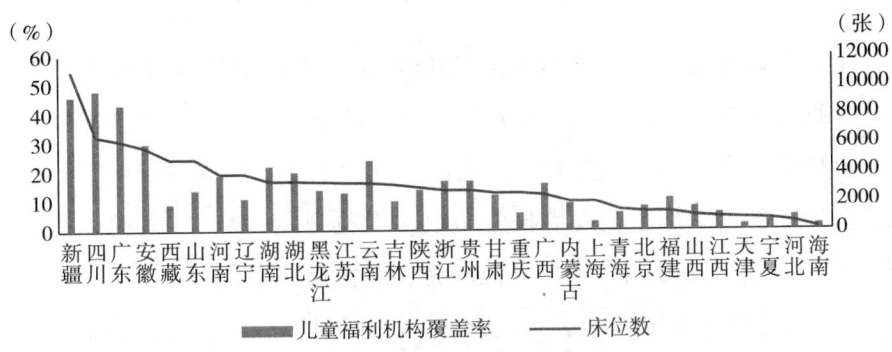

图4-6 儿童福利机构数和床位数（2017年）

数据来源：根据2018年国家统计局年度统计公报和中国统计年鉴整理。

《儿童福利机构管理办法》进一步从政策层面促进儿童福利机构社会化。2018年10月民政部颁布《儿童福利机构管理办法》，明确将父母没有监护能力且没有其他依法具有监护资格的人的儿童、人民法院指定由民政部门担任监护人的儿童、法律规定应当由民政部门担任监护人的其他儿童全部纳入儿童福利机构服务对象当中，从政策层面推进儿童福利机构社会化。

（二）儿童关爱保护服务体系建设仍然面临多重挑战

儿童关爱保护服务体系建设仍然面临多重挑战。由于各地儿童关爱保护服务体系发展不平衡，我国儿童福利、保护、教育、医疗等领域仍然存在资源配置差异、基本公共服务不足等严峻挑战，主要体现在：儿童人口出生率走低，出生人口减少，少儿抚养比持续升高，"低生育陷阱"风险犹存；村级儿童主任的专业素养、县级儿童保护干预社工专业人员配备、针对儿童的暴力案件发现和干预的县级数据及指挥协调中心设置、县级以上专家学者团队建设等方面有待优化和制度化建设;纳入福利保障的儿童规模逐年减少;儿童教育、医疗资源配置仍然存在投入不足、地区不均的问题;中央彩票公益金用于儿童类别项目经费逐年下降,政府购买儿童社会专业化服务政策支持不足等等。

1. 家庭功能弱化儿童福利服务需求快速释放

在社会转型过程中,单位保障功能消解,家庭保障功能弱化,而国家社会政策支撑不足,使我国儿童福利事业严重滞后于经济社会发展,容易冲击社会安全,影响社会和谐。我国家庭发展正经历深刻变化,根据国家卫生计生委《中国家庭发展报告2015》数据显示,2~3人的小型家庭(户)已经成为家庭主流。家庭功能弱化,儿童福利服务需求不断释放。由于社会加速转型和家庭功能弱化等原因,儿童风险急剧加大,给家庭带来巨大压力。生育政策调整后将有更多儿童出生,对儿童福利事业的发展提出了更高的要求,社区托幼服务、早期教育培训、优质教育资源、儿童医疗保险、重特大疾病救助等儿童福利服务多方面的基本需求将不断释放。

表4-5 我国家庭人口、户人口分布(%)

人数	家庭人口[①]	户人口[②]
1人	6.4	14.4
2人	21.9	37.7
3人	31.7	25.5
4人	21.0	12.3
5人	11.5	6.8
6人	5.3	2.5
7人及以上	2.2	0.8
合计	100.0	100.0

数据来源:北师大儿童福利研究中心根据《中国家庭发展报告2015》数据整理。

[①] 家庭人口不仅包括居住本户的家庭成员,而且包括外出的家庭成员,即包括流入人口。
[②] 户人口包括调查时共同居住生活的家庭成员。

2. 儿童人口出生率走低，"低生育陷阱"风险犹存

数据显示，我国单独二孩政策的出台有效提高人口出生率和出生人口数。2014年是单独二孩政策正式执行的第一年，当年出生率从2013年的12.08‰提升到了12.37‰，提高了近千分之三。全面二孩政策的实施进一步提高出生率，从2015年的12.07‰提升至2016年的12.95‰，提升近千分之一。然而，随着全面二孩政策持续推进，政策集中释放效应弱化。国家统计局公布的最新数据显示，我国2018年出生人口数为1523万人，是全面二孩政策执行以来的最低值，2018年出生人口数较2017年降低200万人，降幅达到11.61‰。2018年出生率降至10.94‰，较2017年降低1.49个千分点，首次跌破11‰，出生率达到了近8年来的最低值。在二孩数量持续增长的稳定情况下，我国生育率仍旧出现大幅下降，可见我国育龄女性的生育意愿已经下降，"低生育陷阱"风险仍然存在。

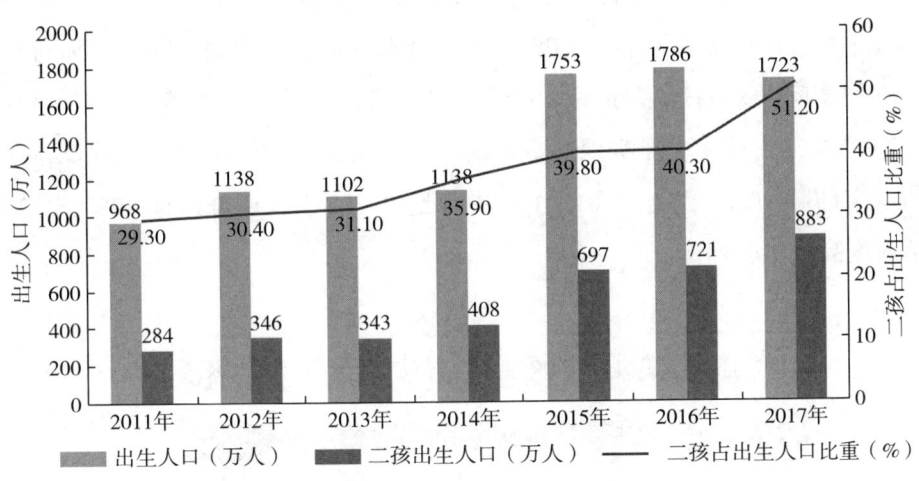

图4-7 二孩出生人口占出生人口比重图

数据来源：根据2011~2017年国家统计局年度统计公报和中国统计年鉴整理。

3. 儿童社会问题多发亟待加强儿童福利制度建设

我国儿童福利问题复杂多样，儿童遭受家庭暴力致死、农村留守儿

童自杀、患重病得不到救治等一些恶性事件,不断地冲击人们的道德底线,引发舆论强烈不满,影响社会和谐。由于各地儿童关爱保护服务体系发展的不平衡,我国在儿童福利保障、安全保护、教育发展、医疗健康等方面仍然面临资源配置差异、基本公共服务不足等严峻挑战,对我国儿童福利制度建设提出了更高、更快的要求。主要体现在:纳入福利保障的儿童规模逐年减少,中央孤儿基本生活保障经费投入总量逐年走低;儿童教育、医疗资源配置仍然存在投入不足、区域差异;中央彩票公益金用于儿童类别项目经费逐年下降,政府购买儿童社会专业化服务政策支持不足等。

4. 儿童教育、医疗资源配置仍然存在不平衡不充分问题

超八成县域实现义务教育优质均衡发展,东部地区领先中、西部。自2012年启动义务教育发展基本均衡县域督导评估认定工作以来,各地均出台相关政策探索义务教育均衡发展,探索解决区域内城乡间、校际间发展不均衡问题,通过督导评估的县数逐年增多。截至2017年底,全国有2379个县义务教育发展实现基本均衡,占全国总县数的81%。通过督导评估认定的县中,东部地区819个,中部地区782个,西部地区778个,东部地区高于中、西部。

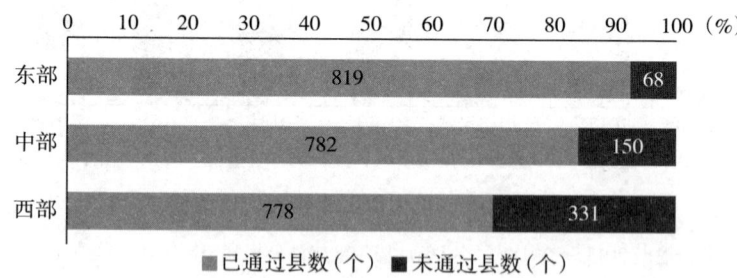

图4-8 分地区通过义务教育均衡发展督导评估认定县数

资料来源:根据《2017年全国义务教育均衡发展督导评估工作报告》公布数据整理。

儿童医疗资源紧缺且城乡分布不均。一是根据《2017年我国卫生和计划生育事业发展统计公报》的数据，全国每千人口对应的执业（助理）医师数为2.31人，而每千名儿童的医师配比却仅为0.55人，约为总体水平的四分之一。也就是说，目前约433个国民能配比一位医生，而平均1803个儿童才能有一个儿科医生。二是儿童用药极度缺乏，一直存在品种少、规格少、剂型少等问题。据中国非处方药物协会数据显示，我国3500多种药物制剂品种中，专供儿童使用的仅有60多种，不足2%。三是我国2.76万个医院中，儿童医院数量仅为114个，儿童医院占总医院的比例仅为0.42%。四是儿童医院城乡分布不均的问题突显，城市、农村儿童医院比例为15∶4。

二、中国儿童政策进步指数指标体系

中国儿童政策进步指数由政策环境、生活保障、教育发展、医疗健康和救助保护5个二级指标，以及25个三级指标构成。在25个三级指标中，独家研发指标16个，占到64%。其中，2017年儿童政策环境评价体系，在2012～2016年评价体系的基础之上，根据儿童政策发展新形势，进行了优化升级。

数据来源方面，除"政策环境"的2个三级指标外，其他23个二级指标的基础数据来源于《中国统计年鉴》《中国卫生和计划生育统计年鉴》《中国民政统计年鉴》和公开信息。

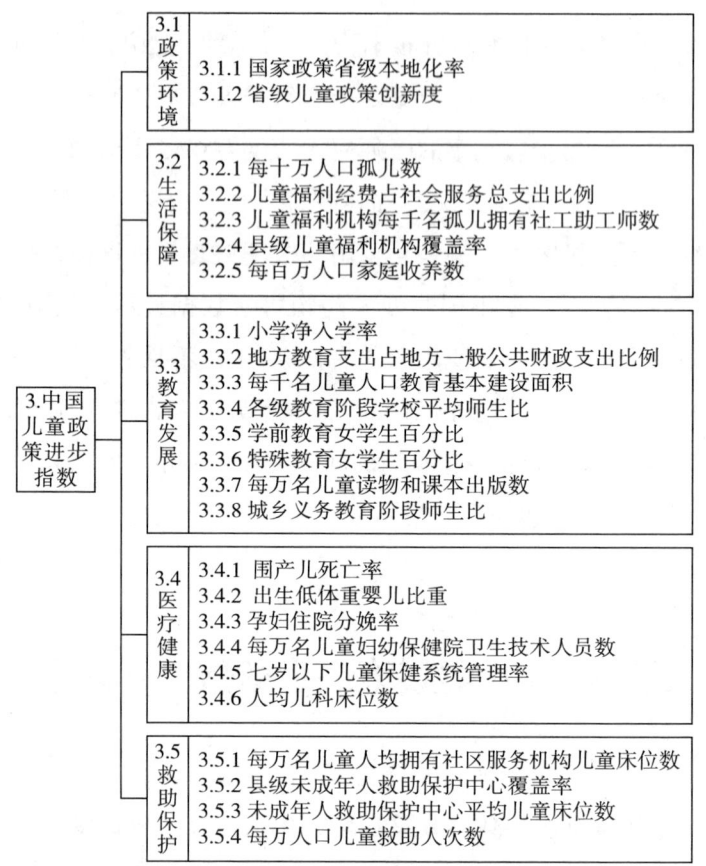

图 4-9 中国儿童政策进步指数体系结构图

三、中国儿童政策进步指数 2017 年省份排名

2017 年儿童政策进步指数排名前十位的省份依次是：北京、江苏、浙江、上海、山东、湖北、陕西、四川、湖南、重庆。其中，东部地区占 5 席，西部地区占 3 席，中部地区占 2 席。在排名第 11 ~ 20 位的省份中，中部地区占 4 席，东部地区和西部地区各占 3 席。在排名第 21 ~ 31

位的省份中，西部地区占 6 席，东北地区占 3 席，东部地区占 2 席（见表 4-6）。

表 4-6　　2017 年中国儿童政策进步指数省份排名分布

排名情况＼地区	东部地区	中部地区	西部地区	东北地区
第 1～10 位	5 个：北京、江苏、浙江、上海、山东	2 个：湖北、湖南	3 个：陕西、四川、重庆	无
第 11～20 位	3 个：广东、河北、福建	4 个：安徽、山西、河南、江西	3 个：云南、宁夏、甘肃	无
第 21～31 位	2 个：天津、海南	无	6 个：内蒙古、广西、青海、贵州、新疆、西藏	3 个：黑龙江、辽宁、吉林

从单项三级指标来看，2017 年，北京在一级指标教育发展、救助保护等方面，排名均位列全国第一。江苏在一级指标政策环境位列全国第一，在国家"十三五"儿童基本公共服务均等化指标的基础上，对基本医疗卫生指标进行了细化与拓展，对基本医疗保险参保率要求（≥98%）高于国家"十三五"规划（＞95%）。浙江在一级指标生活保障位列全国第一，省政府办公厅出台了《浙江省人民政府办公厅关于加快推进普惠型儿童福利体系建设的意见》（浙政办发〔2017〕67 号），创新提出以加强困境儿童保障为重点，统筹推进儿童福利与关爱保护工作，到 2020 年建立起全面普惠型儿童福利体系，成为全国首个将"普惠型"列为儿童福利政策目标的省份，为全国儿童福利向全面普惠型转化升级做出表率。上海自 2007 年"残疾儿童康复救助"项目被列入市政府实事项目至今，残联、卫生、教育、财政等部门共同推进，数次提标扩幅，残疾儿童康复服务水平全国领先。北京、上海、天津、内蒙古、江苏、浙江、安徽、福建、山东、河南、湖北等 11 个省份小学净入学率达到 100%。

2017 年儿童政策进步指数排名与人均 GDP 排名对比有 9 个省份高出 5

个及以上位次，分别是湖北（5）[1]、陕西（5）、安徽（9）、湖南（7）、四川（13）、广西（5）、云南（19）、山西（9）、甘肃（18）。其中，西部地区5个，中部地区4个（见表4-7）。

表4-7　　2017年儿童政策进步指数省份排名

排名	省份	政策环境	生活保障	教育发展	医疗健康	救助保护	总分	人均GDP排名	与人均GDP排名比较
1	北京	0.505	0.194	0.681	0.714	0.486	0.536	1	0
2	江苏	0.642	0.361	0.659	0.677	0.217	0.535	4	2
3	浙江	0.500	0.507	0.631	0.738	0.029	0.523	5	2
4	上海	0.515	0.348	0.625	0.590	0.213	0.483	2	-2
5	山东	0.203	0.427	0.618	0.769	0.129	0.482	8	3
6	湖北	0.306	0.232	0.502	0.755	0.372	0.462	11	5
7	陕西	0.219	0.193	0.528	0.907	0.088	0.443	12	5
8	四川	0.449	0.236	0.429	0.651	0.322	0.433	21	13
9	湖南	0.167	0.213	0.430	0.746	0.463	0.431	16	7
10	重庆	0.606	0.298	0.452	0.641	0.043	0.430	10	0
11	广东	0.300	0.212	0.449	0.774	0.178	0.420	7	-4
11	云南	0.354	0.236	0.459	0.669	0.248	0.420	30	19
13	宁夏	0.188	0.228	0.362	0.750	0.437	0.417	15	2
13	甘肃	0.507	0.057	0.513	0.676	0.216	0.417	31	18
15	安徽	0.462	0.235	0.440	0.624	0.219	0.415	24	9
16	山西	0.414	0.207	0.522	0.623	0.141	0.411	25	9
17	河南	0.243	0.194	0.503	0.716	0.148	0.410	18	1
18	河北	0.239	0.361	0.551	0.764	0.017	0.409	19	1
19	福建	0.128	0.507	0.483	0.777	0.015	0.404	6	-13
20	江西	0.331	0.348	0.444	0.739	0.177	0.401	23	3
21	天津	0.320	0.427	0.522	0.496	0.029	0.386	3	-18
22	内蒙古	0.338	0.232	0.439	0.698	0.042	0.385	9	-13

[1] 表示儿童政策进步指数排名高于人均GDP排名的位次。本节下同。

续表

排名	省份	政策环境	生活保障	教育发展	医疗健康	救助保护	总分	人均GDP排名	与人均GDP排名比较
23	广西	0.117	0.193	0.348	0.726	0.216	0.382	28	5
24	黑龙江	0.150	0.236	0.455	0.687	0.179	0.371	26	2
25	辽宁	0.289	0.213	0.472	0.541	0.137	0.349	14	−11
26	吉林	0.270	0.298	0.494	0.580	0.062	0.347	13	−13
26	青海	0.570	0.212	0.352	0.573	0.142	0.347	22	−4
28	贵州	0.106	0.236	0.406	0.685	0.188	0.342	29	1
29	海南	0.325	0.228	0.202	0.653	0.059	0.302	17	−12
30	新疆	0.046	0.057	0.492	0.511	0.123	0.292	20	−10
31	西藏	0.106	0.235	0.388	0.188	0.263	0.204	27	−4

四、中国儿童政策进步指数 2012 ~ 2017 年排名特点

对 2012 ~ 2017 年儿童政策进步指数的排名分析,主要从三个维度展开,即儿童政策进步指数地区发展、排名波动以及各省份儿童政策进步指数的排名与人均 GDP 排名的比较。

整体上,中国儿童政策进步指数 31 个省份排名整体稳定,呈现出东部地区较好、中部地区和东北地区居中,西部地区较低但有亮点的局面。2012 ~ 2017 年,北京、浙江、江苏、湖北、上海、重庆等 6 个省份连续六年蝉联儿童政策进步指数前十名。其中,东部地区占 4 席,中部地区和西部地区各占 1 席。此外,山东曾 5 次排名进入前十名,天津和陕西曾 4 次排名进入前十名,湖南、广东、黑龙江、四川、宁夏 5 个省份曾 2 次排名进入前十名,新疆曾 1 次排名进入前十名。

（一）东部地区儿童政策走在全国前列，北京、浙江稳居前三

2012～2017年中国儿童政策进步指数排名进入前十位的省份有15个。从地区分布来看，东部地区占7席，分别是浙江、北京、上海、江苏、山东、天津、广东。西部地区占5席，分别是重庆、陕西、宁夏、新疆、四川。中部地区占2席，分别是湖北、湖南。东北地区占1席，即黑龙江。（见表4-8）

表4-8 进入2012～2017年中国儿童政策进步指数排名前十省份分布示意图

东部地区	中部地区	西部地区	东北地区
7席： 北京（☆☆☆☆☆☆） 江苏（☆☆☆☆☆） 上海（☆☆☆☆☆） 浙江（☆☆☆☆☆） 天津（☆☆☆☆） 山东（☆☆☆☆） 广东（☆☆）	2席： 湖北（☆☆☆☆☆☆） 湖南（☆☆）	5席： 重庆（☆☆☆☆☆☆） 四川（☆☆） 陕西（☆☆☆） 宁夏（☆☆） 新疆（☆）	1席： 黑龙江（☆☆）

注：☆数量表示名次进入前十次数。

2012～2017年，东部地区10个省份中，北京于2012年～2014年稳居全国排名第二，2015年～2017年连续三年位列全国第一。浙江则于2012～2014年连续三年蝉联全国排位第一，2015年位居第三，2016年位居第二，2017年位居第三。中部地区6个省份中，湖北排名最高，分别为第4名、第5名、第4名、第5名、第4名、第6名，成为中部地区唯一且连续六年进入前十的省份。西部地区12个省份中，重庆排名最高，分别为第5名、第6名、第5名、第6名、第7名、第10名，成为西部地区唯一连续六年稳居全国前十的省份。东北地区3个省份，黑龙江排名最高，分别为第14名、第14名、第8名、第10名、第15名、第24名，成为唯一进入前十的东北地区省份（见表4-9）。

表 4-9　　2012～2017 年儿童政策进步指数排名地区分布

年份 地区	2012 年	2013 年	2014 年	2015 年	2016 年	2017 年
东部地区（10 个）						
北京	2	2	2	1	1	1
天津	8	9	9	8	18	21
河北	23	24	25	18	23	18
上海	3	4	6	2	5	4
江苏	6	3	3	4	3	2
浙江	1	1	1	3	2	3
福建	16	17	21	23	11	19
山东	7	11	7	7	6	5
广东	12	7	10	14	12	11
海南	29	26	28	30	30	29
中部地区（6 个）						
山西	13	18	17	16	16	16
安徽	19	19	14	21	14	15
江西	20	25	24	26	21	20
河南	15	20	16	17	17	17
湖北	4	5	4	5	4	6
湖南	17	13	15	11	8	9
西部地区（12 个）						
内蒙古	18	21	22	20	26	22
广西	27	27	19	24	20	23
重庆	5	6	5	6	7	10
四川	25	15	13	12	9	8
贵州	30	29	30	15	25	28
云南	28	22	20	27	13	11
西藏	31	31	31	31	31	31

续表

年份 地区	2012年	2013年	2014年	2015年	2016年	2017年
陕西	9	8	11	13	10	7
甘肃	22	30	23	19	19	13
青海	26	23	29	28	29	26
宁夏	11	10	18	9	24	13
新疆	10	12	27	29	28	30
东北地区（3个）						
辽宁	21	28	26	22	22	25
吉林	24	16	12	25	27	26
黑龙江	14	14	8	10	15	24

（二）整体排名较稳定，四川排名六年来持续升高

对比2012～2017年指数排名结果，多数省份位次未出现明显变动，2012～2017年排名浮动在5个及以内位次省份共10个。这表明，近1/3省份儿童政策发展比较平稳。从地区分布来看，这10个省份中，东部地区占4个，中部地区占3个、西部地区占3个。在排名浮动较大省份中，四川排名持续升高，从2012年第25位升至2017年第8位。整体来看，各省排名呈波动发展态势，东部地区和中部地区省份排名更为稳定。

四川排名大幅提升。2012～2017年，四川指数排名分别为第25位、第15位、第13位、第12位、第9位、第8位，排名大幅提升后保持稳定。2012～2017年，县级未成年人保护中心覆盖率、出生低体重率等指标连续六年排入全国前十。其中2017年县级未成年人保护中心覆盖率为26.78%，排名全国第三。

云南2015年以来排名前进较快。2012～2017年，云南指数排名分别为第28位、第22位、第20位、第27位、第13位、第11位，除2015年

有回落外，整体上排名波动上升。2017年，每万人口流浪儿童救助人次数位列全国第三，地方教育支出占地方公共财政支出比、学前教育女学生比、特殊教育女学生比、城乡义务教育阶段师生比、人均儿科床位数等多项指标跃居全国前十。

甘肃连续五年排名稳步提升。2012～2017年，甘肃指数排名分别为第22位、第30位、第23位、第19位、第19位、第13位，自2013年以来连续五年稳步提升并靠近前十。2012～2017年，未成年人保护中心平均床位数等指标连续六年排入全国前十。

（三）湖北、山西等中西部省份指数排名显著高于人均GDP排名

2012～2017年，儿童政策进步指数排名与人均GDP排名对比，保持在5个以内位次浮动的省份分别达到16个、20个、15个、15个、14个和15个。这说明，半数省份的儿童政策进步程度与经济社会发展水平比较适应。

分地区来看，东部地区儿童政策进步与人均GDP发展水平比较一致，指数排名显著高于人均GDP排名的省份主要集中在西部地区和中部地区，如湖北、山西、安徽、四川、云南、甘肃等省份，特别是湖北省，连续五年指数排名高于人均GDP排名5个以上位次，表明这些省份儿童政策进步走在经济社会发展的前面。（见表4-10）

湖北排名六年稳居前十。2012～2017年，湖北指数排名分别为第4位、第5位、第4位、第5位、第4位、第6位，稳居全国前十，而该省人均GDP全国排名稳定在第13名左右。2012～2017年，湖北县级未成年人救助保护中心覆盖率连续六年位列全国第一，每万名儿童妇幼保健院卫生技术人员数、每万名儿童人均社会服务机构床位数、出生低体重率等指标排名连续六年进入前十。

表 4-10 2012~2017 年儿童政策进步指数排名与人均 GDP 排名差异

省份	2012年 指数排名	2012年 人均GDP排名	2012年 排名差异	2013年 指数排名	2013年 人均GDP排名	2013年 排名差异	2014年 指数排名	2014年 人均GDP排名	2014年 排名差异	2015年 指数排名	2015年 人均GDP排名	2015年 排名差异	2016年 指数排名	2016年 人均GDP排名	2016年 排名差异	2017年 指数排名	2017年 人均GDP排名	2017年 排名差异
北京	2	2	0	2	2	0	2	2	0	1	2	1	1	1	0	1	1	0
天津	8	1	-7	9	1	-8	9	1	-8	8	1	-7	18	3	-15	21	3	-18
河北	23	15	-8	24	16	-8	25	18	-7	18	19	1	23	19	-4	18	19	1
山西	13	19	6	18	22	4	17	24	7	16	27	11	16	27	11	16	25	9
内蒙古	18	5	-13	21	6	-15	22	6	-16	20	6	-14	26	8	-18	22	9	-13
辽宁	21	7	-14	28	7	-21	26	7	-19	22	9	-13	22	14	-8	25	14	-11
吉林	24	11	-13	16	11	-5	12	11	-1	25	12	-13	27	12	-15	26	13	-13
黑龙江	14	17	3	14	17	3	8	20	12	10	21	11	15	22	7	24	26	2
上海	3	3	0	4	3	-1	6	3	-3	2	3	1	5	2	-3	4	2	-2
江苏	6	4	-2	3	4	1	3	4	1	4	4	0	3	4	1	2	4	2
浙江	1	6	5	1	5	4	1	5	4	3	5	2	2	5	3	3	5	2
安徽	19	26	7	19	25	6	14	26	12	21	25	4	14	25	11	15	24	9
福建	16	9	-7	17	9	-8	21	8	-13	23	7	-16	11	6	-5	19	6	-13
江西	20	25	5	25	26	1	24	25	1	26	24	-2	21	23	2	20	23	3
山东	7	10	3	11	10	-1	7	10	3	7	10	3	6	9	3	5	8	3
河南	15	23	8	20	23	3	16	22	6	17	22	5	17	20	3	17	18	1

续表

省份	2012年 指数排名	2012年 人均GDP排名	2012年 排名差异	2013年 指数排名	2013年 人均GDP排名	2013年 排名差异	2014年 指数排名	2014年 人均GDP排名	2014年 排名差异	2015年 指数排名	2015年 人均GDP排名	2015年 排名差异	2016年 指数排名	2016年 人均GDP排名	2016年 排名差异	2017年 指数排名	2017年 人均GDP排名	2017年 排名差异
湖北	4	13	9	5	14	9	4	13	9	5	13	8	4	11	7	6	11	5
湖南	17	20	3	13	19	6	15	17	2	11	16	5	8	16	8	9	16	7
广东	12	8	-4	7	8	1	10	9	-1	14	8	-6	12	7	-5	11	7	-4
广西	27	27	0	27	27	0	19	27	8	24	26	2	20	26	6	23	28	5
海南	29	22	-7	26	21	-5	28	21	-7	30	18	-12	30	17	-13	29	17	-12
重庆	5	12	7	6	12	6	5	12	7	6	11	5	7	10	3	10	10	0
四川	25	24	-1	15	24	9	13	23	10	12	23	11	9	24	15	8	21	13
贵州	30	31	1	29	31	2	30	30	0	15	29	14	25	29	4	28	29	1
云南	28	29	1	22	29	7	20	29	9	27	30	3	13	30	17	11	30	19
西藏	31	28	-3	31	28	-3	31	28	-3	31	28	-3	31	28	-3	31	27	-4
陕西	9	14	5	8	13	5	11	14	3	13	14	1	10	13	3	7	12	5
甘肃	22	30	8	30	30	0	23	31	8	19	31	12	19	31	12	13	31	18
青海	26	21	-5	23	20	-3	29	19	-10	28	17	-11	29	18	-11	26	22	-4
宁夏	11	16	5	10	15	5	18	15	-3	9	15	6	24	15	-9	13	15	2
新疆	10	18	8	12	18	6	27	16	-11	29	20	-9	28	21	-7	30	20	-10

注：儿童政策进步指数排名高于人均GDP排名的，排名差异为正值；儿童政策进步指数排名落后于人均GDP排名的，排名差异为负值。本节下同。

五、中国儿童政策进步指数单项三级指标突出省份

在本节，指数研发团队对儿童政策进步指数指标体系的25个三级指标作了专门分析梳理，将重点介绍在单项三级指标上有突出优势的省份。

（一）浙江、江苏、山东等生活保障单项指标领跑全国

从二级指标"生活保障"的排名来看，浙江、山东、天津、江苏、上海、福建、广西、重庆、四川、云南位列前十。其中，东部地区占6席，西部地区占4席。其中，浙江、江苏、山东等在儿童福利经费占社会福利支出比例、儿童收养机构每千名孤儿拥有社工助工师数、每百万人口家庭收养数领跑全国3个单项指标均排名全国前十。

（二）天津、山西等教育发展单项指标走在前列

从二级指标"教育发展"的排名来看，北京、江苏、浙江、上海、山东、河北、陕西、天津、山西、甘肃位列前十。其中，东部地区占7席，西部地区占2席，中部地区占1席。其中，天津在每千名儿童教育基本建设面积、各级教育阶段学校平均师生比、每万名儿童出版物数、城乡义务教育阶段师生比4个单项指标位列全国前十。山西在各级教育阶段学校平均生师比、学前教育女学生百分比、特殊教育女学生百分比3个单项指标排名全国前十。

(三)陕西、福建、广东等医疗健康单项指标位列三甲

从二级指标"医疗健康"的排名来看,陕西、福建、广东、山东、河北、湖北、宁夏、湖南、江西、浙江位列前十。其中,东部地区占 5 席,中部地区占 3 席,西部地区占 2 席。其中,陕西在围产儿死亡率、出生低体重、住院分娩率、每万名儿童妇幼保健卫生技术人员数、七岁以下儿童保健系统管理率、人均儿科床位数等 6 个单项指标排名均在全国前十。福建在住院分娩率、七岁以下儿童保健系统管理率、人均儿科床位数等 3 个单项指标排名均在全国前十。广东在住院分娩率、每万名儿童妇幼保健卫生技术人员数、七岁以下儿童保健系统管理率等 3 个单项指标排名均在全国前十。

(四)湖南、宁夏等救助保护单项指标优势突出

从二级指标"救助保护"的排名来看,北京、湖南、宁夏、湖北、四川、西藏、云南、安徽、江苏、甘肃位列前十。其中,西部地区占 5 席,中部地区占 3 席,东部地区占 2 席。其中,湖南、宁夏在每万名儿童人均社区服务机构床位数、县级未成年人保护中心覆盖率、每万人口流浪儿童救助人次数等 3 个单项指标排名均在全国前十,优势突出。

六、省级儿童政策创新度排名与特点

为推动地方创新儿童政策,研究团队将三级指标"省级儿童政策创新度"从"中国儿童政策进步指数"指标体系中单独抽出,构建评价

省级儿童政策创新度的指标体系。2017年"省级儿童政策创新度"在2012～2016年评价体系的基础之上，根据儿童政策发展新形势，进行了优化升级。设有"建立困境儿童生活保障制度""建立儿童关爱服务与保护机制""推进教育公平与发展""医疗保障政策向儿童倾斜""规范儿童福利服务"5个评价维度，下设33个评价点。其中，22个为新增评价点，11个为保留评价点。评价点平均分配分值。

每个评价点在衡量政策创新时采取"有计1，无计0"的方式进行打分，所有评价点采取了时间追溯方式，即只要在该评价年度及以前有相关省级政策文件出台的，该评价点计"1"分，无则计"0"。在计算权重时，同一个评价指标下对应的评价点，按照平均分配的方式进行赋权。同时，每年的原数据计算值采用累积计分方式。

表4-11　省级儿童政策创新度评价维度和评价点

三级指标	评价维度	评价点
省级儿童政策创新度	1.建立困境儿童生活保障制度	（1）是否出台普惠型儿童福利体系建设政策*
		（2）是否对纳入低保困境儿童予以政策倾斜*
		（3）是否出台困境儿童建档立卡规范*
		（4）是否出台困难残疾儿童生活补贴衔接制度*
		（5）是否给予艾滋病毒携带困境儿童特殊保障*
		（6）是否出台农村学前教育阶段学生营养改善计划
		（7）是否出台事实无人抚养儿童基本生活保障专项制度
		（8）是否建立事实无人抚养儿童基本生活保障标准*
	2.建立留守儿童关爱保护机制	（1）省级基本公共服务均等化规划儿童指标是否高于国家标准*
		（2）省级基本公共服务均等化规划儿童指标是否细化、创新*
		（3）是否出台政策对特困救助未成年人进行特殊保护*
		（4）是否制定儿童保护工作规范
		（5）是否将农村留守儿童关爱保护工作纳入省级财政预算
		（6）是否出台政策要求村（居）儿童活动场所全覆盖*
		（7）是否出台政策鼓励社会力量参与儿童关爱服务与保护工作*
		（8）是否建立未成年人强制报告制度*
		（9）是否将监护缺失儿童纳入孤儿基本生活保障制度*

续表

三级指标	评价维度	评价点
省级儿童政策创新度	3. 推进教育公平与发展	（1）是否出台普惠性幼儿园奖补政策*
		（2）是否出台学前教育学费减免政策
		（3）是否出台第三期学前教育行动计划*
		（4）是否出台县域内城乡义务教育一体化发展保障政策*
		（5）省级义务教育基本均衡县比例目标是否高于国家标准*
		（6）是否出台高中教育学费减免政策
		（7）是否出台政策鼓励社会力量兴办民办教育*
	4. 医疗保障政策向儿童倾斜	（1）基本医疗保障政策是否向儿童倾斜
		（2）省级基本医疗保险参保率目标是否高于国家标准*
		（3）医疗救助政策是否向儿童倾斜
	5. 规范儿童福利服务机构管理	（1）是否出台政策扩展农村贫困两病儿童救治病种*
		（2）是否出台政策探索建立残疾儿童康复救助制度*
		（3）是否出台政策扩展残疾儿童抢救性康复的年龄*
		（4）是否设立儿童福利机构养护实施标准
		（5）是否出台政策要求建立儿童福利服务指导中心
		（6）是否出台政策规定"明天计划"向散居孤儿拓展

注：标*为新增指标。

（一）省级儿童政策创新度排名

2017年，中国儿童政策省级创新指数排名前十位的省份依次是：北京、天津、上海、浙江、重庆、江苏、安徽、四川、河南、河北。其中，东部地区占6席，中、西部地区各占2席。

表4-12　　2017年中国儿童政策省级创新指数省份排名

排名	地区	建立困境儿童生活保障制度	建立儿童关爱服务与保护机制	推进教育公平与发展	医疗保障政策向儿童倾斜	规范儿童福利服务机构管理	总分
1	北京	0.250	0.222	0.143	0.667	0.750	0.406
2	天津	0.375	0.222	0.571	0.333	0.500	0.400
3	上海	0.250	0.111	0.857	0.500	0.250	0.394

续表

排名	地区	建立困境儿童生活保障制度	建立儿童关爱服务与保护机制	推进教育公平与发展	医疗保障政策向儿童倾斜	规范儿童福利服务机构管理	总分
4	浙江	0.250	0.556	0.714	0.167	0.250	0.387
5	重庆	0.375	0.444	0.429	0.167	0.500	0.383
6	江苏	0.125	0.667	0.429	0.667	0.000	0.377
7	安徽	0.000	0.444	0.714	0.167	0.500	0.365
8	四川	0.375	0.111	0.714	0.167	0.250	0.323
9	河南	0.375	0.444	0.286	0.167	0.250	0.304
10	河北	0.250	0.111	0.714	0.167	0.250	0.298
11	青海	0.250	0.222	0.571	0.333	0.000	0.275
12	陕西	0.250	0.333	0.286	0.500	0.000	0.274
13	山西	0.125	0.222	0.571	0.167	0.250	0.267
14	山东	0.375	0.111	0.286	0.000	0.500	0.254
15	甘肃	0.125	0.222	0.714	0.167	0.000	0.246
16	云南	0.250	0.000	0.714	0.000	0.250	0.243
17	江西	0.125	0.333	0.571	0.167	0.000	0.239
18	宁夏	0.250	0.222	0.286	0.167	0.250	0.235
19	湖南	0.125	0.111	0.143	0.167	0.500	0.209
20	内蒙古	0.375	0.222	0.143	0.000	0.250	0.198
21	黑龙江	0.125	0.111	0.286	0.167	0.250	0.188
21	广东	0.375	0.111	0.286	0.167	0.000	0.188
23	湖北	0.125	0.111	0.429	0.000	0.250	0.183
24	海南	0.250	0.000	0.429	0.167	0.000	0.169
25	辽宁	0.125	0.111	0.571	0.000	0.000	0.162
26	福建	0.125	0.222	0.286	0.167	0.000	0.160
27	广西	0.000	0.111	0.286	0.333	0.000	0.146
28	吉林	0.125	0.111	0.286	0.167	0.000	0.138
29	贵州	0.125	0.111	0.429	0.000	0.000	0.133
29	西藏	0.125	0.111	0.429	0.000	0.000	0.133
31	新疆	0.000	0.000	0.286	0.000	0.000	0.057

（二）省级儿童政策创新度特点

1. 困境儿童基本生活保障提标扩面向普惠型继续拓展

困境儿童保障政策全面部署落实，浙江率先推进普惠型儿童福利体系建设。截至2017年底，31个省份全部出台了《国务院关于加强困境儿童保障工作的意见》（国发〔2016〕36号）落实文件，困境儿童分类保障制度全面建立，儿童基本公共社会服务均等化加速推进，为有效保障困境儿童权益，促进儿童快乐健康成长创造了良好政策环境。值得一提的是，2017年7月，浙江省政府办公厅出台了《浙江省人民政府办公厅关于加快推进普惠型儿童福利体系建设的意见》（浙政办发〔2017〕67号），创新提出以加强困境儿童保障为重点，统筹推进儿童福利与关爱保护工作，到2020年建立起全面普惠型儿童福利体系。浙江普惠型儿童福利体系建设呈现三大特点：一是儿童福利制度保障对象范围从困境儿童向全体儿童拓展，二是通过补差方式实现各类救助对象中困境儿童基本生活费标准统一，三是重视基层儿童福利服务体系人员保障和专业化培训。浙江省作为全国首个将"普惠型"列为儿童福利政策目标的省份，为全国儿童福利向全面普惠型转化升级做出了表率。

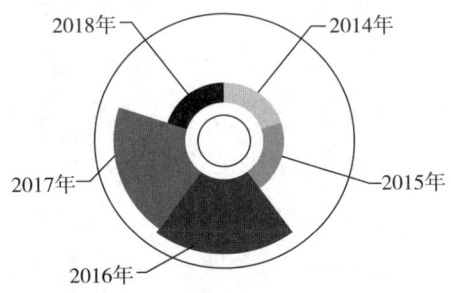

图4-10　31个省份困境儿童保障政策出台时间集中在2016～2017年

资料来源：根据各级政府网站及媒体公开报告整理。

儿童基本生活保障和营养改善福利范围进一步扩大，保障水平稳步提升。2017年孤儿、特困人员供养、最低生活保障三项制度保障水平比上年均有所提高，平均每人每月增加43.8元（6.8%）。其中，全国平均集中供养孤儿基本生活费最低标准达每人每月1210元，比上年提高30元（2.5%）；全国平均社会散居孤儿基本生活费最低标准达每人每月880元，比上年提高60元（7.3%）；2017年前3季度，城乡低保平均标准分别为534元和351元，分别比上年提高39.4元（9.9%）和39元（16.6%）；农村特困供养人均支出水平达447元，比上年提高49元（12.7%）。

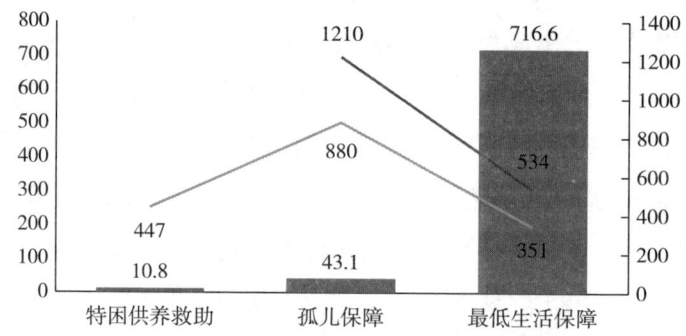

图4-11 孤儿、特困人员供养、最低生活保障制度保障儿童数量和月人均补助标准

资料来源：根据《中国民政统计年鉴》和民政部网站2017年第4季度数据测算。

基本生活保障向事实无人抚养等困境儿童扩展，事实无人抚养儿童平均保障标准平均约1050元/人/月。21个省份探索建立事实无人抚养儿童基本生活保障制度，天津、山西、山东、海南、陕西、宁夏6个省份在困境儿童保障工作意见中明确提出将事实无人抚养儿童纳入保障范围。海南省在事实无人抚养情形中首次提出因"另一方改嫁"而无法履行抚养责任情形，突显政策贴近民生切实保障儿童生存权益特点。保障标准方面，16个省份以孤儿基本生活保障标准为参照，广东、重庆2个省份建立了专项的事实无人抚养儿童生活补贴，上海规定可分别纳入孤儿或特困人员供养范围，湖南、海南2个省份规定参照低保或特困标准纳入保障。

2. 儿童关爱保护服务与保护体系建设全面展开

2016年2月，国务院印发了《关于加强农村留守儿童关爱保护工作的意见》（国发〔2016〕13号）。十九大报告提出，保障儿童合法权益、健全农村留守儿童关爱服务体系。截至2017年12月，31个省份全部出台关于落实国务院关于完善农村留守儿童关爱服务体系的政策。

在政策落实部署方面，31个省份全部出台了省级实施意见。各地全面开始部署落实国务院农村留守儿童关爱保护意见，31个省份均已制定了具体实施方案，地方政府把农村留守儿童关爱保护纳入经济社会发展规划，进一步完善政策规定和保障措施。

在经费保障方面，各地积极优化和调整财政支出结构，9个省份纳入财政预算。山西、内蒙古、浙江、安徽、福建、江西、河南、重庆、贵州9个省份在地方实施意见中，将农村留守儿童关爱保护工作经费纳入财政预算。其中，江西省统筹使用本级财政资金和上级专项资金；内蒙古使用中央财政补助资金为工作开展提供支撑；安徽、福建、河南、重庆、贵州5个省份将农村留守儿童关爱保障经费纳入地方财政预算；山西、山东结合福彩公益金等多渠道筹措资金。

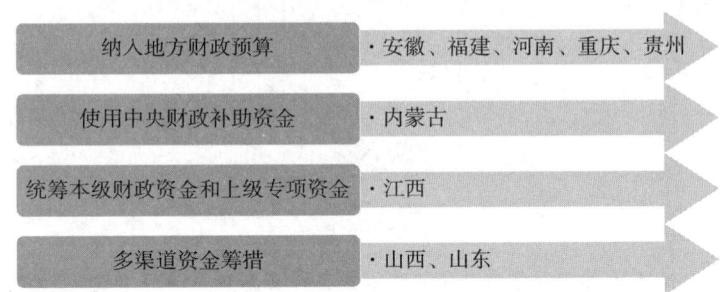

图4-12　地方政策落实农村留守儿童关爱保护工作经费

资料来源：根据各省政府网站公开信息整理。

在监护落实方面，近半数省份建立强制报告、应急处置、监护干预工作流程。北京、天津、河北、内蒙古、辽宁、黑龙江、上海、江苏、浙江、福建、山东、河南、湖南、重庆、宁夏15个省份,在地方实施意见中明确相关方权利义务,细化强制报告、应急处理、动态监测等流程。

在工作机构方面,22个省份完成未成年人保护中心转型升级,承担未成年人保护指导工作。北京、天津、河北、山西、吉林、黑龙江、上海、江苏、浙江、安徽、河南、湖北、广东、陕西、青海15个省份推进县级儿童福利指导中心建设,承担或指导开展儿童保护的政策支持、技术指导、临时监护、个案评估帮扶等工作。山西、河南、新疆、贵州、四川、青海、云南、安徽8个省份开展试点项目,在县级民政部门设有专门业务科室负责农村留守儿童关爱保护工作。北京、山西、辽宁、黑龙江、上海、江苏、安徽、江西、山东、河南、湖北、湖南、广东、广西、四川、贵州、云南、陕西、甘肃、青海、宁夏、新疆22个省份,启动市(地、州、盟)流浪未成年人救助保护中心更名为未成年人保护中心的工作,承担区域内未成年人保护指导工作。

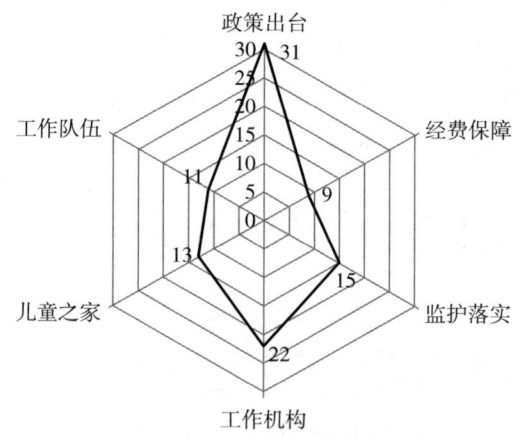

图4-13 地方落实农村留守儿童关爱保护工作实施意见情况(截至2017年底)

资料来源:根据各省政府网站公开信息整理。

3. 儿童教育均衡发展进一步推动教育公平

20个省份实施"9+N"免费教育,推进学前和高中阶段教育普及。据不完全统计，截至 2017 年底，20 个省份实施 "9+N" 免费教育，其中，西部地区有内蒙古、广西、四川、贵州、云南、西藏、陕西、甘肃、青海、宁夏、新疆 11 个省份，东部地区有福建、山东、广东、海南 4 个省份，中部地区有山西、河南、湖南 3 个省份，东北地区有辽宁、吉林 2 个省份。广西、西藏、青海、新疆率先实现 15 年免费教育全覆盖（从义务教育扩展到学前 3 年和高中 3 年），陕西实现 13 年免费教育全覆盖（从义务教育扩展到学前 1 年和高中 3 年），湖南实现 12 年免费教育全覆盖（含义务教育和高中 3 年），其他省份在部分地区实施 12 至 15 年不等的免费教育。"9+N" 免费教育政策的实施，有力地推进了学前和高中阶段教育的普及，进一步推动教育公平。

其中，青海省政府率先印发《关于完善城乡义务教育经费保障机制和实行 15 年免费教育的实施意见》，省财政下达专项资金 17.7 亿元，先对部分地区贫困家庭学生实施 15 年免费教育，并在"十三五"末基本覆盖全省。从地方财政性教育经费投入情况来看，青海省财政性教育经费投入占地方 GDP 比例达到 8%，仅低于西藏位列全国第二，比全国财政性教育经费占 GDP 比例的 4.15% 高出近一倍。

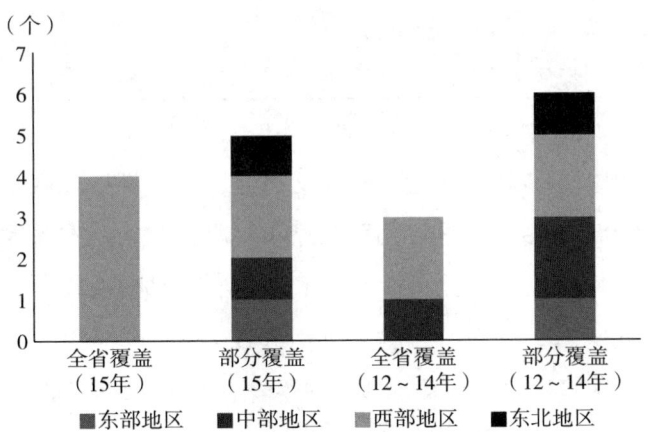

图 4-14　地方 "9+N" 免费教育政策出台覆盖年限情况（截至 2017 年底）

资料来源：根据各地官方网站公开信息整理。

4. 覆盖城乡的儿童健康服务体系进一步完善

城乡居民基本医疗保险并轨工作完成，5个省份基本医保政策向儿童群体倾斜。截至2017年底，31个省份实现城乡居民基本医保并轨，城市和农村儿童将在统一的城乡医保体系下享受统一保障标准，推进儿童医疗保障城乡均衡。北京、天津、江苏、广西和陕西5个省份创新加强不同儿童群体的医疗保障力度。

25个省份落实贫困"两病"儿童专项救治工作方案。2017年2月，卫计委下发农村贫困人口大病专项救治工作方案，减轻"两病"（儿童白血病和儿童先心病）贫困儿童自付医疗费用负担。截至2017年底，天津、河北、上海、福建、山东、海南、山西、江西、安徽、河南、湖南、内蒙古、广西、云南、贵州、四川、重庆、陕西、甘肃、青海、宁夏、新疆、黑龙江、吉林和辽宁25个省份已下发落实文件，并在救治病种范围、服务人群和救助金额报销方面做出创新。

表 4-13　农村贫困人口大病专项救治工作创新举措

创新举措	实行省份
救治病种扩展	甘肃、海南、陕西、山西、河南、贵州、江西
救助群体扩大	广西、黑龙江
报销比例提升	贵州、山东和广西

资料来源：对各省卫计部门2017年出台相关政策进行整合。

残疾儿童康复政策覆盖范围和康复项目进一步扩展。截至2017年底，31个省份均已出台相关政策将儿童医疗康复服务纳入基本医保范围，福建更是出台政策将儿童人工耳蜗植入手术和矫治手术纳入基本医保范围。重庆、浙江、内蒙古、安徽、吉林、云南和江西7个省份出台"明天计划"相关文件，明确将项目的救治对象扩展为集中供养和社会散居孤儿。25个省份落实贫困残疾儿童抢救性康复项目实施方案，其中河北将低视力残疾儿童群体增加到康复项目中，湖北将苯丙酮尿症这一高发于儿童的疾病病种纳入抢救性康复项目。

七、中国儿童政策六大发展趋势

儿童是一个民族、一个国家发展的未来和希望。党的"十九大"报告提出，要"保障妇女儿童合法权益，健全农村留守儿童关爱服务体系，培养德智体美全面发展的社会主义建设者和接班人，努力让每个孩子都能享有公平而有质量的教育"等，为儿童健康成长和优先发展指明了方向。儿童关爱保护服务制度设计和服务体系建设将以均等化和专业化为导向加速推进、全面普及，以社区为依托的基层儿童福利与保护服务体系将成为工作重点，以专业化为目标的儿童福利与保护服务人员队伍建设将有更大发展，政府主导、多元参与的儿童福利与保护服务项目将发挥重要作用，多方合力在决胜全面小康进程中谱写儿童关爱保护新篇章。整体上看，儿童政策将呈现六大发展趋势。

（一）儿童生活、医疗、教育、保护政策将持续稳步发展

2012~2017年，中国儿童政策进步指数各项指标以上升为主要趋势。将31个省份、25个指标的变化趋势加总，共得到837个数值。其中，呈持续上升、波动上升的指标为250个、231个，分别占29.9%、27.6%；呈基本稳定的指标为50个，占6%。因此，呈上升及平稳发展的指标占到63.5%，这反映了儿童政策呈现持续发展态势。

分地区来看，各地区呈现上升发展态势，上升指标占比均超过50%。其中，中、西部地区呈上升发展指标分别达到58.7%、58.9%，高于其他地区。

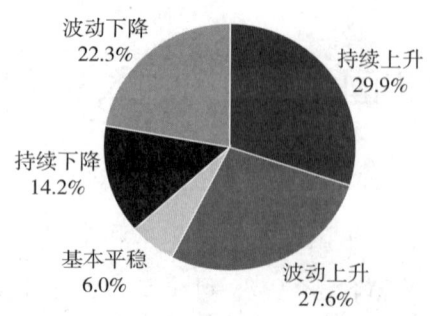

图 4-15　2012～2017 儿童政策进步指数原数据计算值变化趋势分布

（二）社区儿童服务专业化和儿童之家建设将成为工作重点

2017 年，31 个省份出台困境儿童保障工作意见，为基层全面普及儿童福利和保护服务体系奠定基础。根据国务院困境儿童保障意见要求，村（居）民委员会将设立儿童福利督导员或儿童权利监察员开展困境儿童保障工作，全国将建成一支由 68 万名兼职或专职儿童福利督导员组成的基层儿童福利与保护服务专业工作队伍。美国 2014 年共有 64.9 万在职社工，其中，从事儿童、家庭、学校领域的社工者达到 30 万，占美国在职社工总人数的 47%，儿童社工在美国社工领域占有重要地位。儿童专业社会工作人员作为完成儿童福利服务"最后一公里"的递送者，具有上传下达的关键作用，在儿童情况监测、问题发现、资源协调和服务提供等方面都发挥关键的作用。因此，儿童福利与保护服务专业工作队伍建设将迎来快速发展。

截至 2018 年，儿童之家已经建设 17.1 万所（包括儿童快乐家园、妇女儿童之家、留守儿童之家）。另一方面，儿童之家在政策层面也进一步得到落实。河北出台专项政策《关于加强村（社区）儿童之家建设的意见》推进儿童之家在全省范围展开，北京明确儿童之家资金支持渠道确保儿童之家建设。儿童之家建设有望被更多省份纳入基层儿童福利工作重点，我国社区儿童社会工作服务将迎来全面普及。

（三）鼓励生育二孩的福利政策将进一步探索创新

2018 年出生人口数为 1523 万人，是全面二孩政策执行以来的最低值，2018 年出生人口数较 2017 年降低 200 万人，降幅达到 11.61‰。2018 年出生率降至 10.94‰，较 2017 年降低 1.49 个千分点，首次跌破 11‰，出生率达到了近 8 年来的最低值。在二孩政策全面开放的情况下，我国生育率仍旧出现大幅下降，可见我国育龄女性的生育意愿已经下降，"低生育陷阱"风险仍然存在。鼓励生育政策的尝试和针对二孩的福利政策将继续成为社会关注热点问题。2018 年，辽宁省首次积极探索对于二孩家庭的鼓励政策，在生育家庭税收、教育、社会保障、住房等方面予以政策倾斜。结合我国人口趋势来看，对于鼓励生育二孩的福利政策将在更多省份、甚至全国范围内的探索创新。

（四）"9+N"免费教育将在全国持续推广逐步实现全覆盖

近年来，20 个省份因地制宜积极探索实施"9+N"免费教育，推进学前和高中阶段教育普及。"十九大"报告提出，办好学前教育、特殊教育和网络教育，普及高中阶段教育，努力让每个孩子都能享有公平而有质量的教育。联合国教科文组织在《教育 2030 行动框架》指出，各国应确保提供 12 年免费的、公共资助的、全纳的、公平的、有质量的初等和中等教育，积极探索"9+N"免费教育符合国际主流做法。"9+N"免费教育将在全国持续推广，逐步实现全覆盖。

（五）残疾儿童康复救助制度将全面落实

国家高度重视残疾人康复事业，残疾儿童康复政策基础已经夯实。党的"十九大"报告提出要"发展残疾人事业，加强残疾康复服务"；习近平总书记强调,"要重视残疾人健康,努力实现残疾人,人人享有康复服务的目标"。目前,我国针对全体残疾人已出台《残疾预防和残疾人康复条例》《国务院关于加快推进残疾人小康进程的意见》(国发〔2015〕7号)等法规政策,对建立残疾儿童康复救助制度也提出了明确要求。2018年出台的《国务院关于建立残疾儿童康复救助制度的意见》更为我国残疾儿童康复事业发展奠定了坚实基础。

我国残疾儿童康复制度将实现全面覆盖。2018年出台的《国务院关于建立残疾儿童康复救助制度的意见》不仅对救助康复儿童的标准进行了具体规范,例如将救助对象定义为"符合条件的0～6岁视力、听力、言语、肢体、智力等残疾儿童和孤独症儿童(包括困境残疾儿童、残疾孤儿、纳入特困人员供养范围的残疾儿童以及其他经济困难家庭的残疾儿童)",并对申请流程做出了解释;还对残疾儿童康复工作提出了总体要求,计划到2020年建立与全面建成小康社会目标相适应的残疾儿童康复救助制度体系,基本实现残疾儿童应救尽救;到2025年,残疾儿童康复救助制度体系将更加健全完善,残疾儿童普遍享有基本康复服务,残疾儿童健康成长、全面发展的权益得到有效保障。为此,各地残疾儿童康复救助制度和配套措施将全面落实,促进残疾儿童康复救助工作从项目式运作到制度化保障的重要转变。

(六)社会力量将在儿童关爱保护专业服务中发挥重要作用

多项政策鼓励社会力量参与儿童关爱保护服务。国务院和地方农村留守儿童和困境儿童意见中均对推动社会力量积极参与儿童关爱保护工作提出了政策鼓励,包括加快孵化培训专业社会工作服务机构,通过政府购买服务方式支持社会力量举办困境儿童托养照料、农村留守儿童托管服务机构,通过购买服务方式支持社会组织、志愿服务组织开展服务等。2018年

5月，为进一步加大未成年人司法保护力度，最高人民检察院印发了《最高人民检察院关于全面加强未成年人国家司法救助工作的意见》，也特别提出引导社会组织尤其是未成年人保护组织、公益慈善组织、社会工作服务机构、志愿者队伍等社会力量，搭建形成党委领导、政府支持、各有关方面积极参与的未成年人国家司法救助支持体系。在政策的鼓励支持下，高校智库和社会组织等社会力量将与政府形成合力，在儿童关爱保护专业服务中发挥重要作用。

第五章

中国残疾人政策进步指数

一、中国残疾人政策发展形势与挑战

"十三五"以来,我国残疾人事业顶层设计和制度建设取得重大突破,残疾人事业被纳入国家"五位一体"总体布局和"四个全面"战略布局,残疾人民生保障和共建共享取得重大成效,覆盖全国所有持证残疾人的基本服务状况和需求的实名制大数据基本建成。特别是过去的2017年里,《残疾预防和残疾人康复条例》《残疾人教育条例》两部重大残疾人法规相继颁布和施行,各地残疾人康复、教育、就业、社会保障、扶贫开发、宣传文化、体育、维权、组织建设、服务设施、信息化建设工作也取得全面进步。同时,由于残疾人工作的特殊性、艰苦性、反复性,未来很长一段时期之内我们还需要进一步优化残疾人政策和实务措施,以更好的态势助推小康社会的全面建设。

(一)中国残疾人社会保障和服务体系建设步伐持续加快

2017年,在政府和社会各界的共同努力下,我国残疾人社会保障和服务体系建设步伐持续加快,推动残疾人事业取得全面进步。具体表现在以下9个方面。

1. 残疾人政策法规建设不断加强

"十三五"以来,国务院相继印发《国务院关于加快推进残疾人小康进程的意见》《"十三五"加快残疾人小康进程规划纲要》《"十三五"推进基本公共服务均等化规划》等一系列专项规划,进一步细化了残疾人事业发展的工作任务和责任清单。同时,健康中国、脱贫攻坚等国家重大计划也将残疾人事业列为重点内容进行推进。另外,2017年1月11日国务院第161次常务会议通过的《残疾预防和残疾人康复条例》和2016年8月发布的《国家残疾预防行动计划(2016~2020年)》共同对加强残疾预防和控制起到积极作用。同年,国务院又修订《残疾人教育条例》和实施《第二期特殊教育提升计划(2017~2020年)》,进一步加强了我国残疾人教育事业的发展,推进了残疾人教育公平。

2. 残疾人康复服务质量明显改善

2017年,我国残疾人康复服务质量得到明显改善。《2017年中国残疾人事业发展统计公报》显示,854.7万残疾儿童及持证残疾人得到基本康复服务,其中包括0~6岁残疾儿童141239人。按残疾类型划分,得到康复服务的持证残疾人中,有视力残疾人88.3万、听力残疾人40.7万、言语残疾人4.3万、肢体残疾人484.6万、智力残疾人71.3万、精神残疾人125.9万、多重残疾人35.5万。全年共为244.4万残疾人提供各类辅助器具适配服务。另外,全国残疾人康复机构也发展至8334个;其中,提供视力残疾康复服务的机构1194个,提供听力言语残疾康复服务的机构1417个,提供肢体残疾康复服务的机构3088个,提供智力残疾康复服务的机构2659个,提供精神残疾康复服务的机构1695个,提供孤独症儿童康复服务的机构1611个,提供辅助器具服务的机构1866个。而且,康复机构在岗人员也达到24.6万人,其中,管理人员3.1万人,专业技术人员16.5万人,其他人员5.0万人。

3. 残疾人教育发展程度继续加深

2017年,我国残疾人教育领域取得重大突破,有力推动了残疾人教育事业的蓬勃发展,残疾人受教育权利得到进一步保障。《2017年中国残疾人事业发展统计公报》显示，这一年里，中国残联、教育部等部门相继制定实施《第二期特殊教育提升计划（2017—2020年）》《残疾人参加普通高等学校招生全国统一考试管理规定》，分别从残疾儿童、残疾人高等融合教育的角度对残疾人教育事业发展作出明确规定；同年，《国家通用手语常用词表》《国家通用盲文方案》也正式被纳入国家语言文字标准体系。另外，通过残疾人事业专项彩票公益金助学项目，全国有 1.9 万人次家庭经济困难的残疾儿童享受普惠性学前教育得到了资助；各地通过多方资金筹措，共使得 2971 名残疾儿童得到学前教育资助。而且，需要注意的是，在特殊教育的实务推进方面，2017 年进展明显：全国特殊教育普通高中班（部）达到 112 个，在校生 8466 人，其中聋生 7010 人，盲生 1456 人；残疾人中等职业学校（班）达到 132 个，在校生 12968 人，毕业生 3501 人，其中 1802 人获得职业资格证书；全国有 10818 名残疾人被普通高等院校录取，1845 名残疾人进入高等特殊教育学院学习；在《"十三五"残疾青壮年文盲扫盲行动方案》的实施下，全国已有 4.3 万名残疾青壮年文盲接受了扫盲教育。

4. 残疾人就业总体规模稳步增长

《2017 年中国残疾人事业发展统计公报》显示，全国城乡持证残疾人就业人数已达 942.1 万人，其中按比例就业 72.7 万人，集中就业 30.2 万人，个体就业 70.6 万人，公益性岗位就业 9.0 万人，辅助性就业 14.4 万人，社区就业 8.0 万人，居家就业 118.9 万人，灵活就业 145.8 万人，从事农业种养殖 472.5 万人。另外，在新增就业方面，城乡持证残疾人新增就业 35.5 万人，其中，城镇新增就业 13.1 万人，农村新增就业 22.4 万人；培训城乡残疾人 62.5 万人。而且，需要特别指出的是，我国盲人按摩事业正在稳步发展。2017 年度，全国共培训盲人保健按摩人员 20796 名、盲人医疗按摩人员 7217 名；保健按摩机构 19257 个，医疗按摩机构

1255个;有54人和870人分别获得盲人医疗按摩人员中级和初级职务任职资格。

5. 残疾人社会保障体系进一步健全

《2017年中国残疾人事业发展统计公报》显示,截至2017年底,城乡残疾居民参加城乡社会养老保险人数2614.7万,其中在全国排名前五的省份依次是甘肃、河南、山西、湖南、海南;547.2万60岁以下参保的重度残疾人中,有529.5万得到政府的参保扶助,代缴养老保险费比例96.8%;有282.9万非重度残疾人享受了全额或部分代缴养老保险费的优惠政策;1042.3万人领取养老金。此外,在残疾人托养服务工作方面,全国残疾人托养服务机构数量已达7923个,其中,按照每万名残疾人拥有机构数来看,全国排名前五的省份依次是上海、浙江、江苏、广东、新疆,它们的数据分别为15.916个/万人、9.426个/万人、9.138个/万人、7.046个/万人、3.774个/万人。这些机构中寄宿制托养服务机构2560个,日间照料机构3076个,综合性托养服务机构2287个,为23.1万残疾人提供了托养服务。此外,全国还有78万残疾人接受了居家服务,1.9万名托养服务管理和服务人员接受了各类培训。

6. 扶贫开发工作成效显著

《2017年中国残疾人事业发展统计公报》显示,这一年里,我国贫困残疾人脱贫攻坚取得阶段性成效,残疾人生产生活状况得到进一步改善。其中,92.5万残疾人退出建档立卡,70.6万人次残疾人接受实用技术培训,2.1万农村残疾人得到康复扶贫贴息贷款扶持;6692个残疾人扶贫基地安置10.5万残疾人就业,扶持带动21.8万户残疾人家庭;8.2万户农村贫困残疾人完成危房改造,各地投入危房资金10亿元。

7. 残疾人组织设施全面发展

《2017年中国残疾人事业发展统计公报》显示，这一年里，我国残疾人组织体系更加完善，残疾人专门协会在社会残疾人工作中的地位有所提高。具体而言，全国省市县乡（除兵团、垦区外）已成立残联4.3万个，各省（区、市）、市（地、州）全部建立残联；93.5%的县（市、区）、98.7%的乡镇（街道）已建立残联；95.4%的社区（村）建立残协，达到58.6万个。而且，全国各省市县乡残联工作人员总数也达11.3万人，乡镇（街道）、村（社区）选聘残疾人专职委员总计59万人；93.5%的省级残联、67.5%的地市级残联配备了残疾人领导干部，52.7%的县级残联配备了残疾人干部。同时，省级及以下各类残疾人专门协会也发展至1.5万余个，其中省级专门协会已建比例为100%，市级专门协会已建比例为96.5%，县级专门协会已建比例为86.4%。全国助残社会组织2520个。此外，在残疾人设施建设方面，我国各地区也取得明显进步。具体而言，全国已竣工并投入使用的各级残疾人综合服务设施2340个，总建设规模533万平方米，总投资154.9亿元；已竣工并投入使用的各级残疾人康复设施833个，总建设规模261.4万平方米，总投资80.8亿元；已竣工并投入使用的各级残疾人托养服务设施649个，总建设规模161.2万平方米，总投资44.3亿元。

8. 无障碍建设法规、标准进一步完善

《2017年中国残疾人事业发展统计公报》显示，这一年里，全国共出台了451个县级及以上无障碍建设与管理法规、规章和规范性文件；系统开展无障碍建设市、县、区1622个；开展无障碍建设检查4006次，无障碍培训3.2万人次；89.2万户残疾人家庭实施无障碍改造，包括10.5万户贫困重度残疾；74.9万残疾人发放残疾人机动轮椅车燃油补贴。

9. 信息化建设取得重大进展

《2017年中国残疾人事业发展统计公报》显示，这一年里，中国残联门户网站发布稿件约3.2万篇，31个省、276个地市、1197个县级残联开通网站，全国残疾人人口基础数据库已涵盖持证残疾人3404万人，21个省申请智能化残疾人证试点。浙江省作为全国最早出台"十二五"实施方案〉的通知》（浙残联计财〔2013〕71号），已将"全省残疾人事业综合信息网络建设""残疾人人口基础数据库和残疾人社会保障与服务信息实名制资源库建设"等内容列为本省重点项目，率先完成浙江省杭州、宁波市与江苏省苏州市两省三市先行发卡；同时该省还积极开展残疾证电子证照建设，为"互联网+残疾人服务"应用奠定良好基础。

（二）加快推进残疾人小康进程面临的挑战

十九大报告指出，现阶段我国社会的主要矛盾已经转化为人民日益增长的美好生活需要和发展不平衡不充分的矛盾。残疾人作为我国人民的重要组成，也迫切需要处理好他们对美好生活的向往和残疾人事业发展不平衡不充分的矛盾。在全面推进小康社会的今天，我们在充分肯定过往成就的同时，务必要清醒认识到以下挑战。

1. 残疾人多元化需求与各类服务供给不足的矛盾

根据1987年以来我国多次残疾人抽样调查数据显示，我国残疾人的需求结构正在从生存型向发展型转变，他们不再满足于仅仅改变自身的生存状况，而开始关注康复、教育、就业等多方面内容。然而，从我国现有的残疾人服务事业的发展状况来看，供给还远远不足。以残疾人最急需的康复服务需求为例，2017年全国共有854.7万残疾儿童及持证残疾人得到了基本康复服务，占全部8500余万残疾人的比例仅为10%，覆盖面仍然不足，更不用说残疾人还有视力、听力、言语、肢体、智力、精神、多重等不同类型划分，他们需求各不相同。另外，长期以来，我国基层的康复服务机构工作人员主要通过短期培训上岗，缺乏综合型人才，60%的县级医院和县级康复机构也不具备早期康复服务能力，问题也在人才储备不足。

2. 残疾人社会保障体系尚未健全且城乡差异大

我国是世界上残疾人口最多的国家。但由于起步晚发展程度低，我国残疾人社会保障制度建设仍处于初级阶段，保障项目少，保障水平低，保障覆盖面窄，尚未形成独立完整的保障体系。以残疾人能够享有的保障制度为例，现有的养老保险补贴、困难残疾人生活补贴、重度残疾人护理补贴、医疗保险救助补贴、特殊残疾人住房保障等制度远不足以应付他们社会生活的需要。目前8500多万残疾人在就业、康复、教育、参与社会等方面仍然会遇到各种各样的障碍，他们在这些方面的状况仍落后于社会平均水平，残疾人与健全人之间在生活水平上的差距在拉大，甚至相当多的残疾人处在贫困线以下。此外，受城乡分割、二元社会格局和经济社会发展水平制约，我国农村残疾人社会保障水平严重落后于城市。

3. 残疾人精准扶贫工作依然十分艰巨

2017年全国残疾人基本服务状况和需求信息数据动态更新情况显示，全国尚未脱贫的建档立卡残疾人达到281万人，生活在危房的残疾人还有57.4万人，24.7万残疾儿童家庭反映义务教育入学存在问题，超过1132万残疾人反映需要康复服务，亟需家庭无障碍改造服务额重度残疾人也接近3329万人。这些残疾人家庭扶贫任务十分艰巨，他们的扶贫问题将严重制约我国残疾人事业的整体发展。而且，由于残疾人的个性化需求不同，我们迫切需要在现阶段现金救助、实物救助、康复救助、就业救助、教育救助等方式之外,开拓出更多的扶贫手段,例如心理咨询、志愿服务等方式。

4. 推进残疾人教育公平任重道远,高等融合教育发展显著不足

《2017年全国教育事业发展统计公报》显示,我国现有普通高等学校和成人高等学校2913所,各类高等教育在校总人数达到3779万人,高等教育毛入学率达到45.7%。然而,2017年普通高等学校和成人高等学校录取的残疾学生总数仅为12663人,仅为总录取人数的0.17%。这种残疾大学生与同龄普通大学生之间显著的数据差异说明,我国高等融合教育的发展规模仍然偏低,我们未来推进残疾人教育公平的工作仍然是任重而道远。

二、中国残疾人政策进步指数指标体系

中国残疾人政策进步指数[①]由政策环境、康复服务、教育发展、支持就业、社会保障、扶贫开发、文化体育、权益维护、组织设施9个二级指标以及31个三级指标构成(见图5-1)。其中,有26个三级指标是自设指标,占比约83.87%。本指数旨在通过建立政策实施、政策创新、政策趋势研判一体化的残疾人政策进步水平评价模式,对2017年各省份的残疾人事业作出全方位评价。同时,在综合指标体系设定的基础上,我们还希望借此推动各省份加大残疾人政策实施和创新力度,促进残疾人事业健康快速发展,助力2020年小康社会的全面建成。

---

① 本指数所采集的数据来自《中国统计年鉴2018》《中国残疾人事业统计年鉴2018》《中国民政统计年鉴2018》等官方统计年鉴,以及国务院、教育部、民政部、中国残联、各省政府和相关职能部门官网。

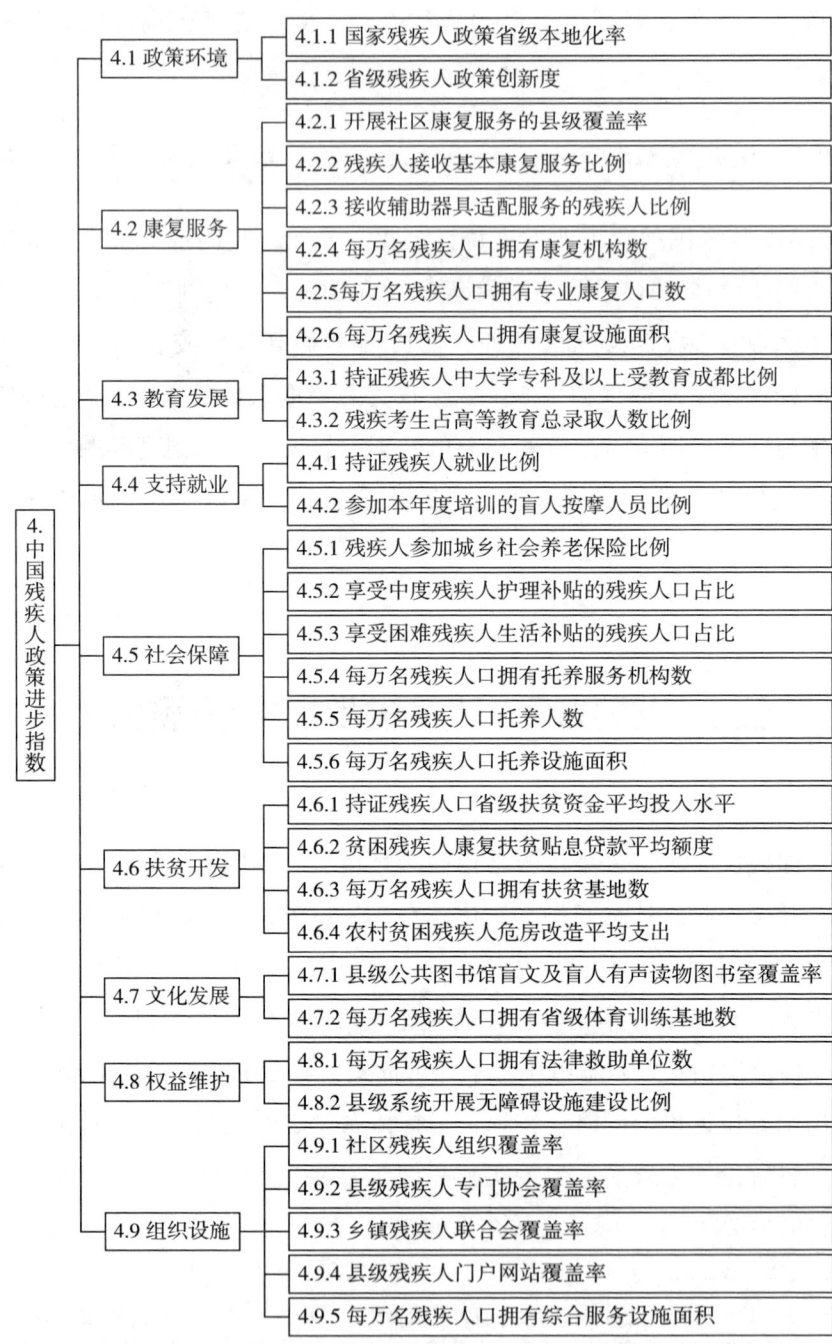

图 5-1 中国残疾人政策进步指数指标体系结构图

三、中国残疾人政策进步指数2017年省份排名

2017年是我国残疾人事业发展取得重大突破的一年,《残疾预防和残疾人康复条例》颁布实施,《残疾人教育条例》修订施行,残疾人法规制度进一步健全。这一年里,在政府和社会力量的共同努力下,各地残疾人康复、教育、就业、社会保障、扶贫开发、宣传文化、体育、维权、组织建设、服务设施、信息化建设工作均显著进步。以残疾人康复工作为例,2017年,全国共有854.7万残疾儿童及持证残疾人得到基本康复服务,与2016年相比,增幅高达205.36%;244.4万残疾人得到各类辅助器具适配服务,相比2016年增幅也达到84.87%;8334个的残疾人康复机构总数和24.6万人的在岗人员数量,与2016年相比,也分别增长6.06%和10.31%。这些工作有力地推动了"十三五"期间各地残疾人事业的发展。

2017年中国残疾人政策进步指数排名前10名的省份依次是上海、浙江、河北、北京、青海、云南、甘肃、山西、江苏、山东。从地区分布来看,东部地区占6席,分别是上海、浙江、河北、北京、江苏、山东;中部地区占1席,为山西;西部地区占3席,分别是青海、云南、甘肃;东北地区没有省份入围。

表5-1　　　　2017年中国残疾人政策进步指数省份排名分布

排名情况＼地区	东部地区	中部地区	西部地区	东北地区
第1至10名	6个:上海、浙江、河北、北京、江苏、山东	1个:山西	3个:青海、云南、甘肃	无
第11至20名	2个:福建、天津	2个:安徽、江西	5个:宁夏、重庆、内蒙古、广西、新疆	1个:辽宁
第21至31名	2个:广东、海南	3个:河南、湖南、湖北	4个:四川、陕西、贵州、西藏	2个:吉林、黑龙江

表 5-2 2017年中国残疾人政策进步指数省份排名

排名	地区	政策环境	康复服务	教育发展	支持就业	社会保障	扶贫开发	文化体育	权益维护	组织设施	总分
1	上海	0.392	0.725	0.139	0.511	0.287	0.204	0.563	0.567	0.777	0.496
2	浙江	0.514	0.455	0.227	0.387	0.488	0.577	0.184	0.556	0.585	0.459
3	河北	0.486	0.372	0.078	0.594	0.186	0.435	0.049	0.685	0.454	0.440
4	北京	0.627	0.384	0.569	0.327	0.289	0.216	0.173	0.540	0.701	0.420
5	青海	0.625	0.455	0.589	0.261	0.361	0.354	0.069	0.591	0.457	0.415
6	云南	0.187	0.323	0.357	0.876	0.189	0.146	0.033	0.320	0.441	0.400
7	甘肃	0.114	0.424	0.323	0.634	0.236	0.218	0.119	0.803	0.500	0.398
8	山西	0.170	0.494	0.169	0.793	0.206	0.049	0.011	0.290	0.488	0.388
9	江苏	0.238	0.442	0.085	0.468	0.336	0.304	0.085	0.346	0.659	0.373
10	山东	0.440	0.514	0.105	0.448	0.197	0.162	0.080	0.270	0.467	0.368
11	宁夏	0.290	0.447	0.432	0.271	0.304	0.345	0.129	0.508	0.515	0.360
12	安徽	0.264	0.417	0.108	0.496	0.247	0.244	0.080	0.352	0.532	0.357
13	重庆	0.124	0.457	0.106	0.356	0.186	0.289	0.301	0.566	0.587	0.346
14	福建	0.398	0.291	0.071	0.459	0.261	0.162	0.194	0.376	0.634	0.345
15	天津	0.404	0.352	0.334	0.226	0.192	0.301	0.107	0.602	0.546	0.341
16	内蒙古	0.124	0.504	0.342	0.420	0.181	0.129	0.043	0.500	0.535	0.338
17	辽宁	0.275	0.475	0.160	0.367	0.259	0.135	0.270	0.179	0.568	0.331
18	广西	0.380	0.323	0.054	0.376	0.182	0.231	0.023	0.563	0.532	0.331
19	新疆	0.169	0.395	0.393	0.447	0.207	0.206	0.077	0.343	0.453	0.330
20	江西	0.252	0.429	0.069	0.342	0.242	0.245	0.104	0.592	0.455	0.326
21	河南	0.209	0.396	0.120	0.534	0.286	0.108	0.076	0.281	0.447	0.321
22	湖南	0.394	0.487	0.079	0.347	0.256	0.132	0.025	0.145	0.482	0.319
23	吉林	0.261	0.470	0.241	0.300	0.173	0.115	0.264	0.259	0.523	0.313
24	四川	0.186	0.359	0.093	0.531	0.141	0.169	0.068	0.171	0.468	0.313
25	陕西	0.283	0.393	0.051	0.256	0.174	0.165	0.224	0.352	0.515	0.290
26	广东	0.275	0.392	0.094	0.147	0.289	0.198	0.084	0.583	0.634	0.287
27	湖北	0.150	0.381	0.083	0.368	0.237	0.112	0.050	0.452	0.443	0.275
28	贵州	0.192	0.357	0.223	0.367	0.156	0.107	0.074	0.269	0.418	0.274
29	海南	0.100	0.381	0.127	0.074	0.277	0.356	0.500	0.259	0.465	0.257
30	黑龙江	0.064	0.247	0.151	0.173	0.388	0.131	0.073	0.142	0.472	0.187
31	西藏	0.116	0.166	0.246	0.420	0.236	0.000	0.000	0.000	0.200	0.182

（一）上海在康复服务、文化体育、组织设施三个板块排名首位

从单项二级指标来看，上海在残疾人康复服务、文化体育、组织设施三个板块的评分均居全国首位。其中，在康复服务方面，上海每万名残疾人口拥有康复机构数（21.008个/万人）和每万名残疾人口拥有专业康复人员数（175.487人），两项都是全国最高；在文化体育方面，上海的县级公共图书馆盲文及盲人有声读物图书室覆盖率为全国最高；在组织设施方面，上海的社区残疾人组织覆盖率达到47.252%，同样位居全国首位。此外，其余二级指标中，上海在政策环境（第9位）、支持就业（第7位）、社会保障（第8位）、权益维护（第7位）四个领域的评分也都跻身到了前十名，显示出该地区全方位的领先优势。

（二）浙江在社会保障、扶贫开发两个板块排名领衔全国

从单项二级指标来看，浙江在残疾人社会保障、扶贫开发两个板块的排名均为第1，在全国领先优势明显。其中，在社会保障方面，浙江每万名残疾人口托养人数是2672.95人，位列第1，每万名残疾人口拥有托养服务机构数是9.426个/万人，位列第2；在扶贫开发方面，浙江持证残疾人口省级扶贫资金平均投入水平（72.301元/人）、每万名残疾人口拥有扶贫基地数（8.832个/万人）都为全国最高。此外，在其余二级指标中，浙江在政策环境（第3位）、康复服务（第9位）、文化体育（第8位）、权益维护（第10位）、组织设施（第7位）也成功跻身前十序列，与上海一样，也显示出该地区残疾人事业发展的全面优势。

（三）河北在政策环境、支持就业、扶贫开发等四板块跻身前五

从单项二级指标来看，河北在政策环境（第4位）、支持就业（第4位）、扶贫开发（第2位）、权益维护（第2位）四个板块均跻身全国前五名。其中，在政策环境方面，河北早在2001年2月15日就已发布《河北省残疾人教育实施办法》（河北省人民政府令第4号），在全国层面仅稍晚于陕西2000年11月6日出台的《陕西省实施〈残疾人教育条例〉办法》（陕西省人民政府令第63号）；同时，河北还在托养服务和扶贫开发方面进行规划布局，印发了《河北省"十三五"残疾人托养服务工作计划》《河北省贫困残疾人脱贫攻坚行动计划（2017—2020年）》，推动该省份在残疾人托养服务和扶贫开发两方面的政策创新均占据全国首位。此外，河北在"贫困残疾人康复扶贫贴息贷款平均额度"这个三级指标的排名也位居全国首位，数额为192666.667元/人。

（四）北京政策环境建设全国领先

从单项二级指标来看，北京在政策环境板块的评分位列首位，领衔全国发展。其中，在政策创新部分，北京的残疾预防与康复、残疾人教育推动、残疾人就业促进、残疾人社会保障、残疾人托养服务、残疾人权益保障、辅助器具推广和服务、残疾人文化事业发展、残疾人公益事业发展、残疾人社会福利机构和设施建设10个方面均位居全国榜首，占所有14个方面的比重达到71.43%。此外，在其余二级指标中，北京在教育发展（第2位）、社会保障（第7位）、文化体育（第9位）、组织设施（第2位）也都占据前十名榜单，全方位优势同样明显。

（五）青海位列教育发展板块第一

从单项二级指标来看，青海在残疾人教育方面的评分位列全国第一。在这个板块，青海残疾考生占高等教育总招生人数比例为0.688%，排名全国第1位。同时，青海在政策环境（第2位）、康复服务（第10位）、社会保障（第3位）、扶贫开发（第4位）、权益维护（第5位）五个板块也都跻身前十名榜单。此外，青海于2017年8月19日发布了《关于印发青海省贯彻实施〈残疾预防和残疾人康复条例〉重点任务分工方案的通知》（青政办〔2017〕155号），使其成为全国仅有的三个贯彻实施《残疾预防和残疾人康复条例》（中华人民共和国国务院令第675号）的省份之一。以上信息说明，青海虽然作为西部省份，但在全国残疾人事业发展方面已经取得显著成绩，甚至超过一些东部省份。

（六）云南支持就业方面排名居榜首

从单项二级指标来看，云南在支持残疾人就业方面的评分位列全国榜首。在这个板块，云南参加本年度培训的盲人按摩人员比例排名第1位。此外，在残疾人教育发展这个二级指标评分排名中，云南也排名到了第5位。

（七）甘肃领衔全国残疾人权益维护事业发展

从单项二级指标来看，甘肃在残疾人权益维护方面的评分排名全国首位。在这个版块，甘肃每万名残疾人口拥有法律救助单位数量（2.719个/万人）、县级系统开展无障碍设施建设比例（100%）全部位列全国第3位。此外，在教育发展和支持就业这两个二级指标排名中，甘肃也分别位列第8位和第3位。

（八）山西在康复服务、支持就业两个板块评分相对突出

从单项二级指标来看，山西在残疾人康复服务、支持就业两个板块的评分排名分别为第4位和第2位。其中，在康复服务方面，山西有3项三级指标评分排名位列全国前5位，分别是接受辅助器具适配服务的残疾人比例（11.68%，第3位）、每万名残疾人口拥有康复机构数（3.326个/万人，第4位）、每万名残疾人口拥有专业康复人员数（111.294人，第5位）；在支持就业方面的两项三级指标排名中，山西也都列入到了前十位，分别是持证残疾人就业比例（第8位）、参加本年度培训的盲人按摩人员比例（第2位）。此外，在组织设施的最后一个三级指标"每万名残疾人口拥有综合服务设施面积"，山西的数据是269.974平方米/万人，在全国的排名也高达第3位。

（九）江苏在支持就业、社会保障、扶贫开发等四板块跻身前十

从单项二级指标来看，江苏在残疾人支持就业（第9位）、社会保障（第4位）、扶贫开发（第6位）、组织设施（第3位）四个板块全部跻身前十。其中，在支持就业方面，江苏持证残疾人就业比例（52.788%）排名第9位；在社会保障方面，江苏残疾人参加城乡社会养老保险比例（92.205%）、享受困难残疾人生活补贴的残疾人口占比（37.837%）、每万名残疾人口拥有托养服务机构数（9.138个/万人）、每万名残疾人口托养人数（319.027人）、每万名残疾人口拥有托养设施面积（109.76平方米/万人）分别排名第7、8、3、7和10位；在扶贫开发方面，江苏贫困残疾人康复扶贫贴息贷款平均额度（96692.308元/人）排名第2位；在组织设施方面，江苏社区残疾人组织覆盖率、县级残疾人专门协会覆盖率、乡镇残疾人联合会覆盖率、县级残疾人门户网站覆盖率、每万名残疾人口拥有

综合服务设施面积分别位列第5、9、8、4和6位。江苏在康复服务的三级指标"开展社区康复服务的县级覆盖率"的排行以及在文化体育的三级指标"县级公共图书馆盲文及盲人有声读物图书室覆盖率"的排行均位于第9位。

（十）山东在政策环境、康复服务两个板块进入前五

从单项二级指标来看，山东在残疾人政策环境（第5位）、康复服务（第2位）两个板块进入前五名。其中，在政策环境部分，山东残疾预防和康复（第5位）、残疾人教育推动（第7位）、残疾人就业促进（第5位）、残疾人权益保障（第1位）、残疾人扶贫开发（第1位）、无障碍环境建设（第1位）、政府购买服务工作推进（第7位）、残疾人文化事业发展（第1位）、残疾人公益事业发展（第2位）、残疾人事业信息化建设（第1位）、残疾人社会福利机构和设施建设（第2位）11项政策创新全部跻身于前十名行列；在康复服务部分，山东开展社区康复服务的县级覆盖率、接受辅助器具适配服务的残疾人比例、每万名残疾人口拥有专业康复人员数、每万名残疾人口拥有康复设施面积分别位列第2、8、4和5位。此外，山东在教育发展的三级指标"参加本年度培训的盲人按摩人员比例"、社会保障的三级指标"每万名残疾人口拥有托养服务机构数"、组织设施的三级指标"每万名残疾人口拥有综合服务设施面积"均进入前十行列。

四、中国残疾人政策进步指数2012～2017年排名特点

纵观2012年至2017年中国残疾人政策进步指数的排名结果[①]，我们发

---

① 由于《2017年中国残疾人事业统计年鉴》没有出版，因此我们在测算2016年残疾人数据时，只能以残疾人省级政策创新指数进行代替，以保证我们对中国残疾人事业的监测有持续性，也更好推动地方政策进步。

现这六年的指数变化呈现出三个特点。

（一）东部地区持续引领全国，四省份连续六年进入前十

2012～2017年，全国共有19个省份曾经进入中国残疾人政策进步指数排行榜的前十名。其中，东部地区有9个，中部地区有2个，西部地区有7个，东北地区有1个。这些省份中，北京、上海、江苏、浙江连续六年进入前十名；天津连续五年进入前十名（2012～2016年），甘肃也有五年进入前十名（仅2015年例外，但也排到了第14位）；山东（2012～2014年和2017年）和青海（2012～2013年和2016～2017年）各有4年进入前十名；广东（2012～2014年）和山西（2015～2017年）各有3年进入前十名；河北、福建、重庆各有2年进入前十名；江西、内蒙古、广西、云南、陕西、辽宁各有1年进入前十名。东部地区领先优势明显。

表5-3　2012～2017年中国残疾人政策指数排名前十位省份分布

东部地区	中部地区	西部地区	东北地区
9席： 北京（☆☆☆☆☆☆） 天津（☆☆☆☆☆） 河北（☆☆） 上海（☆☆☆☆☆☆） 江苏（☆☆☆☆☆☆） 浙江（☆☆☆☆☆☆） 福建（☆☆） 山东（☆☆☆☆） 广东（☆☆☆）	2席： 山西（☆☆☆） 江西（☆）	7席： 内蒙古（☆） 广西（☆） 重庆（☆☆） 云南（☆） 陕西（☆） 甘肃（☆☆☆☆☆） 青海（☆☆☆☆）	1席： 辽宁（☆）

注：☆数量为名次进入前十位次数。

（二）省份排名有波动，起伏大的省份较为分散

对比2012～2017年排名结果，我们发现有波动，河北、山东、广东、江西、内蒙古、广西、重庆、四川、陕西九个省份曾发生15名及以上的位

次变化，发生最多的有两次（分别是 2015～2016 年和 2016～2017 年的河北、2014～2015 年和 2015～2016 年的重庆）。按照发生 10 位以上变动的省份统计，有河北、福建、山东、广东、安徽、江西、河南、湖北、湖南、内蒙古、广西、重庆、四川、贵州、陕西、青海、宁夏、辽宁 18 个省份，发生次数最多的有三次（分别是 2014～2017 年的河北和山东）。另外，需要说明的是，前十名连续六年并未发生太大变化，北京、天津、上海、江苏、浙江、甘肃都做到了至少五年进入。

表 5-4　　　2012～2017 年中国残疾人政策指数排名地区分布

省份	2012	2013	2014	2015	2016	2017	省份	2012	2013	2014	2015	2016	2017
东部地区（10 个）							西部地区（12 个）						
北京	4	2	2	2	1	4	内蒙古	19	14	10	27	30	16
天津	6	1	3	5	3	15	广西	28	26	26	10	19	18
河北	13	13	21	7	26	3	重庆	7	9	13	29	13	13
上海	2	4	1	1	8	1	四川	18	21	16	11	28	24
江苏	9	7	4	3	6	9	贵州	30	30	30	17	14	28
浙江	1	3	7	4	2	2	云南	14	19	22	15	15	6
福建	12	17	20	6	5	14	西藏	31	31	31	31	31	31
山东	8	8	5	30	20	10	陕西	20	15	18	23	10	25
广东	5	6	6	21	12	26	甘肃	3	5	8	14	7	7
海南	24	25	28	20	24	29	青海	10	10	15	26	9	5
							宁夏	15	27	29	24	23	11
							新疆	23	23	24	22	25	19
中部地区（6 个）							东北地区（3 个）						
山西	17	12	12	8	4	8	辽宁	16	11	9	19	22	17
安徽	26	22	19	28	16	12	吉林	11	18	23	16	18	23
江西	22	29	27	9	11	20	黑龙江	29	24	25	25	29	30
河南	25	28	17	12	21	21							
湖北	21	16	14	18	17	27							
湖南	27	20	11	13	27	22							

（三）指数排名与经济水平并不对应，中西部地区力争上游

从数据来看，2017 年全国各省份残疾人政策进步指数排名与人均 GDP 水平并不完全对应，经济相对落后的中西部地区在力争上游。具体而言，进步指数高于人均 GDP 排名的省份有 13 个，其中，高出 10~20 位的省份有 7 个，依次是云南（24 位）、甘肃（24 位）、青海（17 位）、山西（17 位）、河北（16 位）、安徽（12 位）、广西（10 位）；高出 1~9 位的省份有 6 个，是宁夏（4 位）、浙江（3 位）、江西（3 位）、上海（1 位）、新疆（1 位）、贵州（1 位）。由此我们可以很清楚看到，这 13 个省份中仅有河北、浙江、上海属于东部，其余省份均属于中部或者西部。

表 5-5 2017 年全国各省份人均 GDP 水平与残疾人指数排名对比表

省份	人均 GDP 排名	指数排名	排名差异	省份	人均 GDP 排名	指数排名	排名差异
北京	1	4	-3	海南	17	29	-12
上海	2	1	1	河南	18	3	-3
天津	3	15	-12	河北	19	21	16
江苏	4	9	-5	新疆	20	20	1
浙江	5	2	3	四川	21	19	-3
福建	6	14	-8	青海	22	24	17
广东	7	26	-19	江西	23	5	3
山东	8	10	-2	安徽	24	12	12
内蒙古	9	16	-7	山西	25	30	17
重庆	10	13	-3	黑龙江	26	18	-4
湖北	11	27	-16	西藏	27	8	-4
陕西	12	25	-13	广西	28	31	10
吉林	13	23	-10	贵州	29	28	1
辽宁	14	17	-3	云南	30	6	24
宁夏	15	11	4	甘肃	31	7	24
湖南	16	22	-6				

注：残疾人政策进步指数省份排名高于其人均 GDP 排名的，排名差异为正值；残疾人政策进步指数省份排名低于其人均 GDP 排名的，排名差异为负值。

五、2017年中国残疾人政策进步指数单项指标突出省份

（一）康复服务：全国进展相对均衡，山东等四地三次进入前五

从二级指标康复服务的省份排名来看，上海、山东、内蒙古、山西、湖南、辽宁、吉林、重庆、浙江、青海位列前十。其中，东部地区占3席，依次是上海、山东、浙江；中部地区占2席，依次是山西和湖南；西部地区占3席，依次是内蒙古、重庆、青海；东北地区占2席，依次是辽宁和吉林。各地区发展相对均匀。

从二级指标康复服务之下的六个三级指标来看，"开展社区康复服务的县级覆盖率"排名前五的省份依次是吉林、山东、青海、辽宁、重庆；"残疾人接受基本康复服务比例"排名前五的省份依次是宁夏、四川、浙江、安徽、海南，它们的数据分别为49.289%、47.789%、47.754%、42.835%、40.619%；"接受辅助器具适配服务的残疾人比例"排名前五的省份依次是江西、湖南、山西、甘肃、宁夏，它们的数据分别为14.32%、12.184%、11.68%、11.3%、10.898%；"每万名残疾人口拥有康复机构数"排名前五的省份依次是上海、广东、辽宁、山西、重庆，它们的数据分别为21.008个/万人、3.949个/万人、3.56个/万人、3.326个/万人、3.056个/万人；"每万名残疾人口拥有专业康复人员数"排名前五的省份依次是上海、广东、辽宁、山东、山西，它们的数据分别为175.487人、124.966人、118.394人、117.619人、111.294人；"每万名残疾人口拥有康复设施面积"排名前五的省份依次是内蒙古、西藏、新疆、重庆、山东，它们的数据分别为657.875平方米/万人、656.007平方米/万人、511.667平方米/万人、305.551平

方米/万人、275.069平方米/万人。从这六个三级指标的排行中我们可以看出，山东、辽宁、重庆、山西四个省份出现频率最高，均为三次进入前五；宁夏、上海、广东次之，两次进入前五。

（二）教育发展：西部地区进展突出，宁夏最为亮眼

从二级指标教育发展的省份排名来看，青海、北京、宁夏、新疆、云南、内蒙古、天津、甘肃、西藏、吉林位列前十。其中，东部地区占2席，分别是北京、天津；西部地区占7席，分别是青海、宁夏、新疆、云南、内蒙古、甘肃、西藏；东北地区吉林占1席。西部地区优势明显，其余各区相对薄弱。

从二级指标教育发展之下的两个三级指标来看，"持证残疾人中大学专科及以上受教育程度比例"排名前五的省份是北京、天津、新疆、上海、宁夏，它们的数据分别为8.913%、5.533%、3.963%、2.916%、2.878%；"残疾考生占高等教育总招生人数比例"排名前五的省份依次是青海、云南、宁夏、甘肃、内蒙古，它们的数据分别为0.688%、0.454%、0.435%、0.398%、0.373%，全部为西部地区省份。从这两个三级指标的排行可以看出，宁夏两次进入前五，出现频率最高。

（三）支持就业：全国进展均衡，但云南等西部省份亮点突出

从二级指标支持就业的省份排名来看，云南、山西、甘肃、河北、河南、四川、上海、安徽、江苏、福建位列前十。其中，东部地区占4席，依次是河北、上海、江苏、福建；中部地区占3席，依次是山西、河南、安徽；西部地区占3席，依次是云南、甘肃、四川。除东北地区外，其余各区域发展相对均匀。

从二级指标支持就业之下的两个三级指标来看,"持证残疾人就业比例"排名前五的省份是四川、河北、甘肃、云南、安徽,它们的数据分别为66.181%、61.737%、59.737%、56.818%、54.779%;"参加本年度培训的盲人按摩人员比例"排名前五的省份依次是云南、山西、西藏、河南、上海。从这两个三级指标的排行我们可以看出,两项榜首均属于西部;而且云南两次进入前五,出现频率最高。

(四)社会保障:东部地区优势明显,浙江三度入围前五

从二级指标社会保障的省份排名来看,浙江、黑龙江、青海、江苏、宁夏、广东、北京、上海、河北、海南位列前十。其中,东部地区占7席,依次是浙江、江苏、广东、北京、上海、河北、海南;西部地区占2席,依次是青海、宁夏;东北地区占1席,是黑龙江。东部地区领跑全国,占前十名比例达到70%。

从二级指标社会保障之下的六个三级指标来看,"残疾人参加城乡社会养老保险比例"排名前五省份的依次是甘肃、河南、山西、湖南、海南;"享受重度残疾人护理补贴的残疾人口占比"排名前五的省份依次是黑龙江、广东、宁夏、安徽、湖南,它们的数据分别是87.776%、46.619%、41.909%、40.485%、40.21%;"享受困难残疾人生活补贴的残疾人口占比"排名前五的省份依次是黑龙江、青海、安徽、宁夏、江西,它们的数据分别是99.193%、56.761%、42.877%、42.429%、42.39%;"每万名残疾人口拥有托养服务机构数"排名前五的省份依次是上海、浙江、江苏、广东、新疆,它们的数据分别为15.916个/万人、9.426个/万人、9.138个/万人、7.046个/万人、3.774个/万人;"每万名残疾人口托养人数"排名前五的省份依次是浙江、北京、海南、天津、上海,它们的数据分别为2672.950人、2509.351人、1276.754人、1178.358人、674.08人;"每万名残疾人口拥有托养设施面积"排名前五的省份依次是西藏、青海、辽宁、浙江、

贵州，它们的数据分别为 869.678 平方米/万人、460.845 平方米/万人、417.584 平方米/万人、307.993 平方米/万人、216.439 平方米/万人。从以上六个三级指标可以看出，浙江三度入围前五名，在所有入围省份中出现频率最高；上海、青海、宁夏、湖南、黑龙江、海南、广东、安徽 7 个省份出现频率次之，均两度进入前五名的序列。

（五）扶贫开发：东部地区突出，天津等四地两次进入前五

从二级指标扶贫开发的省份排名来看，浙江、河北、海南、青海、宁夏、江苏、天津、重庆、江西、安徽位列前十。其中，东部地区占 5 席，依次是浙江、河北、海南、江苏、天津；中部地区占 2 席，依次是江西、安徽；西部地区占 3 席，依次是青海、宁夏、重庆。前十名的排名几乎呈现从东到西依次递减之势。

从二级指标扶贫开发之下的四个三级指标来看，"持证残疾人口省级扶贫资金平均投入水平"排名前五的省份是浙江、安徽、重庆、广西、北京，它们的数据分别为 72.301 元/人、34.683 元/人、33.529 元/人、33.492 元/人、33.369 元/人；"贫困残疾人康复扶贫贴息贷款平均额度"排名前五的省份依次是河北、江苏、贵州、安徽、广东；"每万名残疾人口拥有扶贫基地数"排名前五的省份依次是浙江、新疆、天津、上海、江西，它们的数据分别为 8.832 个/万人、4.308 个/万人、4.278 个/万人、3.848 个/万人、3.711 个/万人；"农村贫困残疾人危房改造平均支出"排名前五的省份依次是青海、海南、宁夏、广东、天津。从以上四个三级指标的排行我们可以看出，出现频率最高的省份有四个，分别是天津、浙江、安徽、广东，均为两次进入前五名。

（六）文化体育：东部地区领衔，吉林两次跻身前五

从二级指标文化体育的省份排名来看，上海、海南、重庆、辽宁、吉

林、陕西、福建、浙江、北京、宁夏位列前十。其中，东部地区占5席，依次是上海、海南、福建、浙江、北京；西部地区占3席，依次是重庆、陕西、宁夏；东北地区占2席，依次是辽宁、吉林。东部、西部、东北、中部地区发展水平依次递减。

从二级指标文化体育之下的两个三级指标来看，"县级公共图书馆盲文及盲人有声读物图书室覆盖率"排名前五的省份是上海、重庆、浙江、吉林、宁夏；"每万名残疾人口拥有省级体育训练基地数"排名前五的省份依次是海南、辽宁、陕西、吉林、福建，它们的数据分别为0.767个/万人、0.305个/万人、0.239个/万人、0.194个/万人、0.165个/万人。从这两个三级指标的排行可以看出，两项排行均处于榜首位置的是东部省份；另外，吉林两次进入前五，出现频率最高。

（七）权益维护：东西部地区发展近乎均衡，甘肃两次入选前五

从二级指标权益维护的省份排名来看，甘肃、河北、天津、江西、青海、广东、上海、重庆、广西、浙江依次位列前十。其中，东部地区占5席，依次是河北、天津、广东、上海、浙江；中部地区江西占1席；西部地区占4席，依次是甘肃、青海、重庆、广西。东西部地区几乎持平，且发展情况领先于其他地区。

从二级指标权益维护之下的两个三级指标来看，"每万名残疾人口拥有法律救助单位数量"排名前五的省份是青海、新疆、甘肃、海南、内蒙古，它们的数据分别为4.32个/万人、2.924个/万人、2.719个/万人、2.242个/万人、1.943个/万人；"县级系统开展无障碍设施建设比例"排名中，广东、河北位列第一、二位，北京、天津、上海、江西、广西、重庆、甘肃七省并列第三位。从这两个三级指标的排行可以看出，甘肃两次进入前五，出现频率最高。其余省份一次进入。

（八）组织设施：东部地区领跑，北京、上海表现最为突出

从二级指标组织设施的省份排名来看，上海、北京、江苏、广东、福建、重庆、浙江、辽宁、天津、内蒙古位列前十。其中，东部地区占 7 席，依次是上海、北京、江苏、广东、福建、浙江、天津；西部地区占 2 席，依次是重庆、内蒙古。东北地区占 1 席，是辽宁。东部地区发展情况良好，领跑全国。

从二级指标组织设施之下的五个三级指标来看，"社区残疾人组织覆盖率"排名前五的省份是，上海、北京、辽宁、天津、江苏，其数据分别为 47.252%、31.020%、24.391%、23.103%、21.954%；"县级残疾人专门协会覆盖率"排名前五的省份依次是青海、上海、吉林、黑龙江、重庆；"乡镇残疾人联合会覆盖率"排名前五的省份依次是内蒙古、黑龙江、陕西、安徽、北京；"县级残疾人门户网站覆盖率"排名第一省份是福建、上海、北京并列第二，江苏、浙江位列第四、五位，东部地区包揽前五；"每万名残疾人口拥有综合服务设施面积"排名前五的省份依次是西藏、广东、山西、福建、浙江，它们的数据分别为 1882.285 平方米/万人、885.438 平方米/万人、269.974 平方米/万人、247.854 平方米/万人、246.149 平方米/万人。从以上五个三级指标的排行可以看出，北京、上海两个直辖市三次进入前五，出现频率最高，黑龙江、江苏、浙江、福建 4 个省份两次进入前五，出现频率次之。

六、2017 年中国省级残疾人政策创新特点

我们将二级指标"政策环境"之下的三级指标"省级残疾人政策创新度"单独抽出，构建评价省级残疾人政策创新度指标体系。这样做的目的

是通过评价残疾人领域省级层面出台的政策在全国的领先、创新程度，推动地方政策的创新。省级残疾人政策创新度选取了残疾预防和康复、残疾人教育推动、残疾人就业促进、残疾人社会保障、残疾人托养服务、残疾人权益保障、残疾人扶贫开发、无障碍环境建设、政府购买服务工作推进、辅助器具推广和服务、残疾人文化事业发展、残疾人公益事业发展、残疾人事业信息化建设、残疾人社会福利机构和设施建设14个重要事项作为省级残疾人政策创新度的评价维度，并进一步将其细化为49个评价点，每个评价维度下的评价点平均分配分值[①]（详见表5-6）。

表5-6　省级残疾人政策创新度评价维度和评价点

三级指标	评价维度	评价点
省级残疾人政策创新度	1.残疾预防和康复	（1）是否出台专项政策或法规
		（2）是否实施特困残疾儿童康复计划
		（3）是否明确提供残疾人职业康复补贴
		（4）是否出台推进精神障碍社区康复服务发展政策
	2.残疾人教育推动	（1）是否出台学前教育免费政策
		（2）是否建立残疾随班就读个案督导机制
		（3）是否出台盲人按摩从业人员继续教育培训政策
	3.残疾人就业促进	（1）是否出台专项规划
		（2）是否建立残疾人创业补贴制度
		（3）是否出台奖励超比例安排就业政策
		（4）是否为残疾毕业生提供相关就业补贴
		（5）是否为未就业残疾学生提供免费培训补贴
		（6）是否明确为盲人按摩机构提供优惠政策支持

[①] 省级残疾人政策创新度作为单独的分析对象时，因其内部数值单位标准一致，故没有进行去量纲化处理，而是直接基于其计算数值开展分析；另外，我们采集原始数据时采取的是追溯方式，2017年底之前均算。

续表

三级指标	评价维度	评价点
省级残疾人政策创新度	4.残疾人社会保障	（1）是否建立残疾人意外伤害保险制度
		（2）是否建立独生子女伤残家庭扶助制度
		（3）是否出台无业重度残疾人单独施保政策
		（4）是否出台低收入家庭残疾人提供住房保障政策
		（5）是否出台因病返贫残疾人家庭提供医疗救助政策
		（6）是否建立残疾人参加城乡居民养老保险缴费补贴制度
	5.残疾人托养服务	（1）是否出台专项政策
		（2）是否建立残疾人居家养护补贴制度
		（3）是否建立残疾人托养服务评估制度
		（4）是否推进残疾人托养服务机构标准化建设
	6.残疾人权益保障	（1）是否出台残疾人法律援助专项政策
	7.残疾人扶贫开发	（1）是否出台专项文件
		（2）是否制定特色产业扶贫计划
		（3）是否明确集中安置贫困残疾人就业
	8.无障碍环境建设	（1）是否出台专项规划
		（2）是否明确为残疾人家庭无障碍改造提供资金支持
		（3）是否明确开通无障碍网站、手语、盲文等相关政策
		（4）是否明确为肢体残疾人乘坐无障碍交通工具提供补贴
	9.政府购买服务工作推进	（1）是否出台专项政策
		（2）是否制定落地方案
		（3）是否扩大项目范围
		（4）是否出台绩效评估制度

续表

三级指标	评价维度	评价点
省级残疾人政策创新度	10.辅助器具推广和服务	（1）是否出台专项政策
		（2）是否建立残疾人辅助器具适配补贴制度
		（3）是否出台残疾人辅助器具生产资格认证标准
		（4）是否明确将基本治疗型康复辅具纳入医保支付范围
		（5）是否明确为残疾人辅助器具生产企业提供资金支持
	11.残疾人文化事业发展	（1）是否出台专项政策
		（2）是否明确为残疾人提供基本的均等化文化服务
	12.残疾人公益事业发展	（1）是否建立残疾人社会组织评估标准
		（2）是否出台促进基层残疾人组织建设政策
		（3）是否明确建立残疾人行业组织信用体系
	13.残疾人事业信息化建设	（1）是否出台专项规划
		（2）是否明确建立基础信息数据系统
	14.残疾人社会福利机构和设施建设	（1）是否明确为残疾人服务机构建设提供资金支持
		（2）是否为低保家庭残疾人入住社会福利机构提供补贴

2017年，残疾人政策创新度前10名的省份依次是北京、浙江、山东、青海、天津、福建、湖南、广西、河北、辽宁、广东。其中，东部地区占7席，分别是北京、浙江、山东、天津、福建、河北、广东；中部地区只占1席，是湖南；西部地区占2席，分别是青海和广西。东北地区1席，为辽宁。这说明，东部地区残疾人政策创新优势明显。

（一）十四省份领衔残疾预防和康复政策创新，北京最为全面

2017年，北京、江苏、浙江、广西、湖南、青海、新疆、天津、安

徽、福建、江西、河南、陕西、西藏14个省份位列残疾预防和康复政策创新排行榜前五名（含并列），领衔全国。其中，北京是唯一一个在四个细分评价点都有相应政策出台的省份，表现最为全面。具体而言，在"是否出台专项政策或法规"方面，北京于2017年5月19日发布的《关于印发〈北京市残疾预防行动计划（2017—2020年）〉的通知》（京残工委〔2017〕6号）相较于国务院办公厅的要求而言，在"实施残疾儿童免费康复政策""落实严重精神障碍患者监护人看护补贴制度""实施0～3岁婴幼儿意外伤害保险"等方面均前进了一大步。在"是否实施特困残疾儿童康复计划"方面，北京于2008年4月3日发布了《关于建立特困残疾儿童手术康复长效机制的实施意见》（京民福发〔2008〕145号），成为全国层面最早开展这项计划的省份。在"是否明确提供残疾人职业康复补贴"方面，北京也是全国最早探索的省份，该市于2011年11月28日发布了《市级财政对区县残疾人职业康复中心建设补助办法》（京财社〔2011〕2586号），此文件最高规定"以政府无偿划拨形式取得资产建设的职业康复中心，经市财政投资评审中心评审后，对无障碍建设和设施改造给予不超过评审结果70%的补助"。在"是否出台推进精神障碍社区康复服务发展政策"方面，北京于2017年5月19日发布的《关于印发〈北京市残疾预防行动计划（2017—2020年）〉的通知》（京残工委〔2017〕6号）中规定："到2020年，登记在册的严重精神障碍患者管理率达85%以上，精神分裂症的治疗率达80%以上，建立社区心理健康服务单元以街道（乡镇）为单位达100%"，"加强精神障碍康复服务，到2020年，实现全市所有精神专科医疗机构康复服务全覆盖，各区建立健全医疗康复和社区康复相衔接的服务机制，街道乡镇均至少建立一所精神残疾人日间康复照料站，60%以上的居家患者接受社区精神康复服务"，在全国层面仅晚于辽宁的规定。

（二）六省份领衔残疾人教育政策创新，三地并列榜首

2017年，北京、湖南、青海、河北、云南、新疆六个省份位列残疾人教育推动政策创新的前两名（含并列），领衔全国。其中，北京、湖南、青海3个省份在三个细分点均有相应政策出台，并列榜首。具体而言，在"是否出台学前教育免费政策"方面，北京于2016年1月20日发布的《关于加快推进残疾人小康进程的实施意见》（京政发〔2016〕8号）中首次提到："确保每名残疾儿童能够接受1~3年学前教育"，随后又在《北京市"十三五"时期残疾人事业发展规划》再次要求"实施残疾学生15年免费教育，进一步完善惠及学前至高等教育阶段所有残疾学生的全覆盖资助体系"；湖南于2017年8月21日发布的《关于下达2017年度彩票公益金助学项目任务指标的通知》中规定"学前教育助学金用于家庭经济困难的残疾儿童学前教育训练和生活费补贴，原则上按3000元/人/年的标准予以资助，每名残疾儿童最多可连续资助三年"；青海于2011年12月26日发布的《关于印发青海省"十二五"残疾人事业专项彩票公益金助学项目实施方案的通知》（青残联会发〔2011〕113号）中要求"用于家庭经济困难的残疾儿童学前教育训练和生活补贴，全日制特教学校学前班、全日制普通幼儿园的残疾儿童优先，原则上每年每人次平均资助3000元，每名残疾儿童最多可连续资助三年"。

另外，在"是否建立残疾随班就读个案督导机制"方面，北京、湖南、青海分别发布《关于进一步加强随班就读工作的意见》（京教基二（2013）1号）、《关于印发〈湖南省残疾儿童少年随班就读工作指导意见〉的通知》（湘教发（2015）37号）、《印发〈关于加强残疾儿童少年随班就读工作的若干意见〉的通知》（青教基（2012）99号），对此作出专项规定，是全国仅有的三个省份。

在"是否出台盲人按摩从业人员继续教育培训政策"方面，北京和湖

南两个省份均以专项文件的方式对此予以明确；这两个省份的专项文件名称分别是《北京市盲人医疗按摩继续教育实施细则》(京残发〔2017〕65号)、《关于印发〈湖南省残疾人职业技能提升培训实施方案(2016—2020年)〉的通知》(湘残教就字〔2016〕35号)。需要注意的是，青海虽未出台专项政策，但该省在《青海省残疾人事业"十二五"发展规划》(青政〔2011〕81号)中要求"组织好盲人医疗按摩人员技能鉴定考试工作，做好盲人医疗按摩人员的资格和专业技术职称评审工作。培养培训盲人医疗、保健按摩人员500名，鼓励医疗机构录用盲人医疗按摩人员，帮助有执业资格的盲人开办医疗按摩所"。

（三）七省份领衔残疾人就业促进政策创新，京津并列第一

2017年，北京、天津、辽宁、福建、上海、山东、新疆七个省份位列残疾人就业促进政策创新的前五名（含并列），领衔全国。其中，北京、天津并列第一，在六个细分评价点都有对应政策出台。具体而言，在"是否出台专项规划"方面，北京早在2000年4月24日发布的《关于进一步做好本市残疾人劳动就业工作实施意见的通知》(京政办发〔2000〕23号)中作出专项部署，天津则在2010年11月8日发布的《关于全面做好生活困难残疾人帮扶解困工作的通知》中作出专门强调。在"是否建立残疾人创业补贴制度"方面，北京于2009年3月9日出台专项文件《关于印发〈北京市扶持残疾人自主创业个体就业暂行办法〉的通知》(京残发〔2009〕25号)，做出明确；天津在同一年发布的《关于加快残疾人事业发展的实施意见》(津党发〔2009〕10号)中详细规定，"凡从事个体经营（除建筑业、娱乐业以及销售不动产、转让土地使用权、广告业、房屋中介、桑拿、按摩、网吧、氧吧等）的残疾人，自其在工商部门首次注册登记之日起3年内免收管理类、登记类、证照类等有关行政事业性收费。对残疾人个人为

社会提供的劳务免征营业税。对残疾人个人提供的加工、修理修配劳务免征增值税"。在"是否出台奖励超比例安排就业政策"方面,《关于印发北京市用人单位安排残疾人就业岗位补贴和超比例奖励办法的通知》(京残发(2012)44号)、《关于修改〈关于对超比例安排残疾人就业的单位按超比例人数以基本养老保险补贴的方式给予奖励的办法〉的通知》(津残工委办(2006)第13号)这两项政策的出台让北京、天津成功跻身全国出台此项政策的11个省份的名单。在"是否为残疾毕业生提供相关就业补贴"方面,《关于扩大〈关于贯彻落实《关于进一步做好高等学校残疾人毕业生就业工作的通知》精神实施促进残疾人大学生就业六项措施的通知〉适用范围的通知》(京残发(2010)98号)和《天津市进一步做好高等学校残疾人毕业生就业工作的通知》,也让北京和天津进入全国前三名发布此项政策的省份。在"是否为未就业残疾学生提供免费培训补贴"方面,北京在《关于扩大〈关于贯彻落实《关于进一步做好高等学校残疾人毕业生就业工作的通知》精神实施促进残疾人大学生就业六项措施的通知〉适用范围的通知》(京残发(2010)98号)中专门强调,"2010年至2011年,82号文件的六项促进残疾人大学生就业措施扩大到中等学校应届残疾人毕业生",天津则在《关于规范和完善残疾人教育助学金和培训补贴的通知》(津残工委(2005)14号)中提出,"已进行求职登记的未就业残疾人,首次接受职业技能培训成绩合格者,培训费给予全额补贴;参加第二、三次技能培训成绩合格者,培训费给予70%的补贴;接受中、高级技术培训,成绩合格者,培训费给予80%补贴",基本涵盖了未就业残疾学生的所有培训支出。在"是否明确为盲人按摩机构提供优惠政策支持"方面,《关于印发〈北京市盲人保健按摩行业扶持暂行办法〉的通知》(京残发〔2012〕60号)、《关于全面做好生活困难残疾人帮扶解困工作的通知》的发布使北京、天津成为最早明确这项制度的地区。

（四）六省份领衔残疾人社会保障政策创新，北京最为全面

2017年，北京、浙江、吉林、湖南、广东、甘肃六个省份位列残疾人社会保障政策创新的前三名（含并列），领衔全国。其中，北京位列第一，在六个细分评价点都有对应政策出台。具体而言，在"是否建立残疾人意外伤害保险制度"方面，北京于2011年12月5日发布的《关于印发〈北京市残疾人意外伤害保险暂行办法〉的通知》（京残发〔2011〕82号）中规定，符合条件的被保险人在保险范围内最高可以享受到5万元身故赔偿金等四类赔付费用。在"是否建立独生子女伤残家庭扶助制度"方面，北京于2009年7月8日发布的《关于印发〈北京市独生子女伤残家庭特别扶助制度实施方案〉的通知》（京人口发（2009）38号）中明确"独生子女伤残家庭特别扶助制度是指具有北京市户籍、独生子女三级以上残疾、未再生育或收养子女的夫妻，由政府给予每人每月160元的扶助金，直至亡故为止"。在"是否出台无业重度残疾人单独施保政策"方面，北京于2009年7月14日发布的《关于促进残疾人事业发展的实施意见》（京发〔2009〕17号）规定"实施好重残无业人员生活补助政策，对无业的轻度残疾人按月给予100元补助"。在"是否出台为低收入家庭残疾人提供住房保障政策"方面，北京于2015年10月27日发布的《关于市场租房补贴申请条件及市场租房补贴标准有关问题的通知》（京建法〔2015〕19号）中提出，全市（除怀柔、平谷、密云、延庆）市场租房补贴标准最高可以达到1600元/月（2人及以下户）、2000元/月（3人及以上户）。在"是否出台因病返贫残疾人家庭提供医疗救助政策"方面，北京于2017年2月17日发布的《关于开展因病致贫家庭医疗救助有关问题的通知（试行）》（京民社救发（2015）403号）明确规定救助标准为"申请家庭中共同生活的家庭成员，在上一自然年度内，因罹患重大疾病，在本市医疗保险或新型农村合作医疗定点医疗机构就医发生的医疗费用，在扣除城镇职工基本医疗保险

或城镇居民基本医疗保险、新型农村合作医疗和城乡居民大病保险，以及商业保险报销赔付和各种救助后，对于家庭负担的合规医疗费用，由民政部门按照3万元（含）以下30%、3万元以上至5万元（含）以下40%、5万元以上50%的比例分段给予医疗救助；全年救助封顶线8万元；同一自然年度内只能申请一次"。在"是否建立残疾人参加城乡居民养老保险缴费补贴制度"方面，北京是全国最早建立此项制度的省份，该市于2009年9月29日发布了《关于对本市残疾人参加城乡居民养老保险给予缴费补贴的通知》（京残发〔2009〕99号）。

（五）北京等七省份并列残疾人托养服务政策创新第一

2017年，北京、天津、河北、浙江、福建、广东、青海七个省份并列残疾人托养服务政策创新的第一名，在所有四个细分评价点中都各有两个评价点的对应政策出台，领衔全国。具体而言，在"是否出台专项政策"方面，天津是代表性地区，该市于2013年10月7日发布的《关于印发〈天津市残疾人托养服务工作实施办法〉的通知》（津残〔2013〕247号）中规定，"具有天津市常住户口，持有《中华人民共和国残疾人证》（第二代），经区县残联审核确定，60周岁以下未就业、未入学的智力、精神（病情稳定）残疾人和其他类别的重度残疾人（一、二级），均可享受托养服务""托养服务分为四种方式，即居家托养服务、日间照料托养、寄宿托养、庇护性就业"。在"是否建立残疾人居家养护补贴制度"方面，北京是代表性地区，该市于2009年11月24日发布的《关于贯彻落实〈北京市市民居家养老（助残）服务（"九养"）办法〉的意见》（京民老龄发〔2009〕504号）中明确"具有本市户籍的80周岁及以上老年人、60至79周岁重度残疾人（持第二代"中华人民共和国残疾人证"，残疾程度为一级、二级的视力残疾人和肢体残疾人以及残疾程度为一级、二级、三级的智力残疾人和精神残疾人）、16至59周岁无工作重度残疾人（由居委会、村委会提供未就业证明）均可在居住地申请每月100元的居家养老（助残）券"。在"是否建立残疾人托养服务评估制度"方面，浙江于2015年3月26日发布的《浙江省人民政府办公厅关于进一步健全残疾人康复和托养服务体系的意见》推动该省份成为全国唯一一个尝试建立此项制度的地区。在"是否推进残疾人托养服务机构标准化建设"方面，辽宁和宁夏两地为全国仅有的推进省份，它们相继发布《关于开展全省残疾人托养服务机构标准化建设的通知》（辽残联教就〔2012〕60号）、《宁夏回族自治区残疾人托养机构规范管理暂行办法》（宁残联发〔2014〕130号）。

（六）山东是全国最早发布残疾人权益保障专项政策的省份

2017年，北京、天津、内蒙古、江苏、浙江、山东、广西、青海八个省份在残疾人权益保障政策创新板块均有专项文件出台，并列第一，领衔全国。其中，山东是最早发布老年人法律援助专项政策的省份，先于其他省份至少六年。该省份的文件是《关于做好残疾人法律援助工作的意见》（鲁司发通〔1999〕108号）。

（七）河北等七省份引领残疾人扶贫开发政策创新

2017年，河北、浙江、福建、山东、湖南、广东、广西七个省份在残疾人扶贫开发政策创新板块的三个细分评价点均有对应文件出台，并列第一名，领衔全国。具体而言，在"是否出台专项文件"方面，辽宁、吉林、浙江作为全国最早出台的三个省份，均在2005年1月或2月进行发布；它们的政策名称依次是《关于进一步加强扶助贫困残疾人工作意见的通知》（辽政办发〔2005〕6号）、《转发省民政厅等部门关于进一步加强扶助贫困残疾人工作实施意见的通知》（吉政办发〔2005〕6号）、《关于进一步加强扶助贫困残疾人工作的通知》（浙政办发〔2005〕9号）。在"是否制定特色产业扶贫计划"方面，目前已经发布相关政策的河北、山西、吉林、浙江、安徽、福建、山东、湖南、广东、广西、云南、甘肃12个省份均在发展手工业促进贫困妇女脱贫或开展电商助残计划等方面开展了因地制宜、因人制宜的特色产业扶贫工作。在"是否明确集中安置贫困残疾人就业"方面，辽宁是最早开始探索的省份，该省份于1999年12月27日发布的《转发省劳动厅等部门关于进一步做好辽宁省残疾人劳动就业工作意见的通知》（辽政办发〔1999〕69号）中专门针对残疾人集中就业提出了多项优惠措施，例如对民政部门举办的福利工厂和街道办的非中途转办的社会福利生产单位，凡安置残疾人数达到安置比例的，可按有关规定享受福利企业的优惠政策。

（八）浙江等六省份引领无障碍环境建设政策创新

2017年，浙江、福建、山东、广东、广西、青海六个省份在无障碍环境建设政策创新板块的四个细分评价点中都各有三个评价点的对应政策出台，并列所有省份榜首，引领全国。具体而言，在"是否出台专项规划"方面，福建是全国最早进行探索的省份，该省份早在2001年5月18日就已发布《福建省无障碍设施建设管理暂行规定》（闽政办〔2001〕104号）。在"是否明确为残疾人家庭无障碍改造提供资金支持"方面，浙江同样是非常有代表性的一个省份；在其2012年7月19日发布的《关于印发〈浙江省万户残疾人"无障碍设施进家庭"项目实施办法〉的通知》（浙残联康复〔2012〕52号）中，就"小康·阳光安居宜居行动"作出具体部署。在"是否明确开通无障碍网站、手语、盲文等相关政策"方面，上海是代表性地区。该市于2016年1月8日发布的《关于印发〈2016年上海市残疾人工作主要安排〉的通知》中规定"深入实施'手语服务千人计划'，继续将手语翻译推向医院、社区、金融等服务窗口"。在"是否明确为肢体残疾人乘坐无障碍交通工具提供补贴"方面，北京是唯一建立此项制度的省份；

该市于 2016 年 12 月 29 日发布的《关于试行对肢体一二级残疾人乘坐无障碍出租车给予补贴的通知》(京残发〔2016〕87 号)中对此作出专项部署。

(九)安徽位列政府购买服务政策创新榜首

2017 年,安徽位列政府购买服务工作推进政策创新排行榜榜首,北京、浙江、湖南、重庆、贵州五省并列第二位。具体而言,安徽于 2014 年 7 月 10 日发布的《关于开展政府购买残疾儿童康复训练等服务的通知》(皖残联〔2014〕52 号)对"是否出台专项政策""是否制定落地方案""是否扩大项目范围"均作出具体规定,相当程度上推动了该地区政府购买残疾人服务工作的进展。例如,以此文件为基础,安徽相继制订了《购买贫困残疾儿童抢救性康复训练服务实施办法》《购买贫困白内障患者免费复明手术服务实施办法》《购买残疾人辅助器具服务实施办法》《购买残疾人职业技能培训服务实施办法》4 项购买服务具体实施办法,对购买主体、承接主体、购买内容等方面均作出明确要求。另外,需要注意的是,在"是否出台绩效评估制度"方面,北京、湖南两个省份是全国仅有发布相关政策的地区,它们的政策名称是《关于印发〈北京市残疾人职业康复劳动项目绩效考核暂行办法〉的通知》(京残发〔2012〕65 号)、《关于印发〈2017 年度全省残疾人康复工作绩效考核方案〉的通知》(湘残康字〔2017〕9 号)。

(十)北京、福建并列辅助器具推广和服务政策创新第一

2017 年,北京、福建并列辅助器具推广和服务政策创新榜第一位,云南、青海并列第三,天津、山西、辽宁、吉林、河南、湖南、广东、广西、陕西九省并列第五。具体而言,在"是否出台专项政策"方面,辽宁是最早进行探索的地区,该省份在 2007 年 2 月 27 日就已发布《关于印发〈残

疾人辅助器具供应服务"十一五"实施方案实施办法〉的通知》(辽康复办〔2007〕11号)。在"是否建立残疾人辅助器具适配补贴制度"方面,北京于2016年8月25日颁布《关于印发〈北京市残疾人辅助器具服务管理办法(试行)〉实施细则的通知》(京残发〔2016〕60号),在全国率先开始建立了辅助器具基本补贴制度。在"是否出台残疾人辅助器具生产资格认证标准"方面,全国只有北京于2006年12月27日颁布了相关文件,即《关于印发〈北京市民政局假肢和矫形器(辅助器具)生产装配企业资格认定办法〉的通知》;文件内容与国家民政部颁布的认定办法基本一致,但对违反相关法律法规的行为后果做出进一步补充说明。在"是否明确将基本治疗型康复辅具纳入医保支付范围"方面,全国共有北京、山西、福建、湖南、云南五个省份作出明确规定。以北京为例,该市于2017年5月19日颁布的《关于印发〈北京市残疾预防行动计划(2017—2020年)〉的通知》(京残工委〔2017〕6号)中明确说明,"推动将基本的治疗性辅助器具逐步纳入基本医疗保险支付范围。到2020年,有需求的残疾人基本辅助器具适配率达到100%"。在"是否明确为残疾人辅助器具生产企业提供资金支持"方面,全国也同样有五个省份提出明确要求,分别是辽宁、福建、河南、陕西、青海。以福建为例,该省份于2017年3月24日颁布《关于印发〈福建省辅助器具推广和服务"十三五"实施方案〉的通知》(闽残联康复〔2017〕48号)中规定,"完善辅助器具产业发展扶持政策,综合运用财政、税收、金融、土地等手段,引导、鼓励企业、科研机构、高等院校、社会组织等参与辅助器具研发、生产、流通和适配服务"。

(十一)北京等十省份引领残疾人文化事业发展政策创新

2017年,北京、天津、上海、江苏、浙江、福建、山东、河南、广西、青海十个省份在残疾人文化事业发展政策创新的两个细分评价点都有对应政策出台,并列所有省份首位,领衔全国。具体而言,在"是否出台专项政策"方面，山东是最早进行探索的地区，该省份于2012年3月19日在全国率先发布了《关于加强残疾人文化工作的意见》（鲁残联发〔2012〕9号）。在"是否明确为残疾人提供基本的均等化文化服务"方面，北京是代表性地区；该市还在2009年7月2日发布了一项专门政策对此进行规定，规定文件的名称是《关于北京市173家A级旅游景区全部对残疾人免收门票的通知》（京旅发〔2009〕25号）。

（十二）七省份引领残疾人公益事业发展政策创新，北京表现亮眼

2017年，北京以三项细分点均有相关政策出台的满分成绩领跑残疾人公益事业发展政策创新榜，辽宁、浙江、江西、山东、湖南、广东、青海六个省份并列第二。具体而言，在"是否建立残疾人社会组织评估标准"方面，北京作为全国唯一颁布相关文件的省份，在2012年9月18日颁布了《关于印发北京市残疾人社会组织评估标准的通知》（京残发〔2012〕49号），对北京市服务类、智力残疾儿童康复类、成年智力残疾人康复类、听力语言康复类、脑瘫儿童康复类社会组织评估标准做出进一步详细规定。在"是否出台促进基层残疾人组织建设政策"方面，北京还于2010年7月1日颁布了《关于进一步加强和规范基层残疾人组织建设的实施意见》（京残发〔2010〕55号），明确规定"街道、乡镇残联配备专职理事长主持日常工作，并建立健全理事会。根据辖区残疾人数和实际工作需要，街道、乡镇残联配备不少于2名专职工作人员。人口在3万人以上或残疾人在1000人以上的街道、乡镇残联，应配备不少于3名专职工作人员"。在"是否明确建立残疾人行业组织信用体系"方面，全国也仅有北京于2012年1月30日颁布相关文件，即《关于印发〈北京市残疾人社会组织行业自律公约（试行）〉的通知》（京残发〔2012〕67号），规定残疾人社会组织行业应该遵从的自律守则，对机构使命、机构管理、财务管理、人员管理

等方面提出详细要求。

(十三) 十省份领衔残疾人事业信息化建设政策创新, 浙江等四地并列第一

2017年,浙江、山东、湖南、广西、天津、安徽、江西、湖北、四川、贵州十个省份跻身残疾人事业信息化建设前五名,领衔全国。其中,浙江、山东、湖南、广西四个省份在所有两个细分评价点均有对应政策出台,并列第一名。具体而言,在"是否出台专项规划"方面,浙江既是全国最早进行探索的省份,又是所有已出台省份中规定最为细致的地区;该省份的对应文件名称是《关于印发〈浙江省残疾人事业信息化和统计监测"十二五"实施方案〉的通知》(浙残联计财〔2013〕71号)。在"是否明确建立基础信息数据系统"方面,浙江同样规定最为明确,将"全省残疾人事业综合信息网络建设""残疾人人口基础数据库和残疾人社会保障与服务信息实名制资源库建设"等内容列为本省重点项目。

(十四) 十一省份引领残疾人社会福利机构和设施建设政策创新, 北京最为全面

2017年,北京名列残疾人社会福利机构和设施建设政策创新榜首位,天津、河北、吉林、上海、浙江、福建、山东、河南、陕西、青海11个省份并列第二。其中只有北京在两个细分点上均有政策出台。具体而言,在"是否明确为残疾人服务机构建设提供资金支持"一项上,北京早在2008年2月6日颁布的《关于进一步加强残疾人温馨家园建设意见的通知》(京政办发〔2008〕7号)中就已作出明确规定,并随后颁布了《关于对示范残疾人温馨家园项目给予资金补助的通知》(京残发〔2008〕17号),对具体补贴金额作出进一步说明。在"是否为低保家庭残疾人入住社会福利机

构提供补贴"方面，全国仅有北京于2016年5月26日颁布了《关于印发〈北京市困境家庭服务对象入住社会福利机构补助实施办法〉的通知》（京民福发〔2016〕216号），该文件明确规定："对困难家庭入住社会福利养老机构的，根据其困难程度不同，每人每月可享有400~1200元不等的补助；在区级扶持的基础上，市级定额补助低保家庭服务对象每人每月1200元，低收入家庭服务对象和入住属地养老机构的计划生育特殊家庭服务对象每人每月1000元，其他残疾人服务对象每人每月400元。"

七、中国残疾人政策发展趋势

近年来，我国残疾人政策继续呈现出不断创新、持续优化的良好发展态势。这些态势具体表现为中西部地区残疾人事业赶超趋势持续加强、纳入医保支付的康复服务项目和辅助器具数量逐渐扩大、精准化特色产业扶贫将成为各地重要举措、12年及以上免费教育全覆盖将成为各地努力方向、残疾人社会保障体系建设将进一步加强、标准化将成为管理规范化和服务专业化建设重点。

（一）中西部地区残疾人事业赶超趋势持续加强

根据2012年以来的残疾人政策进步指数评分结果，我们发现中西部省份在发展残疾人事业过程中呈现出与他们经济发展水平并不对应的显著特点，例如2017年的云南、甘肃、山西、青海、安徽、广西、宁夏、江西、新疆、贵州十个省份的残疾人指数排名高于他们各自的人均GDP排名，其中最高的云南、甘肃两个西部省份甚至超出24位之多。而且，从历年前十名排行中中西部省份的数量上看，一个很明显的趋势是中西部省份在逐渐增多。例如，2014年前十名中只有甘肃（第8位）、内蒙古（第10位）两个省份；2015年则上升至山西（第8位）、江西（第9位）、广西（第10位）三个省份；2016年、2017年则进一步攀升至四个省份，分别是2016年的山西（第4位）、甘肃（第7位）、青海（第9位）、陕西（第10位），2017年的青海（第5位）、云南（第6位）、甘肃（第7位）、山西（第8位）。以上两个特点表明，虽然中西部地区在经济发展水平上相对东部地区较弱，但在残疾人事业推进上却已逐渐呈赶超趋势。

（二）纳入医保支付的康复服务项目和辅助器具数量逐渐扩大

2016年8月3日，国务院发布《关于印发"十三五"加快残疾人小康进程规划纲要的通知》（国发〔2016〕47号），要求"确保城乡残疾人普遍享有基本医疗保险""完善重度残疾人医疗报销制度，逐步扩大基本医疗保险支付的医疗康复项目范围"。同时，人社部、国家卫计委等国家多部门联合印发《新增部分医疗康复项目纳入基本医疗保障支付范围》（人社部发〔2016〕23号），进一步明确，从2016年6月30日开始，纳入医保的康复项目由此前的9项增加至29项，并且各地原已纳入医保支付范围的医疗康复项目继续保留。此外，北京、山西、福建、湖南、云南还专门发文，要求将基本的治疗型辅助器具逐步纳入医疗保险支付范围；广东、山西两个省份虽然未明确将残疾人需要的辅助器具纳入医保，但专门建立了残疾人基本辅助器具适配保障制度。这些动态表明，随着《残疾预防和残疾人康复条例》《残疾人精准康复服务行动实施方案》等国家有关文件在各地的贯彻实施，未来纳入医保支付的康复服务项目和辅助器具数量将逐渐扩大，越来越多有需要的残疾人也将因此受益。

（三）精准化特色产业扶贫将成为各地重要举措

"十二五"以来，在《中共中央 国务院关于打赢脱贫攻坚战的决定》《农村残疾人扶贫开发纲要（2011—2020年）》等国家政策的推动下，我国残疾人扶贫工作取得重大进展。《2017年中国残疾人事业发展统计公报》数据显示，2017年，全国贫困残疾人脱贫攻坚取得阶段性成效，残疾人生产生活状况得到进一步改善。贫困残疾人得到有效扶持，其中，92.5万名贫困残疾人退出建档立卡，70.6万人次残疾人接受实用技术培训，2.1万名农村残疾人得到康复扶贫贴息贷款扶持，6692个残疾人扶贫基地安置10.5万残疾人就业并扶持带动21.8万户残疾人家庭，8.2万户农村贫困残疾人危房改造，各地投入危房资金10亿元。

在这种积极态势下，随着《贫困残疾人脱贫攻坚行动计划（2016—2020年）》和《发展手工制作促进贫困残疾妇女就业脱贫行动实施方案》《电子商务助残扶贫行动实施方案》《产业扶持助残扶贫行动实施方案》等具体行动方案在各地的逐步落实，以及河北、山西、吉林、浙江、安徽、福建、山东、湖南、广东、广西、云南、甘肃12个省份已经开展的因地制宜的产业扶贫计划，我们可以很清晰地发现，精准化特色产业扶贫正成为各地推进残疾人扶贫工作的重要举措。

（四）12年及以上免费教育全覆盖将成为各地努力方向

根据《关于印发"十三五"加快残疾人小康进程规划纲要的通知》（国发〔2016〕47号）和《第二期特殊教育提升计划（2017—2020年）》（教基〔2017〕6号）等国家文件的要求，各地需要为家庭经济困难的残疾儿童、青少年提供包括义务教育、高中阶段教育在内的12年免费教育，学前教育和高等教育阶段优先资助残疾学生。截至目前，全国31个省份已全部出台残疾儿童免费教育政策。尽管受各地经济发展水平、公共教育资源数量等影响，各个省份在覆盖年限、覆盖对象、实现方式上存在一定差异。例如，北京在其最新发布的《北京市"十三五"时期残疾人事业发展规划》中提出"实施残疾学生15年免费教育，进一步完善惠及学前至高等教育阶段所有残疾学生的全覆盖资助体系"。但在大的发展趋势上，实现12年及以上免费教育全覆盖将成为各地努力方向。

（五）残疾人社会保障体系建设将进一步加强

根据《国务院办公厅转发中国残联等部门和单位关于加快推进残疾人社会保障体系和服务体系建设指导意见的通知》（国办发〔2010〕19号）、《关于印发"十三五"加快残疾人小康进程规划纲要的通知》（国发〔2016〕47号）等国家文件要求，各地要不断完善残疾人民生兜底保障重点政策，力争建立包括最低生活保障制度、困难残疾人生活补贴制度和重度残疾人护理补贴制度、残疾儿童康复救助制度、残疾人基本型辅助器具补贴、贫困残疾人家庭无障碍改造补贴、困难残疾人社会保险个人缴费资助、重度残疾人医疗报销制度、盲人和聋人特定信息消费支持、阳光家园计划等在内的多项残疾人社会保障制度。截至目前，这些制度已在多个省份开始实行。以近些年开始推进的城乡残疾居民社会保险个人缴费资助为例，截至2017年底，全国547.2万60岁以下参保的重度残疾人中，已有529.5万得到政府的参保扶助，代缴养老保险费比例96.8%；同时，还有282.9万非重度残疾人享受了全额或部分代缴养老保险费的优惠政策；此外，1042.3万人领取养老金。这些动态表明，残疾人社会保障体系建设将进一步加强。

（六）标准化将成为管理规范化和服务专业化建设重点

《国务院办公厅转发中国残联等部门和单位关于加快推进残疾人社会保

障体系和服务体系建设指导意见的通知》(国办发〔2010〕19号)要求"加快制定残疾人基本公共服务国家标准体系；制定实施残疾人康复、辅助器具、教育、就业服务、托养、盲人医疗按摩等服务机构设施建设、设备配置、人员配备、服务规范、服务质量评价等标准，加强绩效考评，提高服务制度化、均等化、专业化水平"。截至2017年底，全国已经有辽宁、福建、广东、宁夏等多个省份开始积极探索。以残疾人托养服务机构的标准化建设工作为例，辽宁早在2012年8月20日就已发布《关于开展全省残疾人托养服务机构标准化建设的通知》(辽残联教就〔2012〕60号)，要求对全省的残疾人托养服务机构进行统一的标准化建设。随后，《中国残疾人联合会关于印发〈残疾人托养服务基本规范（试行）〉的通知》(残联发〔2013〕20号)，要求各个省份遵照执行。这些动态表明，随着残疾人事业的发展，标准化将成为管理规范化、服务专业化建设重点。

附件 《

附件一　中国社会政策进步指数三级指标汇总

1. 中国慈善进步指数

1.1 政策环境

1.1.1 国家慈善政策省级本地化率（%）

1.1.2 省级慈善政策创新度（%）

1.2 组织发展

1.2.1 慈善组织数（个）

1.2.2 每十万人拥有的慈善组织数（个）

1.2.3 获得公募资格的慈善组织数（个）

1.2.4 每万人拥有的社会组织数（个）

1.2.5 获得公益性捐赠税前扣除资格的社会组织数（个）

1.2.6 慈善信托规模（万元）

1.3 贡献影响

1.3.1 社会组织收入总额占 GDP 比例（%）

1.3.2 社会组织费用总额占 GDP 比例（%）

1.3.3 社会组织就业贡献率（%）

1.3.4 志愿服务贡献规模（元）

1.4 社会参与

1.4.1 人均捐赠额（元）

1.4.2 彩票公益金人均贡献额（元）

1.4.3 志愿服务参与率（人次/万人）

1.4.4 每十万人拥有的社工师和助理社工师数（人）

2. 老年人政策进步指数

2.1 政策环境

2.1.1 国家老年人政策省级本地化（%）

2.1.2 省级养老政策创新度（%）

2.2 老年社会服务

2.2.1 每千名老人拥有日间照料床位数（张）

2.2.2 每千名老人拥有养老床位数（张）

2.2.3 工商注册养老机构比率（%）

2.2.4 民办非企业注册养老机构比率（%）

2.2.5 养老服务机构工作人员配比（%）

2.2.6 养老机构工作人员中专业技术技能人员占比（%）

2.2.7 养老机构收住失能半失能人员比例（%）

2.2.8 每万名老人拥有老年活动站/中心/室数（个）

2.2.9 每万名老人拥有老年医院数（个）

2.2.10 每万名老人拥有老年临终关怀医院数（个）

2.2.11 每万名老人拥有老年法律援助中心数（个）

2.3 老年社会救助

2.3.1 城市低保平均标准（元/月）

2.3.2 农村低保平均标准（元/月）

2.3.3 最低生活保障覆盖率（%）

2.3.4 最低生活保障预算支出占财政预算支出比例（%）

2.4 老年社会保险

2.4.1 城镇职工基本养老金平均水平（元/月）

2.4.2 城镇职工基本养老保险替代率（%）

2.4.3 城乡居民基础养老金平均水平（元/月）

2.5 老年社会福利

2.5.1 高龄津贴覆盖率（%）

2.5.2 高龄津贴平均水平（元/年）

2.5.3 护理补贴覆盖率（%）

2.5.4 护理补贴平均水平（元/年）

2.5.5 养老服务补贴覆盖率（%）

2.6 老年教育与公益

2.6.1 每万名老年人拥有老年学校数量（个）

2.6.2 每万名老年人参与老年人协会人数（人）

2.6.3 每万名老年人拥有老年协会数量（个）

3. 儿童政策进步指数

3.1 政策环境

3.1.1 国家政策省级本地化率（%）

3.1.2 省级儿童政策创新度（%）

3.2 生活保障

3.2.1 每十万人口孤儿数（人）

3.2.2 儿童福利经费占社会服务总支出比例（%）

3.2.3 儿童福利机构每千名孤儿拥有社工助工师数（人）

3.2.4 县级儿童福利机构覆盖率（%）

3.2.5 每百万人口家庭收养数（件）

3.3 教育发展

3.3.1 小学净入学率（%）

3.3.2 地方教育支出占地方一般公共财政支出比例（%）

3.3.3 每千名儿童人口教育基本建设面积（平方米）

3.3.4 各级教育阶段学校平均生师比（%）

3.3.5 学前教育女学生百分比（%）

3.3.6 特殊教育女学生百分比（%）

3.3.7 每万名儿童读物和课本出版数（件）

3.3.8 城乡义务教育阶段师生比（%）

3.4 医疗健康

3.4.1 围产儿死亡率（‰）

3.4.2 出生低体重婴儿比重（%）

3.4.3 孕妇住院分娩率（%）

3.4.4 每万名儿童妇幼保健院卫生技术人员数（人）

3.4.5 七岁以下儿童系统管理率（%）

3.4.6 人均儿科床位数（张）

3.5 救助保护

3.5.1 每万名儿童人均拥有社区服务机构儿童床位数（张）

3.5.2 县级未成年人救助保护中心覆盖率（%）

3.5.3 县级未成年人救助保护中心平均儿童床位数（张）

3.5.4 每万人口儿童救助人次数（人次）

4. 残疾人政策进步指数

4.1 政策环境

4.1.1 国家残疾人政策省级本地化率（%）

4.1.2 省级残疾人政策创新度（%）

4.2 康复服务

4.2.1 开展社区康复服务的县级覆盖率（%）

4.2.2 残疾人接受基本康复服务比例（%）

4.2.3 接受辅助器具适配服务的残疾人比例（%）

4.2.4 每万名残疾人口拥有康复机构数（个）

4.2.5 每万名残疾人口拥有专业康复人员数（人）

4.2.6 每万名残疾人口拥有康复设施面积（平方米）

4.3 教育发展

4.3.1 持证残疾人中大学专科及以上受教育程度比例（%）

4.3.2 残疾考生占高等教育总录取人数比例（%）

4.4 支持就业

4.4.1 持证残疾人就业比例（%）

4.4.2 参加本年度培训的盲人按摩人员比例（%）

4.5 社会保障

4.5.1 残疾人参加城乡社会养老保险比例（%）

4.5.2 享受重度残疾人护理补贴的残疾人口占比（%）

4.5.3 享受困难残疾人生活补贴的残疾人口占比（%）

4.5.4 每万名残疾人口拥有托养服务机构数（个）

4.5.5 每万名残疾人口托养人数（人）

4.5.6 每万名残疾人口托养设施面积（平方米）

4.6 扶贫开发

4.6.1 持证残疾人口省级扶贫资金平均投入水平（元）

4.6.2 贫困残疾人康复扶贫贴息贷款平均额度（元）

4.6.3 每万名残疾人口拥有扶贫基地数（个）

4.6.4 农村贫困残疾人危房改造平均支出（元）

4.7 文化发展

4.7.1 县级公共图书馆盲文及盲人有声读物图书室覆盖率（%）

4.7.2 每万名残疾人口拥有省级体育训练基地数（个）

4.8 权益维护

4.8.1 每万名残疾人口拥有法律救助单位数量（个）

4.8.2 县级系统开展无障碍设施建设比例（%）

4.9 组织实施

4.9.1 社区残疾人组织覆盖率（%）

4.9.2 县级残疾人专门协会覆盖率（%）

4.9.3 乡镇残疾人联合会覆盖率（%）

4.9.4 县级残疾人门户网站覆盖率（%）

4.9.5 每万名残疾人口拥有综合服务设施面积（平方米）

附件二 中国社会政策进步指数指标赋权表

（一）中国慈善进步指数指标赋权表

一级指标	二级指标在一级指标中的比重（%）	三级指标 指标名称	在二级指标中比重（%）	在一级指标中比重（%）
1.慈善进步指数	1.1 政策环境（15）	1.1.1 国家慈善政策省级本地化率（%）	20	3.00
		1.1.2 省级慈善政策创新度（%）	80	12.00
	1.2 组织发展（40）	1.2.1 慈善组织数（个）	18	7.20
		1.2.2 每十万人拥有的慈善组织数（个）	18	7.20
		1.2.3 获得公开募捐资格的慈善组织数（个）	18	7.20
		1.2.4 每万人拥有的社会组织数（个）	12	4.80
		1.2.5 获得公益性捐赠税前扣除资格的社会组织数（个）	16	6.40
		1.2.6 慈善信托规模（万元）	18	7.20
	1.3 贡献影响（25）	1.3.1 社会组织收入总额占GDP比例（%）	24	6.00
		1.3.2 社会组织费用总额占GDP比例（%）	24	6.00
		1.3.3 社会组织就业贡献率（%）	24	6.00
		1.3.4 志愿服务贡献规模（元）	28	7.00
	1.4 社会参与（20）	1.4.1 人均捐赠额（元）	30	6.00
		1.4.2 彩票公益金人均贡献额（元）	20	4.00
		1.4.3 志愿服务参与率（人次/万人）	30	6.00
		1.4.4 每十万人拥有的社工师和助理社工师数（人）	20	4.00

（二）中国老年人政策进步指数指标赋权表

一级指标	二级指标在一级指标中的比重（%）	三级指标		
		指标名称	在二级指标中比重（%）	在一级指标中比重（%）
2. 老年人政策进步指数	2.1 政策环境（15）	2.1.1 国家老年人政策省级本地化（%）	20	3.00
		2.1.2 省级养老政策创新度（%）	80	12.00
	2.2 老年社会服务（40）	2.2.1 每千名老人拥有日间照料床位数（张）	8	3.20
		2.2.2 每千名老人拥有养老机构床位数（张）	8	3.20
		2.2.3 工商注册养老机构比例（%）	9	3.60
		2.2.4 民办非企业注册养老机构比例（%）	9	3.60
		2.2.5 养老机构工作人员配比（%）	10	4.00
		2.2.6 养老机构工作人员中专业技术技能人员占比（%）	9	3.60
		2.2.7 养老机构收住失能半失能人员比例（%）	12	4.80
		2.2.8 每万名老人拥有老年活动站/中心/室数（个）	9	3.60
		2.2.9 每万名老人拥有老年医院数（个）	10	4.00
		2.2.10 每万名老人拥有老年临终关怀医院数（个）	7	2.80
		2.2.11 每万名老人拥有老年法律援助中心数（个）	9	3.60
	2.3 老年社会救助（10）	2.3.1 城市低保平均标准（元/月）	20	2.00
		2.3.2 农村低保平均标准（元/月）	20	2.00
		2.3.3 最低生活保障覆盖率（%）	30	3.00
		2.3.4 最低生活保障预算支出占财政预算支出比例（%）	30	3.00

续表

一级指标	二级指标在一级指标中的比重（%）	三级指标 指标名称	在二级指标中比重（%）	在一级指标中比重（%）
2.老年人政策进步指数	2.4 老年社会保险（10）	2.4.1 城镇职工基本养老金平均水平（元/月）	30	3.00
		2.4.2 城镇职工基本养老保险替代率（%）	30	3.00
		2.4.3 城乡居民基础养老金平均水平（元/月）	40	4.00
	2.5 老年社会福利（15）	2.5.1 高龄津贴覆盖率（%）	20	3.00
		2.5.2 高龄津贴平均水平（元/年）	20	3.00
		2.5.3 护理补贴覆盖率（%）	20	3.00
		2.5.4 护理补贴平均水平（元/年）	20	3.00
		2.5.5 养老服务补贴覆盖率（%）	20	3.00
	2.6 老年教育与公益（10）	2.6.1 每万名老年人拥有老年学校数量（个）	35	3.50
		2.6.2 每万名老年人参与老年人协会人数（人）	35	3.50
		2.6.3 每万名老年人拥有老年人协会数量（个）	30	3.00

（三）中国儿童政策进步指数指标赋权表

一级指标	二级指标在一级指标中的比重（%）	三级指标 指标名称	在二级指标中比重（%）	在一级指标中比重（%）
3.儿童政策进步指数	3.1 政策环境（15）	3.1.1 国家政策省级本地化率（%）	20	3.00
		3.1.2 省级儿童政策创新率（%）	80	12.00

续表

一级指标	二级指标在一级指标中的比重（%）	三级指标 指标名称	在二级指标中比重（%）	在一级指标中比重（%）
3. 儿童政策进步指数	3.2 生活保障（20）	3.2.1 每十万人口孤儿数（人）**	20	4.00
		3.2.2 儿童福利经费占社会福利支出比例（%）	20	4.00
		3.2.3 儿童收养机构每千名孤儿拥有社工助工师数（人）	20	4.00
		3.2.4 县级儿童收养机构覆盖率（%）	20	4.00
		3.2.5 每百万人口家庭收养数（件）	20	4.00
	3.3 教育发展（25）	3.3.1 小学净入学率（%）	20	5.00
		3.3.2 地方教育支出占地方公共财政支出比（%）	20	5.00
		3.3.3 每千名儿童人口教育基本建设面积（平方米）	10	2.50
		3.3.4 各级教育阶段学校平均师生比（%）	20	5.00
		3.3.5 学前教育女学生总数百分比（%）	5	1.25
		3.3.6 特殊教育女学生总数百分比（%）	5	1.25
		3.3.7 每万名儿童读物和课本出版数（件）	10	2.50
		3.3.8 城乡义务教育阶段师生比（%）	10	2.50
	3.4 医疗健康（25）	3.4.1 五岁以下儿童（围产儿）死亡率（‰）**	20	5.00
		3.4.2 出生低体重婴儿比重（%）**	10	2.50
		3.4.3 孕妇住院分娩率（%）	15	3.75
		3.4.4 每万名儿童妇幼保健院卫生技术人员数（人）	20	5.00
		3.4.5 七岁以下儿童系统管理率（%）	15	3.75
		3.4.6 人均儿科床位数（张）	20	5.00
	3.5 安全保护（15）	3.5.1 每万名儿童人均拥有社区服务机构儿童床位数（张）	25	3.75
		3.5.2 未成年人保护中心覆盖率（%）	25	3.75
		3.5.3 未成年人保护中心平均儿童床位数（张）	25	3.75
		3.5.4 每万人口儿童救助人次数（人次）	25	3.75

注：** 为逆向指标。

（四）中国残疾人政策进步指数指标赋权表

一级指标	二级指标在一级指标中的比重（%）	三级指标 指标名称	在二级指标中比重（%）	在一级指标中比重（%）
4. 残疾人政策进步指数	4.1 政策环境（15）	4.1.1 国家残疾人政策省级本地化率（%）	20	0.03
		4.1.2 省级残疾人政策创新度（%）	80	0.12
	4.2 康复服务（20）	4.2.1 开展社区康复服务的县级覆盖率（%）	17	0.03
		4.2.2 残疾人接受基本康复服务比例（%）	17	0.03
		4.2.3 接受辅助器具适配服务的残疾人比例（%）	17	0.03
		4.2.4 每万名残疾人口拥有康复机构数（个）	17	0.03
		4.2.5 每万名残疾人口拥有专业康复人员数（人）	17	0.03
		4.2.6 每万名残疾人口拥有康复设施面积（平方米）	17	0.03
	4.3 教育发展（6）	4.3.1 持证残疾人中大学专科及以上受教育程度比例（%）	50	0.03
		4.3.2 残疾考生占高等教育总录取人数比例（%）	50	0.03
	4.4 支持就业（5）	4.4.1 持证残疾人就业比例（%）	50	0.03
		4.4.2 参加本年度培训的盲人按摩人员比例（%）	50	0.03
	4.5 社会保障（18）	4.5.1 残疾人参加城乡社会养老保险比例（%）	17	0.03
		4.5.2 享受重度残疾人护理补贴的残疾人口占比（%）	17	0.03
		4.5.3 享受困难残疾人生活补贴的残疾人口占比（%）	17	0.03
		4.5.4 每万名残疾人口拥有托养服务机构数（个）	17	0.03
		4.5.5 每万名残疾人口托养人数（人）	17	0.03
		4.5.6 每万名残疾人口托养设施面积（平方米）	17	0.03

续表

一级指标	二级指标在一级指标中的比重（%）	三级指标 指标名称	在二级指标中比重（%）	在一级指标中比重（%）
4. 残疾人政策进步指数	4.6 扶贫开发（16）	4.6.1 持证残疾人口省级扶贫资金平均投入水平（元）	25	0.04
		4.6.2 贫困残疾人康复扶贫贴息贷款平均额度（元）	25	0.04
		4.6.3 每万名残疾人口拥有扶贫基地数（个）	25	0.04
		4.6.4 农村贫困残疾人危房改造平均支出（元）	25	0.04
	4.7 文化体育（5）	4.7.1 县级公共图书馆盲文及盲人有声读物图书室覆盖率（%）	50	0.03
		4.7.2 每万名残疾人口拥有省级体育训练基地数（个）	50	0.03
	4.8 权益维护（5）	4.8.1 每万名残疾人口拥有法律救助单位数量（个）	50	0.03
		4.8.2 县级系统开展无障碍设施建设比例（%）	50	0.03
	4.9 组织设施（10）	4.9.1 社区残疾人组织覆盖率（%）	20	0.02
		4.9.2 县级残疾人专门协会覆盖率（%）	20	0.02
		4.9.3 乡镇残疾人联合会覆盖率（%）	20	0.02
		4.9.4 县级残疾人门户网站覆盖率（%）	20	0.02
		4.9.5 每万名残疾人口拥有综合服务设施面积（平方米）	20	0.02

附件三 中国社会政策进步指数指标解释与来源表

（一）中国慈善进步指数指标解释与来源表

一级指标	二级指标	三级指标	指标解释	指标来源	数据来源
1. 慈善进步指数	1.1. 政策环境	1.1.1 国家慈善政策省级本地化率（%）	指标解释：某省级政府、办公厅或部门结合本省实际，单项政策等规范性文件，通过指导意见、实施意见、规划、办公厅或部委发布、批转的关于促进慈善事业发展的政策本地化； 计分方式：国家慈善政策省级本地化率＝是否出台相应政策分数＋出台政策机构级别分数＋出台时间分数	自设	省级人大、政府及部门官方网站，日常监测
		1.1.2 省级慈善政策创新度（%）	指标解释：某省级政府、办公厅或部门在地方综合性慈善政策、慈善组织公开募捐、社会组织监管、社区社会组织、公益创投等重要事项方面出台了创新性政策的情况； 计分方式：省级慈善政策创新度＝地方综合性慈善政策分数＋慈善组织认定与登记政策分数＋慈善组织公开募捐政策分数＋社会组织监管政策分数＋社区社会组织政策分数＋公益创投政策分数	自设	省级人大、政府及部门官方网站，日常监测
	1.2 组织发展	1.2.1 慈善组织数（个）	指标解释：某省级行政区内在指定年度依法在该省级民政部门认定和设立的慈善组织的数量	自设	《中国民政统计年鉴2018》

续表

一级指标	二级指标	三级指标	指标解释	指标来源	数据来源
1.慈善进步指数	1.2 组织发展	1.2.2 每十万人拥有的慈善组织数（个）	指标解释：某省级行政区内登记的慈善组织总数平均到每十万常住人口的数量； 计算公式：每十万人拥有的慈善组织数 = $\dfrac{慈善组织数}{常住人口数（万人）} \times 10$	自设	慈善中国网站
		1.2.3 获得公募资格的慈善组织数（个）	指标解释：某省级行政区内在指定年度依法获得公募资格的慈善组织数量	自设	慈善中国网站
		1.2.4 每万人拥有的社会组织数（个）	指标解释：某省级行政区内登记的社会组织总数平均到每万常住人口的数量； 计算公式：每万人拥有的社会组织数（个） = $\dfrac{社会组织单位数}{常住人口数（万人）}$	自设	《中国统计年鉴2018》
		1.2.5 获得公益性捐赠税前扣除资格的社会组织数（个）	指标解释：某省级行政区内经由省级民政、财政和税务联合确认获得公益性捐赠税前扣除资格的社会组织数量	自设	省级民政、财务、税务部门官方网站和省级社会组织网，计划单列市（大连、青岛、宁波、厦门、深圳）民政、财政和税务部门官方网站和社会组织网
		1.2.6 慈善信托规模（万元）	指标解释：某省级行政区内在指定年度依法在该省省级民政部门认定和设立的慈善组织的财产规模	自设	《中国统计年鉴2018》

续表

一级指标	二级指标	三级指标	指标解释	指标来源	数据来源
1. 慈善进步指数	1.3 贡献影响	1.3.1 社会组织收入总额占GDP比例（%）	指标解释：某省级行政区域社会组织本年收入合计占辖区年度GDP总额的百分比； 计算公式： 社会组织收入总额占GDP比例（%）= $\frac{社会组织本年度收入合计（万元）}{地区生产总值（亿元）\times 10000}\times 100\%$	自设	《中国统计年鉴2018》
		1.3.2 社会组织费用总额占GDP比例（%）	指标解释：某省级行政区域社会组织本年度费用合计占辖区年度GDP总额的百分比； 计算公式： 社会组织费用总额占GDP比例（%）= $\frac{社会组织本年度费用合计（万元）}{地区生产总值（亿元）\times 10000}\times 100\%$	自设	《中国统计年鉴2018》
		1.3.3 社会组织就业贡献率（%）	指标解释：某省级行政区内在社会组织就业的年末全职人员数量占该省级行政区该年劳动年龄人口总数的百分比； 计算公式： 社会组织就业贡献率（%）= $\frac{社会组织年末职工人数（人）}{15-64岁人口数（人）}\times 100\%$	与《城市慈善指数》同	《中国统计年鉴2018》
		1.3.4 志愿服务贡献规模（元）	指标解释：某省级行政区内志愿服务贡献的经济价值； 计算公式：志愿服务贡献规模（元）= 志愿服务时间（小时）* 平均时薪（元/小时）	自设	《中国统计年鉴2018》、国家统计局

续表

一级指标	二级指标	三级指标	指标解释	指标来源	数据来源
1.慈善进步指数	1.4 社会参与	1.4.1 人均捐赠额（元）	指标解释：某省级行政区内年度民政部门和基金会接收的社会捐赠总额平均到每位常住人口的数额； 计算公式： 人均捐赠额（元）= $\dfrac{民政部门接收的社会捐赠总额（万元）+基金会接收的社会捐赠总额（万元）}{常住人口数（万人）}$	与《城市慈善发展指数》"慷慨度"相似	《中国统计年鉴2018》、基金会中心网
		1.4.2 彩票公益金人均贡献额（元）	指标解释：某省级行政区内年度民政彩票公益金收入额平均到每位常住人口的金额； 计算公式： 彩票公益金人均贡献额（元）= $\dfrac{民营彩票公益金收入额（亿元）}{常住人口数（万人）} \times 10000$	自设	《中国统计年鉴2018》
		1.4.3 志愿服务参与率（人次/万人）	指标解释：某省级行政区内年度平均每万常住人口中社会服务志愿者服务人次； 计算公式： 志愿服务参与率（人次/万人）= $\dfrac{社会服务志愿者服务人次（人次）}{常住人口数（万人）}$	与《城市慈善发展指数》"志愿参与"相似	《中国统计年鉴2018》
		1.4.4 每十万人拥有的社会工作师和助理社会工作师数（人）	指标解释：某省级行政区内社会工作师和助理社会工作师累计合格人数平均到每十万名常住人口的数量； 计算公式： 每十万人拥有的社会工作师和助理社会工作师数（人）= $\dfrac{社会工作师和助理社会工作师累计合格人数（万人）}{常住人口数（万人）} \times 10$	自设	《中国统计年鉴2018》

（二）老年人政策进步指数指标解释与来源表

一级指标	二级指标	三级指标	指标解释	指标来源	数据来源及年份
2. 老年人社会政策进步指数	2.1 政策环境	2.1.1 国家老年人政策省级本地化率（%）	指标解释：指某省级政府或办公厅结合本省实际，通过指导意见、实施意见、规划、单项政策等规范性文件将国务院或办公厅发布、批转的关于促进老年人事业发展方面的政策本地化率； 计算公式： 国家政策省级本地化率 = $\dfrac{\text{省级政府或办公厅发布的促进老年人事业发展的文件数}}{\text{国务院或办公厅发布、批转的促进老年人事业发展的文件数}} \times 100\%$	自设	舆情监测
		2.1.2 省级养老政策创新度（%）	指标解释：指某省级政府、办公厅或部门在机构养老服务、社区居家养老服务、农村养老服务、长期照护服务、医养结合、养老人才、养老产业、行业信用、老年公益等方面出台创新性政策的情况； 计分方式：省级老年人政策创新度 = 机构养老服务子指标分数 + 社区居家养老服务子指标分数 + 农村养老服务子指标分数 + 长期照护服务子指标分数 + 医养结合子指标分数 + 行业信用子指标分数 + 养老公益子指标分数 + 养老人才子指标分数 + 养老产业子指标分数	自设	各省（自治区、直辖市）贯彻落实文件
	2.2 老年人社会服务	2.2.1 每千名老人拥有日间照料床位数（张）	指标解释：指每千名老年人口拥有的日间照料床位数量； 计算公式：每千名老人用人日间照料床位数（张）= $\dfrac{\text{日间照料床位数（张）}}{\text{60岁及以上人口数（人）}} \times 1000$	自设	舆情监测

续表

一级指标	二级指标	三级指标	指标解释	指标末年份	数据来源及年份
2. 老年人社会政策进步指数	2.2 老年社会服务	2.2.2 每千名老人拥有养老机构床位数（张）	指标解释：每千名老年人口拥有的养老床位数量； 计算公式：每千名老人有养老机构床位数（张）= $\frac{养老机构床位总数（张）}{60岁及以上人口数（人）} \times 1000$	2016—2017年	《中国民政统计年鉴》 各省（自治区、直辖市）贯彻落实文件
		2.2.3 工商注册养老机构比例（%）	指标解释：养老机构中进行工商注册登记的机构数在养老机构总数中的比例； 计算公式：工商注册养老机构比例 = $\frac{工商登记的养老机构数}{各类养老机构总数} \times 100\%$	自设	《中国民政统计年鉴 2018》
		2.2.4 民办非企业注册养老机构比例（%）	指标解释：养老机构中进行民办非企业注册登记的机构在养老机构总数中的比例； 计算公式：民办非企业注册养老机构比例 = $\frac{民政登记的养老机构数量}{各类养老机构总数} \times 100\%$	自设	《中国民政统计年鉴 2018》
		2.2.5 养老机构工作人员配比（%）	指标解释：各类养老机构中年末工作人员与养老机构年末在院人数之间的比例； 计算公式：养老机构工作人员配比 = $\frac{养老机构年末职工人数}{养老机构年末在院人数} \times 100\%$	自设	《中国民政统计年鉴 2018》
		2.2.6 养老机构工作人员中专业技术技能人员占比（%）	指标解释：各类养老机构中年末专业技术技能人员在年末工作人员总数中的比例； 计算公式：养老机构工作人员中专业技术技能人员占比 = $\frac{养老机构年末专业技术技能人员数}{养老机构年末工作人员总数} \times 100\%$	—	《中国民政统计年鉴 2018》

续表

一级指标	二级指标	三级指标	指标解释	指标来源	数据来源及年份
2. 老年人社会政策进步指数	2.2 老年社会服务	2.2.7 养老机构收住失能半失能人员比例（%）	指标解释：各类养老机构年末在院人数中需要介助和介护的人员占比； 计算公式：养老机构收住失能半失能人员比例＝$\frac{养老机构介助介护人数}{养老机构年末在院人数}\times 100\%$	自设	《中国民政统计年鉴2018》
		2.2.8 每万名老人拥有老年活动站/中心/室数（个）	指标解释：老年活动站/中心/室专门用于老年人学习、健身、娱乐等活动场所数量； 计算公式：每万名老人拥有老年活动站/中心/室数＝$\frac{老年活动站/中心/室总数}{60岁及以上人口总数}\times 10000$	自设	《中国民政统计年鉴2018》
		2.2.9 每万名老人拥有老年医院数（个）	指标解释：老年医院数指面向老年人专业性医疗卫生服务机构，包括老年病医院、老年康复医院、老年护理医院； 计算公式：每万名老人拥有老年医院数＝$\frac{老年医院数}{60岁及以上人口总数}\times 10000$	自设	《中国民政统计年鉴2018》
		2.2.10 每万名老人拥有老年临终关怀医院数（个）	指标解释：老年临终关怀医院数指专门对老年人进行临终关怀服务护理院的个数。不论是省级的，还是地级的，都由该临终关怀机构所在地的老龄办及属地原则负责统计； 计算公式：每万名老人拥有老年临终关怀医院数＝$\frac{老年临终关怀医院数}{60岁及以上人口总数}\times 10000$	自设	《中国民政统计年鉴2018》
		2.2.11 每万名老人拥有老年法律援助中心数（个）	指标解释：老年法律援助中心指县级以上专门面向老年人服务的法律援助中心和具有为老年法律服务窗口或标识的法律援助中心； 计算公式：每万名老人拥有老年法律援助中心数＝$\frac{老年法律援助中心数}{60岁及以上人口总数}\times 10000$	自设	《中国民政统计年鉴2018》

续表

一级指标	二级指标	三级指标	指标解释	指标来源	数据来源及年份
2. 老年人社会政策进步指数	2.3 老年社会救助	2.3.1 城市低保平均标准（元/月）	指标解释：指符合本地区城市低保范围的领取对象所能享受到的平均标准	2016～2017年《中国民政统计年鉴》	《中国民政统计年鉴2018》
		2.3.2 农村低保平均标准（元/月）	指标解释：指符合本地区农村低保范围的领取对象所能享受到的平均标准	2016～2017年《中国民政统计年鉴》	《中国民政统计年鉴2018》
		2.3.3 最低生活保障覆盖率（%）	指标解释：指各省（区，市）领取最低生活保障经费的城镇居民和农村居民总人数占全省（区，市）总人口的比例； 计算公式： 最低生活保障支出占财政预算支出比例 = $\dfrac{最低生活保障预算支出}{养老机构年末在院人数} \times 100\%$	自设	《中国民政统计年鉴2018》
		2.3.4 最低生活保障预算支出占财政预算支出比例（%）	指标解释：指各省（区，市）各级财政安排的最低生活保障支出占财政预算支出的比例； 计算公式： 最低生活保障支出占财政预算支出比例 = $\dfrac{最低生活保障预算支出}{地区当年财政预算支出总数} \times 100\%$	自设	《中国民政统计年鉴2018》

续表

一级指标	二级指标	三级指标	指标解释	指标来源	数据来源及年份
2. 老年人社会政策进步指数	2.4 老年社会保险	2.4.1 城镇职工基本养老金平均水平（元/月）	指标解释：评价省级行政区城镇职工退休后领取的养老金水平的平均值	自设	《中国民政统计年鉴2018》《中国统计摘要2018》
		2.4.2 城镇职工基本养老保险替代率（%）	指标解释：评价省级行政区城镇职工退休前后生活保障水平差异的一项基本指标，它通过计算城镇职工退休时养老金领取水平与退休前工资收入水平之比得出；计算公式：城镇职工基本养老保险替代率 = $\dfrac{\text{城镇企业职工月平均养老金数额}}{\text{城镇在岗员工月平均收入金额}} \times 100\%$	自设	《中国民政统计年鉴2018》《中国统计摘要2018》
		2.4.3 城乡居民基础养老金平均水平（元/月）	指标解释：评价省级行政区城乡居民能够实际享受到的基础养老金平均水平	—	舆情监测
	2.5 老年社会福利	2.5.1 高龄津贴覆盖率（%）	指标解释：领取高龄津贴的老年人数占80岁及以上高龄老年人的比例；计算公式：高龄津贴覆盖率 = $\dfrac{\text{享受高龄津贴的人数}}{\text{80岁及以上人口总数}} \times 100\%$	自设	舆情监测及测算
		2.5.2 高龄津贴平均水平（元/年）	指标解释：平均每位领取高龄津贴的老年人每年实际拿到的金额；计算公式：高龄津贴平均水平 = $\dfrac{\text{每年发放的高龄津贴总额}}{\text{享受高龄津贴的人数}}$	自设	舆情监测
		2.5.3 护理补贴覆盖率（%）	指标解释：领取护理补贴的老年人数占当地老年人口的比例；计算公式：护理补贴覆盖率 = $\dfrac{\text{享受护理补贴的人数}}{\text{60岁及以上人口总数}} \times 100\%$	自设	《中国民政统计年鉴2018》
		2.5.4 护理补贴平均水平（元/年）	指标解释：平均每位领取护理补贴的老年人每年实际拿到的金额；计算公式：护理补贴平均水平 = $\dfrac{\text{每年发放的护理补贴总额}}{\text{享受护理补贴的人数}}$	—	《中国民政统计年鉴2018》

续表

一级指标	二级指标	三级指标	指标解释	指标来源	数据来源及年份
2. 老年人社会政策进步指数	2.5 老年社会福利	2.5.5 养老服务补贴覆盖率（%）	指标解释：领取养老服务补贴的老年人数占当地老年人口的比例；计算公式：养老服务补贴覆盖率 = $\frac{享受养老服务补贴的人数}{60岁及以上人口总数}$ ×100%	—	《中国民政统计年鉴2018》
	2.6 老年教育与公益	2.6.1 每万名老年人拥有的老年学校数量（个）	指标解释：每万名老年人拥有的老年学校数量；计算公式：每万名老年人拥有老年学校数 = $\frac{老年学校数}{60岁及以上人口总数}$ ×10000	自设	《中国民政统计年鉴2018》
		2.6.2 每万名老年人参与老年人协会人数（人）	指标解释：每万名老年人参与老年人协会人数；计算公式：每万名老年人参与老年人协会人数 = $\frac{参与老年人协会的人数}{60岁及以上人口总数}$ ×10000	自设	《中国民政统计年鉴2018》
		2.6.3 每万名老年人拥有的老年人协会数量（个）	指标解释：每万名老年人拥有的老年人协会数量；计算公式：每万名老年人拥有老年协会数量 = $\frac{老年协会数}{60岁及以上人口总数}$ ×10000	—	《中国民政统计年鉴2018》

（三）儿童政策进步指数指标解释与来源表

一级指标	二级指标	三级指标	指标解释	指标来源	数据来源及年份
3. 儿童社会政策进步指数	3.1 政策环境	3.1.1 国家政策省级本地化率（%）	指标解释：指某省级政府办公厅结合本省实际，通过指导意见、实施意见、规划、单项政策等规范性文件将国务院或办公厅发布、批转的关于促进儿童事业发展方面的政策本地化； 计算公式： 国家政策省级本地化率 = $\dfrac{\text{省级政府或办公厅发布的促进儿童发展规范性文件数}}{\text{国务院或办公厅发布、批转的促进儿童事业发展的文件数}} \times 100\%$	自设	自查数据；根据儿童数据库整理
		3.1.2 省级儿童政策创新度（%）	指标解释：指某省级政府、办公厅或部门在地方建立困境儿童生活保障制度、建立未成年人社会保护机制、流动留守儿童教育公平保障、支持发展学前教育、规范儿童福利服务机构管理等重要事项方面出台了创新性政策的情况； 计分方式：省级儿童政策创新度 = 困境儿童生活保障制度子指标分数 + 流动留守儿童教育公平保障子指标分数 + 支持发展学前教育子指标分数 + 规范儿童福利服务机构管理子指标分数	自设	自查数据；根据儿童数据库整理
	3.2 生活保障	3.2.1 每十万人口孤儿数（人）	指标解释：指某地区年末孤儿人数与人数之比； 计算公式：每十万人口孤儿数 = $\dfrac{\text{地区年末孤儿人数}}{\text{地区年末人口总数}} \times 100000$	《民政部社会服务统计》	《中国民政统计年鉴2018》
		3.2.2 儿童福利经费占服务总支出比例（%）	指标解释：指某地区年末孤儿人数与人数之比； 计算公式：儿童福利经费占社会服务总支出比例 = $\dfrac{\text{地区儿童福利经费}}{\text{地区社会服务总支出}} \times 100\%$	自设	《中国民政统计年鉴2018》

续表

一级指标	二级指标	三级指标	指标解释	指标来源	数据来源及年份
3. 儿童社会政策进步指数	3.2 生活保障	3.2.3 儿童收养机构每千名孤儿拥有社工助工师数(人)	指标解释:指某地区年末儿童收养机构中,平均每千名孤儿拥有专业社会工作人员(包括助理社工和社工师)人数之比例; 计算公式:儿童收养机构每千名孤儿拥有社工助工师数 = $\dfrac{\text{地区年末社工师人数}+\text{地区年末社会助理人数}}{\text{地区年末孤儿人口数}} \times 1000$	自设	《民政年鉴2018》
		3.2.4 县级儿童收养机构覆盖率(%)	指标解释:指某地区年末儿童收养机构数与县级行政区划数之比; 计算公式:县级儿童收养机构覆盖率 = $\dfrac{\text{地区年末儿童收养机构数}}{\text{地区年末县级行政区划数}} \times 100\%$	自设	《民政年鉴2018》
		3.2.5 每百万人口家庭收养数(件)	指标解释:指某地区年内家庭收养儿童数与地区年末人口数之比; 计算公式:每百万人口家庭收养数 = $\dfrac{\text{地区年内家庭收养儿童数}}{\text{地区年末人口总数}} \times 1000000$	《民政部社会服务指数》雷同	《民政年鉴2018》
	3.3 教育发展	3.3.1 小学净入学率(%)	指标解释:指调查范围内已入小学学习的学龄儿童占校内外学龄儿童总数的比重; 计算公式:小学净入学率 = $\dfrac{\text{地区已入学学习的学龄儿童数}}{\text{地区学龄儿童总数}} \times 100\%$	《救助儿童儿童发展指数》	《教育年鉴2018》
		3.3.2 地方教育支出占地方公共财政支出比(%)	指标解释:指某地区年内地方教育经费支出与地方总支出之比; 计算公式:教育支出占公共财政支出比 = $\dfrac{\text{地区地方教育支出}}{\text{地区地方公共财政支出}} \times 100\%$	自设	《国家年鉴2018》

续表

一级指标	二级指标	三级指标	指标解释	指标来源	数据来源及年份
3. 儿童社会政策进步指数	3.3 教育发展指数	3.3.3 每千名儿童教育基本人口建筑面积（平方米）	指标解释：指某地区年内教育基本建筑面积与地区0~14岁儿童数之比； 计算公式：每千名儿童教育基本建筑面积 = $\frac{\text{地区年内教育基本建筑面积}}{\text{0-14岁儿童人口数}} \times 1000$	自设	《教育年鉴2018》
		3.3.4 各级教育阶段学校平均生师比（%）	指标解释：指某地区年内各教育阶段生师比平均值； 计算公式： 各级教育阶段学校平均生师比 = $\frac{\text{小学生师比+初中生师比+高中生师比+职业学校生师比+高等教育生师比}}{5}$	自设	《教育年鉴2018》
		3.3.5 学前教育女学生总数百分比（%）	指标解释：指某地区年内学前教育阶段女性儿童占在园儿童百分比。学前教育阶段包括幼儿园和学前班； 计算公式：学前教育阶段女学生百分比 = $\frac{\text{地区年内学前教育女学生数}}{\text{地区年内学前教育学生总数}} \times 100\%$	联合国《教育发展指数》	《教育年鉴2018》
		3.3.6 特殊教育女学生总数百分比（%）	指标解释：指某地区年内特殊教育阶段女学生占在校学生百分比； 计算公式：特殊教育女学生百分比 = $\frac{\text{地区年内特殊教育女学生数}}{\text{地区年内特殊教育学生总数}} \times 100\%$	联合国《教育发展指数》	《教育年鉴2018》
		3.3.7 每万名儿童读物和课本出版数（件）	指标解释：指某地区年内少年儿童读物和课本印数与地区年末0~14岁儿童人口比； 计算公式：每万名儿童读物和课本印数 = $\frac{\text{少年儿童读物印数+课本印数}}{\text{地区年末0-14岁儿童人口数}} \times 10000$	自设	《国家年鉴2018》
		3.3.8 城乡义务教育阶段生师比（%）	指标解释：指某地区城镇义务教育和农村义务教育阶段师生比之比； 计算公式：少年儿童读物和课本出版数 = $\frac{\text{少年儿童读物印数+课本印数}}{\text{地区年末0-14岁儿童人口数}}$	自设	《教育年鉴2018》

续表

一级指标	二级指标	三级指标	指标解释	指标来源	数据来源及年份
3. 儿童社会政策进步指数	3.4 医疗健康	3.4.1 五岁以下儿童（围产儿）死亡率（‰）	指标解释：指孕满28周或者出生体重大于或等于1千克胎儿（含死胎、死产）至产后7天内新生儿死亡数与活产妇（孕产妇）之比；计算公式：围产儿死亡率 = $\frac{新生儿死亡数}{活产数} \times 1000‰$	《救助儿童会儿童发展指数》	《卫生统计年鉴2018》
		3.4.2 出生低体重婴儿比重（%）	指标解释：指某地区年内出生体重低于2500克的婴儿数与活产儿数之比；计算公式：出生低体重婴儿比重 = $\frac{低体重婴儿数}{活产数} \times 100\%$	《社会福利指数》	《卫生统计年鉴2018》
		3.4.3 孕妇住院分娩率（%）	指标解释：指某地区年内在取得助产技术资质机构分娩的活产数与所有活产数之比；计算公式：孕妇住院分娩率 = $\frac{在取得资质机构分娩的活产数}{活产数} \times 100\%$	《社会福利指数》	《卫生统计年鉴2018》
		3.4.4 每万名儿童妇幼保健卫生技术人员数（人）	指标解释：指某地区年末妇幼保健技术人员数与地区0～14岁儿童人口数之比；计算公式：每万名儿童妇幼保健技术人员数 = $\frac{妇幼保健技术人员数}{0～14岁儿童数} \times 10000$	自设	《卫生统计年鉴2018》
		3.4.5 七岁以下儿童系统管理率（%）	指标解释：指7岁以下儿童保健覆盖人数与7岁以下儿童数之比，7岁以下儿童保健覆盖人数指7岁以下儿童中当年实际接受1次以上体格检查（身高和体重）的人数；计算公式：七岁以下儿童系统管理率 = $\frac{7岁以下儿童保健人数}{7岁以下儿童数} \times 100\%$	《社会福利指数》	《卫生统计年鉴2018》
		3.4.6 人均儿科床位数（张）	指标解释：指某地区医院儿科床位数占医院床位数之比；计算公式：人均儿科床位数 = $\frac{医院儿科床位数}{医院床位总数} \times 100\%$	自设	《卫生统计年鉴2018》

续表

一级指标	二级指标	三级指标	指标解释	指标来源	数据来源及年份
3. 儿童社会政策进步指数	3.5 安全保护	3.5.1 每万名儿童人均拥有社区服务机构儿童床位数（张）	指标解释：指某地区年末社区服务机构包括收养性机构、救助类机构、社区类机构等； 计算公式： 每万名儿童人均社区床位数 = $\dfrac{\text{社区儿童床位数}}{0\sim14\text{岁儿童人数}} \times 10000$	自设	《社会年鉴2018》
		3.5.2 县级未成年人保护中心覆盖率（%）	指标解释：指某地区年末未成年人保护中心数量与地区县级行政区划数之比； 计算公式： 县级未成年人保护中心覆盖率 = $\dfrac{\text{县级未保中心数}}{\text{地区县级行政区划数}} \times 100\%$	自设	《民政年鉴2018》
		3.5.3 未成年人保护中心平均床位数（张）	指标解释：指某地区年平均每个未成年人保护中心拥有床位数； 计算公式： 未成年人保护中心平均床位数 = $\dfrac{\text{地区未保中心床位数}}{\text{地区未保中心数}}$	自设	《民政年鉴2018》
		3.5.4 每万人口儿童救助人次数（人次）	指标解释：指某地区年末救助儿童人次数与地区人口总数之比； 计算公式： 每万人口儿童救助人次数 = $\dfrac{\text{地区救助儿童人次数}}{\text{地区年末总人口（万人）}}$	自设	《民政年鉴2018》

（四）残疾人政策进步指数指标解释与来源表

一级指标	二级指标	二级指标	指标解释	指标来源	数据来源及年份
4. 残疾人政策进步指数	4.1 政策环境	4.1.1 国家残疾人政策省级本地化率（%）	指标解释：指某省省级政府或办公厅结合本省实际，通过指导意见、实施意见、规划、单项政策等规范性文件将国务院或国务院办公厅发布、批转的关于促进残疾人事业发展方面的政策本地化； 计算公式： 省级政策本地化率＝$\frac{\text{省级政府或办公厅发布的促进残疾人发展规范数}}{\text{国务院或办公厅发布、批转的促进残疾人事业发展的文件数}}×100\%$	—	自查数据
		4.1.2 省级残疾人政策创新度（%）	指标解释：指某省省级政府、办公厅或部门在残疾预防和康复、残疾人教育推动、残疾人就业促进、残疾人社会保障、残疾人托养服务、残疾人权益保障、残疾人扶贫开发、无障碍环境建设、政府购买服务工作推进、辅助器具推广和服务、残疾人文化事业发展、残疾人信息化发展、残疾人公益事业发展、残疾人社会福利机构和设施建设等方面出台创新性政策的情况； 计分方式：省级残疾人政策促进度创新度＝残疾预防和康复子指标分数＋残疾人教育推动子指标分数＋残疾人就业保障子指标分数＋残疾人社会保障子指标分数＋残疾人扶贫子指标分数＋残疾人权益保障子指标分数＋残疾人托养服务子指标分数＋残疾人扶贫开发子指标分数＋无障碍环境建设子指标分数＋政府购买服务工作推进子指标分数＋辅助器具推广和服务子指标分数＋残疾人文化事业发展子指标分数＋残疾人公益事业发展子指标分数＋残疾人社会福利机构和设施建设子指标分数＋残疾人社会福利机构和设施建设子指标分数	—	自查数据

续表

一级指标	二级指标	指标解释	指标来源	数据来源及年份
4. 残疾人政策进步指数	4.2 康复服务	4.2.1 开展社区康复服务的县级覆盖率（%）	指标解释：某地区开展社区康复服务的县（市）数占该地区全部县级行政单位总数的百分比； 计算公式：开展社区康复服务的县级覆盖率 = $\frac{开展社区康复服务的县（市）数}{地区县级行政单位总数}\times 100\%$	—	《残疾人年鉴2018》《民政年鉴2018》
		4.2.2 残疾人接受基本康复服务比例（%）	指标解释：接受基本康复服务的七类残疾人（视力、听力、言语、肢体、智力、精神、多重）占该地区持证残疾人总数的百分比； 计算公式： 残疾人接受基本康复服务比例 = $\frac{视力残疾人数+听力残疾人数+言语残疾人数+肢体残疾人数+智力残疾人数+精神残疾人数+多重残疾人数}{地区持证残疾人口总数}\times 100\%$	—	《残疾人年鉴2018》
		4.2.3 接受辅助器具适配服务的残疾人比例（%）	指标解释：某地区接受辅助器具适配服务的残疾人口拥有的残疾人比例； 计算公式：接受辅助器具适配服务的残疾人比例 = $\frac{接受辅助器具适配服务的残疾人数}{地区持证残疾人口总数}\times 100\%$	—	《残疾人年鉴2018》
		4.2.4 每万名残疾人口拥有康复机构数（个）	指标解释：某地区每万名残疾人口拥有的康复机构数量； 计算公式：每万名残疾人口拥有康复机构数 = $\frac{残疾人康复机构数}{地区持证残疾人口总数}\times 10000$	—	《残疾人年鉴2018》
		4.2.5 每万名残疾人口拥有专业康复人员数（人）	指标解释：某地区每万名残疾人口拥有专业康复机构在岗人员数量； 计算公式：每万名残疾人口拥有专业康复人员数 = $\frac{康复机构在岗人员数}{地区持证残疾人口总数}\times 10000$	—	《残疾人年鉴2018》

续表

一级指标	二级指标	指标解释	指标来源	数据来源及年份
4. 残疾人政策进步指数	4.2 康复服务	4.2.6 每万名残疾人口拥有的康复设施面积（平方米）	指标解释：某地区每万名残疾人口拥有的康复设施面积； 计算公式：每万名残疾人口拥有康复设施面积＝$\frac{残疾人康复设施建设规模}{地区持证残疾人口总数} \times 10000$	—	《残疾人年鉴2018》
	4.3 教育发展	4.3.1 持证残疾人中大学专科及以上受教育程度比例（%）	指标解释：某地区 15 岁及以上残疾人口中接受大学专科及以上教育的百分比； 计算公式：持证残疾人中大学专科及以上受教育程度比例＝$\frac{大学专科及以上受教育程度残疾人数}{年末地区15岁及以上持证残疾人口总数} \times 100\%$	—	《残疾人年鉴2018》
		4.3.2 残疾考生占高等教育总录取人数比例（%）	指标解释：某地区高等特殊教育学院和普通高等教育学院录取残疾考生总数占全部高等教育总录取人数所占的百分比； 计算公式：残疾考生占高等教育总录取人数比例＝$\frac{高等特殊教育学院录取残疾考生数+普通高等教育院校录取残疾考生数}{普通高等教育院校总录取人数} \times 100\%$	—	《残疾人年鉴2018》《教育年鉴2018》
	4.4 支持就业	4.4.1 持证残疾人就业比例（%）	指标解释：某地区 15～59 残疾人口总数中就业人数所占的百分比； 计算公式：持证残疾人就业比例＝$\frac{残疾人就业人数}{年末地区15-59岁持证残疾人口总数} \times 100\%$	—	《残疾人年鉴2018》
		4.4.2 参加本年度培训的盲人按摩人员比例（%）	指标解释：某地区参加本年度培训的保健和医疗按摩盲人员数占全部盲人保健和医疗按摩就业总数的百分比； 计算公式：参加本年度培训的盲人按摩人员比例＝$\frac{保健按摩人员本年度培训人数+医疗按摩人员本年度培训人数}{盲人保健和医疗按摩就业总数} \times 100\%$	—	《残疾人年鉴2018》

续表

一级指标	二级指标	二级指标	指标解释	指标来源	数据来源及年份
4. 残疾人政策进步指数	4.5 社会保障指数	4.5.1 残疾人参加城乡社保养老保险比例（%）	指标解释：某地区残疾人口总数中参加城乡社会养老保险的百分比； 计算公式：残疾人参加城乡社会养老保险比例＝$\dfrac{残疾居民参加城乡社会养老保险总数 \times 10000}{年末地区15～59岁持证残疾人口总数＋年末地区60岁及以上持证残疾人口总数}\times 100\%$	—	《残疾人年鉴2018》
		4.5.2 享受重度残疾人护理补贴的残疾人口占比（%）	指标解释：某地区享受重度残疾人护理补贴的残疾人口占该地区残疾人口总数的百分比； 计算公式：享受重度残疾人护理补贴残疾人口占比＝$\dfrac{享受重度残疾人护理补贴的人数}{地区持证残疾人口总数}\times 100\%$	—	《民政年鉴2018》《残疾人年鉴2018》
		4.5.3 享受困难残疾人生活补贴残疾人口占比（%）	指标解释：某地区享受困难残疾人生活补贴的残疾人口占该地区残疾人口总数的百分比； 计算公式：享受困难残疾人生活补贴残疾人口占比＝$\dfrac{享受困难残疾人生活补贴的人数}{地区持证残疾人口总数}\times 100\%$	—	《民政年鉴2018》《残疾人年鉴2018》
		4.5.4 每万名残疾人口拥有的托养服务机构数（个）	指标解释：某地区每万名残疾人口拥有的托养服务机构数； 计算公式：残疾人寄宿制托养服务机构数＝$\dfrac{残疾人寄宿托养机构数 \times 10000}{地区持证残疾人口总数}$	—	《残疾人年鉴2018》
		4.5.5 每万名残疾人口托养人数（人）	指标解释：某地区年内每万名残疾人口托养比例； 计算公式：每万名残疾人口托养人数＝$\dfrac{托养残疾人口人数}{地区持证残疾人口总数}\times 10000$	—	《残疾人年鉴2018》

续表

一级指标	二级指标	二级指标	指标解释	指标来源	数据来源及年份
4. 残疾人政策进步指数	4.5 社会保障	4.5.6 每万名残疾人口托养设施面积（平方米）	指标解释：某地区每万名残疾人口拥有的托养设施面积； 计算公式：每万名残疾人口托养设施面积 = $\dfrac{\text{残疾人托养设施建设面积}}{\text{地区持证残疾人口总数}} \times 10000$	—	《残疾人年鉴2018》
	4.6 扶贫开发	4.6.1 持证残疾人口省级扶贫资金平均投入水平（元）	指标解释：某地区持证残疾人口平均省级财政投入金额； 计算公式：持证残疾人口平均省级财政投入水平 = $\dfrac{\text{省级财政投入扶贫资金数} \times 10000}{\text{地区持证残疾人口总数}}$	—	《残疾人年鉴2018》
		4.6.2 贫困残疾人康复扶贫贴息贷款平均额度（元）	指标解释：某地区贫困残疾人平均康复扶贫贴息贷款额度； 计算公式：贫困残疾人康复扶贫贴息贷款平均额度 = $\dfrac{\text{本年度贷款财政贴息资金数额} \times 10000}{\text{本年度项目贷款扶贫困残疾人}}$	—	《残疾人年鉴2018》
		4.6.3 每万名残疾人口拥有扶贫基地数（个）	指标解释：某地区每万名残疾人口拥有的扶贫基地数量； 计算公式：每万名残疾人口拥有扶贫基地数 = $\dfrac{\text{残疾人扶贫基地数}}{\text{地区持证残疾人口总数}} \times 10000$	—	《残疾人年鉴2018》
		4.6.4 农村贫困残疾人危房改造平均支出（元）	指标解释：某地区实际完成危房改造的农村贫困残疾人家庭的平均投入资金额； 计算公式：农村贫困残疾人家庭危房改造平均支出 = $\dfrac{\text{农村贫困残疾人危房改造投入资金} \times 10000}{\text{实际完成危房改造家庭户数}}$	—	《残疾人年鉴2018》

续表

一级指标	二级指标	二级指标	指标解释	指标来源	数据来源及年份
4. 残疾人政策进步指数	4.7 文化体育	4.7.1 县级公共图书馆盲文及盲人有声读物图书室覆盖率（%）	指标解释：某地区县级公共图书馆盲文及盲人有声读物图书室数占该地区县级行政单位总数的百分比； 计算公式： 县级公共图书馆盲文及盲人有声读物图书室覆盖率 = $\dfrac{\text{县级公共图书馆盲文及盲人有声读物图书室数}}{\text{地区县级行政单位总数}} \times 100\%$	—	《残疾人年鉴2018》《民政年鉴2018》
		4.7.2 每万名残疾人口拥有省级体育训练基地数（个）	指标解释：某地区每万名残疾人口拥有省级体育训练基地的数量； 计算公式： 每万名残疾人口拥有省级体育训练基地数 = $\dfrac{\text{省级残疾人体育训练基地数}}{\text{地区持证残疾人口总数}} \times 10000$	—	《残疾人年鉴2018》
	4.8 权益维护	4.8.1 每万名残疾人口拥有法律救助单位数量（个）	指标解释：某地区每万名残疾人口拥有的法律救助单位数量； 计算公式： 每万名残疾人口拥有法律救助单位数量 = $\dfrac{\text{建立残疾人法律救助工作协调机构数 + 残疾人法律救助工作站数}}{\text{地区持证残疾人口总数}} \times 10000$	—	《残疾人年鉴2018》
		4.8.2 县级系统开展无障碍设施建设比例（%）	指标解释：某地区县级开展无障碍设施建设数占该地区全部县级行政单位总数的百分比； 计算公式： 县级系统开展无障碍设施建设比例 = $\dfrac{\text{县级系统开展无障碍设施建设数}}{\text{地区县级行政单位总数}} \times 100\%$	—	《残疾人年鉴2018》《民政年鉴2018》

续表

一级指标	二级指标	二级指标	指标解释	指标来源	数据来源及年份
4. 残疾人政策进步指数	4.9 组织设施	4.9.1 社区残疾人组织覆盖率（%）	指标解释：某地区社区残疾人组织占该地区村（居）委总数的百分比； 计算公式：社区残疾人组织覆盖率 = $\frac{\text{社区残疾人组织数}}{\text{地区村（居）委会总数}} \times 100\%$	—	《残疾人年鉴2018》《民政年鉴2018》
		4.9.2 县级残疾人专门协会覆盖率（%）	指标解释：某地区县级残疾人专门协会占该地区全部县级行政单位总数的百分比； 计算公式： 县级残疾人专门协会覆盖率 = $\frac{\text{县级盲人协会数+县级聋人协会数+县级肢残人协会数+县级智力残疾人及亲友协会数+县级精神残疾人及亲友协会数}}{\text{地区县级行政单位总数}} \times 100\%$	—	《残疾人年鉴2018》《民政年鉴2018》
		4.9.3 乡镇残疾人联合会覆盖率（%）	指标解释：某地区乡镇残疾人联合会占该地区乡镇行政单位总数的百分比； 计算公式：乡镇残疾人联合会覆盖率 = $\frac{\text{乡镇残疾人联合会数}}{\text{地区乡镇行政单位总数}} \times 100\%$	—	《残疾人年鉴2018》《民政年鉴2018》
		4.9.4 县级残疾人门户网站覆盖率（%）	指标解释：某地区县级残疾人门户网站数占该县级行政单位总数的百分比； 计算公式：县级残疾人门户网站覆盖率 = $\frac{\text{县级残疾人门户网站数}}{\text{县级行政单位总数}} \times 100\%$	—	《残疾人年鉴2018》《民政年鉴2018》
		4.9.5 每万名残疾人口拥有综合服务设施面积（平方米）	指标解释：某地区每万名残疾人口拥有的综合服务设施面积； 计算公式： 每万名残疾人口拥有综合服务设施面积 = $\frac{\text{残疾人综合服务设施建筑规模}}{\text{地区持证残疾人口总数}} \times 10000$	—	《残疾人年鉴2018》

附件四　国家政策省级本地化率政策列表

（一）国家慈善政策省级本地化率政策列表（2017年）

《中共中央办公厅 国务院办公厅关于改革社会组织管理制度促进社会组织健康有序发展的意见》（2016年8月21日）

序号	地区	文件名称	发文时间
1	北京	《中共北京市委办公厅 北京市人民政府办公厅印发〈关于改革社会组织管理制度促进社会组织健康有序发展的实施意见〉的通知》	2017年9月19日
2	河北	《河北省委办公厅　省政府办公厅关于改革社会组织管理制度促进社会组织健康有序发展的实施意见》	2016年12月14日
3	山西	《关于改革社会组织管理制度促进社会组织健康有序发展的实施意见》	2017年9月7日
4	山西	《中共中央办公厅 国务院办公厅印发〈关于改革社会组织管理制度促进社会组织健康有序发展的意见〉》	2016年8月21日
5	上海	《关于本市改革社会组织管理制度促进社会组织健康有序发展的实施意见》	2017年8月3日
6	安徽	《中共安徽省委办公厅　安徽省人民政府办公厅关于改革社会组织管理制度促进社会组织健康有序发展的实施意见》	2017年5月24日
7	福建	《关于改革社会组织管理制度促进社会组织健康有序发展的实施意见》	2016年12月30日

（二）国家老年人政策省级本地化率政策列表（2017年）

《国务院办公厅关于全面放开养老服务市场提升养老服务质量的若干意见》
（国办发〔2016〕91号）

序号	地区	省级本地化政策名称	出台时间
1	北京	《北京市人民政府办公厅〈关于全面放开养老服务市场进一步促进养老服务业发展的实施意见〉的通知》（京政办发〔2017〕13号）	2017年3月2日
2	河北	《关于全面放开养老服务市场提升养老服务质量的实施意见》（冀政办字〔2017〕115号）	2017年9月14日
3	内蒙古	《关于全面放开养老服务市场提升养老服务质量的实施意见》（内政办发〔2017〕127号）	2017年7月17日
4	辽宁	《关于全面放开养老服务市场提升养老服务质量的实施意见》（辽政办发〔2017〕94号）	2017年8月28日
5	江苏	《关于全面放开养老服务市场提升养老服务质量的实施意见》（苏政发〔2017〕121号）	2017年8月25日
6	福建	《关于全面放开养老服务市场提升养老服务质量的实施意见》（闽政办〔2017〕78号）	2017年7月14日
7	江西	《关于全面放开养老服务市场的实施意见》（赣府厅发〔2017〕55号）	2017年8月1日
8	山东	《关于贯彻国办发〔2016〕91号文件全面放开养老服务市场提升养老服务质量的实施意见》（鲁政办发〔2017〕52号）	2017年7月10日
9	河南	《关于全面放开养老服务市场提升养老服务质量的实施意见》（豫政办〔2017〕112号）	2017年9月24日
10	湖北	《关于全面放开养老服务市场提升养老服务质量的实施意见》（鄂政办发〔2017〕44号）	2017年6月9日
11	湖南	《关于全面放开养老服务市场提升养老服务质量的实施意见》（湘政办发〔2017〕84号）	2017年12月29日
12	广西	《关于全面放开养老服务市场提升养老服务质量的实施意见》（桂政办发〔2017〕129号）	2017年9月27日
13	海南	《关于全面放开养老服务市场提升养老服务质量的实施意见》（琼府办〔2017〕144号）	2017年9月18日
14	重庆	《关于全面放开养老服务市场提升养老服务质量的实施意见》（渝府办发〔2017〕162号）	2017年10月31日

续表

序号	地区	省级本地化政策名称	出台时间
15	陕西	《关于全面放开养老服务市场提升养老服务质量的实施意见》（陕政办发〔2017〕76号）	2017年8月30日
16	甘肃	《关于全面放开养老服务市场提升养老服务质量的实施意见》（甘政办发〔2017〕192号）	2017年12月6日
17	宁夏	《关于全面放开养老服务市场加快养老服务业转型升级的实施意见》（宁政办发〔2017〕106号）	2017年6月5日
18	新疆	《关于全面放开养老服务市场提升养老服务质量的实施意见》（新政办发〔2017〕91号）	2017年5月24日

《国务院关于印发"十三五"国家老龄事业发展和养老体系建设规划的通知》（国发〔2017〕13号）

序号	地区	省级本地化政策名称	出台时间
1	北京	《关于印发〈北京市"十三五"时期老龄事业发展规划〉的通知》（京政发〔2016〕59号）	2016年12月13日
2	天津	《关于印发天津市"十三五"老龄事业发展和养老体系建设规划的通知》（津政办发〔2017〕106号）	2017年11月8日
3	河北	《关于印发河北省"十三五"老龄事业发展和养老体系建设规划的通知》	2017年8月23日
4	山西	《关于印发山西省"十三五"老龄事业发展规划的通知》	2017年8月4日
5	内蒙古	《关于印发自治区老龄事业发展"十三五"规划的通知》（内政办发〔2017〕77号）	2017年5月2日
6	辽宁	《关于印发"十三五"辽宁省老龄事业发展和养老体系建设规划的通知》（辽政发〔2017〕41号）	2017年9月1日
7	吉林	《关于印发吉林省老龄事业发展和养老体系建设"十三五"规划的通知》（吉政办发〔2017〕73号）	2017年10月17日
8	上海	《关于印发〈上海市老龄事业发展"十三五"规划〉的通知》（沪府发〔2016〕85号）	2016年9月30日
9	江苏	《关于印发江苏省"十三五"老龄事业发展规划的通知》（苏政办发〔2017〕39号）	2017年3月15日
10	浙江	《关于印发浙江省老龄事业发展"十三五"规划的通知》（浙政发〔2017〕21号）	2017年6月1日
11	安徽	《关于印发"十三五"安徽省老龄事业发展和养老体系建设规划的通知》（皖政办〔2017〕61号）	2017年7月28日
12	福建	《关于印发"十三五"福建省老龄事业发展和养老体系建设规划的通知》（闽政〔2017〕28号）	2017年7月13日

续表

序号	地区	省级本地化政策名称	出台时间
13	江西	《关于印发江西省老龄事业发展"十三五"规划的通知》(赣府发〔2017〕35号)	2017年9月29日
14	山东	《关于印发"十三五"山东省老龄事业发展和养老体系建设规划的通知》(鲁政发〔2017〕21号)	2017年8月11日
15	湖北	《关于印发湖北省老龄事业发展和养老体系建设"十三五"规划的通知》(鄂政发〔2017〕22号)	2017年5月19日
16	广西	《关于印发广西老龄事业发展"十三五"规划的通知》(桂政发〔2017〕68号)	2017年12月26日
17	重庆	《关于印发重庆市老龄事业发展和养老体系建设"十三五"规划的通知》(渝府办发〔2017〕153号)	2017年10月14日
18	四川	《关于印发四川省"十三五"老龄事业发展和养老体系建设规划的通知》(川府发〔2017〕55号)	2017年10月26日
19	贵州	《关于印发贵州省"十三五"老龄事业发展规划的通知》(黔府办发〔2017〕31号)	2017年8月2日
20	云南	《关于印发云南省养老服务体系建设"十三五"规划的通知》(云政办发〔2016〕91号)	2016年9月6日
21	陕西	《关于印发"十三五"全省老龄事业发展和养老体系建设规划的通知》(陕政发〔2017〕46号)	2017年10月10日
22	甘肃	《关于印发甘肃省"十三五"老龄事业发展规划的通知》(甘政办发〔2017〕177号)	2017年10月31日
23	青海	《关于印发〈青海省老龄事业发展"十三五"规划〉的通知》	2016年5月30日
24	宁夏	《关于印发宁夏回族自治区"十三五"老龄事业发展和养老体系建设规划的通知》(宁政办发〔2017〕147号)	2017年8月8日
25	新疆	《"十三五"新疆维吾尔自治区老龄事业发展和养老体系建设规划》	2017年10月8日

《国务院办公厅关于制定和实施老年人照顾服务项目的意见》(国办发〔2017〕52号)

序号	地区	省级本地化政策名称	出台时间
1	黑龙江	《关于制定和实施老年人照顾服务项目的实施意见》(黑政规〔2017〕32号)	2017年11月20日
2	安徽	《关于制定和实施老年人照顾服务项目的实施意见》(皖政办秘〔2017〕265号)	2017年10月16日
3	江西	《关于做好我省老年人权益保障和照顾服务工作的实施意见》(赣府厅发〔2017〕95号)	2017年11月13日
4	广东	《转发国务院办公厅〈关于制定和实施老年人照顾服务项目意见〉的通知》(粤府办〔2017〕60号)	2017年10月3日

《国务院办公厅关于加快发展商业养老保险的若干意见》（国办发〔2017〕59号）

序号	地区	省级本地化政策名称	出台时间
1	天津	《天津市人民政府办公厅印发关于加快发展商业养老保险促进养老保障体系建设实施方案的通知》（津政办函〔2017〕125号）	2017年11月13日
2	内蒙古	《关于加快发展商业养老保险的实施意见》（内政办发〔2017〕179号）	2017年12月25日
3	辽宁	《关于加快发展商业养老保险的实施意见》（辽政办发〔2017〕101号）	2017年9月14日
4	吉林	《关于加快发展商业养老保险的实施意见》（吉政办发〔2017〕78号）	2017年12月28日
5	安徽	《关于加快发展商业养老保险的实施意见》（皖政办〔2017〕74号）	2017年9月20日
6	福建	《关于加快发展商业养老保险的实施意见》（闽政办〔2017〕140号）	2017年11月25日
7	河南	《关于加快发展商业养老保险的实施意见》（豫政办〔2017〕155号）	2017年12月9日
8	湖南	《关于加快发展商业健康保险的实施意见》（湘政办发〔2016〕101号）	2016年12月30日

（三）国家儿童政策省级本地化率政策列表（2017年）

《国务院关于印发"十三五"推进基本公共服务均等化规划的通知》
（国发〔2017〕9号）

序号	地区	法规名称	发文时间
1	山西	《山西省人民政府关于印发〈山西省"十三五"基本公共服务均等化规划〉的通知》（晋政发〔2016〕44号）	2016年8月1日
2	辽宁	《辽宁省人民政府关于印发〈辽宁省"十三五"推进基本公共服务均等化规划〉的通知》（辽政发〔2017〕56号）	2017年12月30日
3	吉林	《吉林省人民政府办公厅关于印发〈吉林省推进基本公共服务均等化"十三五"规划〉的通知》（吉政办发〔2017〕52号）	2017年7月7日

续表

序号	地区	法规名称	发文时间
4	上海	《上海市人民政府关于印发〈上海市基本公共服务体系"十三五"规划〉的通知》(沪府发〔2016〕104号)	2016年12月30日
5	江苏	《江苏省政府办公厅关于印发〈江苏省"十三五"基本公共服务均等化规划〉的通知》(苏政办发〔2016〕168号)	2016年12月30日
6	浙江	《浙江省人民政府办公厅关于印发〈浙江省基本公共服务体系"十三五"规划〉的通知》(浙政办发〔2016〕143号)	2016年11月18日
7	安徽	《安徽省人民政府关于印发〈安徽省"十三五"推进基本公共服务均等化规划〉的通知》(皖政〔2017〕96号)	2017年7月21日
8	江西	《江西省"十三五"推进基本公共服务均等化规划》(赣府发〔2017〕56号)	2017年5月26日
9	湖北	《省人民政府关于印发〈湖北省"十三五"推进基本公共服务均等化规划〉的通知》(鄂政发〔2017〕61号)	2017年12月20日
10	广东	《关于印发〈广东省基本公共服务均等化规划纲要(2009—2020年)(2017年修编版)〉的通知》(粤财办〔2017〕22号)	2017年6月28日
11	重庆	《重庆市人民政府办公厅关于印发〈重庆市"十三五"基本公共服务清单〉的通知》(渝府办发〔2017〕184号)	2017年12月25日
12	四川	《四川省人民政府办公厅关于印发〈四川省"十三五"基本公共服务均等化规划〉的通知》(川办发〔2017〕15号)	2017年2月17日
13	甘肃	《甘肃省人民政府办公厅关于印发〈甘肃省"十三五"推进基本公共服务均等化规划〉的通知》(甘政办发〔2017〕137号)	2017年8月18日
14	青海	《青海省人民政府办公厅关于印发〈青海省"十三五"基本公共服务均等化规划〉的通知》(青政办〔2016〕139号)	2016年7月30日

《国务院办公厅关于加强中小学幼儿园安全风险防控体系建设的意见》
（国办发〔2017〕35号）

序号	地区	法规名称	发文时间
1	北京	《北京市教育委员会北京市人民政府教育督导室关于进一步加强控辍保学提高义务教育巩固水平的通知》	2017年12月29日
2	江苏	《省政府办公厅关于加强中小学幼儿园安全风险防控体系建设的实施意见》	2017年11月2日
3	重庆	《重庆市人民政府办公厅关于加强中小学幼儿园安全风险防控体系建设的实施意见》	2017年12月27日
4	甘肃	《甘肃省人民政府办公厅关于印发甘肃省加强中小学幼儿园安全风险防控体系建设实施意见的通知》	2017年9月27日
5	青海	《青海省人民政府办公厅 关于加强中小学幼儿园安全风险防控体系建设的实施意见》	2017年9月30日

《国务院办公厅关于进一步加强控辍保学提高义务教育巩固水平的通知》
（国办发〔2017〕72号）

序号	地区	法规名称	发文时间
1	内蒙古	《内蒙古自治区教育厅关于进一步加强控辍保学提高义务教育巩固水平的通知》	2017年11月28日
2	海南	《海南省人民政府办公厅关于进一步加强控辍保学提高义务教育巩固水平的通知》	2017年11月24日
3	云南	《云南省人民政府办公厅关于进一步加强控辍保学提高义务教育巩固水平的通知》	2017年12月8日

（四）国家残疾人政策省级本地化率政策列表（2017年）

《残疾人教育条例》（中华人民共和国国务院令第674号）

序号	地区	法规名称	发文时间
1	河北	《河北省残疾人教育实施办法》（河北省人民政府令〔2001〕第4号）	2001年2月15日
2	陕西	《陕西省实施〈残疾人教育条例〉办法》（陕西省人民政府令第63号）	2000年11月6日

《残疾预防和残疾人康复条例》（中华人民共和国国务院令第 675 号）

序号	地区	法规名称	发文时间
1	北京	《北京市人民政府关于全面建立困难残疾人生活补贴和重度残疾人护理补贴制度的实施意见》	2016 年 11 月 22 日
2	天津	《关于完善天津市困难残疾人生活补贴和重度残疾人护理补贴制度》	2016 年 7 月 26 日

附件五 省级政策创新度政策列表

（一）省级慈善政策创新度政策列表（截至 2017 年底）

是否出台地方慈善综合性政策

序号	地区	文件名称	发文时间
1	江苏	《江苏省慈善条例》	2017 年 12 月 5 日
2	浙江	《浙江省人民政府关于加快推进慈善事业发展的实施意见》	2015 年 11 月 18 日
3	山东	《山东省人民政府办公厅关于发挥财税政策导向作用加快公益慈善事业发展的通知》	2016 年 11 月 8 日
4	宁夏	《宁夏回族自治区慈善事业促进条例》	2011 年 9 月 18 日

慈善组织认定与登记（是否出台慈善组织登记办事指南）

序号	地区	文件名称	发文时间
1	山东	《全省性基金会（慈善组织）成立登记办事指南》	2016 年 12 月 27 日
2	湖南	《申请慈善组织设立登记办事指南》	2016 年 12 月 7 日
3	广东	《慈善组织设立登记办事指南》	2016 年 10 月 17 日
4	湖北	《省级慈善组织认定登记》	2017 年 6 月 9 日
5	河南	《申请慈善组织认定办事指南》	2016 年 10 月 24 日
6	江苏	《慈善组织成立登记》	2017 年 9 月 8 日

慈善组织认定与登记（是否出台慈善组织认定办事指南）

序号	地区	文件名称	发文时间
1	北京	《申请慈善组织认定办事指南》	2016年9月7日
2	内蒙古	《申请自治区级慈善组织认定办事指南》	2016年9月30日
3	辽宁	《申请慈善组织认定办事指南》	2016年9月10日
4	黑龙江	《申请慈善组织认定办事指南》	2016年11月25日
5	上海	《慈善组织认定（办事指南）》	2016年9月13日
6	福建	《省级慈善组织认定服务指南》	2016年9月23日
7	江西	《申请慈善组织认定办事指南》	2016年11月11日
8	山东	《慈善组织认定办事指南》	2016年12月27日
9	河南	《申请慈善组织认定办事指南》	2016年10月24日
10	湖南	《申请慈善组织认定办事指南》	2016年12月7日
11	广东	《慈善组织认定办事指南》	2016年10月17日
12	贵州	《慈善组织登记认定办事指南》	2016年10月18日
13	云南	《申请慈善组织认定办事指南》	2016年9月26日
14	青海	《申请慈善组织认定办事指南》	2016年10月14日
15	新疆	《新疆慈善组织认定及公开募捐办事指南》	2017年
16	山西	《申请慈善组织认定办事指南》	2017年3月20日
17	安徽	《基金会慈善组织认定》	2017年12月9日
18	四川	《省级社会组织申请慈善组织认定服务指南》	2017年6月19日
19	天津	《天津市慈善组织认定办事指南》	2017年5月5日
20	湖北	《慈善组织认定》	2017年
21	重庆	《申请慈善组织认定办事指南》	2016年11月10日
22	江苏	《慈善组织认定》	2017年10月12日

慈善组织认定与登记（是否明确《慈善法》公布后实施前的慈善组织认定方式）

序号	地区	文件名称	发文时间
1	吉林	《吉林省慈善组织认定工作实施办法》	2017年9月7日
2	山东	《山东省民政厅关于进一步做好慈善组织登记和认定工作的通知》	2017年6月20日
3	湖北	《省民政厅关于明确慈善组织认定和登记有关工作问题的通知》	2016年10月25日

续表

序号	地区	文件名称	发文时间
4	江苏	《关于开展慈善组织认定工作的通知》	2017年3月8日
5	天津	《天津市慈善组织申请取得公开募捐资格办事指南》	2017年5月5日
6	广西	《自治区民政厅关于开展全区性慈善组织认定和慈善组织申请公开募捐资格有关事项的通知》	2017年8月4日

慈善组织认定与登记（是否明确社会组织认定为慈善组织的时限规定）

序号	地区	文件名称	发文时间
1	甘肃	《关于做好慈善组织认定工作的通知》	2017年4月28日
2	山东	《山东省民政厅关于进一步做好慈善组织登记和认定工作的通知》	2017年6月20日
3	安徽	《关于进一步做好慈善组织登记认定的紧急通知》	2017年9月7日
4	广西	《自治区民政厅关于开展全区性慈善组织认定和慈善组织申请公开募捐资格有关事项的通知》	2017年8月4日

慈善组织公开募捐（是否出台慈善组织申请公募资格办事指南）

序号	地区	文件名称	发文时间
1	北京	《慈善组织申请取得公开募捐资格办事指南》	2016年9月7日
2	内蒙古	《申请自治区级慈善组织申请取得公开募捐资格办事指南》	2016年9月30日
3	辽宁	《慈善组织申请取得公开募捐资格办事指南》	2016年9月9日
4	黑龙江	《黑龙江省慈善组织申请取得公开募捐资格办事指南》	2016年11月25日
5	上海	《慈善组织申请取得公开募捐资格办事指南》	2016年12月14日
6	福建	《省级慈善组织申请取得公开募捐资格服务指南》	2016年9月23日
7	山东	《慈善组织申请公开募捐资格办事指南》	2016年12月27日
8	河南	《慈善组织申请取得公开募捐办事指南》	2016年10月24日
9	湖南	《慈善组织申请取得公开募捐资格办事指南》	2016年12月7日
10	广东	《慈善组织公开募捐资格办事指南》	2016年10月17日
11	贵州	《贵州省慈善组织申请取得公开募捐资格办事指南》	2016年12月9日
12	云南	《慈善组织申请取得公开募捐资格办事指南》	2016年9月26日
13	青海	《慈善组织申请取得公开募捐资格办事指南》	2016年10月13日
14	天津	《天津市慈善组织申请取得公开募捐资格办事指南》	2017年5月5日

续表

序号	地区	文件名称	发文时间
15	四川	《省级慈善组织申请取得公开募捐资格服务指南》	2017年6月19日
16	浙江	《慈善组织公开募捐资格审批服务指南》	2017年11月21日
17	江苏	《公开募捐资格认定》	2017年7月19日
18	重庆	《慈善组织申请取得公开募捐资格服务指南》	2017年9月9日
19	贵州	《慈善组织公开募捐资格审查审批办事指南》	2017年9月28日

慈善组织公开募捐（是否明确开展公募活动备案办理程序）

序号	地区	文件名称	发文时间
1	福建	《公开募捐方案、异地公开募捐方案、变更捐赠财产用途备案服务指南》	2016年9月23日
2	山东	《慈善组织公开募捐方案备案指南》	2016年7月15日
3	北京	《北京市民政局关于开展慈善组织公开募捐活动备案有关事项的通告》	2017年3月6日
4	浙江	《慈善组织公开募捐方案备案服务指南》	2017年11月21日
5	广东	《省管慈善组织公开募捐方案备案》	2017年
6	广西	《慈善组织公开募捐方案备案操作规范》	2017年11月29日
7	云南	《慈善组织公开募捐活动备案》	2017年
8	吉林	《吉林省慈善组织公开募捐资格和公开募捐活动管理办法》的通知	2017年9月7日
9	上海	《公开募捐资格认定》	2017年
10	内蒙古	《公开募捐方案的备案》	2017年

慈善组织公开募捐（是否明确异地公开募捐方案备案指南）

序号	地区	文件名称	发文时间
1	福建	《公开募捐方案、异地公开募捐方案、变更捐赠财产用途备案服务指南》	2016年9月23日
2	浙江	《慈善组织异地公开募捐方案备案》	2017年11月21日
3	广西	《慈善组织异地公开募捐方案备案操作规范》	2017年11月29日

慈善组织公开募捐（是否明确合作募捐相关政策）

序号	地区	文件名称	发文时间
1	上海	《关于规范本市具有公开募捐资格的慈善组织与异地社会组织合作开展公开募捐活动的通知》	2016年9月23日

组织监管与鼓励(是否细化慈善组织信息公开规定)

序号	地区	文件名称	发文时间
1	北京	《北京市民办非企业单位信息公开指引》	2015年10月15日
2	黑龙江	《黑龙江省民政厅关于遴选黑龙江省慈善组织互联网公益信息平台的公告》	2016年9月28日
3	上海	《上海市社会组织信息公开办法(试行)》	2016年7月1日
4	山东	《山东省基金会信息公开管理办法》	2014年1月14日
5	湖北	《关于开展全省性社会组织职业资格公开信息清理工作的通知》	2017年8月3日
6	广东	《广东省民政厅关于〈社会组织信息公开办法(试行)(征求意见稿)〉公开征求意见的通知》	2017年12月27日
7	贵州	《贵州省民政厅关于印发 贵州省社会组织信息公开指引的通知》	2016年9月27日

组织监管与鼓励(是否出台信用信息管理相关政策)

序号	地区	文件名称	发文时间
1	北京	《关于推进市属社会组织诚信自律建设工作的意见》	2016年
2	天津	《天津市社会团体管理局关于全面推进我市基金会诚信建设的指导意见》	2015年12月30日
3	山西	《山西省人民政府关于印发山西省公共信用信息管理办法(试行)的通知》	2015年6月29日
4	吉林	《吉林省民政厅关于印发〈吉林省民政厅关于开展行业协会商会诚信自律建设活动的实施方案〉的通知》	2015年8月26日
5	江苏	《江苏省社会组织信用信息管理办法(试行)》	2015年3月11日
6	浙江	《浙江省民政厅关于进一步加强社会组织信用信息应用的通知》	2015年3月31日
7	江西	《关于加强社会组织反腐倡廉及诚信自律建设工作的指导意见》	2015年12月24日
8	安徽	《关于推进行业协会商会诚信自律建设工作的实施意见》	2015年3月19日
9	广东	《广东省社会信用体系建设规划(2014—2020年)》	2017年5月22日

组织监管与鼓励（是否出台社会组织评估管理办法）

序号	地区	文件名称	发文时间
1	北京	《北京市社会组织异常名录和黑名单管理暂行办法》	2017年10月10日
2	山西	《山西省人民政府办公厅关于进一步推进"双随机一公开"工作加强事中事后监管的通知》	2016年9月30日
3	浙江	《浙江省民政厅关于公开征求〈浙江省民政系统双随机一公开实施方案〉和〈浙江省民政系统随机抽查办法〉意见的公告》	2016年11月18日
4	河南	《河南省民政厅关于印发〈河南省社会组织"两随机、一公开"检查审计工作规程〉的通知》	2016年5月9日
5	福建	《福建省民政厅关于印发〈福建省社会组织评估指引〉的通知》	2016年11月9日
6	广东	《广东省民政厅关于开展社会组织评估工作的通知》	2017年2月28日
7	吉林	《吉林省民政厅关于建立社会组织第三方评估机制的指导意见》	2017年12月25日
8	内蒙古	《关于印发〈自治区科技厅（知识产权局）系统社会组织监督管理暂行办法（试行）〉的通知》	2017年6月20日
9	山东	《山东省民政厅关于印发〈山东省社会组织"双随机一公开"抽查办法（试行）〉的通知》	2017年3月27日
10	政府购买	《甘肃省民政厅关于印发〈甘肃省全省性社会组织评估实施细则〉的通知》	2017年5月31日
11	陕西	《陕西省民政厅关于印发〈陕西省社会组织评估管理办法〉的通知》	2017年11月16日
12	黑龙江	《省民政厅开展"双随机一公开"抽查工作》	2017年8月16日
13	湖北	《湖北省全省性社会组织随机抽查事项实施细则》	2016年12月29日
14	贵州	《关于全面推行"双随机一公开"监管工作的意见》	2017年12月21日
15	海南	《海南省民政厅关于印发〈海南省民政厅"双随机一公开"工作实施细则（试行）〉的通知》	2016年10月20日

组织监管与鼓励（是否出台慈善组织在政府购买服务等方面的优惠政策）

序号	地区	文件名称	发文时间
1	吉林	《吉林省慈善组织认定工作实施办法》	2017年9月7日
2	山东	《山东省民政厅关于进一步做好慈善组织登记和认定工作的通知》	2017年6月20日

组织监管与鼓励（是否出台公益创投政策）

序号	地区	文件名称	发文时间
1	天津	《天津市民政局关于征集2015年天津市社会组织公益创投项目的通知》	2015年3月1日
		《天津市社会组织公益创投规程》	2016年8月19日
2	上海	《上海市民政局关于进一步规范上海社区公益创投活动的通知》	2010年11月17日
		《市民政局关于进一步完善社区公益服务招投标（创投）管理工作的通知》	2016年7月27日
3	江西	《关于印发〈2015年江西省社会组织公益创投活动实施方案〉的通知	2015年4月9日

组织监管与鼓励（是否出台政策设立地方慈善奖）

序号	地区	文件名称	发文时间
1	北京	《关于开展"首都慈善奖"评选表彰活动的通知》	其他文件（2016年2月）中提到
2	辽宁	《关于开展首届"辽宁慈善奖"评选表彰活动的通知》	2012年6月27日
3	江苏	《江苏省民政厅〈关于组织开展第三届"江苏慈善奖"评选表彰活动的通知〉的通知》	2015年8月4日
4	浙江	《"浙江慈善奖"评选表彰办法》	2013年9月25日
5	四川	《四川省人民政府办公厅关于开展首届"四川慈善奖"评选表彰工作的通知》	2017年7月6日
6	广西	《关于在网上征求〈"八桂慈善奖"评选表彰办法（征求意见稿）〉意见的公告》	2016年7月4日
7	湖南	《关于开展第三届"湖南慈善奖"评选表彰活动的通知》	2015年11月4日
8	河南	《河南省人力资源和社会保障厅 河南省民政厅关于下发〈"河南慈善奖"奖励办法〉的通知》	2017年6月21日
9	山西	《对全省先进社会组织、社会组织先进管理单位和先进个人的表彰奖励》	2017年7月24日
10	江西	《江西省人民政府办公厅关于印发江西省赣鄱慈善奖评选表彰办法的通知》	2016年9月1日
11	黑龙江	《省委宣传部、省民政厅关于开展首届"龙江慈善奖"评选活动的通知》	2011年1月13日
12	重庆	《重庆市人民政府关于表彰首届重庆慈善奖的通报》	2009年9月7日
13	陕西	《陕西省民政厅 陕西省人力资源和社会保障厅关于表彰第二届"三秦慈善奖"获奖者的决定》	2016年9月7日

慈善信托（是否出台或细化地方慈善信托政策）

序号	地区	文件名称	发文时间
1	北京	《北京市民政局关于印发〈北京市慈善信托管理办法〉的通知》	2016年9月26日
2	江苏	《关于印发〈江苏省慈善信托备案管理实施办法〉的通知》	2017年10月23日
3	浙江	《慈善信托备案指南须知》	2017年11月21日

慈善信托（是否鼓励信托公司开展慈善信托业务）

序号	地区	文件名称	发文时间
1	江苏	《关于印发〈江苏省慈善信托备案管理实施办法〉的通知》	2017年10月23日

慈善信托（是否鼓励城乡社会组织等主体参与慈善信托）

序号	地区	文件名称	发文时间
1	江苏	《关于印发〈江苏省慈善信托备案管理实施办法〉的通知》	2017年10月23日

社区社会组织（是否明确社区社会组织备案管理制度）

序号	地区	文件名称	发文时间
1	北京	《北京市民政局关于大力发展城乡社区社会组织的意见》	2014年1月3日
2	天津	《天津市民政局关于加强社区社会组织建设的意见》	2013年4月22日
3	浙江	《浙江省民政厅关于进一步加强社区社会组织建设的指导意见》	2016年7月20日
4	福建	《福建省民政厅关于大力培育发展社区社会组织的指导意见》	2014年5月9日
5	湖南	《湖南省民政厅关于加强和创新社区社会组织发展工作的意见》	2015年3月19日
6	贵州	《关于进一步促进社区社会组织建设与管理的指导意见》	2012年10月18日
7	吉林	《吉林省民政厅关于进一步加强社区社会组织建设的指导意见》	2017年12月25日

社区社会组织（是否细化设立社区社会组织的发展目标）

序号	地区	文件名称	发文时间
1	北京	《北京市民政局关于大力发展城乡社区社会组织的意见》	2014年1月3日
2	天津	《天津市民政局关于加强社区社会组织建设的意见》	2013年4月22日
3	河北	《河北省民政厅、河北省财政厅关于加快推进社区社会工作服务的实施意见》	2016年6月8日
4	浙江	《浙江省民政厅关于进一步加强社区社会组织建设的指导意见》	2016年7月20日
5	福建	《福建省民政厅关于大力培育发展社区社会组织的指导意见》	2014年5月9日
6	陕西	《中共陕西省委办公厅 陕西省人民政府办公厅 关于加快推进"四社联动"提升社区治理水平的意见》	2016年11月29日
7	吉林	《吉林省民政厅关于进一步加强社区社会组织建设的指导意见》	2018年1月12日
8	黑龙江	《黑龙江省民政厅关于印发〈关于培育发展社区枢纽型社会组织的指导意见〉的通知》	2017年11月9日

社区社会组织（是否鼓励市县两级出台管理办法）

序号	地区	文件名称	发文时间
1	浙江	《浙江省民政厅关于进一步加强社区社会组织建设的指导意见》	2016年7月20日

是否有明确的志愿服务规模目标

序号	地区	文件名称	发文时间
1	河北	《关于推进志愿服务制度化的若干措施》	2014年3月18日
2	江西	《关于推进志愿服务制度化的实施意见》	2014年3月25日
3	贵州	《关于推进志愿服务制度化的实施意见》	2014年7月23日
4	陕西	《陕西省委办公厅印发〈关于推进志愿服务制度化的意见〉的通知》	2014年6月23日
5	广西	《广西壮族自治区民政厅关于进一步推进志愿者注册工作的意见》	2017年12月29日

是否有志愿者培训体系政策

序号	地区	文件名称	发文时间
1	北京	《关于推进志愿服务制度化的意见》	2016年12月9日
2	天津	《关于推进志愿服务制度化的实施意见》	2015年
3	河北	《关于推进志愿服务制度化的若干措施》	2014年3月18日
4	上海	《关于推进上海市志愿服务制度化的实施意见》	2014年5月7日
5	江西	《关于推进志愿服务制度化的实施意见》	2014年3月25日
6	河南	《关于推进全省志愿服务制度化的实施意见》	2014年4月17日
7	贵州	《关于推进志愿服务制度化的实施意见》	2014年7月23日
8	陕西	《陕西省委办公厅印发〈关于推进志愿服务制度化的意见〉的通知》	2014年6月23日
9	吉林	《关于推进志愿服务制度化的实施意见》	2016年7月19日

社会工作（是否明确社区社会工作专业设置岗位规模目标）

序号	地区	文件名称	发文时间
1	江苏	《江苏省〈关于加快推进社区社会工作服务的实施意见〉》	2017年1月6日
2	宁夏	《关于印发〈宁夏回族自治区关于加快推进社区社会工作服务的实施意见〉的通知》	2015年10月11日
3	吉林	《关于加快推进社区社会工作服务的指导意见》	2016年7月5日
4	山西	《关于加强社会工作专业岗位开发与人才激励保障的实施意见》	2017年9月29日

社会组织参与扶贫（是否制定建立扶贫项目的管理考核制度）

序号	地区	文件名称	发文时间
1	江西	《江西省民政厅关于社会组织积极参与社会脱贫攻坚的指导意见》	2017年6月29日
2	上海市	《上海市对口支援与合作交流专项资金 资助社会力量参与对口支援工作的实施细则》	2017年8月2日
3	重庆	《重庆市民政局关于进一步动员社会组织参与脱贫攻坚工作的通知》	2017年11月7日
4	安徽	《关于进一步动员社会组织参与扶贫开发的意见》	2016年9月27日

社会组织参与扶贫（是否明确定点实施扶贫办法）

序号	地区	文件名称	发文时间
1	黑龙江	《关于进一步动员社会组织参与扶贫开发工作的通知》	2016年8月10日
2	上海市	《上海市对口支援与合作交流专项资金 资助社会力量参与对口支援工作的实施细则》	2017年8月2日
3	安徽	《关于进一步动员社会组织参与扶贫开发的意见》	2016年9月27日
4	重庆	《重庆市民政局关于进一步动员社会组织参与脱贫攻坚工作的通知》	2017年11月7日
5	四川	《四川省民政厅关于2017年组织社会组织开展扶贫活动的通知》	2017年3月22日
6	江西	《江西省民政厅关于社会组织积极参与社会脱贫攻坚的指导意见》	2017年6月29日

社会组织参与扶贫（是否出台政策建立长效激励机制）

序号	地区	文件名称	发文时间
1	安徽	《关于进一步动员社会组织参与扶贫开发的意见》	2016年9月27日
2	江西	《江西省民政厅关于社会组织积极参与社会脱贫攻坚的指导意见》	2017年6月29日

（二）省级老年人政策创新度政策列表（截至2017年底）

机构养老服务（是否明确护理型床位占比）

序号	地区	政策法规名称	颁布时间
1	北京	《关于印发〈北京市"十三五"时期老龄事业发展规划〉的通知》（京政发〔2016〕59号）	2016年12月13日
2	天津	《关于印发天津市"十三五"老龄事业发展和养老体系建设规划的通知》（津政办发〔2017〕106号）	2017年11月1日
3	河北	《关于印发河北省"十三五"老龄事业发展和养老体系建设规划的通知》	2017年8月23日
4	山西	《关于印发山西省"十三五"老龄事业发展规划的通知》（晋政发〔2017〕37号）	2017年8月4日
5	内蒙古	《关于全面放开养老服务市场提升养老服务质量的实施意见》（内政办发〔2017〕127号）	2017年7月17日
6	辽宁	《关于印发"十三五"辽宁省老龄事业发展和养老体系建设规划的通知》（辽政发〔2017〕41号）	2017年9月1日

续表

序号	地区	政策法规名称	颁布时间
7	吉林	《关于印发吉林省老龄事业发展和养老体系建设"十三五"规划的通知》(吉政办发〔2017〕73号)	2017年10月17日
8	黑龙江	《黑龙江省民政事业"十三五"发展规划》	2016年9月21日
9	上海	《关于印发〈上海市老龄事业发展"十三五"规划〉的通知》(沪府发〔2016〕85号)	2016年9月30日
10	江苏	《关于加快发展养老服务业完善养老服务体系的实施意见》(苏政发〔2014〕39号)	2014年4月3日
11	浙江	《关于印发浙江省老龄事业发展"十三五"规划的通知》(浙政发〔2017〕21号)	2017年6月1日
12	安徽	《关于印发"十三五"安徽省老龄事业发展和养老体系建设规划的通知》(皖政办〔2017〕61号)	2017年7月13日
13	福建	《关于印发养老事业补短板2017年行动方案的通知》(闽民福〔2017〕230号)	2017年9月18日
14	江西	《关于印发江西省老龄事业发展"十三五"规划的通知》(赣府发〔2017〕35号)	2017年9月29日
15	山东	《关于加快发展养老服务业的意见》(鲁政发〔2014〕11号)	2014年5月26日
16	湖北	《关于全面放开养老服务市场提升养老服务质量的实施意见》(鄂政办发〔2017〕44号)	2017年6月9日
17	湖南	《关于全面放开养老服务市场提升养老服务质量的实施意见》(湘政办发〔2017〕84号)	2017年12月29日
18	广东	《关于印发广东省"十三五"健康老龄化规划的通知》(粤卫〔2017〕153号)	2017年12月25日
19	广西	《关于印发广西老龄事业发展"十三五"规划的通知》(桂政发〔2017〕68号)	2017年12月5日
20	海南	《关于全面放开养老服务市场提升养老服务质量的实施意见》(琼府办〔2017〕144号)	2017年9月18日
21	重庆	《关于印发重庆市老龄事业发展和养老体系建设"十三五"规划的通知》(渝府办发〔2017〕153号)	2017年10月9日
22	四川	《关于印发四川省"十三五"老龄事业发展和养老体系建设规划的通知》(川府发〔2017〕55号)	2017年10月26日
23	贵州	《关于印发贵州省"十三五"老龄事业发展规划的通知》(黔府办发〔2017〕31号)	2017年8月2日
24	云南	《关于印发云南省养老服务体系建设"十三五"规划的通知》(云政办发〔2016〕91号)	2016年9月12日

续表

序号	地区	政策法规名称	颁布时间
25	陕西	《关于印发"十三五"全省老龄事业发展和养老体系建设规划的通知》（陕政发〔2017〕46号）	2017年10月10日
26	甘肃	《甘肃省"十三五"老龄事业发展规划》（甘政办发〔2017〕177号）	2017年10月31日
27	青海	《关于印发〈青海省老龄事业发展"十三五"规划〉的通知》	2016年5月30日
28	宁夏	《关于印发宁夏回族自治区"十三五"老龄事业发展和养老体系建设规划的通知》（宁政办发〔2017〕147号）	2017年8月8日
29	新疆	《关于全面放开养老服务市场提升养老服务质量的实施意见》（新政办发〔2017〕91号）	2017年5月24日

机构养老服务（是否明确养老机构登记注册程序）

序号	地区	政策法规名称	颁布时间
1	北京	《关于养老机构设立许可若干问题的通知》（京民福发〔2013〕398号）	2013年10月28日
2	天津	《关于印发天津市〈养老机构设立许可办法〉实施细则的通知》（津民发〔2014〕54号）	2014年9月2日
3	河北	《关于印发〈河北省养老机构设立许可办法〉的通知》（冀民〔2014〕53号）	2014年6月23日
4	山西	《山西省养老机构设立许可实施办法》	2015年6月15日
5	内蒙古	《内蒙古自治区养老机构设立许可与管理办法》	2014年11月17日
6	辽宁	《关于印发〈辽宁省养老机构设立许可实施细则〉的通知》（辽民发〔2015〕62号）	2015年9月6日
7	吉林	《关于全面放开养老服务市场提升养老服务质量的实施意见》（吉政办发〔2017〕87号）	2017年12月28日
8	黑龙江	《关于印发〈黑龙江省养老机构设立许可实施细则〉的通知》	2014年6月18日
9	上海	《转发市民政局、市工商局关于本市养老服务业企业登记管理实施意见的通知》（沪府办〔2016〕39号）	2016年4月6日
10	江苏	《关于贯彻落实〈养老机构设立许可办法〉和〈养老机构管理办法〉的通知》（苏民福〔2013〕18号）	2013年9月18日
11	浙江	《关于进一步做好养老机构设立许可及管理工作的通知》（浙民福〔2015〕173号）	2015年8月12日

续表

序号	地区	政策法规名称	颁布时间
12	安徽	《关于印发〈安徽省养老机构设立许可办法〉和〈安徽省养老机构管理办法〉通知》（民福字〔2013〕133号）	2013年8月16日
13	福建	《关于建立养老服务企业登记管理制度的意见》（闽民福〔2017〕108号）	2017年4月28日
14	江西	《关于全面放开养老服务市场的实施意见》（赣府厅发〔2017〕55号）	2017年8月1日
15	山东	《关于贯彻国办发〔2016〕91号文件全面放开养老服务市场提升养老服务质量的实施意见》（鲁政办发〔2017〕52号）	2017年7月10日
16	河南	《关于全面放开养老服务市场提升养老服务质量的实施意见》（豫政办〔2017〕112号）	2017年9月24日
17	湖北	《关于全面放开养老服务市场提升养老服务质量的实施意见》（鄂政办发〔2017〕44号）	2017年6月9日
18	湖南	《关于全面放开养老服务市场提升养老服务质量的实施意见》（湘政办发〔2017〕84号）	2017年12月29日
19	海南	《海南省养老机构管理条例》（海南省人民代表大会常务委员会公告第28号）	2014年6月10日
20	重庆	《关于印发〈重庆市养老机构设立许可实施办法〉的通知》（渝民发〔2014〕149号）	2014年12月31日
21	四川	《关于印发〈四川省养老机构设立许可实施办法〉的通知》（川民发〔2014〕99号）	2017年2月28日
22	云南	《云南省养老机构设立许可实施办法》（民政厅公告第2号）	2014年11月24日
23	陕西	《关于贯彻落实〈养老机构设立许可办法〉和〈养老机构管理办法〉的通知》（陕民办发〔2013〕112号）	2013年9月2日
24	甘肃	《关于印发〈甘肃省养老机构设立许可办法〉的通知》（甘民发〔2013〕189号）	2013年9月30日
25	青海	《青海省养老机构管理办法》	2015年8月3日
26	宁夏	《关于印发〈宁夏回族自治区民办养老服务机构管理办法〉的通知》（宁民发〔2014〕42号）	2014年6月5日
27	新疆	《新疆维吾尔自治区养老机构设立许可实施细则》（新民发〔2014〕53号）	2014年4月1日7

机构养老服务（是否明确政府运营的养老床位数占比）

序号	地区	政策法规名称	颁布时间
1	北京	《北京市人民政府办公厅印发〈关于全面放开养老服务市场进一步促进养老服务业发展的实施意见〉的通知》（京政办发〔2017〕13号）	2017年3月2日
2	天津	《关于印发天津市"十三五"老龄事业发展和养老体系建设规划的通知》（津政办发〔2017〕106号）	2017年11月1日
3	河北	《关于印发河北省"十三五"老龄事业发展和养老体系建设规划的通知》	2017年8月23日
4	山西	《关于印发山西省"十三五"老龄事业发展规划的通知》（晋政发〔2017〕37号）	2017年8月4日
5	内蒙古	《关于全面放开养老服务市场提升养老服务质量的实施意见》（内政办发〔2017〕127号）	2017年7月17日
6	辽宁	《关于印发"十三五"辽宁省老龄事业发展和养老体系建设规划的通知》（辽政发〔2017〕41号）	2017年9月1日
7	吉林	《关于印发吉林省老龄事业发展和养老体系建设"十三五"规划的通知》（吉政办发〔2017〕73号）	2017年10月17日
8	黑龙江	《关于加快发展养老服务业的实施意见》（黑政发〔2014〕9号）	2014年6月5日
9	上海	《关于本市公建养老服务设施委托社会力量运营的指导意见（试行）》（沪民福发〔2017〕29号）	2017年9月21日
10	安徽	《关于印发"十三五"安徽省老龄事业发展和养老体系建设规划的通知》（皖政办〔2017〕61号）	2017年7月13日
11	福建	《关于印发"十三五"福建省老龄事业发展和养老体系建设规划的通知》（闽政〔2017〕28号）	2017年7月13日
12	江西	《关于全面放开养老服务市场的实施意见》（赣府厅发〔2017〕55号）	2017年8月1日
13	山东	《关于贯彻国办发〔2016〕91号文件全面放开养老服务市场提升养老服务质量的实施意见》（鲁政办发〔2017〕52号）	2017年7月10日
14	河南	《关于全面放开养老服务市场提升养老服务质量的实施意见》（豫政办〔2017〕112号）	2017年9月24日
15	湖北	《关于全面放开养老服务市场提升养老服务质量的实施意见》（鄂政办发〔2017〕44号）	2017年6月9日
16	湖南	《关于全面放开养老服务市场提升养老服务质量的实施意见》（湘政办发〔2017〕84号）	2017年12月29日
17	广东	《广东省养老服务体系"十三五"规划》（粤民发〔2016〕160号）	2016年11月16日

续表

序号	地区	政策法规名称	颁布时间
18	广西	《关于印发广西老龄事业发展"十三五"规划的通知》(桂政发〔2017〕68号)	2017年12月5日
19	海南	《关于全面放开养老服务市场提升养老服务质量的实施意见》(琼府办〔2017〕144号)	2017年9月18日
20	重庆	《关于印发重庆市老龄事业发展和养老体系建设"十三五"规划的通知》(渝府办发〔2017〕153号)	2017年10月9日
21	四川	《关于印发四川省"十三五"老龄事业发展和养老体系建设规划的通知》(川府发〔2017〕55号)	2017年10月26日
22	贵州	《关于印发贵州省"十三五"老龄事业发展规划的通知》(黔府办发〔2017〕31号)	2017年8月2日
23	云南	《关于印发云南省养老服务体系建设"十三五"规划的通知》(云政办发〔2016〕91号)	2016年9月12日
24	陕西	《关于印发"十三五"全省老龄事业发展和养老体系建设规划的通知》(陕政发〔2017〕46号)	2017年10月10日
25	甘肃	《甘肃省"十三五"老龄事业发展规划》(甘政办发〔2017〕177号)	2017年10月31日
26	宁夏	《关于印发宁夏回族自治区"十三五"老龄事业发展和养老体系建设规划的通知》(宁政办发〔2017〕147号)	2017年8月8日
27	新疆	《关于全面放开养老服务市场提升养老服务质量的实施意见》(新政办发〔2017〕91号)	2017年5月24日

机构养老服务(是否制定养老机构公建民营实施办法)

序号	地区	政策法规名称	颁布时间
1	北京	《北京市养老机构公建民营实施办法》(京民福发〔2015〕268号)	2015年7月22日
2	天津	《关于推进我市公办养老机构公建民营的意见》(津民发〔2014〕82号)	2014年11月7日
3	山西	《关于开展养老机构公建民营试点工作的实施方案》(晋民发〔2016〕71号)	2016年11月23日
4	内蒙古	《关于开展公办养老机构改革试点工作的通知》(内民政社福〔2014〕15号)	2014年1月16日
5	上海	《关于本市公建养老服务设施委托社会力量运营的指导意见(试行)》(沪民福发〔2017〕29号)	2017年9月21日
6	浙江	《关于推进养老机构公建民营规范化的指导意见》(浙民福〔2016〕26号)	2016年9月26日

续表

序号	地区	政策法规名称	颁布时间
7	福建	《关于加强公建民营养老机构管理的意见》（闽民福〔2014〕400号）	2014年9月9日
8	山东	《关于推进公办养老机构改革的指导意见》（鲁民〔2016〕86号）	2016年11月4日
9	河南	《关于开展公办养老机构改革试点工作的指导意见》（豫民文〔2014〕20号）	2014年1月22日
10	湖北	《关于印发〈湖北省社会福利机构民办公助办法〉（试行）和〈湖北省社会福利机构公办民营指导意见〉（试行）的通知》（鄂民政发〔2014〕100号）	2004年12月6日
11	广西	《养老设施公建民营实施办法（试行）》（（桂民发〔2016〕40号））	2016年8月12日
12	四川	《关于开展公办养老机构改革试点工作的通知》（川民发〔2014〕1号）	2014年1月6日
13	贵州	《关于推进全省公办养老机构公建民营的指导意见》（黔民发〔2015〕48号）	2015年
14	宁夏	《关于推进公办养老机构改革的指导意见》	2017年12月5日

社区居家服务（是否编制居家社区养老服务设施规划）

序号	地区	政策法规名称	颁布时间
1	北京	《北京市社区养老服务驿站建设规划（2016年-2020年）》	2015年11月24日
2	上海	《关于2017年社区为老服务实事项目和老年宜居社区建设试点安排的通知》（沪民老工发〔2017〕4号）	2017年3月2日
3	浙江	《关于印发〈浙江省农村居家养老服务设施建设三·推进计划〉的通知》（浙民福〔2013〕68号）	2013年3月26日
4	安徽	《关于印发〈安徽省社会办养老机构建设指导意见（试行）〉和〈安徽省社区养老服务机构建设指导意见（试行）〉的通知》（民福字〔2013〕185号）	2013年12月11日
5	福建	《关于印发〈全省2012年新建千个社区居家养老服务中心（站）实施方案〉的通知》	2012年3月14日
6	山东	《关于加快推进农村幸福院建设的意见》（鲁民〔2013〕45号）	2013年8月15日
7	广东	《关于印发〈广东省居家养老服务示范活动实施方案〉的通知》（粤民福〔2010〕6号）	2010年4月9日

续表

序号	地区	政策法规名称	颁布时间
8	重庆	《关于下达2017年社区养老服务设施建设目标任务的通知》(渝民发〔2017〕19号)	2017年3月3日
9	贵州	《关于认真做好2013—2015年全省农村幸福院建设工作的意见》	2013年12月6日
10	陕西	《关于推进农村幸福院建设的意见》(陕民发〔2013〕17号)	2013年7月2日
11	甘肃	《关于加快推进全省社区老年人间照料中心建设的通知》(甘政办发〔2012〕189号)	2012年7月25日

社区居家服务（是否明确建立居家养老服务清单制度）

序号	地区	政策法规名称	颁布时间
1	北京	《关于印发〈社区养老服务驿站设施设计和服务标准（试行）〉的通知》(京民福发〔2016〕392号)	2016年9月26日
2	内蒙古	《关于印发居家养老服务管理办法的通知》(内政办发〔2015〕132号)	2015年12月14日
3	吉林	《关于推进社区居家养老服务工作的实施意见》(吉民发〔2009〕104号)	2009年11月30日
4	上海	《关于印发〈社区居家养老服务规范实施细则（试行）〉的通知》(沪民老工发〔2015〕4号)	2015年6月8日
5	江苏	《关于全面放开养老服务市场提升养老服务质量的实施意见》(苏政发〔2017〕121号)	2017年8月25日
6	江西	《关于加快推进全省居家和社区养老服务发展的指导意见》	2017年9月26日

社区居家服务（是否明确针对社区养老设施进行补贴）

序号	地区	政策法规名称	颁布时间
1	北京	《关于印发〈北京市社区养老服务驿站建设规划（2016—2020年）〉的通知》(京民福发〔2017〕124号)	2017年4月25日
2	天津	《关于进一步发展我市居家养老服务的意见》(津政办发〔2011〕51号)	2011年4月29日
3	辽宁	《关于规范居家养老服务经费管理和使用的通知》(辽民福函〔2005〕95号)	2005年11月7日
4	吉林	《关于加快养老服务业发展的实施意见》(吉政发〔2014〕9号)	2014年4月8日

续表

序号	地区	政策法规名称	颁布时间
5	上海	《关于推进本市"十三五"期间养老服务设施建设的实施意见的通知》(沪府办〔2016〕70号)	2016年8月18日
6	安徽	《安徽省社会养老服务体系建设实施办法》(皖民生办〔2016〕1号)	2016年
7	江西	《关于加快发展养老服务业的实施意见》(赣府发〔2014〕15号)	2014年5月9日
8	山东	《关于加快发展养老服务业的意见》(鲁政发〔2014〕11号)	2014年5月26日
9	湖北	《关于加快发展城乡社区居家养老服务的意见》(鄂政办发〔2012〕83号)	2012年12月29日
10	广东	《关于印发〈广东省居家养老服务示范活动实施方案〉的通知》(粤民福〔2010〕6号)	2010年4月9日
11	重庆	《关于加快推进社区养老服务中心(站)建设的意见》(渝民发〔2012〕76号)	2012年5月23日
12	陕西	《关于加快发展养老服务业的意见》(陕政发〔2014〕21号)	2014年6月20日
13	甘肃	《甘肃省城乡社区老年人间照料中心建设省级补贴资金管理办法》(甘财社〔2015〕26号)	2015年3月27日
14	宁夏	《关于全面放开养老服务市场加快养老服务业转型升级的实施意见》(宁政办发〔2017〕106号)	2017年6月5日
15	新疆	《关于加快发展养老服务业的实施意见》(新政发〔2014〕19号)	2014年3月16日

社区居家服务(是否出台社区居家养老服务细分标准)

序号	地区	政策法规名称	颁布时间
1	北京	《关于印发〈社区养老服务驿站设施设计和服务标准(试行)〉的通知》(京民福发〔2016〕392号)	2016年9月26日
2	天津	《居家养老入户服务规范》(DB12/T 489—2013)	2013年7月1日
3	河北	《居家养老服务质量规范》(DB 13/T 1838—2013)	2013年12月24日
4	吉林	《居家养老服务与管理规范》(DB22/T 2680—2017)	2017年6月12日
5	浙江	《居家养老服务与管理规范》(DB33/T 837—2011)	2011年8月31日
6	江西	《养老助餐服务质量规范》(DB36/T 899—2016)	2016年3月31日
7	山东	《社区居家养老——入户服务质量规范》(DB37/T 1937—2011)还有其余8项服务细分标准	2011年

续表

序号	地区	政策法规名称	颁布时间
8	广西	《家庭服务 养老护理员服务质量要求与等级划分》（DB45/T 1272—2015）	2015年12月30日
9	四川	《居家养老服务管理规范》（DB510100/T 121—2013）还有其余1项服务细分标准	2013年4月7日
10	陕西	《家政服务指南 居家养老护理》（DB61/T 922—2014）	2013年8月1日
11	甘肃	《居家养老服务提供规范》（DB62/T 2582—2015）还有其余1项服务细分标准	2015年8月12日
12	青海	《社区老年人间照料服务规范》（DB 63/T 1322—2014）	2014年9月22日

社区居家服务（是否确定开展老年人助餐服务体系实施方案）

序号	地区	政策法规名称	颁布时间
1	北京	《关于2016年开展养老助餐服务体系试点建设工作的通知》（京民老龄发〔2016〕391号）	2016年9月28日
2	天津	《关于开展老年人助餐服务的意见》（津民发〔2011〕69号）	2011年9月13日
3	上海	《关于2017年社区为老服务实事项目和老年宜居社区建设试点安排的通知》（沪民老工发〔2017〕4号）	2017年2月20日
4	江苏	《关于开展社区老年人助餐点项目建设的通知》（苏民老龄〔2015〕2号）	2015年3月11日
5	宁夏	《宁夏回族自治区农村老饭桌管理暂行办法》（宁民发〔2016〕97号）	2016年11月25日

社区居家服务（是否明确养老机构综合责任险延伸至社区养老设施）

序号	地区	政策法规名称	颁布时间
1	北京	《关于印发〈社区养老服务驿站设施设计和服务标准（试行）〉的通知》（京民福发〔2016〕392号）	2016年9月26日
2	吉林	《关于全面放开养老服务市场提升养老服务质量的实施意见》（吉政办发〔2017〕87号）	2017年12月28日
3	上海	《关于做好社区为老服务机构综合责任保险工作的通知》（沪民老工发〔2017〕23号）	2017年12月29日

社区居家服务（是否明确为老旧社区和老年人家庭改造提供资金支持）

序号	地区	政策法规名称	颁布时间
1	北京	《关于印发〈北京市老年人家庭适老化改造需求评估与改造实施管理办法（试行）〉的通知》（京民老龄发〔2016〕374号）	2016年9月20日
2	山西	《关于印发山西省"十三五"老龄事业发展规划的通知》（晋政发〔2017〕37号）	2017年8月4日
3	辽宁	《关于印发"十三五"辽宁省老龄事业发展和养老体系建设规划的通知》（辽政发〔2017〕41号）	2017年9月1日
4	吉林	《关于全面放开养老服务市场提升养老服务质量的实施意见》（吉政办发〔2017〕87号）	2017年12月28日
5	上海	《关于开展2017年"为20万高龄老年人提供家庭互助服务"和"为1000个低保等困难老年人家庭提供居室适老改造服务"的通知》（沪民老工发〔2017〕8号）	2017年4月5日
6	江苏	《关于全面放开养老服务市场提升养老服务质量的实施意见》（苏政发〔2017〕121号）	2017年8月25日
7	浙江	《浙江省社会养老服务促进条例》	2015年1月25日
8	安徽	《关于印发"十三五"安徽省老龄事业发展和养老体系建设规划的通知》（皖政办〔2017〕61号）	2017年7月13日
9	福建	《关于全面放开养老服务市场提升养老服务质量的实施意见（闽政办〔2017〕78号）	2017年7月14日
10	河南	《关于全面放开养老服务市场提升养老服务质量的实施意见》（豫政办〔2017〕112号）	2017年9月24日
11	湖北	《关于全面放开养老服务市场提升养老服务质量的实施意见》（鄂政办发〔2017〕44号）	2017年6月9日
12	湖南	《关于全面放开养老服务市场提升养老服务质量的实施意见》（湘政办发〔2017〕84号）	2017年12月29日
13	广西	《关于全面放开养老服务市场提升养老服务质量的实施意见》（桂政办发〔2017〕129号）	2017年9月13日
14	重庆	《关于全面放开养老服务市场提升养老服务质量的实施意见》（渝府办发〔2017〕162号）	2017年11月7日
15	陕西	《关于全面放开养老服务市场提升养老服务质量的实施意见》（陕政办发〔2017〕76号）	2017年9月11日
16	新疆	《关于全面放开养老服务市场提升养老服务质量的实施意见》（新政办发〔2017〕91号）	2017年5月24日

农村养老服务（是否制定农村特困人员供养服务机构社会化改革政策）

序号	地区	政策法规名称	颁布时间
1	天津	《关于开展农村特困人员供养服务机构社会化改革试点工作的实施意见》（津民发〔2015〕69号）	2015年12月11日
2	河北	《关于省级农村特困人员供养服务机构社会化改革试点单位名单的公示》	2015年12月3日
3	陕西	《关于开展农村特困人员供养服务机构护理设施改造试点工作的通知》（陕民发〔2016〕73号）	2016年10月17日
4	青海	《关于在全省开展农村特困人员供养服务机构社会化改革试点工作的通知》（青民发〔2015〕112号）	2015年10月27日

农村养老服务（是否明确为农村养老服务设施提供资金支持）

序号	地区	政策法规名称	颁布时间
1	北京	《关于做好农村幸福晚年驿站建设工作的通知》（京民福发〔2017〕390号）	2017年10月19日
2	河北	《关于全面放开养老服务市场提升养老服务质量的实施意见》（冀政办字〔2017〕115号）	2017年9月13日
3	内蒙古	《关于印发〈内蒙古自治区资助农村牧区敬老院改造提升工程项目实施方案〉的通知》（内民政社救〔2014〕111号）	2014年
4	吉林	关于印发《吉林省民政厅关于加强农村养老服务大院建设的指导意见》的通知（吉民发〔2015〕48号）	2015年9月18日
5	上海	《关于加强本市农村养老服务工作的实施意见》（沪民老工发〔2015〕15号）	2015年12月21日
6	江苏	关于印发《江苏省利用中央专项彩票公益金支持农村幸福院项目实施办法》的通知（苏财综〔2013〕46号）	2013年8月12日
7	安徽	《安徽省农村五保供养服务机构综合定额标准管理暂行办法》	2015年12月22日
8	山东	《关于加快发展养老服务业的意见》（鲁政发〔2014〕11号）	2014年5月26日
9	河南	《关于加快发展养老服务业的意见》（豫政文〔2014〕24号）	2014年3月9日
10	广东	《关于加快建设农村养老服务"幸福计划"项目的意见》（粤民发〔2016〕140号）	2016年10月11日

续表

序号	地区	政策法规名称	颁布时间
11	海南	《关于加快发展养老服务业的实施意见》（琼府〔2014〕32号）	2014年12月29日
12	四川	《关于开展农村养老服务体系建设试点工作的指导意见》	2017年
13	贵州	《关于认真做好2013-2015年全省农村幸福院建设工作的意见》	2013年12月6日
14	云南	《关于印发云南省养老服务体系建设"十三五"规划的通知》（云政办发〔2016〕91号）	2016年9月12日
15	陕西	《关于推进农村幸福院建设的意见》（陕民发〔2013〕17号）	2013年7月2日

长期照护服务（是否统一老年人能力评估标准）

序号	地区	政策法规名称	颁布时间
1	北京	《关于印发〈经济困难的高龄和失能老年人居家养老服务试点区老年人能力评估办法〉的通知》（京民老龄发〔2015〕478号）	2015年12月31日
2	天津	《关于推进我市养老服务评估工作的意见》（津民发〔2014〕81号）	2014年11月4日
3	上海	《关于发布上海市地方标准〈老年照护等级评估要求〉的通知》（沪质技监标〔2013〕65号）	2013年2月8日
4	浙江	《关于印发〈浙江省养老服务需求评估工作实施意见（试行）〉的通知》（浙民福〔2012〕72号）	2012年4月25日
5	福建	《关于开展养老服务需求评估工作的通知》（闽民福〔2014〕181号）	2014年4月16日
6	河南	《关于印发〈社区居家养老服务规范〉和〈老年人健康能力评估〉的通知》（豫民〔2017〕3号）	2017年3月28日
7	广东	《关于开展养老服务评估工作的实施意见》（粤民发〔2016〕43号）	2016年3月22日
8	广西	《关于印发〈广西老年人能力评估管理暂行办法〉的通知》（桂民发〔2016〕34号）	2016年7月11日
9	四川	《关于印发四川省养老服务评估指标体系（试行）的通知》（川民发〔2015〕2号）	2015年
10	甘肃	《关于印发〈甘肃省养老服务评估暂行办法〉的通知》（甘民发〔2015〕90号）	2015年6月15日

长期照护服务(是否明确老年人能力评估流程)

序号	地区	政策法规名称	颁布时间
1	北京	《关于印发〈经济困难的高龄和失能老年人居家养老服务试点区老年人能力评估办法〉的通知》(京民老龄发〔2015〕478号)	2015年12月31日
2	上海	《关于全面推进老年照护统一需求评估体系建设的意见》(沪府办〔2016〕104号)	2016年12月29日
3	河南	《关于印发〈社区居家养老服务规范〉和〈老年人健康能力评估〉的通知》(豫民〔2017〕3号)	2017年3月28日
4	广东	《关于开展养老服务评估工作的实施意见》(粤民发〔2016〕43号)	2016年3月22日
5	广西	《关于印发〈广西老年人能力评估管理暂行办法〉的通知》(桂民发〔2016〕34号)	2016年7月11日
6	宁夏	《关于印发〈关于加快推进养老服务评估工作的试行意见〉的通知》(宁民办〔2017〕45号)	2017年8月15日

长期照护服务(是否建立老年人护理补贴制度)

序号	地区	政策法规名称	颁布时间
1	北京	《关于北京市市民居家养老(助残)服务("九养")办法的通知》(京政办发〔2009〕104号)	2009年11月12日
2	天津	《关于对我市困难老年人增加居家养老护理补贴的意见》(津民发〔2012〕67号)	2012年9月4日
3	山西	《关于建立全省经济困难的高龄与失能老年人补贴制度及提高百岁以上老年人补贴标准的通知》(晋政办发〔2015〕116号)	2015年11月27日
4	辽宁	《关于建立经济困难的高龄、失能老年人养老服务补贴制度的通知》(辽财社〔2015〕174号)	2015年
5	吉林	《关于加快养老服务业发展的实施意见》(吉政发〔2014〕9号)	2014年4月8日
6	黑龙江	《关于建立贫困失能老年人护理补贴制度的通知》(黑政办发〔2013〕4号)	2013年8月13日
7	上海	《关于本市长期护理保险试点区养老服务补贴政策相关事项的通知》(沪民老工发〔2017〕6号)	2017年3月7日
8	江苏	《关于建立经济困难的高龄失能等老年人补贴制度的通知》(苏财社〔2014〕254号)	2014年12月26日

续表

序号	地区	政策法规名称	颁布时间
9	浙江	《关于进一步健全特困人员救助供养制度的实施意见》（浙政办发〔2017〕1号）	2017年1月4日
10	福建	《关于印发养老事业补短板2017年行动方案的通知》（闽民福〔2017〕230号）	2017年9月18日
11	山东	《关于建立生活长期不能自理经济困难老年人护理补贴制度的通知》（鲁民〔2014〕28号）	2014年3月17日
12	河南	《关于建立健全经济困难的高龄失能老人补贴制度的通知》（豫财社〔2015〕206号）	2015年12月17日
13	湖南	《关于建立健全基本养老服务补贴制度的通知》（湘财社〔2015〕28号）	2015年9月30日
14	广东	《关于建立经济困难的高龄失能等老年人补贴制度的实施意见》（粤民发〔2016〕57号）	2016年4月15日
15	重庆	《重庆市经济困难的高龄失能老年人养老服务补贴实施办法》（渝民发〔2015〕71号）	2015年
16	贵州	《关于建立经济困难的高龄失能老年人补贴制度的通知》（黔民发〔2015〕42号）	2015年
17	西藏	《关于印发西藏自治区建立经济困难的高龄、失能老年人补贴制度实施意见的通知》（藏政发〔2016〕24号）	2016年
18	甘肃	《关于建立经济困难的老年人补贴制度的通知》	2016年12月1日
19	新疆	《关于建立健全经济困难的高龄失能老年人补贴制度的实施意见》（新民发〔2015〕142号）	2015年11月4日

长期照护服务（是否制定养老服务评估实施办法）

序号	地区	政策法规名称	颁布时间
1	北京	《关于印发〈经济困难的高龄和失能老年人居家养老服务试点区老年人能力评估办法〉的通知》（京民老龄发〔2015〕478号）	2015年12月31日
2	天津	《关于推进我市养老服务评估工作的意见》（津民发〔2014〕81号）	2014年11月4日
3	江苏	《关于建立养老服务评估制度的意见》（苏民福〔2014〕34号）	2014年11月10日
4	福建	《关于印发〈福建省社区居家养老服务承接机构服务质量评估试行办法〉的通知》（闽民福〔2017〕72号）	2017年4月1日

续表

序号	地区	政策法规名称	颁布时间
5	广东	《关于开展养老服务评估工作的实施意见》(粤民发〔2016〕43号)	2016年3月22日
6	四川	《关于印发〈四川省养老服务评估指标体系(试行)〉的通知》(川民发〔2015〕2号)	2015年1月2日
7	甘肃	《关于印发〈甘肃省养老服务评估暂行办法〉的通知》(甘民发〔2015〕90号)	2015年6月15日
8	宁夏	《关于印发〈关于加快推进养老服务评估工作的试行意见〉的通知》(宁民办〔2017〕45号)	2017年8月15日

长期照护服务(是否确定开展省级长期照护保险制度试点)

序号	地区	政策法规名称	颁布时间
1	北京	《北京市残疾预防行动计划(2017—2020年)》	2017年5月16日
2	吉林	《关于印发吉林省老龄事业发展和养老体系建设"十三五"规划的通知》(吉政办发〔2017〕73号)	2017年10月17日
3	上海	《上海市人民政府关于印发修订后的〈上海市长期护理保险试点办法〉的通知》(沪府发〔2017〕97号)	2017年12月30日
4	山东	《关于开展职工长期护理保险试点工作的指导意见》(鲁政办字〔2014〕85号)	2014年6月11日

长期照护服务(是否将生活照料纳入长期护理保险保障范围)

序号	地区	政策法规名称	颁布时间
1	上海	《关于印发修订后的〈上海市长期护理保险试点办法〉的通知》(沪府发〔2017〕97号)	2017年12月30日

医养结合(是否确定开展省级医养结合试点)

序号	地区	政策法规名称	颁布时间
1	北京	《关于印发医养结合重点任务分工方案的通知》(京卫老年妇幼字〔2017〕6号)	2017年3月19日
2	河北	《关于转发省卫生计生委等部门河北省推进医疗卫生与养老服务相结合实施意见的通知》(冀政办字〔2016〕4号)	2016年1月11日
3	山西	《关于推进医疗机构与养老服务融合发展的指导意见》(晋卫医发〔2014〕62号)	2014年10月16日
4	辽宁	《关于推进医疗卫生与养老服务结合发展的实施意见》(辽政办发〔2016〕56号)	2016年5月8日

续表

序号	地区	政策法规名称	颁布时间
5	吉林	《关于开展2016年养老服务试点工作的通知》(吉民办字〔2016〕15号)	2016年5月3日
6	黑龙江	《关于加快推进医养结合发展的指导意见》(黑民福〔2015〕157号)	2015年11月4日
7	上海	《关于印发〈关于全面推进本市医养结合发展的若干意见〉的通知》(沪民福发〔2015〕19号)	2015年8月4日
8	江苏	《转发省卫生计生委等部门关于深入推进医疗卫生与养老服务相结合实施意见的通知》(苏政办发〔2017〕98号)	2017年7月4日
9	安徽	《转发省卫生计生委等部门关于推进医疗卫生与养老服务相结合实施意见的通知》(皖政办〔2016〕19号)	2016年5月20日
10	福建	《关于遴选医养结合试点单位的通知》(闽卫家庭〔2016〕111号)	2016年8月11日
11	江西	《转发省卫生计生委等部门关于推进医疗卫生与养老服务融合发展的实施意见》	2016年8月5日
12	山东	《转发省卫生计生委等部门关于加快推进医养结合工作的实施》(鲁政办发〔2016〕56号)	2016年12月19日
13	河南	《转发省卫生计生委等部门关于推进医疗卫生与养老服务相结合实施意见的通知》(豫政办〔2016〕133号)	2016年8月2日
14	湖北	《转发省卫生计生委等部门关于推进医疗卫生与养老服务相结合实施意见的通知》(鄂政办发〔2016〕36号)	2016年5月23日
15	湖南	《关于推进医疗卫生与养老服务相结合的实施意见》(湘政办发〔2016〕86号)	2016年11月15日
16	广东	《关于促进医疗卫生与养老服务相结合的实施意见》(粤府办〔2016〕78号)	2016年7月12日
17	广西	《关于确定自治区级医养结合试点单位的通知》(桂卫家庭发〔2017〕1号)	2017年9月6日
18	海南	《关于印发海南省推进医疗卫生与养老服务结合发展实施意见的通知》(琼府办〔2016〕277号)	2016年11月7日
19	重庆	《转发市卫生计生委等部门关于推进医疗卫生与养老服务相结合实施意见的通知》(渝府办发〔2016〕153号)	2016年8月11日
20	四川	《转发省卫生计生委等部门关于加快推进医疗卫生与养老服务相结合实施意见的通知》(川办发〔2016〕57号)	2016年8月19日

续表

序号	地区	政策法规名称	颁布时间
21	贵州	《关于加快发展养老服务业的实施意见》（黔府发〔2014〕17号）	2014年5月26日
22	云南	《云南省养老服务体系建设"十三五"规划》（云政办发〔2016〕91号）	2016年9月6日
23	陕西	《关于推进医疗卫生与养老服务相结合实施意见》（陕政办发〔2016〕63号）	2016年7月27日
24	甘肃	《关于印发〈关于加快推进医疗卫生与养老服务相结合的实施意见〉的通知》（甘卫发〔2016〕116号）	2016年3月25日
25	青海	《转发省卫生计生委等部门关于推进医疗卫生与养老服务相结合实施意见的通知》（青政办〔2016〕62号）	2016年5月20日
26	宁夏	《转发自治区卫生计生委等部门关于加快推进医疗卫生与养老服务相结合实施意见的通知》（宁政办发〔2016〕50号）	2016年4月12日

医养结合（是否明确出台医养结合相关服务标准）

序号	地区	政策法规名称	颁布时间
1	北京	《养老机构医务室服务规范》（DB11/T 220—2014）	2014年5月21日
2	山西	《医疗养老结合基本服务规范》（DB14/T 1331—2017）	2017年
3	山东	《医疗养老结合基本服务规范》（DB37/T2721—2015）	2015年
4	河南	《医养结合机构基本服务规范》（DB41/T 1374—2017）	2016年8月12日

医养结合（是否明确出台家庭老年人照护能力培训政策）

序号	地区	政策法规名称	颁布时间
1	上海	《关于继续开展"老年宜居社区"市级配送项目试点工作的通知》（沪民老工发〔2016〕24号）	2016年10月18日
2	吉林	《关于印发吉林省老龄事业发展和养老体系建设"十三五"规划的通知》（吉政办发〔2017〕73号）	2017年10月17日
3	江苏	《关于全面放开养老服务市场提升养老服务质量的实施意见》（苏政发〔2017〕121号）	2017年8月25日
4	浙江	《关于开展养老护理知识技能进家庭进社区活动的通知》（浙民福〔2013〕115号）	2013年5月13日

医养结合（是否明确提出发展社区居家老年人慢性病管理）

序号	地区	政策法规名称	颁布时间
1	北京	《关于印发〈社区养老服务驿站设施设计和服务标准（试行）〉的通知》（京民福发〔2016〕392号）	2016年9月26日
2	天津	《关于印发天津市"十三五"老龄事业发展和养老体系建设规划的通知》（津政办发〔2017〕106号）	2017年11月1日
3	内蒙古	《关于促进健康服务业发展的实施意见》（内政发〔2015〕14号）	2015年1月21日
4	辽宁	《关于印发"十三五"辽宁省老龄事业发展和养老体系建设规划的通知》（辽政发〔2017〕41号）	2017年9月1日
5	吉林	《关于印发吉林省老龄事业发展和养老体系建设"十三五"规划的通知》（吉政办发〔2017〕73号）	2017年10月17日
6	上海	《关于印发〈养老机构护理型床位设置指引〉（试行）的通知》（沪民福发〔2017〕44号）	2017年12月14日
7	浙江	《关于印发浙江省老龄事业发展"十三五"规划的通知》（浙政发〔2017〕21号）	2017年6月1日
8	福建	《关于加快推进居家社区养老服务十条措施的通知》（闽政办〔2017〕67号）	2017年6月27日
9	湖北	《关于印发湖北省老龄事业发展和养老体系建设"十三五"规划的通知》（鄂政发〔2017〕22号）	2017年5月19日
10	广东	《关于促进医疗卫生与养老服务相结合的实施意见》（粤府办〔2016〕78号）	2016年7月12日
11	广西	《广西壮族自治区民政事业发展第十三个五.规划》（桂发改规划〔2016〕1141号）	2016年10月8日
12	海南	《关于印发海南省推进医疗卫生与养老服务结合发展实施意见的通知》（琼府办〔2016〕277号）	2016年11月17日
13	重庆	《转发市卫生计生委等部门关于推进医疗卫生与养老服务相结合实施意见的通知》（渝府办发〔2016〕153号）	2016年8月8日
14	云南	《转发省卫生计生委等部门关于推进医疗卫生与养老服务相结合实施意见的通知》（云政办发〔2016〕101号）	2016年9月28日
15	陕西	《关于推进医疗卫生与养老服务相结合实施意见》（陕政办发〔2016〕63号）	2016年7月27日
16	甘肃	《关于印发〈关于加快推进医疗卫生与养老服务相结合的实施意见〉的通知》（甘卫发〔2016〕116号）	2016年3月25日
17	青海	《转发省卫生计生委等部门关于推进医疗卫生与养老服务相结合实施意见的通知》（青政办〔2016〕62号）	2016年5月20
18	宁夏	《关于印发宁夏回族自治区"十三五"老龄事业发展和养老体系建设规划的通知》（宁政办发〔2017〕147号）	日2017年8月8

医养结合(是否出台促进中医药健康养老服务发展的专项文件)

序号	地区	政策法规名称	颁布时间
1	北京	《北京中医药健康养老试点工作实施方案》	2016年

养老人才(是否出台养老护理员在职补贴政策)

序号	地区	政策法规名称	颁布时间
1	北京	《关于加强养老服务人才队伍建设的意见》(京民福发〔2016〕527号)	2016年12月26日
2	天津	《关于加快我市养老服务业发展的意见》(津政发〔2008〕27号)	2008年3月19日
3	内蒙古	《关于加快发展养老服务业的实施意见》(内政发〔2014〕57号)	2014年5月21日
4	河北	《关于全面放开养老服务市场提升养老服务质量的实施意见》(冀政办字〔2017〕115号)	2017年9月13日
5	辽宁	《关于印发"十三五"辽宁省老龄事业发展和养老体系建设规划的通知》(辽政发〔2017〕41号)	2017年9月1日
6	上海	《关于印发〈上海市养老护理人员队伍建设(专项)规划(2015—2020年)〉的通知》(沪人社职〔2015〕422号)	2015年10月8日
7	江苏	《关于加快发展养老服务业完善养老服务体系的实施意见》(苏政发〔2014〕39号)	2014年4月2日
8	浙江	《关于发展民办养老产业的若干意见》(浙政发〔2014〕16号)	2014年4月25日
9	安徽	《关于加快发展养老服务业的实施意见》(皖政〔2014〕60号)	2014年7月28日
10	福建	《关于下达2017年全省养老护理员培训经费的通知》(闽民计〔2017〕294号)	2017年12月11日
11	江苏	《关于加快发展养老服务业完善养老服务体系的实施意见》(苏政发〔2014〕39号)	2014年4月2日
12	山东	《关于加快发展养老服务业的意见》(鲁政发〔2014〕11号)	2014年5月26日
13	重庆	《关于加快推进养老服务业发展的意见》(渝府发〔2014〕16号)	2014年4月21日

养老人才（是否施行养老护理员积分落户政策）

序号	地区	政策法规名称	颁布时间
1	北京	《关于加强养老服务人才队伍建设的意见》（京民福发〔2016〕527号）	2016年12月26日
2	河北	《关于全面放开养老服务市场提升养老服务质量的实施意见》（冀政办字〔2017〕115号）	2017年9月13日
3	内蒙古	《关于全面放开养老服务市场提升养老服务质量的实施意见》（内政办发〔2017〕127号）	2017年7月17日
4	辽宁	《关于印发"十三五"辽宁省老龄事业发展和养老体系建设规划的通知》（辽政发〔2017〕41号）	2017年9月1日
5	上海	《关于加快推进本市养老护理人员队伍建设的实施意见》（沪民老工发〔2017〕2号）	2017年1月12日
6	江苏	《关于全面放开养老服务市场提升养老服务质量的实施意见》（苏政发〔2017〕121号）	2017年8月25日
7	福建	《关于印发"十三五"福建省老龄事业发展和养老体系建设规划的通知》（闽政〔2017〕28号）》	2017年7月13日
8	湖北	《关于全面放开养老服务市场提升养老服务质量的实施意见》（鄂政办发〔2017〕44号）	2017年6月9日
9	广东	《广东省养老服务体系"十三五"规划》（粤民发〔2016〕160号）	2016年11月16日
10	陕西	《关于全面放开养老服务市场提升养老服务质量的实施意见》（陕政办发〔2017〕76号）	2017年9月11

养老人才（是否明确培训补贴或职业技能鉴定补贴政策）

序号	地区	政策法规名称	颁布时间
1	北京	《关于部分调整职业培训补贴政策有关问题的通知》（京人社能发〔2013〕139号）	2013年5月24日
2	天津	《关于印发天津市职业培训补贴办法的通知》（津人社局发〔2015〕84号）	2015年10月27日
3	河北	《关于全面放开养老服务市场提升养老服务质量的实施意见》（冀政办字〔2017〕115号）	2017年9月13日
4	内蒙古	《关于全面放开养老服务市场提升养老服务质量的实施意见》（内政办发〔2017〕127号）	2017年7月17日
5	辽宁	《关于印发"十三五"辽宁省老龄事业发展和养老体系建设规划的通知》（辽政发〔2017〕41号）	2017年9月1日
6	吉林	《关于加强全省养老护理员培训工作的实施意见》（吉民发〔2013〕10号）	2013年

续表

序号	地区	政策法规名称	颁布时间
7	黑龙江	《关于支持民办养老产业发展的意见》（黑政办发〔2014〕50号）	2014年10月17日
8	上海	《关于加快推进本市养老护理人员队伍建设的实施意见》（沪民老工发〔2017〕2号）	2017年1月12日
9	江苏	《关于全面放开养老服务市场提升养老服务质量的实施意见》（苏政发〔2017〕121号）	2017年8月25日
10	浙江	《关于加强养老护理人员教育培训的实施意见》（浙民福〔2014〕48号）	2014年3月5日
11	安徽	《关于加快发展养老服务业的实施意见》（皖政〔2014〕60号）	2014年7月28日
12	福建	《福建省养老护理从业人员岗位培训专项资金管理办法》（闽财社〔2015〕44号）	2015年7月10日
13	江西	《关于加快发展养老服务业的实施意见》（赣府发〔2014〕15号）	2014年5月23日
14	山东	《关于加强养老护理员培训工作的意见》（鲁民〔2012〕73号）	2012年8月16日
15	湖北	《关于加快发展城乡社区居家养老服务的意见》（鄂政办发〔2012〕83号）	2012年12月29日
16	湖南	《关于在全省开展养老服务职业培训和技能鉴定工作的通知》（湘民发〔2013〕28号）	2013年5月22日
17	广西	《关于建设养老服务业综合改革试验区的意见》（桂政发〔2015〕33号）	2015年7月3日
18	海南	《关于加快发展养老服务业的实施意见》（琼府〔2014〕32号）	2014年7月17日
19	贵州	《关于加快发展养老服务业的实施意见》（黔府发〔2014〕17号）	2014年5月26日
20	云南	《关于支持社会力量发展养老服务业的实施意见》（云政办发〔2017〕114号）	2017年10月27日
21	甘肃	《印发〈关于鼓励民间资本参与养老服务业发展的扶持政策〉的通知》（甘民发〔2015〕109号）	2015年7月24日
22	宁夏	《关于加快发展养老服务业的实施意见》（宁政发〔2014〕44号）	2014年5月26日
23	新疆	《关于印发〈关于加强养老服务人才队伍建设的意见〉的通知》（新民发〔2017〕68号）	2017年6月9日

养老人才（是否出台中高职、普通本科学生入职奖补政策）

序号	地区	政策法规名称	颁布时间
1	河北	《关于全面放开养老服务市场提升养老服务质量的实施意见》（冀政办字〔2017〕115号）	2017年9月13日
2	辽宁	《关于印发加快养老服务业发展若干政策的通知》（辽政办发〔2014〕46号）	2014年10月2日
3	上海	《关于加快推进本市养老护理人员队伍建设的实施意见》（沪民老工发〔2017〕2号）	2017年1月12日
4	江苏	《关于全面放开养老服务市场提升养老服务质量的实施意见》（苏政发〔2017〕121号）	2017年8月25日
5	浙江	《关于印发〈浙江省老年服务与管理类专业毕业学生入职奖补办法〉的通知》（浙民福〔2013〕113号）	2013年5月10日
6	安徽	《关于加快发展养老服务业的实施意见》（皖政〔2014〕60号）	2014年7月28日
7	山东	《山东省养老服务业转型升级实施方案》（鲁政办字〔2016〕22号）	2016年3月12日
8	江西	《关于全面放开养老服务市场的实施意见》（赣府厅发〔2017〕55号）	2017年8月1日
9	甘肃	《印发〈关于鼓励民间资本参与养老服务业发展的扶持政策〉的通知》	2015年7月24日
10	青海	《关于加快发展养老服务业的实施意见》（青政〔2014〕33号）	2014年5月16日
11	宁夏	《关于全面放开养老服务市场加快养老服务业转型升级的实施意见》（宁政办发〔2017〕106号）	2017年6月5日

养老产业（是否出台财政贴息与担保政策）

序号	地区	政策法规名称	颁布时间
1	北京	《关于全面放开养老服务市场进一步促进养老服务业发展的实施意见》（京政办发〔2017〕13号）	2017年3月2日
2	天津	《关于加快我市养老服务业发展的意见》（津政发〔2008〕27号）	2008年3月19日
3	河北	《关于加快发展养老服务业的实施意见》（冀政〔2014〕67号）	2014年6月24日
4	山西	《关于印发〈全省扶持养老服务业发展财政贴息暂行办法〉的通知》（晋财社〔2015〕5号）	2015年2月15日

续表

序号	地区	政策法规名称	颁布时间
5	辽宁	《关于印发〈加快养老服务业发展若干政策〉的通知》（辽政办发〔2014〕46号）	2014年10月2日
6	吉林	《关于全面放开养老服务市场提升养老服务质量的实施意见》（吉政办发〔2017〕87号）	2017年12月28日
7	黑龙江	《关于支持民办养老产业发展的意见》（黑政办发〔2014〕50号）	2014年10月17日
8	上海	《印发〈关于完善本市养老基本公共服务的若干意见〉和〈关于鼓励社会力量参与本市养老服务体系建设的若干意见〉的通知》（沪府办〔2015〕124号）	2015年12月28日
9	江苏	《关于加快发展养老服务业完善养老服务体系的实施意见》（苏政发〔2014〕39号）	2014年4月3日
10	浙江	《关于发展民办养老产业的若干意见》（浙政发〔2014〕16号）	2014年4月25日
11	安徽	《关于加快发展养老服务业的实施意见》（皖政〔2014〕60号）	2014年7月28日
12	福建	《关于加快发展养老服务业的实施意见》（闽政〔2014〕3号）	2014年1月19日
13	江西	《关于全面放开养老服务市场的实施意见》（赣府厅发〔2017〕55号）	2017年8月1日
14	河南	《关于加快发展养老服务业的意见》（豫政文〔2014〕24号）	2014年3月9日
15	广西	《关于促进养老服务业加快发展的实施意见》（桂政发〔2014〕58号）	2014年9月9日
16	海南	《关于加快发展养老服务业的实施意见》（琼府〔2014〕32号）	2014年12月29日
17	重庆	《关于印发重庆市老龄事业发展和养老体系建设"十三五"规划的通知》（渝府办发〔2017〕153号）	2017年10月9日
18	四川	《关于加快发展养老服务业的实施意见》（川府发〔2014〕8号）	2014年2月14日
19	贵州	《关于支持社会力量发展养老服务业的政策措施》的通知（黔府办发〔2015〕5号）	2015年2月12日
20	云南	《关于支持社会力量发展养老服务业的实施意见》（云政办发〔2017〕114号）	2017年10月27日
21	西藏	《关于加快发展养老服务业的实施意见》（藏政法〔2015〕37号）	2015年5月7日

续表

序号	地区	政策法规名称	颁布时间
22	陕西	《关于全面放开养老服务市场提升养老服务质量的实施意见》（陕政办发〔2017〕76号）	2017年9月11日
23	甘肃	《印发〈关于鼓励民间资本参与养老服务业发展的扶持政策〉的通知》	2015年7月24日
24	青海	《关于加快发展养老服务业的实施意见》（青政〔2014〕33号）	2014年5月16日
25	宁夏	《关于全面放开养老服务市场加快养老服务业转型升级的实施意见》（宁政办发〔2017〕106号）	2017年6月5日
26	新疆	《关于加快发展养老服务业的实施意见》（新政发〔2014〕19号）	2014年3月16日

养老产业（是否要求设立产业投资引导基金）

序号	地区	政策法规名称	颁布时间
1	北京	《关于加快推进养老服务业发展的意见》（京政发〔2013〕32号）	2013年10月12日
2	河北	《关于全面放开养老服务市场提升养老服务质量的实施意见》（冀政办字〔2017〕115号）	2017年9月13日
3	吉林	《关于印发〈吉林省省级养老服务业发展引导专项资金管理暂行办法〉的通知》（吉财社〔2014〕307号）	2014年12月18日
4	上海	《印发〈关于完善本市养老基本公共服务的若干意见〉和〈关于鼓励社会力量参与本市养老服务体系建设的若干意见〉的通知》（沪府办〔2015〕124号）	2015年12月28日
5	江苏	《关于加快发展养老服务业完善养老服务体系的实施意见》（苏政发〔2014〕39号）	2014年4月2日
6	福建	《关于印发〈福建省养老产业投资基金实施方案〉的通知》（闽民福〔2017〕97号）	2017年4月24日
7	江西	《关于全面放开养老服务市场的实施意见》（赣府厅发〔2017〕55号）	2017年8月1日
8	河南	《关于印发养老健康产业发展示范园区（基地）规划建设推进计划的通知》（豫政办〔2015〕123号）	2015年9月29日
9	湖北	《关于印发湖北省老龄事业发展和养老体系建设"十三五"规划的通知》（鄂政发〔2017〕22号）	2017年5月19日
10	湖南	《关于推进医疗卫生与养老服务相结合的实施意见》（湘政办发〔2016〕86号）	2016年11月15日

续表

序号	地区	政策法规名称	颁布时间
11	广东	《关于促进医疗卫生与养老服务相结合的实施意见》（粤府办〔2016〕78号）	2016年7月12日
12	广西	《关于建设养老服务业综合改革试验区的意见》（桂政发〔2015〕33号）	2015年7月5日
13	海南	《关于印发海南省促进健康服务业发展实施方案（2015—2020年）的通知》（琼府办〔2015〕165号）	2015年9月7日
14	重庆	《关于促进健康服务业发展的意见》（渝府发〔2014〕14号）	2014年4月2日
15	四川	《关于印发四川省养老与健康服务业发展规划（2015—2020年）的通知》（川办发〔2015〕96号）	2015年11月20日
16	云南	《云南省养老服务体系建设"十三五"规划》（云政办发〔2016〕91号）	2016年9月6日
17	陕西	《关于推进医疗卫生与养老服务相结合实施意见》（陕政办发〔2016〕63号）	2016年7月27日
18	青海	《转发省卫生计生委等部门关于推进医疗卫生与养老服务相结合实施意见的通知》（青政办〔2016〕62号）	2016年5月20日
19	宁夏	《转发自治区卫生计生委等部门关于加快推进医疗卫生与养老服务相结合实施意见的通知》（宁政办发〔2016〕50号）	2016年4月12日
20	新疆	《关于加快发展养老服务业的实施意见》（新政发〔2014〕19号）	2014年3月16日

养老产业（是否明确提出养老用地指标和性质类型）

序号	地区	政策法规名称	颁布时间
1	北京	《北京市养老服务设施专项规划》	2015年11月24日
2	河北	《关于做好建设养老机构用地工作的通知》（冀国土资发〔2011〕40号）	2011年6月7日
3	山西	《关于加快发展养老服务业的意见《（晋政发〔2014〕16号）	2014年6月5日
4	内蒙古	《关于全面放开养老服务市场提升养老服务质量的实施意见》（内政办发〔2017〕127号）	2017年7月17日
5	吉林	《关于全面放开养老服务市场提升养老服务质量的实施意见》（吉政办发〔2017〕87号）	2017年12月28日
6	黑龙江	《关于加快发展养老服务业的实施意见》（黑政发〔2014〕9号）	2014年6月5日

续表

序号	地区	政策法规名称	颁布时间
7	上海	《印发〈关于完善本市养老基本公共服务的若干意见〉和〈关于鼓励社会力量参与本市养老服务体系建设的若干意见〉的通知》（沪府办〔2015〕124号）	2015年12月28日
8	江苏	《关于全面放开养老服务市场提升养老服务质量的实施意见》（苏政发〔2017〕121号）	2017年8月25日
9	浙江	《关于加强养老服务设施规划建设的意见》	2012年12月7日
10	安徽	《关于加快发展养老服务业的实施意见》（皖政〔2014〕60号）	2014年7月28日
11	福建	《关于加快发展养老服务业的实施意见》（闽政〔2014〕3号）	2014年1月19日
12	江西	《关于全面放开养老服务市场的实施意见》（赣府厅发〔2017〕55号）	2017年8月1日
13	山东	《关于印发山东省养老服务业转型升级实施方案的通知》（鲁政办字〔2016〕22号）	2016年2月25日
14	河南	《关于全面放开养老服务市场提升养老服务质量的实施意见》（豫政办〔2017〕112号）	2017年9月24日
15	湖北	《关于全面放开养老服务市场提升养老服务质量的实施意见》（鄂政办发〔2017〕44号）	2017年6月9日
16	湖南	《关于全面放开养老服务市场提升养老服务质量的实施意见》（湘政办发〔2017〕84号）	2017年12月29日
17	广东	《广东省养老服务体系"十三五"规划》（粤民发〔2016〕160号）	2016年11月16日
18	广西	《关于印发广西养老服务业综合改革试验区规划》（桂政办发〔2016〕14号）	2016年1月28日
19	重庆	《关于印发重庆市老龄事业发展和养老体系建设"十三五"规划的通知》（渝府办发〔2017〕153号）	2017年10月9日
20	云南	《关于印发云南省养老服务体系建设"十三五"规划的通知》（云政办发〔2016〕91号）	2016年9月12日
21	陕西	《关于全面放开养老服务市场提升养老服务质量的实施意见》（陕政办发〔2017〕76号）	2017年9月11日
22	甘肃	《甘肃省"十三五"老龄事业发展规划》（甘政办发〔2017〕177号）	2017年10月31日
23	青海	《关于加快发展养老服务业的实施意见》（青政〔2014〕33号）	2014年5月16日
24	宁夏	《关于全面放开养老服务市场加快养老服务业转型升级的实施意见》（宁政办发〔2017〕106号）	2017年6月5日
25	新疆	《关于全面放开养老服务市场提升养老服务质量的实施意见》（新政办发〔2017〕91号）	2017年5月24日

养老产业（是否明确为境外企业投资提供政策优惠）

序号	地区	政策法规名称	颁布时间日
1	北京	《关于全面放开养老服务市场进一步促进养老服务业发展的实施意见》（京政办发〔2017〕13号）	2017年3月2日
2	山西	《关于加快推进全省社会养老服务体系建设的意见》（晋政办发〔2012〕52号）	2012年7月20日
3	内蒙古	《关于全面放开养老服务市场提升养老服务质量的实施意见》（内政办发〔2017〕127号）	2017年7月17日
4	辽宁	《关于印发加快养老服务业发展若干政策的通知》（辽政办发〔2014〕46号）	2014年10月2日
5	吉林	《全面放开养老服务市场提升养老服务质量的实施意见》（吉政办发〔2017〕87号）	2017年12月28日
6	黑龙江	《关于支持民办养老产业发展的意见》（黑政办发〔2014〕50号）	2014年10月17日
7	上海	《关于印发〈2017年上海社会福利和老龄工作要点分解表〉的通知》（沪民福发〔2017〕2号）	2017年2月20日
8	江苏	《关于加强对外合作交流鼓励外资参与养老服务业发展的意见》（苏民福〔2015〕11号）	2015年7月8日
9	浙江	《关于发展民办养老产业的若干意见》（浙政发〔2014〕16号）	2014年4月25日
10	江西	《关于全面放开养老服务市场的实施意见》（赣府厅发〔2017〕55号）	2017年8月1日
11	河南	《关于全面放开养老服务市场提升养老服务质量的实施意见》（豫政办〔2017〕112号）	2017年9月24日
12	湖北	《关于全面放开养老服务市场提升养老服务质量的实施意见》（鄂政办发〔2017〕44号）	2017年6月9日
13	湖南	《关于全面放开养老服务市场提升养老服务质量的实施意见》（湘政办发〔2017〕84号）	2017年12月29日
14	广东	《关于解决港澳服务提供者来粤兴办养老机构和残疾人福利机构建设用地问题的通知》	2012年12月25日
15	海南	《关于印发海南省养老服务业发展十三五规划的通知》（琼府办〔2016〕52号）	2016年3月9日
16	重庆	《关于进一步激发社会领域投资活力的实施意见》（渝府办发〔2017〕80号）	2017年6月21日
17	云南	《关于印发云南省养老服务体系建设"十三五"规划的通知》（云政办发〔2016〕91号）	2016年9月12日

续表

序号	地区	政策法规名称	颁布时间日
18	陕西	《关于全面放开养老服务市场提升养老服务质量的实施意见》（陕政办发〔2017〕76号）	2017年9月11日
19	甘肃	《关于加快发展养老服务业的实施意见》（甘政发〔2014〕50号）	2014年4月30日
20	宁夏	《关于全面放开养老服务市场加快养老服务业转型升级的实施意见》（宁政办发〔2017〕106号）	2017年6月5日
21	新疆	《关于加快发展养老服务业的实施意见》（新政发〔2014〕19号）	2014年3月16日

养老产业（是否明确为老年智能产品研发企业提供政策优惠）

序号	地区	政策法规名称	颁布时间
1	河北	《关于全面放开养老服务市场提升养老服务质量的实施意见》（冀政办字〔2017〕115号）	2017年9月13日
2	天津	《关于印发天津市"十三五"老龄事业发展和养老体系建设规划的通知》（津政办发〔2017〕106号）	2017年11月1日
3	吉林	《关于印发吉林省老龄事业发展和养老体系建设"十三五"规划的通知》（吉政办发〔2017〕73号）	2017年10月17日
4	上海	《印发〈关于完善本市养老基本公共服务的若干意见〉和〈关于鼓励社会力量参与本市养老服务体系建设的若干意见〉的通知》（沪府办〔2015〕124号）	2015年12月28日
5	河南	《关于全面放开养老服务市场提升养老服务质量的实施意见》（豫政办〔2017〕112号）	2017年9月24日
6	湖北	《关于全面放开养老服务市场提升养老服务质量的实施意见》（鄂政办发〔2017〕44号）	2017年6月9日
7	广西	《关于全面放开养老服务市场提升养老服务质量的实施意见》（桂政办发〔2017〕129号）	2017年9月13日
8	重庆	《关于全面放开养老服务市场提升养老服务质量的实施意见》（渝府办发〔2017〕162号）	2017年10月31日
9	陕西	《关于全面放开养老服务市场提升养老服务质量的实施意见》（陕政办发〔2017〕76号）	2017年9月11日
10	宁夏	《关于全面放开养老服务市场加快养老服务业转型升级的实施意见》（宁政办发〔2017〕106号）	2017年6月5日

养老产业（是否要求银行业金融机构为养老机构提供信贷支持）

序号	地区	政策法规名称	颁布时间
1	北京	《关于全面放开养老服务市场进一步促进养老服务业发展的实施意见》（京政办发〔2017〕13号）	2017年3月2日
2	河北	《关于全面放开养老服务市场提升养老服务质量的实施意见》（冀政办字〔2017〕115号）	2017年9月13日
3	山西	《关于加快发展养老服务业的意见》（晋政发〔2014〕16号）	2014年6月5日
4	内蒙古	《关于全面放开养老服务市场提升养老服务质量的实施意见》（内政办发〔2017〕127号）	2017年7月17日
5	辽宁	《全面放开养老服务市场提升养老服务质量的实施意见》（辽政办发〔2017〕94号）	2017年8月28日
6	吉林	《关于全面放开养老服务市场提升养老服务质量的实施意见》（吉政办发〔2017〕87号）	2017年12月28日
7	黑龙江	《关于支持民办养老产业发展的意见》（黑政办发〔2014〕50号）	2014年10月17日
8	上海	《印发〈关于完善本市养老基本公共服务的若干意见〉和〈关于鼓励社会力量参与本市养老服务体系建设的若干意见〉的通知》（沪府办〔2015〕124号）	2015年12月28日
9	江苏	《关于加快发展养老服务业完善养老服务体系的实施意见》（苏政发〔2014〕39号）	2014年4月3日
10	浙江	《关于发展民办养老产业的若干意见》（浙政发〔2014〕16号）	2014年4月25日
11	福建	《关于全面放开养老服务市场提升养老服务质量的实施意见》（闽政办〔2017〕78号）	2017年7月19日
12	江西	《关于全面放开养老服务市场的实施意见》（赣府厅发〔2017〕55号）	2017年8月1日
13	山东	《关于加快发展养老服务业的意见》（鲁政发〔2014〕11号）	2014年5月26日
14	河南	《关于全面放开养老服务市场提升养老服务质量的实施意见》（豫政办〔2017〕112号）	2017年9月24日
15	湖北	《关于全面放开养老服务市场提升养老服务质量的实施意见》（鄂政办发〔2017〕44号）	2017年6月9日
16	湖南	《关于加快推进养老服务业放管服改革的实施意见》（湘民发〔2017〕38号）	2017年9月20日
17	广东	《广东省养老服务体系"十三五"规划》（粤民发〔2016〕160号）	2016年11月16日
18	海南	《关于加快发展养老服务业的实施意见》（琼府〔2014〕32号）	2014年12月29日

续表

序号	地区	政策法规名称	颁布时间
19	云南	《关于支持社会力量发展养老服务业的实施意见》（云政办发〔2017〕114号）	2017年10月27日
20	陕西	《关于全面放开养老服务市场提升养老服务质量的实施意见》（陕政办发〔2017〕76号）	2017年9月11日
21	甘肃	《印发〈关于鼓励民间资本参与养老服务业发展的扶持政策〉的通知》	2015年7月24日
22	宁夏	《关于全面放开养老服务市场加快养老服务业转型升级的实施意见》（宁政办发〔2017〕106号）	2017年6月5日
23	新疆	《关于全面放开养老服务市场提升养老服务质量的实施意见》（新政办发〔2017〕91号）	2017年5月24日

行业信用（是否制定开展养老服务业诚信体系建设的具体措施）

序号	地区	政策法规名称	颁布时间
1	北京	《北京市推进养老服务业诚信体系建设指导意见》（征求意见稿）	2017年11月28日
2	河北	《关于全面放开养老服务市场提升养老服务质量的实施意见》（冀政办字〔2017〕115号）	2017年9月13日
3	上海	《关于开展养老服务机构服务质量建设专项行动的通知》（沪民福发〔2017〕13号）	2017年5月16日

行业信用（是否要求制定养老服务业公共信用信息目录）

序号	地区	政策法规名称	颁布时间
1	北京	《北京市推进养老服务业诚信体系建设指导意见》（征求意见稿）	2017年11月28日
2	上海	《印发〈关于完善本市养老基本公共服务的若干意见〉和〈关于鼓励社会力量参与本市养老服务体系建设的若干意见〉的通知》（沪府办〔2015〕124号）	2015年12月28日

老年公益（是否出台老年教育专项发展规划）

序号	地区	政策法规名称	颁布时间
1	天津	《天津市老年人教育条例》	2002月7月18日
2	内蒙古	《关于转发老年教育发展实施意见的通知》（内政办发〔2017〕120号）	2017年7月10日
3	上海	《关于印发〈上海市老年教育发展"十三五"规划〉的通知》（沪教委终〔2016〕16号）	2016年10月13日

续表

序号	地区	政策法规名称	颁布时间
4	江苏	《关于进一步加强老年教育工作的意见》	2013年12月25日
5	安徽	《关于加快"十三五"期间老年教育发展的实施意见》(皖政办秘〔2017〕46号)	2017年3月2日
6	福建	《关于印发福建省老年教育发展规划(2017—2020年)的通知》(闽政办〔2017〕138号)	2017年11月16日
7	广西	《关于印发广西老年教育发展规划(2017—2020年)的通知》(桂政办发〔2017〕182号)	2017年12月9日
8	海南	《关于加快发展老年教育的实施意见》(琼府办〔2017〕213号)	2017年12月19日
9	四川	《关于印发四川省老年教育发展规划(2017—2020年)的通知》(川办发〔2017〕71号)	2017年7月21日
10	贵州	《关于转发〈贵州省老年教育发展"十三五"规划〉的通知》(黔委厅字〔2016〕3号)	2016年1月5日

老年公益(是否建立老年人服务信息管理系统)

序号	地区	政策法规名称	颁布时间
1	北京	《关于印发〈北京市街道(乡镇)养老照料中心建设资助和运营管理办法〉的通知》(京民福发〔2017〕162号)	2017年5月4日
2	河北	《关于建设全省社区信息综合服务平台及居家养老"一键通"呼叫服务网络的通知》(冀民〔2010〕92号)	2010月10月15日
3	辽宁	《转发省民政厅关于加快推进社会养老服务体系建设意见的通知》(辽政办发〔2012〕40号)	2012年7月17日
4	黑龙江	《关于印发黑龙江省民政厅〈推进养老服务业发展改革方案〉的通知》(黑民办〔2016〕24号)	2016年2月15日
5	上海	《关于印发〈上海市"一键通"为老服务项目指南〉的通知》(沪经信推〔2017〕875号)	2017年12月6日
6	广东	《关于印发〈广东省居家养老信息化服务平台建设和运营实施方案〉的通知》(粤民发〔2017〕130号)	2017年6月15日
7	云南	《关于印发云南省养老服务体系建设"十三五"规划的通知》(云政办发〔2016〕91号)	2016年9月12日
8	新疆	《关于加快推进社会养老服务体系建设的意见》(新政发〔2012〕87号)	2012年10月12日

（三）省级儿童政策创新度政策列表（截至 2017 年底）

困境儿童生活保障制度（是否建立）

序号	地区	文件名称	发文时间
1	北京	《关于建立北京市困境儿童分类保障制度的意见》（京民福发〔2016〕228 号）	2016 年 5 月 31 日
2	北京	《北京市民政局、北京市财政局关于发放困境儿童生活费的通知》（京民福发〔2016〕430 号）	2016 年 10 月 8 日
3	北京	《北京市人民政府关于加强困境儿童和留守儿童保障工作的实施意见》（京政发〔2016〕58 号）	2016 年 12 月 13 日
4	天津	《天津市民政局、天津市财政局关于发放困境家庭儿童基本生活费的通知》（津民发〔2014〕61 号）	2014 年 9 月 18 日
5	天津	《天津市人民政府办公厅关于加强困境儿童保障工作的实施意见》（津政办发〔2017〕19 号）	2017 年 1 月 26 日
6	河北	《河北省人民政府关于加强困境儿童保障工作的实施意见》（冀政发〔2016〕41 号）	2016 年 9 月 9 日
7	内蒙古	《内蒙古自治区民政厅、财政厅关于保障事实无人抚养和困境儿童基本生活费的通知》（内民政社福〔2015〕9 号）	
8	内蒙古	《内蒙古自治区人民政府关于加强困境儿童分类保障制度的实施意见》（内政发〔2016〕132 号）	2016 年 11 月 28 日
9	辽宁	《辽宁省人民政府关于加强困境儿童保障工作的实施意见》（辽政发〔2016〕57 号）	2016 年 8 月 24 日
10	吉林	《吉林省人民政府办公厅关于加强困境儿童保障工作的实施意见》（吉政办发〔2017〕8 号）	2017 年 1 月 24 日
11	黑龙江	《关于下发〈黑龙江省适度普惠型儿童福利制度建设试点工作方案〉的通知》（黑民函〔2014〕105 号）	2017 年 7 月 24 日
12	黑龙江	《黑龙江省人民政府关于加强困境儿童保障工作的实施意见》（黑政规〔2017〕9 号）	2017 年 4 月 14 日
13	江苏	《江苏省人民政府办公厅关于完善困境儿童分类保障制度的意见》（苏政办发〔2014〕113 号）	2014 年 12 月 26 日
14	浙江	《浙江省人民政府办公厅关于加快发展孤儿和困境儿童福利事业的意见》（浙政办发〔2011〕60 号）	2011 年 6 月 17 日

续表

序号	地区	文件名称	发文时间
15	浙江	《浙江省民政厅、财政厅关于推进困境儿童分类保障制度的通知》（浙民儿〔2014〕87号）	2014年4月21日
16	安徽	《关于贯彻落实〈国务院关于加强困境儿童保障工作的意见〉的实施办法》（皖民福字〔2016〕160号）	2016年9月27日
17	福建	《福建省民政厅转发民政部关于进一步加强困境儿童临时救助工作的通知》（闽民保〔2015〕225号）	2015年9月14日
18	福建	《福建省人民政府关于加强困境儿童保障工作的实施意见》（闽政〔2016〕53号）	2016年11月16日
19	江西	《江西省人民政府关于加强困境儿童保障工作的实施意见》（赣府发〔2016〕41号）	2016年10月17日
20	山东	《山东省民政厅、财政厅关于建立困境儿童基本生活保障制度的意见》（鲁民〔2014〕56号）	2014年8月1日
21	山东	《山东省人民政府关于贯彻国发〔2016〕36号文件加强困境儿童保障工作的实施意见》（鲁政发〔2017〕5号）	2017年2月28日
22	河南	《河南省人民政府办公厅关于加强困境儿童保障工作的实施意见》（豫政办〔2017〕47号）	2017年3月28日
23	湖北	《湖北省人民政府办公厅关于加强困境儿童保障工作的实施意见》（鄂政办发〔2016〕103号）	2016年12月25日
24	湖南	《湖南省民政厅关于开展困境儿童基本生活保障试点工作的通知》（湘民函〔2013〕187号）	2013年12月4日
25	湖南	《湖南省人民政府关于加强困境儿童保障工作的通知》（湘政发〔2016〕26号）	2016年11月29日
26	广东	《广东省人民政府关于加强困境儿童保障工作的实施意见》（粤府〔2016〕129号）	2016年12月6日
27	广西	《广西壮族自治区人民政府关于加强困境儿童保障工作的实施意见》（桂政发〔2016〕73号）	2016年12月27日
28	重庆	《重庆市民政局、财政局关于建立事实无人抚养困境儿童生活补贴制度的通知》（渝民发〔2012〕116号）	2012年11月27日
29	重庆	《重庆市人民政府关于进一步加强困境儿童保障工作的实施意见》（渝府发〔2016〕59号）	2016年12月21日

续表

序号	地区	文件名称	发文时间
30	四川	《四川省人民政府关于加强困境儿童保障工作的实施意见》（川府发〔2016〕60号）	2016年12月23日
31	贵州	《中共贵州省委办公厅贵州省人民政府办公厅印发〈关于进一步加强留守儿童困境儿童关爱救助保护工作的实施意见〉的通知》（黔党办发〔2015〕32号）	2015年8月19日
32	贵州	《省人民政府办公厅关于实施农村学前教育儿童营养改善计划的意见》（黔府办发〔2016〕37号）	2016年10月8日
33	云南	《云南省人民政府关于加强困境儿童保障工作的实施意见》（云政发〔2016〕103号）	2016年12月20日
34	陕西	《陕西省民政厅关于开展困境儿童分类保障制度建设试点工作的通知》（陕民办发〔2014〕113号）	2014年12月1日
35	甘肃	《甘肃省人民政府关于加强困境儿童保障工作的实施意见》（甘政发〔2016〕81号）	2016年9月1日

普惠型儿童福利体系建设政策（是否出台）

序号	地区	文件名称	发文时间
1	浙江	《浙江省人民政府办公厅关于加快推进普惠型儿童福利体系建设的意见》（浙政办发〔2017〕67号）	2017年7月

对纳入低保困境儿童予以政策倾斜（是否出台）

序号	地区	文件名称	发文时间
1	辽宁	《辽宁省人民政府关于加强农村留守儿童关爱保护工作的实施意见》（辽政发〔2016〕43号）	2016年7月10日
2	江苏	《江苏省政府关于加强农村留守儿童关爱保护工作的实施意见》（苏政发〔2016〕104号）	2016年8月9日
3	浙江	《浙江省人民政府关于印发浙江省妇女发展规划》（2016—2020年）（浙政发〔2016〕40号）	2016年10月14日
4	浙江	《浙江省儿童发展规划（2016—2020年）的通知》（浙政发〔2016〕40号）	2016年10月14日
5	海南	《海南省儿童发展规划（2011—2020年）》（琼府〔2012〕18号）	2012年2月28日

困境儿童建档立卡规范（是否出台）

序号	地区	文件名称	发文时间
1	天津	《天津市人民政府办公厅关于转发市发展改革委市教委市公安局市人力社保局拟定的天津市居住证管理配套实施细则的通知》（津政办发〔2013〕113号）	2016年3月23日
2	辽宁	《辽宁省人民政府关于加强农村留守儿童关爱保护工作的实施意见》（辽政发〔2016〕43号）	2016年7月10日
3	上海	《上海市人民政府办公厅转发市教委等四部门关于来沪人员随迁子女就读本市各级各类学校实施意见的通知》（沪府办发〔2013〕73号）	2013年12月19日
4	江苏	《江苏省流动人口居住管理办法（试行）》（苏政办发〔2013〕179号）	2013年10月31日
5	江苏	《江苏省政府关于加强农村留守儿童关爱保护工作的实施意见》（苏政发〔2016〕104号）	2016年8月9日
6	浙江	《浙江省人民政府关于印发浙江省妇女发展规划（2016—2020年）和浙江省儿童发展规划（2016—2020年）的通知》（浙政发〔2016〕40号）	2016年10月14日
7	海南	《海南省儿童发展规划（2011—2020年）》（琼府〔2012〕18号）	2012年2月28日

困难残疾儿童生活补贴衔接制度（是否出台）

序号	地区	文件名称	发文时间
1	辽宁	《辽宁省人民政府关于加强农村留守儿童关爱保护工作的实施意见》（辽政发〔2016〕43号）	2016年7月10日
2	江苏	《江苏省流动人口居住管理办法（试行）》（苏政办发〔2013〕179号）	2013年10月31日
3	江苏	《江苏省政府关于加强农村留守儿童关爱保护工作的实施意见》（苏政发〔2016〕104号）	2016年8月9日
4	浙江	《浙江省人民政府关于印发浙江省妇女发展规划（2016—2020年）和浙江省儿童发展规划（2016—2020年）的通知》（浙政发〔2016〕40号）	2016年10月14日
5	海南	《海南省儿童发展规划（2011—2020年）》（琼府〔2012〕18号）	2012年2月28日

艾滋病毒携带困境儿童特殊保障（是否出台）

序号	地区	文件名称	发文时间
1	辽宁	《辽宁省人民政府关于加强农村留守儿童关爱保护工作的实施意见》（辽政发〔2016〕43号）	2016年7月10日
2	江苏	《江苏省政府关于加强农村留守儿童关爱保护工作的实施意见》（苏政发〔2016〕104号）	2016年8月9日
3	浙江	《浙江省人民政府关于印发浙江省妇女发展规划（2016—2020年）和浙江省儿童发展规划（2016—2020年）的通知》（浙政发〔2016〕40号）	2016年10月14日
4	海南	《海南省儿童发展规划（2011—2020年）》（琼府〔2012〕18号）	2012年2月28日

事实无人抚养儿童基本生活保障专项制度（是否出台）

序号	地区	文件名称	发文时间
1	北京	《关于建立北京市困境儿童分类保障制度的意见》	2016年6月13日
2	天津	《关于完善分类救助有关政策的通知》	2017年
3	山西	《关于加强困境儿童保障工作的实施意见》	2017年9月28日
4	内蒙古	《关于加强困境儿童分类保障制度的实施意见》	2016年11月28日
5	黑龙江	《关于提高全省孤儿基本生活费最低保障标准的通知》	2016年12月20日
6	浙江	《关于加快推进普惠型儿童福利体系建设的意见》	2017年
7	安徽	《安徽省孤儿基本生活保障实施办法》	2017年3月21日
8	广东	《关于建立事实无人抚养儿童基本生活保障制度的通知》	2016年3月18日
9	重庆	《关于建立事实无人抚养困境儿童生活补贴制度的通知》	2012年8月30日
10	四川	《关于开展事实无人抚养儿童特别关爱帮扶行动的实施办法》	2017年8月7日
11	四川	《泸州市出台事实无人抚养儿童关爱帮扶实施办法》	2018年12月6日
12	云南	《云南省人民政府关于加强困境儿童保障工作的实施意见》	2016年12月29日
13	陕西	《关于进一步做好全省孤儿高等教育生活保障等有关工作的通知》	2017年11月8日
14	陕西	《关于进一步做好困境儿童基本生活保障工作的通知》	2018年9月18日

续表

序号	地区	文件名称	发文时间
15	甘肃	《甘肃省人民政府关于加强困境儿童保障工作的实施意见》	2016年9月28日
16	宁夏	《自治区人民政府关于加强困境儿童保障工作的实施意见》	2017年11月2日

事实无人抚养儿童基本生活保障标准（是否建立）

序号	地区	文件名称	发文时间
1	北京	《关于建立北京市困境儿童分类保障制度的意见》	2016年6月13日
2	天津	《关于完善分类救助有关政策的通知》	2017年
3	山西	《关于加强困境儿童保障工作的实施意见》	2017年9月28日
4	内蒙古	《关于加强困境儿童分类保障制度的实施意见》	2016年11月28日
5	黑龙江	《关于提高全省孤儿基本生活费最低保障标准的通知》	2016年12月20日
6	浙江	《关于加快推进普惠型儿童福利体系建设的意见》	2017年
7	安徽	《安徽省孤儿基本生活保障实施办法》	2017年3月21日
10	广东	《关于建立事实无人抚养儿童基本生活保障制度的通知》	2016年3月18日
11	重庆	《关于建立事实无人抚养困境儿童生活补贴制度的通知》	2012年8月30日
14	云南	《云南省人民政府关于加强困境儿童保障工作的实施意见》	2016年12月29日
15	陕西	《关于进一步做好全省孤儿高等教育生活保障等有关工作的通知》	2017年11月8日
17	甘肃	《甘肃省人民政府关于加强困境儿童保障工作的实施意见》	2016年9月28日
18	宁夏	《自治区人民政府关于加强困境儿童保障工作的实施意见》	2017年11月2日

省级基本公共服务均等化规划儿童指标是否高于国家标准

序号	地区	文件名称	发文时间
1	江苏	《江苏省"十三五"基本公共服务均等化规划》（苏政办发〔2016〕168号）	2016年12月30日

省级基本公共服务均等化规划儿童指标是否细化、创新

序号	地区	文件名称	发文时间
1	江苏	《江苏省"十三五"基本公共服务均等化规划》（苏政办发〔2016〕168号）	2016年12月30日

将农村留守儿童关爱保护工作纳入省级财政预算（是否出台）

序号	地区	文件名称	发文时间
1	北京	《北京市民政局关于做好留守儿童关爱保护工作的通知》（京民救助发〔2016〕393号）	2016年10月7日
2	北京	《北京市人民政府关于加强困境儿童和留守儿童保障工作的实施意见》（京政发〔2016〕58号）	2016年12月13日
3	天津	《天津市人民政府关于加强农村留守儿童关爱保护工作的实施意见》（津政发〔2016〕25号）	2016年12月5日
4	河北	《河北省人民政府关于加强农村留守儿童关爱保护工作的实施意见》（冀政发〔2016〕30号）	2016年6月14日
5	山西	《山西省人民政府关于加强农村留守儿童关爱保护工作的实施意见》（晋政发〔2016〕33号）	2016年6月24日
6	内蒙古	《内蒙古自治区人民政府关于加强农村牧区留守儿童关爱保护工作的实施意见》（内政发〔2016〕75号）	2016年6月30日
7	辽宁	《辽宁省人民政府关于加强农村留守儿童关爱保护工作的实施意见》（辽政发〔2016〕43号）	2016年7月10日
8	吉林	《吉林省人民政府关于加强农村留守儿童关爱保护工作的实施意见》（吉政发〔2016〕34号）	2016年9月5日
9	黑龙江	《黑龙江省人民政府关于加强农村留守儿童关爱保护工作的实施意见》（黑政发〔2016〕20号）	2016年6月30日
10	上海	《上海市留守儿童关爱保护工作联席会议办公室关于印发本市留守儿童关爱保护工作联席会议成员单位职责分工的通知》（沪儿护联办〔2016〕2号）	2016年7月29日
11	上海	《上海市人民政府关于加强本市农村留守儿童关爱保护工作的实施意见》（沪府发〔2016〕87号）	2016年9月30日
12	江苏	《江苏省人民政府关于加强农村留守儿童关爱保护工作的实施意见》（苏政发〔2016〕104号）	2016年8月9日
13	浙江	《浙江省教育厅关于切实加强义务教育阶段农村留守儿童教育关爱工作的意见》（浙教基〔2013〕115号）	2013年11月1日
14	浙江	《浙江省人民政府办公厅关于加强农村留守儿童关爱保护工作的实施意见》（浙政办发〔2016〕50号）	2016年5月19日

续表

序号	地区	文件名称	发文时间
15	安徽	《安徽省人民政府关于加强农村留守儿童关爱保护工作的实施意见》(皖政〔2016〕69号)	2016年7月25日
16	安徽	《关于印发〈安徽省儿童保护专干工作规范〉的通知》(皖民务字〔2017〕15号)	2017年1月24日
17	福建	《福建省人民政府关于加强农村留守儿童关爱保护工作的实施意见》(闽政〔2016〕44号)	2016年10月15日
18	江西	《江西省人民政府关于加强农村留守儿童关爱保护工作的实施意见》(赣府发〔2016〕31号)	2016年7月22日
19	山东	《山东省人民政府关于贯彻国发〔2016〕13号文件加强农村留守儿童关爱保护工作的实施意见》(鲁政发〔2016〕17号)	2016年6月20日
20	河南	《河南省人民政府关于加强农村留守儿童关爱保护工作的实施意见》(豫发〔2016〕12号)	2016年5月11日
21	湖北	《湖北省人民政府关于印发湖北省加强农村留守儿童关爱保护工作实施方案的通知》(鄂政发〔2016〕37号)	2016年7月20日
22	湖南	《湖南省人民政府关于加强农村留守儿童关爱保护工作的实施意见》(湘政发〔2016〕17号)	2016年8月15日
23	广东	《中共广东省委广东省人民政府关于加强农村留守儿童关爱保护工作的实施意见》(找不到政策原文)(粤发〔2016〕23号)	2016年
24	广西	《广西壮族自治区人民政府关于加强农村留守儿童关爱保护工作的实施意见》(桂政发〔2016〕49号)	2016年10月12日
25	海南	《海南省人民政府关于加强农村留守儿童关爱保护工作的实施意见》(琼府〔2016〕92号)	2016年9月30日
26	重庆	《重庆市人民政府关于加强农村留守儿童关爱保护工作的实施意见》(渝府发〔2016〕27号)	2016年6月30日
27	重庆	《重庆市民政局关于贯彻落实〈重庆市人民政府关于加强农村留守儿童关爱保护工作实施意见〉的通知》(渝民发〔2016〕48号)	2016年8月10日
28	四川	《四川省人民政府关于进一步加强农村留守儿童关爱保护工作的通知》(川府发〔2016〕56号)	2016年12月5日
29	贵州	《中共贵州省委办公厅贵州省人民政府办公厅印发〈关于进一步加强留守儿童困境儿童关爱救助保护工作的实施意见〉的通知》(黔党办发〔2015〕32号)	2015年8月19日

续表

序号	地区	文件名称	发文时间
30	贵州	《贵州省关于印发进一步加强留守儿童困境儿童关爱救助保护工作实施方案的通知》(黔教基发〔2015〕251号)	2015年11月10日
31	云南	《云南省人民政府办公厅关于印发云南省农村留守儿童关爱保护工作联席会议制度的通知》(云政办发〔2016〕66号)	2016年6月28日
32	云南	《云南省人民政府关于加强农村留守儿童关爱保护工作的实施意见》(云政发〔2016〕52号)	2016年7月4日
33	西藏	《西藏自治区人民政府关于加强农村留守儿童关爱保护工作的实施意见》	2016年
34	陕西	《陕西省人民政府关于加强农村留守儿童关爱保护工作的实施意见》(陕政发〔2016〕32号)	2016年7月20日
35	甘肃	《甘肃省人民政府关于进一步加强农村留守儿童关爱保护工作的实施意见》(甘政发〔2016〕66号)	2016年7月18日
36	青海	《青海省人民政府关于加强农村牧区留守儿童关爱保护工作的实施意见》(青政〔2016〕84号)	2016年11月16日
37	宁夏	《宁夏自治区人民政府关于加强农村留守儿童关爱保护工作的实施意见》(宁政发〔2016〕57号)	2016年6月18日
38	新疆	《新疆维吾尔自治区人民政府办公厅关于印发〈贯彻落实国务院关于加强农村留守儿童关爱保护工作意见的实施方案〉的通知》(新政发〔2016〕121号)	2016年11月21日

鼓励社会力量参与儿童关爱服务与保护工作(是否出台)

序号	地区	文件名称	发文时间
1	北京	《北京市人民政府关于加强困境儿童和留守儿童保障工作的实施意见》(京政发〔2016〕58号)	2016年12月13日
2	天津	《天津市人民政府关于加强农村留守儿童关爱保护工作的实施意见》(津政发〔2016〕25号)	2016年12月5日
3	河北	《河北省人民政府关于加强农村留守儿童关爱保护工作的实施意见》(冀政发〔2016〕30号)	2016年6月14日
4	山西	《山西省人民政府关于加强农村留守儿童关爱保护工作的实施意见》(晋政发〔2016〕33号)	2016年6月24日
5	内蒙古	《内蒙古自治区人民政府关于加强农村牧区留守儿童关爱保护工作的实施意见》(内政发〔2016〕75号)	2016年6月30日

续表

序号	地区	文件名称	发文时间
6	辽宁	《辽宁省人民政府关于加强农村留守儿童关爱保护工作的实施意见》（辽政发〔2016〕43号）	2016年7月10日
7	吉林	《吉林省人民政府关于加强农村留守儿童关爱保护工作的实施意见》（吉政发〔2016〕34号）	2016年9月5日
8	黑龙江	《黑龙江省人民政府关于加强农村留守儿童关爱保护工作的实施意见》（黑政发〔2016〕20号）	2016年6月30日
9	上海	《上海市人民政府关于加强本市农村留守儿童关爱保护工作的实施意见》（沪府发〔2016〕87号）	2016年9月30日
10	江苏	《江苏省人民政府关于加强农村留守儿童关爱保护工作的实施意见》（苏政发〔2016〕104号）	2016年8月9日
11	浙江	《浙江省教育厅关于切实加强义务教育阶段农村留守儿童教育关爱工作的意见》（浙教基〔2013〕115号）	2013年11月1日
12	浙江	《浙江省人民政府办公厅关于加强农村留守儿童关爱保护工作的实施意见》（浙政办发〔2016〕50号）	2016年5月19日
13	安徽	《安徽省人民政府关于加强农村留守儿童关爱保护工作的实施意见》（皖政〔2016〕69号）	2016年7月25日
14	安徽	《关于印发〈安徽省儿童保护专干工作规范〉的通知》（皖民务字〔2017〕15号）	2017年1月24日
15	福建	《福建省人民政府关于加强农村留守儿童关爱保护工作的实施意见》（闽政〔2016〕44号）	2016年10月15日
16	江西	《江西省人民政府关于加强农村留守儿童关爱保护工作的实施意见》（赣府发〔2016〕31号）	2016年7月22日
17	山东	《山东省人民政府关于贯彻国发〔2016〕13号文件加强农村留守儿童关爱保护工作的实施意见》（鲁政发〔2016〕17号）	2016年6月20日
18	河南	《河南省人民政府关于加强农村留守儿童关爱保护工作的实施意见》（豫发〔2016〕12号）	2016年5月11日
19	湖北	《湖北省人民政府关于印发湖北省加强农村留守儿童关爱保护工作实施方案的通知》（鄂政发〔2016〕37号）	2016年7月20日
20	湖南	《湖南省人民政府关于加强农村留守儿童关爱保护工作的实施意见》（湘政发〔2016〕17号）	2016年8月15日
21	广东	《中共广东省委广东省人民政府关于加强农村留守儿童关爱保护工作的实施意见》（找不到政策原文）（粤发〔2016〕23号）	2016年

续表

序号	地区	文件名称	发文时间
22	广西	《广西壮族自治区人民政府关于加强农村留守儿童关爱保护工作的实施意见》（桂政发〔2016〕49号）	2016年10月12日
23	海南	《海南省人民政府关于加强农村留守儿童关爱保护工作的实施意见》（琼府〔2016〕92号）	2016年9月30日
24	重庆	《重庆市人民政府关于加强农村留守儿童关爱保护工作的实施意见》（渝府发〔2016〕27号）	2016年6月30日
25	重庆	《重庆市民政局关于贯彻落实〈重庆市人民政府关于加强农村留守儿童关爱保护工作实施意见〉的通知》（渝民发〔2016〕48号）	2016年8月10日
26	四川	《四川省人民政府关于进一步加强农村留守儿童关爱保护工作的通知》（川府发〔2016〕56号）	2016年12月5日
27	贵州	《中共贵州省委办公厅贵州省人民政府办公厅印发〈关于进一步加强留守儿童困境儿童关爱救助保护工作的实施意见〉的通知》（黔党办发〔2015〕32号）	2015年8月19日
28	贵州	《贵州省关于印发进一步加强留守儿童困境儿童关爱救助保护工作实施方案的通知》（黔教基发〔2015〕251号）	2015年11月10日
29	云南	《云南省人民政府办公厅关于印发云南省农村留守儿童关爱保护工作联席会议制度的通知》（云政办发〔2016〕66号）	2016年6月28日
30	云南	《云南省人民政府关于加强农村留守儿童关爱保护工作的实施意见》（云政发〔2016〕52号）	2016年7月4日
31	西藏	《西藏自治区人民政府关于加强农村留守儿童关爱保护工作的实施意见》	2016年
32	陕西	《陕西省人民政府关于加强农村留守儿童关爱保护工作的实施意见》（陕政发〔2016〕32号）	2016年7月20日
33	甘肃	《甘肃省人民政府关于进一步加强农村留守儿童关爱保护工作的实施意见》（甘政发〔2016〕66号）	2016年7月18日
34	青海	《青海省人民政府关于加强农村牧区留守儿童关爱保护工作的实施意见》（青政〔2016〕84号）	2016年11月16日
35	宁夏	《宁夏自治区人民政府关于加强农村留守儿童关爱保护工作的实施意见》（宁政发〔2016〕57号）	2016年6月18日

将监护缺失儿童纳入孤儿基本生活保障制度（是否出台）

序号	地区	文件名称	发文时间
1	北京	《北京市人民政府关于加强困境儿童和留守儿童保障工作的实施意见》（京政发〔2016〕58号）	2016年12月13日
2	天津	《天津市人民政府关于加强农村留守儿童关爱保护工作的实施意见》（津政发〔2016〕25号）	2016年12月5日
3	河北	《河北省人民政府关于加强农村留守儿童关爱保护工作的实施意见》（冀政发〔2016〕30号）	2016年6月14日
4	山西	《山西省人民政府关于加强农村留守儿童关爱保护工作的实施意见》（晋政发〔2016〕33号）	2016年6月24日
5	内蒙古	《内蒙古自治区人民政府关于加强农村牧区留守儿童关爱保护工作的实施意见》（内政发〔2016〕75号）	2016年6月30日
6	辽宁	《辽宁省人民政府关于加强农村留守儿童关爱保护工作的实施意见》（辽政发〔2016〕43号）	2016年7月10日
7	吉林	《吉林省人民政府关于加强农村留守儿童关爱保护工作的实施意见》（吉政发〔2016〕34号）	2016年9月5日
8	黑龙江	《黑龙江省人民政府关于加强农村留守儿童关爱保护工作的实施意见》（黑政发〔2016〕20号）	2016年6月30日
9	上海	《上海市人民政府关于加强本市农村留守儿童关爱保护工作的实施意见》（沪府发〔2016〕87号）	2016年9月30日
10	江苏	《江苏省人民政府关于加强农村留守儿童关爱保护工作的实施意见》（苏政发〔2016〕104号）	2016年8月9日
11	浙江	《浙江省教育厅关于切实加强义务教育阶段农村留守儿童教育关爱工作的意见》（浙教基〔2013〕115号）	2013年11月1日
12	浙江	《浙江省人民政府办公厅关于加强农村留守儿童关爱保护工作的实施意见》（浙政办发〔2016〕50号）	2016年5月19日
13	安徽	《安徽省人民政府关于加强农村留守儿童关爱保护工作的实施意见》（皖政〔2016〕69号）	2016年7月25日
14	安徽	《关于印发〈安徽省儿童保护专干工作规范〉的通知》（皖民务字〔2017〕15号）	2017年1月24日
15	福建	《福建省人民政府关于加强农村留守儿童关爱保护工作的实施意见》（闽政〔2016〕44号）	2016年10月15日
16	江西	《江西省人民政府关于加强农村留守儿童关爱保护工作的实施意见》（赣府发〔2016〕31号）	2016年7月22日
17	山东	《山东省人民政府关于贯彻国发〔2016〕13号文件加强农村留守儿童关爱保护工作的实施意见》（鲁政发〔2016〕17号）	2016年6月20日

续表

序号	地区	文件名称	发文时间
18	河南	《河南省人民政府关于加强农村留守儿童关爱保护工作的实施意见》（豫发〔2016〕12号）	2016年5月11日
19	湖北	《湖北省人民政府关于印发〈湖北省加强农村留守儿童关爱保护工作实施方案〉的通知》（鄂政发〔2016〕37号）	2016年7月20日
20	湖南	《湖南省人民政府关于加强农村留守儿童关爱保护工作的实施意见》（湘政发〔2016〕17号）	2016年8月15日
21	广东	《中共广东省委广东省人民政府关于加强农村留守儿童关爱保护工作的实施意见》（找不到政策原文）（粤发〔2016〕23号）	2016年
22	广西	《广西壮族自治区人民政府关于加强农村留守儿童关爱保护工作的实施意见》（桂政发〔2016〕49号）	2016年10月12日
23	海南	《海南省人民政府关于加强农村留守儿童关爱保护工作的实施意见》（琼府〔2016〕92号）	2016年9月30日
24	重庆	《重庆市人民政府关于加强农村留守儿童关爱保护工作的实施意见》（渝府发〔2016〕27号）	2016年6月30日
25	重庆	《重庆市民政局关于贯彻落实〈重庆市人民政府关于加强农村留守儿童关爱保护工作实施意见〉的通知》（渝民发〔2016〕48号）	2016年8月10日
26	四川	《四川省人民政府关于进一步加强农村留守儿童关爱保护工作的通知》（川府发〔2016〕56号）	2016年12月5日
27	贵州	《中共贵州省委办公厅贵州省人民政府办公厅印发〈关于进一步加强留守儿童困境儿童关爱救助保护工作的实施意见〉的通知》（黔党办发〔2015〕32号）	2015年8月19日
28	贵州	《贵州省关于印发〈进一步加强留守儿童困境儿童关爱救助保护工作实施方案〉的通知》（黔教基发〔2015〕251号）	2015年11月10日
29	云南	《云南省人民政府办公厅关于印发〈云南省农村留守儿童关爱保护工作联席会议制度〉的通知》（云政办发〔2016〕66号）	2016年6月28日
30	云南	《云南省人民政府关于加强农村留守儿童关爱保护工作的实施意见》（云政发〔2016〕52号）	2016年7月4日
31	西藏	《西藏自治区人民政府关于加强农村留守儿童关爱保护工作的实施意见》	2016年

续表

序号	地区	文件名称	发文时间
32	陕西	《陕西省人民政府关于加强农村留守儿童关爱保护工作的实施意见》(陕政发〔2016〕32号)	2016年7月20日
33	甘肃	《甘肃省人民政府关于进一步加强农村留守儿童关爱保护工作的实施意见》(甘政发〔2016〕66号)	2016年7月18日
34	青海	《青海省人民政府关于加强农村牧区留守儿童关爱保护工作的实施意见》(青政〔2016〕84号)	2016年11月16日
35	宁夏	《宁夏自治区人民政府关于加强农村留守儿童关爱保护工作的实施意见》(宁政发〔2016〕57号)	2016年6月18日

普惠性幼儿园奖补政策（是否出台）

序号	地区	文件名称	发文时间
1	北京	《北京市民办中小学、幼儿园管理暂行规定的通知》(京教行字〔1995〕62号)	1995年
2	天津	《天津市〈教委关于印发天津市民办幼儿园管理暂行办法〉的通知》(津教委〔2016〕45号)	2016年10月31日
3	天津	《天津市教育委员会关于进一步规范幼儿园办园行为的通知》(津教委〔2010〕41号)	2010年4月8日
4	河北	《关于印发〈河北省幼儿园收费管理暂行办法实施细则〉的通知》(冀价行费〔2014〕25号)	2014年8月8日
5	山西	《山西省人民政府办公厅关于印发山西省贯彻落实〈国家贫困地区儿童发展规划(2014—2020年)〉实施方案的通知》(晋政办发〔2015〕118号)	2015年12月11日
6	山西	《山西省人民政府关于加快发展学前教育的意见》(晋政发〔2012〕30号)	2012年10月24日
7	内蒙古	《内蒙古自治区教育厅关于印发〈内蒙古自治区普惠性民办幼儿园认定及管理办法(试行)〉的通知》	2015年12月21日
8	辽宁	《关于印发〈辽宁省幼儿园(所)管理办法〉的通知》(辽教发〔2007〕068号)	2007年6月26日
9	吉林	《关于印发〈吉林省幼儿园工作管理规定(试行)〉的通知》(吉教基字〔2006〕45号)	2006年12月20日
10	黑龙江	《黑龙江省普惠性民办幼儿园认定及管理办法》(黑财教〔2011〕102号)	2012年10月11日

续表

序号	地区	文件名称	发文时间
11	上海	《上海市教育委员会上海市物价局上海市财政局〈关于规范本市幼儿园代办服务性收费管理〉的通知》（沪教委财〔2012〕46号）	2012年5月17日
12	江苏	《江苏省物价局省财政厅省教育厅关于印发〈江苏省幼儿园收费管理办法〉的通知》（苏价规〔2012〕2号）	2012年6月20日
13	浙江	《浙江省财政厅 浙江省教育厅关于印发浙江省教育发展专项资金管理办法的通知》（浙财教〔2015〕5号）	2015年2月9日
14	安徽	《安徽省民办幼儿园管理办法（试行）》（教基〔2006〕3号）	2006年1月25日
15	福建	《福建省物价局 福建省财政厅 福建省教育厅关于印发〈福建省幼儿园收费管理办法〉的通知》（闽价费〔2016〕228号）	2016年8月25日
16	江西	《江西省人民政府办公厅转发省教育厅等部门关于江西省民办幼儿园管理办法（试行）的通知》（赣府厅发〔2007〕83号）	2007年11月3日
17	山东	《山东省人民政府山东省学前教育规定》（山东省人民政府令第272号）	2014年1月30日
18	河南	《河南省人民政府办公厅关于转发省教育厅等部门河南省幼儿园管理暂行办法（试行）的通知》（豫政办〔2012〕63号）	2012年5月11日
19	湖北	《湖北省教育厅 湖北省学前教育机构办园基本标准（试行）》（鄂教基〔2012〕11号）	2012年5月11日
20	湖南	《关于印发〈湖南省幼儿园办园标准〉的通知》（湘教发〔2008〕54号）	2008年7月7日
21	广东	《广东省教育厅关于印发〈广东省教育厅关于幼儿园管理的规范等规范〉的通知》（粤教基〔2016〕15号）	2016年10月24日
22	广西	《关于印发〈广西壮族自治区幼儿园办园基本标准〉的通知》（桂教基教〔2013〕52号）	2013年10月22日
23	海南	《海南省教育厅海南省幼儿园审批管理暂行办法》（琼教基〔2015〕35号）	2015年4月27日
24	海南	《关于修订印发〈海南省幼儿园审批管理暂行办法〉的通知》（琼教基〔2016〕4号）	2016年1月12日

续表

序号	地区	文件名称	发文时间
25	重庆	《重庆市教育委员会 重庆市财政局〈关于印发重庆市普惠性幼儿园管理办法〉的通知》(渝教基〔2015〕81号)	2015年10月9日
26	重庆	《重庆市教育委员会关于进一步规范民办幼儿园设置审批工作的通知》(渝教民发〔2016〕7号)	2016年7月18日
27	四川	《四川省教育厅关于印发〈四川省幼儿园办园基本要求(试行)〉的通知》(川教〔2006〕128号)	2006年5月12日
28	贵州	《贵州省人民政府关于加快发展学前教育的实施意见》(黔府发〔2011〕5号)	2011年2月17日
29	云南	《云南省教育厅关于印发云南省普惠性民办幼儿园评估指标体系的通知云南省12项教育改革方案(2013)》(云教民办〔2013〕1号)	2013年1月9日
30	西藏	自治区财政厅、自治区发展改革委、自治区教育厅联合下发《关于规范城镇幼儿园收费管理的通知》和《我区城镇学前教育阶段实行公办学校免费教育、民办学校定额免费补助政策的通知》	2012年3月
31	陕西	《陕西省教育厅陕西省财政厅陕西省物价局关于印发〈陕西省普惠性民办幼儿园认定及管理办法(试行)〉的通知》(陕教规范〔2014〕12号)	2014年8月8日
32	甘肃	《甘肃省教育厅关于印发〈甘肃省民办幼儿园管理暂行办法〉的通知》(甘教厅〔2013〕53号)	2013年5月20日
33	青海	《省教育厅、省发改委关于印发〈青海省普惠性民办幼儿园认定管理办法〉的通知》	2016年
34	宁夏	《自治区教育厅关于印发宁夏普惠性民办幼儿园评定标准(修订)的通知》(宁教基〔2015〕36号)	2015年3月5日
35	新疆	《关于印发〈新疆维吾尔自治区学前教育第二期三年行动计划(2015—2017年)〉的通知》(新教基〔2015〕12号)	2015年6月19日

学前教育学费减免政策(是否出台)

序号	地区	文件名称	发文时间
1	山东	《山东省教育厅、财政厅 印发〈关于加强建档立卡农村家庭困难学生资助工作〉的通知》(鲁教财字〔2016〕1号)	2016年3月30日
2	四川	《四川省教育厅〈关于做好民族自治地方十五年免费教育〉的通知》(川教函〔2016〕123号)	2016年3月24日

续表

序号	地区	文件名称	发文时间
3	云南	《云南省人民政府关于加快发展民族教育的实施意见》（云政发〔2016〕100号）	2016年11月25日
4	西藏	《自治区财政厅、自治区发展改革委、自治区教育厅联合印发〈关于印发我区学前教育阶段农牧民子女补助和中小学"三包"政策及助学金制度规定〉的通知》	2011年3月日
5	陕西	《陕西省人民政府办公厅〈关于印发省学前一年免费教育实施方案〉的通知》（陕政办发〔2011〕60号）	2011年6月7日
6	青海	《青海省人民政府关于完善城乡义务教育经费保障机制和实行15年免费教育的实施意见》（青政〔2016〕27号）	2016年4月6日
7	新疆	《新疆"十三五"基本普及15年教育》	2016年1月14日

县域内城乡义务教育一体化发展保障政策（是否出台）

序号	地区	文件名称	发文时间
1	北京	《中共北京市委关于推进义务教育优质均衡发展的意见》	2015年4月23日
2	天津	《天津市统筹推进区内城乡义务教育一体化改革发展实施方案》（津政办函〔2017〕130号）	2017年11月8日
3	河北	《河北省人民政府关于统筹推进县域内城乡义务教育一体化改革发展的实施意见》（冀政字〔2017〕6号）	2017年2月24日
4	山西	《关于统筹推进县域内城乡义务教育一体化改革发展的实施意见》（晋政发〔2017〕14号）	2017年4月7日
5	内蒙古	《内蒙古自治区人民政府关于深入推进义务教育均衡发展的实施意见》（内政发〔2014〕48号）	2014年5月12日
6	内蒙古	《内蒙古自治区人民政府关于统筹推进县域内城乡义务教育一体化改革发展的实施意见》（内政发〔2016〕131号）	2016年11月28日
7	辽宁	《辽宁省人民政府关于统筹推进县域内城乡义务教育一体化改革发展的实施意见》（辽政发〔2016〕56号）	2016年8月20日
8	吉林	《吉林省人民政府办公厅关于统筹推进县域内城乡义务教育一体化改革发展的实施意见》（吉政办发〔2017〕5号）	2017年1月19日

续表

序号	地区	文件名称	发文时间
9	吉林	《吉林省人民政府关于深入推进义务教育均衡发展的实施意见》（吉政发〔2013〕32号）	2013年12月26日
10	黑龙江	《黑龙江省人民政府关于进一步推进县域义务教育均衡发展的若干意见》（黑政发〔2011〕42号）	2011年5月30日
11	黑龙江	《黑龙江省人民政府关于统筹推进县域内城乡义务教育一体化改革发展的实施意见》（黑政规〔2017〕20号）	2017年6月30日
12	江苏	《省政府关于统筹推进城乡义务教育一体化促进优质均衡发展的若干意见》（苏政发〔2017〕1号）	2017年2月24日
13	浙江	《浙江省人民政府关于统筹推进县域内城乡义务教育一体化改革发展的实施意见》（浙政发〔2017〕25号）	2017年7月3日
14	安徽	《安徽省人民政府关于统筹推进县域内城乡义务教育一体化改革发展的实施意见》（皖政〔2017〕37号）	2017年4月1日
15	福建	《福建省人民政府关于统筹推进县域内城乡义务教育一体化改革发展的实施意见》（闽政〔2017〕47号）	2017年11月2日
16	江西	《江西省人民政府关于统筹推进县域内城乡义务教育一体化改革发展的实施意见》（赣府发〔2017〕10号）	2017年7月10日
17	山东	《山东省人民政府关于贯彻国发〔2016〕40号文件统筹推进县域内城乡义务教育一体化改革发展的实施意见》（鲁政发〔2017〕24号）	2017年9月4日
18	山东	《山东省人民政府办公厅关于推进县域义务教育均衡发展的意见》（鲁政办发〔2011〕61号）	2011年11月3日
19	河南	《河南省人民政府办公厅关于印发河南省全面改善贫困地区义务教育薄弱学校基本办学条件工作专项督导实施方案的通知》（豫政办〔2016〕126号）	2016年7月19日
20	河南	《河南省人民政府关于进一步推进义务教育均衡发展促进教育公平的意见》（豫政〔2011〕26号）	2011年2月23日
21	湖北	《省人民政府关于统筹推进县域内城乡义务教育一体化改革发展的实施意见》（鄂政发〔2017〕18号）	2017年4月29日
22	湖南	《湖南省人民政府关于统筹推进县域内城乡义务教育一体化改革发展的实施意见》（湘政发〔2017〕20号）	2017年6月15日

续表

序号	地区	文件名称	发文时间
23	广东	《广东省人民政府关于统筹推进县域内城乡义务教育一体化改革发展的实施意见》（粤府〔2017〕48号）	2017年4月19日
24	广西	《广西壮族自治区人民政府关于深入推进义务教育均衡发展的实施意见》（桂政发〔2014〕7号）	2014年1月18日
25	海南	《关于调整各县（市、区）实现县域义务教育基本均衡发展时间进度的通知》（琼府办〔2012〕104号）	2012年
26	海南	《海南省人民政府关于进一步加强县域义务教育均衡发展工作的通知》（琼府〔2014〕63号）	2014年12月1日
27	重庆	《重庆市人民政府关于统筹推进区县域内城乡义务教育一体化改革发展的实施意见》（渝府发〔2017〕43号）	2017年11月2日
28	四川	《四川省人民政府关于统筹推进县域内城乡义务教育一体化改革发展的实施意见》（川府发〔2017〕17号）	2017年3月16日
29	贵州	《省人民政府关于统筹推进县域内城乡义务教育一体化改革发展的实施意见》（黔府发〔2017〕13号）	2017年6月30日
30	云南	《云南省人民政府关于深入推进义务教育均衡发展的实施意见》（云政发〔2014〕26号）	2014年5月20日
31	云南	《云南省人民政府办公厅关于印发云南省推进县域义务教育均衡发展激励和问责办法的通知》（云政办发〔2016〕110号）	2016年10月21日
32	西藏	《西藏自治区人民政府关于统筹推进县域内城乡义务教育一体化改革发展的实施意见》（藏政发〔2017〕18号）	2017年4月27日
33	陕西	《关于进一步推进义务教育均衡发展全面提升基础教育整体水平的意见》《陕西省人民政府关于统筹推进县域内城乡义务教育一体化改革发展的实施意见》（陕政发〔2016〕28号、陕政发〔2018〕6号）	2016年6月20日、2018年2月13日
34	甘肃	《甘肃省人民政府关于统筹推进县域内城乡义务教育一体化改革发展的实施意见》（甘政发〔2017〕11号）	2017年1月24日
35	青海	《青海省人民政府关于统筹推进县域内城乡义务教育一体化改革发展的实施意见》（青政〔2017〕26号）	2017年3月23日

续表

序号	地区	文件名称	发文时间
36	宁夏	《自治区人民政府关于统筹推进县域内城乡义务教育一体化改革发展的实施意见》（宁政发〔2017〕51号）	2017年7月1日
37	新疆	《关于自治区推进义务教育均衡发展的指导意见》（新政发〔2011〕56号）	2011年6月20日

省级义务教育基本均衡县比例目标是否高于国家标准

序号	地区	政策名称	发文时间
1	北京	《中共北京市委关于推进义务教育优质均衡发展的意见》	2015年4月23日
2	辽宁	《辽宁省人民政府关于统筹推进县域内城乡义务教育一体化改革发展的实施意见》（辽政发〔2016〕56号）	2016年8月20日
3	黑龙江	《黑龙江省人民政府关于统筹推进县域内城乡义务教育一体化改革发展的实施意见》（黑政规〔2017〕20号）	2017年6月30日
4	浙江	《浙江省人民政府关于统筹推进县域内城乡义务教育一体化改革发展的实施意见》（浙政发〔2017〕25号）	2017年7月3日
5	江西	《江西省人民政府关于统筹推进县域内城乡义务教育一体化改革发展的实施意见》（赣府发〔2017〕10号）	2017年7月10日
6	山东	《山东省人民政府关于贯彻国发〔2016〕40号文件统筹推进县域内城乡义务教育一体化改革发展的实施意见》（鲁政发〔2017〕24号）	2017年9月4日
7	青海	《青海省人民政府关于统筹推进县域内城乡义务教育一体化改革发展的实施意见》（青政〔2017〕26号）	2017年3月23日

高中教育学费减免政策（是否出台）

序号	地区	文件名称	发文时间
1	河北	《河北省财政厅、人力资源和社会保障厅、扶贫开发办公室关于做好建档立卡贫困家庭学生资助工作的通知》（冀教财〔2016〕35号）	2016年7月31日
2	浙江	《浙江省人民政府关于印发浙江省基本公共服务体系十二五规划的通知》（浙政发〔2012〕103号）	2012年12月19日

续表

序号	地区	文件名称	发文时间
3	福建	《福建省教育厅、省财政厅就实施教育精准扶贫工作印发通知》(闽教财〔2016〕13号)	2016年4月12日
4	江西	《江西省人民政府关于加强困境儿童保障工作的实施意见》(赣府发〔2016〕41号)	2016年10月17日
5	四川	《四川省教育厅关于做好民族自治地方十五年免费教育的通知》(川教函〔2016〕123号)	2016年3月24日
6	云南	《云南省人民政府关于加快发展民族教育的实施意见》(云政发〔2016〕100号)	2016年11月25日
7	西藏	《自治区财政厅、自治区发展改革委、自治区教育厅联合下发高中教育阶段农牧民子女"三包"政策和城镇困难家庭子女助学金制度规定》	2011年3月
8	陕西	《关于印发〈陕西省教育厅2016年工作要点〉的通知》(陕教〔2016〕2号)	2016年2月5日
9	青海	《青海省人民政府关于完善城乡义务教育经费保障机制和实行15年免费教育的实施意见》(青政〔2016〕27号)	2016年4月6日
10	新疆	《新疆"十三五"基本普及15年教育》	2016年1月14日

政策鼓励社会力量兴办民办教育（是否出台）

序号	地区	文件名称	发文时间
1	辽宁	《辽宁省人民政府关于鼓励社会力量兴办教育促进民办教育健康发展的实施意见》(辽政发〔2017〕48号)	2017年9月30日
2	安徽	《安徽省人民政府关于鼓励社会力量兴办教育促进民办教育健康发展的实施意见》(皖政〔2017〕127号)	2017年10月17日
3	甘肃	《甘肃省人民政府关于进一步促进民办教育健康发展的实施意见》(甘政发〔2017〕85号)	2017年11月8日
4	云南	《关于鼓励社会力量兴办教育促进民办教育健康发展的实施意见》(云政发〔2017〕81号)	2017年12月18日
5	湖北	《省人民政府关于鼓励社会力量兴办教育促进民办教育健康发展的实施意见》(鄂政发〔2017〕62号)	2017年12月28日
6	浙江	《浙江省人民政府关于鼓励社会力量兴办教育促进民办教育健康发展的实施意见》(浙政发〔2017〕48号)	2017年12月29日
7	河北	《河北省人民政府关于鼓励社会力量兴办教育促进民办教育健康发展的实施意见》(冀政发〔2017〕17号)	2017年12月31日

基本医疗保障政策是否向儿童倾斜

序号	地区	文件名称	发文时间
1	天津	《关于印发天津市实施城乡居民基本医疗保险若干意见经办管理办法的通知》(津人社局发〔2014〕86号)	2014年
2	上海	《上海市人力资源社会保障局等关于2016年本市城乡居民基本医疗保险有关事项的通知》(沪人社医发〔2015〕43号)	2015年
3	河南	《河南省人民政府办公厅关于印发河南省城乡居民基本医疗保险实施办法(试行)的通知》(豫政办〔2016〕194号)	2016年
4	重庆	《关于印发重庆市城乡居民合作医疗保险市级统筹实施办法的通知》(渝人社发〔2012〕127号)	2012年

省级基本医疗保险参保率目标是否高于国家标准

序号	地区	文件名称	发文时间
1	江苏	《江苏省"十三五"基本公共服务均等化规划》(苏政办发〔2016〕168号)	2016年12月30日

医疗救助政策是否向儿童倾斜

序号	地区	文件名称	发文时间
1	北京	《关于做好北京市学生儿童大病医疗保险工作的通知》(京教体美〔2007〕17号)	2007年
2	山西	《山西省人民政府关于整合城乡居民基本医疗保险制度的实施意见》(晋政发〔2016〕57号)	2016年
3	广东	《关于开展提高城乡儿童重大疾病保障水平工作的通知》(粤人社函〔2014〕287号)	2014年
4	重庆	《重庆市城乡居民合作医疗保险若干问题处理意见的通知》(渝人社发〔2013〕267号)	2013年
5	宁夏	《宁夏自治区人民政府办公厅关于印发开展城乡居民大病保险工作实施意见的通知》(宁政办发〔2013〕91号)	2013年

扩展农村贫困两病儿童救治病种（是否出台）

序号	地区	文件名称	发文时间
1	河北	《河北省人民政府办公厅转发省民政厅等部门关于进一步完善医疗救助制度全面开展重特大疾病医疗救助工作实施意见的通知》（冀政办发〔2015〕26号）	2015年10月10日
2	山西	《山西省人民政府办公厅关于进一步完善医疗救助制度全面开展重特大疾病医疗救助工作的实施意见》（晋政办发〔2015〕98号）	2015年10月21日
3	内蒙古	《内蒙古自治区人民政府办公厅关于印发自治区社会救助办法的通知》（内政办发〔2015〕94号）	2015年10月13日
4	辽宁	《关于印发〈辽宁省健全城乡医疗救助制度的实施方案〉的通知》（辽民函〔2015〕11号）	2015年4月8日
5	吉林	《吉林省人民政府办公厅关于转发省民政厅等部门吉林省医疗救助实施意见的通知》（吉政办发〔2015〕41号）	2015年8月11日
6	黑龙江	《黑龙江省人民政府办公厅关于印发黑龙江省城乡医疗救助暂行办法的通知》（黑政办发〔2015〕82号）	2015年12月23日
7	上海	《市政府关于印发〈上海市基本公共服务体系"十三五"规划〉的通知》（沪府发〔2016〕104号）	2016年
8	江苏	《江苏省政府办公厅关于进一步完善医疗救助制度的实施意见》（苏政办发〔2015〕135号）	2015年12月21日
9	浙江	《浙江省民政厅、浙江省财政厅、浙江省人力资源和社会保障厅、浙江省卫生厅关于进一步加强医疗救助工作的通知》（浙民助〔2012〕163号）	2012年8月10日
10	安徽	《安徽省人民政府办公厅转发省民政厅等部门关于进一步完善医疗救助制度全面开展重特大疾病医疗救助工作实施意见的通知》（皖政办〔2015〕65号）	2015年12月2日
11	福建	《福建省人民政府办公厅转发省医改办等部门关于完善城乡居民医疗救助体系实施意见的通知》（闽政办〔2016〕10号）	2016年2月1日
12	江西	《江西省人民政府办公厅转发省民政厅等部门关于进一步加强和完善医疗救助制度实施意见的通知》（赣府厅发〔2015〕62号）	2015年11月11日
13	湖北	《湖北省人民政府办公厅转发省民政厅等部门关于进一步完善医疗救助制度全面开展重特大疾病医疗救助工作实施办法的通知》（鄂政办发〔2015〕39号）	2015年5月29日

续表

序号	地区	文件名称	发文时间
14	湖南	《湖南省关于开展重特大疾病医疗救助试点工作的通知》（湘民发〔2015〕25号）	2015年12月8日
15	广东	《广东省民政厅等六部门关于广东省困难群众医疗救助的暂行办法》（粤民发〔2016〕184号）	2016年12月16日
16	广西	《广西壮族自治区人民政府办公厅关于全面开展重特大疾病医疗救助工作的通知》（桂政办发〔2015〕124号）	2015年12月22日
17	海南	《海南省人民政府办公厅关于印发海南省医疗救助实施办法的通知》（琼府办〔2016〕299号）	2016年12月7日
18	重庆	《重庆市人民政府办公厅转发市民政局等部门关于进一步完善医疗救助制度意见的通知》（渝府办发〔2015〕174号）	2015年11月16日
19	贵州	《贵州省人民政府办公厅转发省民政厅等单位关于进一步完善医疗救助制度全面开展重特大疾病医疗救助工作的实施意见的通知》（黔府办函〔2015〕209号）	2015年12月28日
20	云南	《云南省人民政府办公厅转发省民政厅等部门关于进一步完善医疗救助制度加快推进重特大疾病医疗救助工作实施意见的通知》（云政办发〔2015〕65号）	2015年8月30日
21	西藏	《西藏自治区人民政府办公厅转发民政厅等部门关于进一步完善城乡医疗救助制度全面开展重特大疾病医疗救助工作实施意见的通知》（藏政办发〔2016〕37号）	2016年5月3日
22	陕西	《陕西省人民政府办公厅转发省民政厅等部门关于进一步完善医疗救助制度全面开展重特大疾病医疗救助工作实施意见的通知》（陕政办发〔2016〕31号）	2016年4月18日
23	甘肃	《甘肃省人民政府办公厅转发省民政厅等部门关于进一步完善医疗救助制度意见的通知》（甘政办发〔2015〕142号）	2015年9月29日
24	青海	《青海省人民政府办公厅转发省民政厅等部门关于进一步加强全省城乡医疗救助工作意见的通知》（青政办〔2011〕284号）	2011年12月1日
25	宁夏	《宁夏回族自治区医疗救助办法》（宁夏回族自治区人民政府令第78号）	2015年11月14日
26	新疆	《关于印发新疆维吾尔自治区扩大农牧区居民重大疾病医疗保障试点工作实施方案（试行）的通知》（新卫农卫发〔2011〕17号）	2011年9月9日

设立儿童福利机构养护实施标准（是否出台）

序号	地区	文件名称	发文时间
1	南京	《南京出台困境未成年人寄养家庭评估标准》	2015 年

规定"明天计划"向散居孤儿拓展（是否出台）

序号	地区	文件名称	发文时间
1	湖南	《湖南省"残疾孤儿手术康复明天计划"拓展工作方案》（湘民办函〔2015〕33 号）	2015 年
2	浙江	《浙江省民政厅关于印发浙江省"明天计划"拓展工作暂行办法》（浙民儿〔2017〕24 号）	2017 年
3	重庆	《重庆市民政局关于印发〈重庆市"明天计划"拓展工作方案〉的通知》（渝民发〔2016〕33 号）	2016 年

（四）省级残疾人政策创新度政策列表（截至 2017 年底）

残疾预防和康复（是否出台专项政策或法规）

序号	地区	政策法规名称	发文时间
1	北京	《关于印发〈北京市残疾预防行动计划（2017—2020 年）〉的通知》（京残工委〔2017〕6 号）	2017 年 5 月 19 日
2	天津	《天津市落实国家残疾预防行动计划（2016—2020 年）实施方案》	2017 年 8 月 21 日
3	河北	《关于印发〈河北省残疾人精准康复服务行动实施方案〉的通知》（冀残联〔2016〕10 号）	2016 年 10 月 31 日
4	山西	《关于印发山西省残疾预防行动计划（2017—2020 年）的通知》（晋政办发〔2017〕145 号）	2017 年 11 月 15 日
5	内蒙古	《关于贯彻落实国家残疾预防行动计划（2016—2020 年）的实施意见》（内政办发〔2017〕19 号）	2017 年 2 月 21 日
6	吉林	《吉林省关于进一步加强基层残疾人康复服务工作的意见》	2017 年 2 月 6 日
7	黑龙江	《关于印发〈黑龙江省残疾人康复服务"十三五"实施方案〉的通知》（黑残联字〔2017〕16 号）	2017 年 10 月 18 日
8	上海	《上海市残疾人精准康复服务行动实施方案（2016—2020）》	2017 年 5 月 31 日
9	江苏	《关于转发省卫生厅等部门江苏省残疾预防行动计划（2010—2020 年）的通知》（苏政办发〔2010〕121 号）	2010 年 10 月 8 日

续表

序号	地区	政策法规名称	发文时间
10	浙江	《浙江省人民政府办公厅关于进一步健全残疾人康复和托养服务体系的意见》	2015年3月26日
11	安徽	《关于印发安徽省残疾预防行动计划（2016—2020年）的通知》（皖政办〔2017〕14号）	2017年2月2日
12	福建	《关于印发〈福建省残疾人康复服务"十三五"实施方案〉的通知》（闽残联康复〔2017〕47号）	2017年3月15日
13	江西	《关于贯彻落实国家残疾预防行动计划（2016—2020年）的实施意见》（赣府厅发〔2017〕28号）	2017年9月22日
14	山东	《关于印发〈山东省残疾人精准康复服务行动实施方案（2016—2020年）〉的通知》（鲁残联发〔2016〕28号）	2016年11月10日
15	湖北	《关于印发湖北省残疾预防行动计划（2017—2020年）的通知》（鄂政办发〔2017〕54号）	2017年7月8日
16	湖南	《关于印发〈湖南省残疾人精准康复服务行动实施细则〉的通知》（湘残联字〔2016〕34号）	2016年11月8日
17	广东	《关于印发〈广东省残疾预防行动计划（2017—2020年）〉的通知》（粤府办〔2017〕37号）	2017年5月25日
18	广西	《关于印发〈广西壮族自治区残疾人精准康复服务行动实施方案〉的通知》（桂残联字〔2016〕52号）	2016年9月27日
19	云南	《云南省人民政府办公厅关于印发云南省残疾预防行动计划（2016—2020年）的通知》（云政办发〔2016〕147号）	2016年12月26日
20	青海	《关于印发青海省残疾预防行动计划（2016—2020年）的通知》	2017年1月25日
21	宁夏	《关于印发宁夏回族自治区残疾预防行动计划（2016—2020年）的通知》（宁政办发〔2017〕136号）	2017年7月25日

残疾预防和康复（是否实施特困残疾儿童康复计划）

序号	地区	政策法规名称	发文时间
1	北京	《关于建立特困残疾儿童手术康复长效机制的实施意见》（京民福发〔2008〕145号）	2008年4月3日
2	天津	《天津市落实〈贫困残疾儿童抢救性康复项目实施方案〉的实施办法》	2010月1月20日
3	河北	《关于印发〈河北省贫困残疾儿童康复救助实施办法（试行）〉的通知》（冀残联〔2014〕51号）	2014年6月15日

续表

序号	地区	政策法规名称	发文时间
4	辽宁	《辽宁省残疾人事业"十二五"发展纲要（2011—2015年）》（辽政发〔2011〕27号）	2012年2月22日
5	吉林	《吉林省残疾人社会保障工作三年推进计划（2010—2012年）》（吉残联发〔2009〕88号）	2009月9月18日
6	浙江	《关于印发〈浙江省贫困残疾儿童抢救性康复项目实施办法〉的通知》（浙残联康复〔2010〕30号）	2010月4月30日
7	安徽	《关于贫困残疾儿童抢救性康复项目的实施意见》（皖残联办〔2014〕7号）	2014年2月12日
8	福建	《关于进一步加强扶残助残工作的意见》（闽政〔2014〕48号）	2014年9月6日
9	江西	《关于批转江西省残疾人事业"十二五"发展纲要的通知》（赣府发〔2011〕20号）	2011年7月28日
10	山东	《关于印发山东省0-6岁残疾儿童抢救性康复救助实施办法的通知》（鲁联发〔2013〕4号）	2013年3月20日
11	河南	《关于印发2016年河南省贫困残疾儿童抢救性康复工程实施方案的通知》（豫政办〔2016〕36号）	2016年4月6日
12	湖北	《2016年湖北省0-6岁贫困残疾儿童抢救性康复救助工程实施方案》	2016年3月22日
13	湖南	《关于在湖南省贫困地区开展"天使助行计划"的通知》（湘残康字〔2017〕14号）	2017年7月3日
14	广东	《关于批转广东省残疾人事业"十二五"发展规划纲要的通知》（粤府〔2012〕1号）	2012年1月11日
15	海南	《关于印发海南省残疾儿童康复救助实施办法的通知》（琼府〔2018〕52号）	2018年10月28日
16	重庆	《关于印发〈2017年全市残疾人工作要点〉的通知》	2017年3月8日
17	贵州	《转发省残联等部门和单位关于加快推进残疾人社会保障体系和服务体系建设实施意见的通知》（黔府办发〔2012〕55号）	2012年11月17日
18	西藏	《西藏自治区"十二五"时期残疾人事业发展纲要》	2011年12月1日
19	陕西	《关于2015年为残疾人办好十件实事的通知》（陕政办发〔2015〕37号）	2015年5月17日
20	甘肃	《关于加快推进残疾人小康进程的实施意见》（甘政发〔2015〕80号）	2015年9月8日
21	青海	《关于加强困境儿童保障工作的实施意见》（青政办〔2017〕156号）	2017年8月19日

残疾预防和康复(是否明确提供残疾人职业康复补贴)

序号	地区	政策法规名称	发文时间
1	北京	《市级财政对区县残疾人职业康复中心建设补助办法》(京财社〔2011〕2586号)	2011年11月28日
2	浙江	《关于加快推进残疾人全面小康进程的实施意见》(浙政发〔2015〕50号)	2015年12月31日
3	安徽	《关于印发2016年〈贫困残疾人救助与康复实施办法〉的通知》(皖残联〔2016〕1号)	2016年3月11日
4	湖南	《关于印发〈湖南省残疾人精准康复服务行动实施细则〉的通知》(湘残联字〔2016〕34号)	2016年11月8日

残疾预防和康复(是否出台推进精神障碍社区康复服务发展政策)

序号	地区	政策法规名称	发文时间
1	北京	《关于印发〈北京市残疾预防行动计划(2017—2020年)〉的通知》(京残工委〔2017〕6号)	2017年5月19日
2	辽宁	《关于印发〈辽宁省全面实施社区精神病防治康复工作方案〉的通知》(辽残联〔2005〕32号)	2005月9月7日

残疾人教育推动(是否出台学前教育免费政策)

序号	地区	政策法规名称	发文时间
1	北京	《关于加快推进残疾人小康进程的实施意见》(京政发〔2016〕8号)	2016年1月20日
2	天津	《天津市"十三五"加快残疾人小康进程规划纲要的通知》(津政办发〔2016〕106号)	2016年12月20日
3	河北	《关于印发河北省残疾人事业发展"十三五"规划(2016—2020年)的通知》	2017年1月3日
4	吉林	《吉林省关于加强残疾人社会救助工作的实施意见》	2017年1月22日
5	浙江	《关于做好残疾儿童学前教育助学工作的通知》(浙残联教就〔2012〕93号)	2012年12月18日
6	福建	《关于印发〈福建省实施残疾人事业专项彩票公益金助学项目(学前教育)方案〉的通知》(闽残联教就〔2017〕69号)	2017年4月21日
7	江西	《关于批转江西省残疾人事业"十二五"发展纲要的通知》(赣府发〔2011〕20号)	2011年7月28日
8	山东	《山东省实施〈中华人民共和国残疾人保障法〉办法》(鲁政发〔2012〕24号)	2012年5月31日

续表

序号	地区	政策法规名称	发文时间
9	湖南	《关于下达2017年度彩票公益金助学项目任务指标的通知》	2017年8月21日
10	云南	《关于印发云南省"十三五"加快残疾人小康进程规划纲要的通知》(云政发〔2016〕106号)	2016年12月26日
11	青海	《关于印发青海省"十二五"残疾人事业专项彩票公益金助学项目实施方案的通知》(青残联会发〔2011〕113号)	2011年12月26日
12	新疆	《关于印发〈新疆维吾尔自治区残疾人事业"十三五"发展规划〉的通知》(新政发〔2017〕13号)	2017年1月23日

残疾人教育推动(是否建立残疾随班就读个案督导机制)

序号	地区	政策法规名称	发文时间
1	北京	《关于进一步加强随班就读工作的意见》(京教基二〔2013〕1号)	2013年1月11日
2	湖南	《关于印发〈湖南省残疾儿童少年随班就读工作指导意见〉的通知》(湘教发〔2015〕37号)	2015年8月14日
3	青海	《印发〈关于加强残疾儿童少年随班就读工作的若干意见〉的通知》(青教基〔2012〕99号)	2012年11月19日

残疾人教育推动(是否出台盲人按摩从业人员继续教育培训政策)

序号	地区	政策法规名称	发文时间
1	北京	《北京市盲人医疗按摩继续教育实施细则》(京残发〔2017〕65号)	2017年10月23日
2	河北	《关于印发〈河北省残疾人就业促进"十三五"实施方案〉的通知》	2017年4月17日
3	山西	《山西省残疾人事业"十一五"规划》	2006年12月23日
4	辽宁	《辽宁省盲人按摩工作"十一五"实施方案》	2009月8月25日
5	江苏	《江苏省盲人按摩工作"十一五"实施方案》(苏残工委〔2006〕10号)	2006年日
6	安徽	《关于扶持盲人就业创业六条措施的通知》(闽残联教就〔2017〕237号)	2017年12月15日
7	河南	《关于印发河南省"十三五"加快残疾人小康进程规划的通知》(豫政办〔2016〕207号)	2016年12月15日

续表

序号	地区	政策法规名称	发文时间
8	湖南	《关于印发〈湖南省残疾人职业技能提升培训实施方案（2016—2020年）〉的通知》（湘残教就字〔2016〕35号）	2016年11月25日
9	广西	《关于印发〈广西盲人按摩工作"十二五"实施方案〉的通知》（桂残联字〔2012〕30号）	2012年4月26日
10	云南	《关于印发云南省"十三五"加快残疾人小康进程规划纲要的通知》（云政发〔2016〕106号）	2016年12月26日
11	西藏	《西藏自治区"十二五"时期残疾人事业发展纲要》	2011年12月1日
12	青海	《青海省残疾人事业"十二五"发展规划》（青政〔2011〕81号）	2012年9月10日
13	新疆	《关于印发〈新疆维吾尔族自治区残疾人就业促进"十三五"实施方案〉的通知》（新残字〔2017〕30号）	2017年3月23日

残疾人就业促进（是否出台专项规划）

序号	地区	政策法规名称	发文时间
1	北京	《关于进一步做好本市残疾人劳动就业工作实施意见的通知》（京政办发〔2000〕23号）	2000年4月24日
2	天津	《关于全面做好生活困难残疾人帮扶解困工作的通知》	2010年11月8日
3	河北	《河北省实施〈残疾人就业条例〉办法》（河北省人民政府令〔2009〕第6号）	2009年11月17日
4	河北	《关于修改〈河北省实施〈残疾人就业条例〉办法〉的决定》（河北省人民政府令〔2012〕第17号）	2013年1月5日
5	辽宁	《关于印发辽宁省促进残疾人万人就业万人培训行动实施方案的通知》	2009年3月12日
6	吉林	《吉林省残疾人就业办法》（吉林省人民政府令第215号）	2010年11月18日
7	黑龙江	《关于贯彻落实〈残疾人就业条例〉的通知》	2008年4月26日
8	上海	《关于实施"残疾劳动者就业促进专项计划"的通知》（沪人社规〔2017〕26号）	2017年6月9日
9	浙江	《浙江省残疾人就业办法》（浙江省人民政府令第323号）	2014年6月25日

续表

序号	地区	政策法规名称	发文时间
10	福建	《关于印发〈福建省残疾人就业促进"十三五"实施方案〉的通知》(闽残联教就〔2017〕75号)	2017年5月8日
11	江西	《江西省劳动和社会保障厅、省残联联合印发〈关于进一步加强残疾人就业工作的通知〉》	2007年10月3日
12	山东	《山东省残疾人就业办法》(山东省人民政府令第270号)	2013年12月16日
13	湖北	《关于印发湖北省"助残就业 同奔小康"千企万人就业创业行动实施方案的通知》(鄂残联办函〔2015〕10号)	2015年3月9日
14	广西	《关于印发〈广西残疾人就业促进"十三五"实施方案〉的通知》(桂残联字〔2017〕45号)	2017年6月21日
15	海南	《关于印发〈海南省安排残疾人就业规定〉的通知》(琼府〔1996〕103号)	1996月10月23日
16	四川	《关于促进残疾人按比例就业的实施意见》(川残发〔2014〕1号)	2014年4月29日
17	贵州	《贵州省残疾人就业办法》(贵州省人民政府令第137号)	2013年2月1日
18	西藏	《西藏自治区实施〈残疾人就业条例〉办法》(西藏自治区人民政府令第100号)	2011年10月25日
19	甘肃	《关于制定出台贯彻〈甘肃省残疾人就业办法〉实施意见的通知》(甘残维字〔2014〕5号)	2014年5月8日
20	青海	《关于进一步促进残疾人就业工作的通知》(青人社厅发〔2010〕204号)	2010年12月24日
21	新疆	《关于印发〈新疆维吾尔族自治区残疾人就业促进"十三五"实施方案〉的通知》(新残字〔2017〕30号)	2017年3月23日

残疾人就业促进（是否建立残疾人创业补贴制度）

序号	地区	政策法规名称	发文时间
1	北京	《关于印发〈北京市扶持残疾人自主创业个体就业暂行办法〉的通知》(京残发〔2009〕25号)	2009年3月9日
2	天津	《关于加快残疾人事业发展的实施意见》(津党发〔2009〕10号)	2009年
3	河北	《关于印发〈河北省残疾人就业促进"十三五"实施方案〉的通知》	2017年4月17日

续表

序号	地区	政策法规名称	发文时间
4	山西	《山西省"十三五"加快残疾人小康进程发展规划》（晋政发〔2016〕68号）	2017年7月6日
5	内蒙古	《关于加快推进残疾人小康进程的实施意见》（内政发〔2015〕148号）	2015年12月31日
6	辽宁	《关于省残保金支持残疾人就业工作有关政策的通知（试行）》（辽残联发〔2014〕63号）	2014年11月4日
7	吉林	《关于设立省级残疾人就业专项担保基金开展小额担保贷款工作实施意见的通知》（吉政办发〔2010〕10号）	2010年5月4日
8	上海	《关于调整残疾人个体工商户开办费补贴标准的通知》（沪残联〔2014〕95号）	2014年6月11日
9	浙江	《关于进一步促进残疾人就业创业的通知》（浙人社发〔2017〕77号）	2017年6月27日
10	福建	《关于印发〈福建省残疾人就业促进"十三五"实施方案〉的通知》（闽残联教就〔2017〕75号）	2017年5月8日
11	江西	《关于批转江西省残疾人事业"十二五"发展纲要的通知》（赣府发〔2011〕20号）	2011年7月28日
12	山东	《关于印发山东省残疾人"整体赶平均、共同奔小康"行动方案（2014—2017年）的通知》（鲁政办发〔2014〕34号）	2014年9月30日
13	湖南	《关于印发〈湖南省残疾人创业小额贷款贴息项目方案〉的通知》（湘残联字〔2015〕48号）	2015年5月29日
14	广东	《关于加快推进残疾人小康进程的实施意见》（粤府〔2015〕121号）	2015年12月7日
15	广西	《广西壮族自治区实施〈残疾人就业条例〉办法》（广西壮族自治区人民政府令第63号）	2011年3月9日
16	重庆	《关于印发〈2017年全市残疾人工作要点〉的通知》	2017年3月8日
17	四川	《关于加快推进残疾人小康进程的实施意见》（川府发〔2016〕6号）	2016年1月22日
18	西藏	《西藏自治区实施〈残疾人就业条例〉办法》（西藏自治区人民政府令第100号）	2011年10月25日
19	陕西	《关于2017年为残疾人办实事的通知》（陕政办函〔2017〕78号）	2017年3月23日
20	宁夏	《宁夏回族自治区扶持残疾人创业社会保险补贴办法》（宁政办发〔2008〕123号）	2008年7月4日
21	新疆	《关于印发〈新疆维吾尔族自治区残疾人就业促进"十三五"实施方案〉的通知》（新残字〔2017〕30号）	2017年3月23日

残疾人就业促进（是否出台奖励超比例安排就业政策）

序号	地区	政策法规名称	发文时间
1	北京	《关于印发北京市用人单位安排残疾人就业岗位补贴和超比例奖励办法的通知》（京残发〔2012〕44号）	2012年8月24日
2	天津	《关于修改〈关于对超比例安排残疾人就业的单位按超比例人数以基本养老保险补贴的方式给予奖励的办法〉的通知》（津残工委办〔2006〕第13号）	2006年
3	辽宁	《关于省残保金支持残疾人就业工作有关政策的通知（试行）》（辽残联发〔2014〕63号）	2014年11月4日
4	吉林	《关于促进按比例安排残疾人就业的实施意见》（吉残联发〔2014〕47号）	2014年10月23日
5	黑龙江	《给予安排残疾人就业工作成绩突出的单位和个人表彰或奖励》	2008年11月28日
6	上海	《关于调整超比例安排残疾人就业单位奖励标准的通知》（沪残工委〔2014〕3号）	2014年6月4日
7	江苏	《关于修改〈江苏省按比例安排残疾人就业办法〉的决定》（江苏省人民政府令第31号）	2006年8月9日
8	福建	《关于超比例安排残疾人就业奖励实施办法的通知》（闽残联教就〔2015〕86号）	2015年6月9日
9	湖南	《关于印发〈关于促进残疾人按比例就业的实施意见〉的通知》（湘残联字〔2014〕1号）	2014年2月12日
10	贵州	《贵州省分散按比例安排残疾人就业办法》（贵州省人民政府令第18号）	1996年3月6日
11	新疆	《关于进一步促进残疾人按比例就业的实施意见》（新残字（2014）115号）	2014年6月12日

残疾人就业促进（是否为残疾毕业生提供相关就业补贴）

序号	地区	政策法规名称	发文时间
1	北京	关于扩大《关于贯彻落实〈关于进一步做好高等学校残疾人毕业生就业工作的通知〉精神实施促进残疾人大学生就业六项措施的通知》适用范围的通知（京残发〔2010〕98号）	2010年12月14日
2	天津	《天津市进一步做好高等学校残疾人毕业生就业工作的通知》	2009年8月27日
3	辽宁	《关于进一步做好高等学校残疾人毕业生就业工作的通知》	2009年8月25日

续表

序号	地区	政策法规名称	发文时间
4	上海	《上海市关于加强全日制普通中高等院校残疾人毕业生就业促进工作的通知》（沪残联〔2014〕94号）	2014年6月11日
5	浙江	《关于做好2017年高校毕业生求职创业补贴发放工作的通知》（浙人社发〔2017〕24号）	2017年2月24日
6	福建	《关于印发福建省"十三五"加快残疾人小康进程规划纲要的通知》（闽政〔2016〕56号）	2016年11月23日
7	山东	《关于山东省扶残脱贫助力行动的实施意见》（鲁残联发〔2016〕16号）	2016年6月22日

残疾人就业促进（是否为未就业残疾学生提供免费培训补贴）

序号	地区	政策法规名称	发文时间
1	北京	关于扩大《关于贯彻落实〈关于进一步做好高等学校残疾毕业生就业工作的通知〉精神实施促进残疾人大学生就业六项措施的通知》适用范围的通知（京残发〔2010〕98号）	2010年12月14日
2	天津	《关于规范和完善残疾人教育助学金和培训补贴的通知》（津残工委〔2005〕14号）	2005年8月26日
3	福建	《关于印发〈福建省残联康复人才培养2009年度实施方案〉的通知》（闽残联康复〔2009〕214号）	2009年7月27日
4	山东	《关于山东省扶残脱贫助力行动的实施意见》（鲁残联发〔2016〕16号）	2016年6月22日
5	湖南	《关于印发〈湖南省残疾人职业技能提升培训实施方案（2016—2020年）〉的通知》（湘残教就字〔2016〕35号）	2016年11月25日
6	陕西	《关于2016年继续为全省残疾人办实事的通知》（陕政办函〔2016〕66号）	2016年3月1日

残疾人就业促进（是否明确为盲人按摩机构提供优惠政策支持）

序号	地区	政策法规名称	发文时间
1	北京	《关于印发〈北京市盲人保健按摩行业扶持暂行办法〉的通知》（京残发〔2012〕60号）	2012年11月15日
2	天津	《关于全面做好生活困难残疾人帮扶解困工作的通知》	2010年11月8日
3	辽宁	《关于2015年对全省盲人保健按摩院所进行扶持的通知》	2015年8月14日

续表

序号	地区	政策法规名称	发文时间
4	安徽	《关于扶持盲人就业创业六条措施的通知》（闽残联教就〔2017〕237号）	2017年12月15日
5	河南	《关于印发河南省"十三五"加快残疾人小康进程规划的通知》（豫政办〔2016〕207号）	2016年12月15日
6	重庆	《关于印发重庆市安置盲人按摩师就业扶持办法》	2014年1月1日
7	云南	《关于印发云南省"十三五"加快残疾人小康进程规划纲要的通知》（云政发〔2016〕106号）	2016年12月26日
8	陕西	《关于2017年为残疾人办实事的通知》（陕政办函〔2017〕78号）	2017年3月23日
9	宁夏	《关于印发〈宁夏回族自治区盲人按摩机构规范化管理（暂行）办法〉的通知》（宁残联发〔2016〕100号）	2016年12月23日
10	新疆	《新疆维吾尔族自治区财政厅、工商行政管理局、残联〈自治区盲人保健按摩行业扶持暂行办法〉》	2014年1月15日

残疾人社会保障（是否建立残疾人意外伤害保险制度）

序号	地区	政策法规名称	发文时间
1	北京	《关于印发〈北京市残疾人意外伤害保险暂行办法〉的通知》（京残发〔2011〕82号）	2011年12月5日
2	浙江	《关于加快推进残疾人意外伤害和残疾人服务机构综合保险的指导意见》（浙金融办〔2017〕59号）	2017年8月1日
3	湖南	《关于为集中托养残疾人购买意外伤害保险的通知》（湘残联字〔2017〕1号）	2017年1月4日

残疾人社会保障（是否建立独生子女伤残家庭扶助制度）

序号	地区	政策法规名称	发文时间
1	北京	《关于印发〈北京市独生子女伤残家庭特别扶助制度实施方案〉的通知》（京人口发〔2009〕38号）	2009年7月8日
2	江苏	《江苏省残疾人保障条例》（江苏省第十一届人民代表大会常务委员会公告第121号）	2012年11月29日
3	湖南	《关于残疾学生和贫困残疾人家庭子女资助政策的补充通知》（湘残教就字〔2017〕3号）	2017年3月6日

残疾人社会保障（是否出台无业重度残疾人单独施保政策）

序号	地区	政策法规名称	发文时间
1	北京	《关于促进残疾人事业发展的实施意见》（京发〔2009〕17号）	2009年7月14日
2	天津	《天津市"十三五"加快残疾人小康进程规划纲要的通知》（津政办发〔2016〕106号）	2016年12月20日
3	河北	《关于印发河北省残疾人事业发展"十三五"规划（2016—2020年）的通知》	2017年1月3日
4	山西	《转发省残联等部门关于加快推进残疾人社会保障体系和服务体系建设实施意见的通知》（晋政办发〔2011〕87号）	2011年11月4日
5	内蒙古	《内蒙古自治区人民政府关于加快推进残疾人小康进程的实施意见》（内政发〔2015〕148号）	2015年12月31日
6	吉林	《关于印发吉林省"十三五"加快残疾人小康进程规划纲要的通知》	2016年12月20日
7	浙江	《关于加快推进残疾人全面小康进程的实施意见》（浙政发〔2015〕50号）	2015年12月31日
8	安徽	《关于加快推进残疾人社会保障体系和服务体系建设的实施意见》（皖办发〔2011〕2号）	2011年1月21日
9	福建	关于印发《福建省实施〈贫困残疾人脱贫攻坚行动计划（2016—2020年）〉》的意见》的通知（闽残联教就〔2017〕146号）	2017年8月2日
10	江西	《关于批转江西省残疾人事业"十二五"发展纲要的通知》（赣府发〔2011〕20号）	2011年7月28日
11	湖北	《关于加强残疾人社会救助工作的实施意见》（鄂残联发〔2016〕11号）	2016年5月19日
12	湖南	《关于加快推进残疾人小康进程的实施意见》（湘政发〔2015〕52号）	2015年12月31日
13	广东	《关于加快推进残疾人小康进程的实施意见》（粤府〔2015〕121号）	2015年12月7日
14	广西	《关于印发广西"十三五"加快残疾人小康进程规划的通知》（桂政发〔2016〕81号）	2016年12月29日
15	海南	《关于加快推进残疾人小康进程的实施意见》（琼府〔2016〕30号）	2016年3月17日
16	四川	《关于加快推进残疾人小康进程的实施意见》（川府发〔2016〕6号）	2016年1月22日

续表

序号	地区	政策法规名称	发文时间
17	贵州	《转发省残联等部门和单位关于加快推进残疾人社会保障体系和服务体系建设实施意见的通知》（黔府办发〔2012〕55号）	2012年11月17日
18	云南	《关于印发云南省"十三五"加快残疾人小康进程规划纲要的通知》（云政发〔2016〕106号）	2016年12月26日
19	甘肃	《关于加快推进残疾人小康进程的实施意见》（甘政发〔2015〕80号）	2015年9月8日
20	青海	《关于进一步加快推进残疾人小康进程的实施意见》（青政〔2015〕77号）	2015年9月6日
21	宁夏	《关于加强残疾人社会救助工作的实施意见》（宁残联发〔2016〕103号）	2016年12月20日
22	新疆	《关于印发〈新疆维吾尔自治区残疾人事业"十三五"发展规划〉的通知》（新政发〔2017〕13号）	2017年1月23日

残疾人社会保障（是否出台为低收入家庭残疾人提供住房保障政策）

序号	地区	政策法规名称	发文时间
1	北京	《关于市场租房补贴申请条件及市场租房补贴标准有关问题的通知》（京建法〔2015〕19号）	2015年10月27日
2	天津	《关于2010年扩大廉租住房实物配租范围的通知》（津国土房保〔2010〕51号）	2010年2月25日
3	河北	《关于印发河北省残疾人事业发展"十三五"规划（2016—2020年）的通知》	2017年1月3日
4	山西	《转发省残联等部门关于加快推进残疾人社会保障体系和服务体系建设实施意见的通知》（晋政办发〔2011〕87号）	2011年11月4日
5	内蒙古	《内蒙古自治区人民政府关于加快推进残疾人小康进程的实施意见》（内政发〔2015〕148号）	2015年12月31日
6	辽宁	《关于促进残疾人事业发展的实施意见》（辽委发〔2009〕4号）	2009年2月4日
7	吉林	《关于加快推进全省残疾人小康进程的实施意见》（吉政发〔2015〕34号）	2015年8月6日
8	江苏	《江苏省残疾人保障条例》（江苏省第十一届人民代表大会常务委员会公告第121号）	2012年11月29日
9	浙江	《关于加快推进残疾人全面小康进程的实施意见》（浙政发〔2015〕50号）	2015年12月31日

续表

序号	地区	政策法规名称	发文时间
10	安徽	《关于加快推进残疾人社会保障体系和服务体系建设的实施意见》（皖办发〔2011〕2号）	2011年1月21日
11	福建	关于印发《福建省实施〈贫困残疾人脱贫攻坚行动计划（2016—2020年）〉的意见》的通知（闽残联教就〔2017〕146号）	2017年8月2日
12	江西	《关于批转江西省残疾人事业"十二五"发展纲要的通知》（赣府发〔2011〕20号）	2011年7月28日
13	山东	《山东省实施〈中华人民共和国残疾人保障法〉办法》（鲁政发〔2012〕24号）	2012年5月31日
14	河南	《关于印发河南省"十三五"加快残疾人小康进程规划的通知》（豫政办〔2016〕207号）	2016年12月15日
15	湖北	《关于加强残疾人社会救助工作的实施意见》（鄂残联发〔2016〕11号）	2016年5月19日
16	湖南	《关于加快推进残疾人小康进程的实施意见》（湘政发〔2015〕52号）	2015年12月31日
17	广东	《关于加快推进残疾人小康进程的实施意见》（粤府〔2015〕121号）	2015年12月7日
18	广西	《关于印发广西"十三五"加快残疾人小康进程规划的通知》（桂政发〔2016〕81号）	2016年12月29日
19	海南	《关于加快推进残疾人小康进程的实施意见》（琼府〔2016〕30号）	2016年3月17日
20	四川	《关于加快推进残疾人小康进程的实施意见》（川府发〔2016〕6号）	2016年1月22日
21	贵州	《转发省残联等部门和单位关于加快推进残疾人社会保障体系和服务体系建设实施意见的通知》（黔府办发〔2012〕55号）	2012年11月17日
22	云南	《关于印发云南省"十三五"加快残疾人小康进程规划纲要的通知》（云政发〔2016〕106号）	2016年12月26日
23	西藏	《西藏自治区"十二五"时期残疾人事业发展纲要》	2011年12月1日
24	甘肃	《关于加快推进残疾人小康进程的实施意见》（甘政发〔2015〕80号）	2015年9月8日
25	青海	《青海省人民政府办公厅关于进一步做好全省残疾人保障性住房建设工作的通知》（青政办〔2010〕255号）	2010年11月8日
26	宁夏	《关于加强残疾人社会救助工作的实施意见》（宁残联发〔2016〕103号）	2016年12月20日

残疾人社会保障（是否出台因病返贫残疾人家庭提供医疗救助政策）

序号	地区	政策法规名称	发文时间
1	北京	《关于开展因病致贫家庭医疗救助有关问题的通知（试行）》（京民社救发〔2015〕403号）	2017年2月17日
2	河北	《关于印发河北省残疾人事业发展"十三五"规划（2016—2020年）的通知》	2017年1月3日
3	辽宁	《转发省残联等部门关于加快推进残疾人社会保障体系和服务体系建设实施意见的通知》（辽政办发〔2011〕43号）	2011年8月23日
4	吉林	《关于加强残疾人社会救助工作的实施意见》	2017年1月22日
5	浙江	《关于加快推进残疾人全面小康进程的实施意见》（浙政发〔2015〕50号）	2015年12月31日
6	江西	《转发省残联等部门关于加快推进残疾人社会保障体系和服务体系建设实施意见的通知》（赣府厅发〔2010〕61号）	2010年9月8日
7	湖北	《关于加强残疾人社会救助工作的实施意见》（鄂残联发〔2016〕11号）	2016年5月19日
8	广东	《关于加快推进残疾人小康进程的实施意见》（粤府〔2015〕121号）	2015年12月7日
9	甘肃	《关于加快推进残疾人小康进程的实施意见》（甘政发〔2015〕80号）	2015年9月8日

残疾人社会保障（是否建立残疾人参加城乡居民养老保险缴费补贴制度）

序号	地区	政策法规名称	发文时间
1	北京	《关于对本市残疾人参加城乡居民养老保险给予缴费补贴的通知》（京残发〔2009〕99号）	2009年9月29日
2	天津	《关于对我市残疾人参加城乡居民基本养老保险给予缴费补贴的补充通知》（津人社局发〔2010〕63号）	2015年7月13日
3	山西	《转发省残联等部门关于加快推进残疾人社会保障体系和服务体系建设实施意见的通知》（晋政办发〔2011〕87号）	2011年11月4日
4	内蒙古	《关于印发〈内蒙古自治区残疾人事业发展"十三五"规划纲要〉的通知》（内政办发〔2016〕193号）	2016年12月29日
5	辽宁	《转发省残联等部门关于加快推进残疾人社会保障体系和服务体系建设实施意见的通知》（辽政办发〔2011〕43号）	2011年8月23日

续表

序号	地区	政策法规名称	发文时间
6	吉林	《吉林省残疾人保障条例》	2013年5月30日
7	上海	《关于本市重度残疾人参加城乡居民基本养老保险若干问题处理意见的通知》（沪残联〔2014〕152号）	2014年6月20日
8	浙江	《关于加快推进残疾人全面小康进程的实施意见》（浙政发〔2015〕50号）	2015年12月31日
9	安徽	《关于加快推进残疾人社会保障体系和服务体系建设的实施意见》（皖办发〔2011〕2号）	2011年1月21日
10	福建	关于印发《福建省实施〈贫困残疾人脱贫攻坚行动计划（2016—2020年）〉的意见》的通知（闽残联教就〔2017〕146号）	2017年8月2日
11	广东	《关于加快推进残疾人小康进程的实施意见》（粤府〔2015〕121号）	2015年12月7日
12	海南	《关于加快推进残疾人小康进程的实施意见》（琼府〔2016〕30号）	2016年3月17日
13	贵州	《转发省残联等部门和单位关于加快推进残疾人社会保障体系和服务体系建设实施意见的通知》（黔府办发〔2012〕55号）	2012年11月17日
14	云南	《关于印发云南省"十三五"加快残疾人小康进程规划纲要的通知》（云政发〔2016〕106号）	2016年12月26日
15	甘肃	《关于加快推进残疾人小康进程的实施意见》（甘政发〔2015〕80号）	2015年9月8日
16	青海	《关于印发〈关于建立中轻度残疾人城乡居民基本养老和医疗保险补贴制度的实施意见〉的通知》（青民发〔2016〕25号）	2016年3月4日
17	宁夏	《宁夏回族自治区残疾人个体工商户基本养老保险补贴办法》（宁人社发〔2011〕151号）	2011年

残疾人托养服务（是否出台专项政策）

序号	地区	政策法规名称	发文时间
1	北京	《关于印发〈北京市困境家庭服务对象入住社会福利机构补助实施办法〉的通知》（京民福发〔2016〕216号）	2016年5月26日
2	天津	《关于印发〈天津市残疾人托养服务工作实施办法〉的通知》（津残〔2013〕247号）	2013年11月7日

续表

序号	地区	政策法规名称	发文时间
3	河北	《关于印发〈河北省"十三五"残疾人托养服务工作计划〉的通知》	2017年3月13日
4	浙江	《浙江省人民政府办公厅关于进一步健全残疾人康复和托养服务体系的意见》	2015年3月26日
5	福建	《关于印发〈福建省"十三五"残疾人托养服务工作计划〉的通知》	2017年3月9日
6	广东	《关于印发〈广东省残疾人居家托养服务实施办法〉的通知》（粤残联〔2013〕152号）	2013年
7	广西	《关于印发〈广西壮族自治区"十三五"残疾人托养服务工作实施方案〉的通知》（桂残联字〔2017〕15号）	2017年3月10日
8	青海	《关于印发青海省"阳光家园计划"实施方案的通知》（青残联会发〔2010〕88号）	2010年6月3日

残疾人托养服务（是否建立残疾人居家养护补贴制度）

序号	地区	政策法规名称	发文时间
1	北京	《关于贯彻落实〈北京市市民居家养老（助残）服务（"九养"）办法〉的意见》（京民老龄发〔2009〕504号）	2009年11月24日
2	天津	《关于印发〈关于对智力、精神和重度残疾人实行居家托养服务的办法〉的通知》（津残工委办〔2010〕7号）	2010年3月22日
3	河北	《关于印发〈河北省"十三五"残疾人托养服务工作计划〉的通知》	2017年3月13日
4	上海	《关于调整本市残疾人居家养护补贴标准的通知》（沪残联〔2014〕175号）	2014年11月24日
5	福建	《关于印发〈福建省"十三五"残疾人托养服务工作计划〉的通知》	2017年3月9日
6	广东	《关于印发〈广东省残疾人居家托养服务实施方法〉的通知》（粤残联〔2013〕152号）	2013年11月6日
7	陕西	《关于2016年继续为全省残疾人办实事的通知》（陕政办函〔2016〕66号）	2016年3月1日
8	青海	《关于印发青海省"阳光家园计划"实施方案的通知》（青残联会发〔2010〕88号）	2010年6月3日

残疾人托养服务（是否建立残疾人托养服务评估制度）

序号	地区	政策法规名称	发文时间
1	浙江	《浙江省人民政府办公厅关于进一步健全残疾人康复和托养服务体系的意见》	2015年3月26日

残疾人托养服务（是否推进残疾人托养服务机构标准化建设）

序号	地区	政策法规名称	发文时间
1	辽宁	《关于开展全省残疾人托养服务机构标准化建设的通知》（辽残联教就〔2012〕60号）	2012年8月20日
2	宁夏	《宁夏回族自治区残疾人托养机构规范管理暂行办法》（宁残联发〔2014〕130号）	2014年12月3日

残疾人权益保障（是否出台残疾人法律援助专项政策）

序号	地区	政策法规名称	发文时间
1	北京	《关于在工作中维护残疾人合法权益的若干规定（试行）》（京检发〔2007〕70号）	2007年
2	天津	《关于印发〈天津市残疾人法律救助实施办法〉的通知》	2009年2月26日
3	内蒙古	《关于印发〈关于建立残疾人维权联动工作机制的实施意见〉的通知》（内残联发〔2017〕6号）	2017年3月1日
4	江苏	《印发〈关于加强残疾人法律救助工作的意见〉的通知》（苏残发〔2010〕41号）	2010年5月27日
5	浙江	《关于进一步加强残疾人法律援助工作的意见》（浙司〔2012〕97号）	2012年5月21日
6	山东	《关于做好残疾人法律援助工作的意见》（鲁司发通〔1999〕108号）	2000年11月4日
7	广西	《广西壮族自治区残疾人法律救助"十二五"实施方案》	2012年5月10日
8	青海	《关于进一步加强乡（镇、街道）残疾人法律援助工作站建设的意见》（青残联会发〔2010〕91号）	2010年5月19日

残疾人扶贫开发（是否出台专项文件）

序号	地区	政策法规名称	发文时间
1	北京	《转发市民政局等部门和单位关于进一步加强扶助贫困残疾人工作实施意见的通知》（京政办发〔2005〕20号）	2005年4月26日
2	天津	《转发市政府残工委拟定的天津市实施〈农村残疾人扶贫开发纲要（2011—2020年）〉方案的通知》（津政办发〔2012〕110号）	2012年9月24日

续表

序号	地区	政策法规名称	发文时间
3	河北	《关于印发〈河北省贫困残疾人脱贫攻坚行动计划（2017—2020年）〉的通知》	2017年5月26日
4	辽宁	《关于进一步加强扶助贫困残疾人工作意见的通知》（辽政办发〔2005〕6号）	2005年1月24日
5	吉林	《转发省民政厅等部门关于进一步加强扶助贫困残疾人工作实施意见的通知》（吉政办发〔2005〕6号）	2005年2月8日
6	江苏	《省政府办公厅转发省民政厅等部门关于加快推进残疾人就业扶贫工作意见的通知》	2013年1月16日
7	浙江	《关于进一步加强扶助贫困残疾人工作的通知》（浙政办发〔2005〕9号）	2005年2月16日
8	安徽	《关于农村残疾人扶贫开发工作的实施意见》	2012年8月7日
9	福建	《关于印发〈福建省实施〈贫困残疾人脱贫攻坚行动计划（2016—2020年）〉的意见〉的通知》（闽残联教就〔2017〕146号）	2017年8月2日
10	江西	《江西省政府办公厅印发〈关于进一步加强扶助贫困残疾人工作的意见〉》（赣府厅发〔2004〕76号）	2007年10月4日
11	山东	《关于山东省扶残脱贫助力行动的实施意见》（鲁残联发〔2016〕16号）	2016年6月22日
12	河南	《关于印发〈河南省重心下移、强基固本创造残疾人幸福生活行动方案〉的通知》（豫残联（2014）18号）	2014年2月21日
13	湖南	《关于印发〈湖南省农村贫困残疾人脱贫攻坚实施方案（2017—2020年）〉的通知》	2017年11月15日
14	广东	《广东省残疾人联合会关于助力残疾人精准扶贫精准脱贫三年攻坚的实施方案》	2017年10月27日
15	广西	《关于印发广西"十三五"农村贫困残疾人实用技术培训项目实施方案的通知》（桂残联字〔2017〕16号）	2017年3月16日
16	海南	《海南省农村残疾人扶贫开发纲要（2011—2020年）》	2012年9月17日
17	贵州	《贵州省人民政府办公厅转发省民政厅等部门关于进一步加强扶助贫困残疾人工作的意见的通知》	2006年6月19日
18	甘肃	《关于印发甘肃省农村残疾人扶贫开发规划（2011—2020年）的通知》（甘政办发〔2012〕194号）	2012年8月4日
19	青海	《关于印发〈青海省"农村牧区基层党组织助残扶贫工程"实施方案〉的通知》（青残联会发〔2012〕54号）	2012年4月12日

残疾人扶贫开发（是否制定特色产业扶贫计划）

序号	地区	政策法规名称	发文时间
1	河北	《关于印发〈河北省发展手工制作促进贫困残疾妇女就业脱贫行动方案（2017—2020年）〉的通知》（冀残联〔2017〕12号）	2017年7月5日
2	山西	《山西省"十三五"加快残疾人小康进程发展规划》（晋政发〔2016〕68号）	2017年7月6日
3	吉林	《关于印发〈发展手工制作促进贫困残疾妇女就业脱贫行动实施方案〉的通知》（吉残联发〔2018〕42号）	2018年9月14日
4	浙江	《关于实施电商助残计划支持残疾人创业促进就业的意见》（浙商务联发〔2016〕50号）	2016年5月16日
5	安徽	《关于印发〈安徽省发展手工制作促进贫困残疾妇女就业脱贫行动实施方案〉的通知》（皖残联〔2017〕69号）	2017年8月29日
6	福建	《关于印发〈福建省残疾人就业促进"十三五"实施方案〉的通知》（闽残联教发〔2017〕75号）	2017年5月8日
7	山东	《关于开展"千牵万·互联网+残疾人就业创业扶贫行动"的实施意见》（鲁联发〔2016〕18号）	2016年7月27日
8	湖南	《关于在残疾人脱贫攻坚战中实施"农村残疾人阳光增收计划"的通知》（湘残联字〔2017〕16号）	2017年3月20日
9	广东	《关于加快残疾人事业发展的决定》（粤发〔2009〕9号）	2009年4月2日
10	广西	《关于印发广西"十三五"加快残疾人小康进程规划的通知》（桂政发〔2016〕81号）	2016年12月29日
11	云南	《关于印发云南省"十三五"加快残疾人小康进程规划纲要的通知》（云政发〔2016〕106号）	2016年12月26日
12	甘肃	《关于印发甘肃省农村残疾人扶贫开发规划（2011—2020年）的通知》（甘政办发〔2012〕194号）	2012年8月4日

残疾人扶贫开发（是否明确集中安置贫困残疾人就业）

序号	地区	政策法规名称	发文时间
1	北京	《关于印发〈北京市扶持集中安置残疾人就业单位实施意见〉的通知》（京残发〔2012〕48号）	2012年9月12日
2	河北	《关于印发〈河北省贫困残疾人脱贫攻坚行动计划（2017—2020年）〉的通知》	2017年5月26日
3	辽宁	《转发省劳动厅等部门关于进一步做好辽宁省残疾人劳动就业工作意见的通知》（辽政办发〔1999〕69号）	1999年12月27日

续表

序号	地区	政策法规名称	发文时间
4	黑龙江	《转发省劳动厅等部门〈关于进一步加强残疾人劳动就业工作的实施意见〉的通知》（黑政办发〔2005〕13号）	2005年3月4日
5	上海	《关于加快推进本市残疾人事业发展的实施意见》（沪委发〔2009〕10号）	2009年7月8日
6	浙江	《关于印发〈浙江省盲人按摩机构工疗机构及其他集中安置残疾人单位资格认定办法〉的通知》（浙残联教就〔2007〕86号）	2007年11月30日
7	福建	《关于支持集中安置残疾人就业实施办法的通知》（（闽残联教就〔2015〕87号）	2016年7月5日
8	江西	《转发省民政厅等部门关于进一步加强扶助贫困残疾人工作意见的通知》（赣府厅发〔2004〕76号）	2004年12月28日
9	山东	《关于山东省扶残脱贫助力行动的实施意见》（鲁残联发〔2016〕16号）	2016年6月22日
10	湖南	《关于印发〈湖南省残疾人就业扶贫示范基地建设工作方案（2017—2020年）〉的通知》（湘残联字〔2017〕35号）	2017年8月4日
11	广东	《关于进一步落实福利企业扶持政策有关问题的通知》（粤残联〔2005〕110号）	2005年9月12日
12	广西	《关于印发〈广西壮族自治区"阳光助残扶贫基地"管理办法〉的通知》（桂残联字〔2014〕48号）	2014年6月18日
13	重庆	《关于加快推进残疾人小康进程的实施意见》（渝府发〔2015〕58号）	2015年9月16日
14	四川	《贵州省扶持残疾人创业就业办法（试行）》（黔残联发〔2015〕32号）	2015年5月27日
15	西藏	《西藏自治区实施〈残疾人就业条例〉办法》（自治区政府第100号令）	2011年10月25日

无障碍环境建设（是否出台专项规划）

序号	地区	政策法规名称	发文时间
1	山西	《山西省实施〈无障碍环境建设条例〉办法》（省政府令第243号）	2015年9月11日
2	浙江	《关于印发〈浙江省万户残疾人"无障碍设施进家庭"项目实施办法〉的通知》（浙残联康复〔2012〕52号）	2012年7月19日

续表

序号	地区	政策法规名称	发文时间
3	福建	《福建省无障碍设施建设管理暂行规定》（闽政办〔2001〕104号）	2001年5月18日
4	山东	《关于印发〈山东省无障碍环境建设"十三五"实施方案〉的通知》	2017年9月21日
5	湖北	《湖北省无障碍设施建设和管理规定》（省人民政府令第317号）	2008年5月26日
6	广东	《广东省无障碍环境建设"十三五"实施方案》	2017年11月1日
7	广西	《关于印发广西"十三五"无障碍环境建设实施方案的通知》	2016年2月23日
8	甘肃	《甘肃省无障碍建设条例》（甘肃省人民代表大会常务委员会公告第32号）	2010年9月29日
9	青海	《关于印发青海省无障碍设施建设使用管理规定的通知》（青政〔2009〕68号）	2009年12月15日
10	新疆	《关于印发〈自治区无障碍环境建设"十三五"实施方案〉的通知》（新残字〔2017〕11号）	2016年2月17日

无障碍环境建设（是否明确为残疾人家庭无障碍改造提供资金支持）

序号	地区	政策法规名称	发文时间
1	北京	《关于进一步做好残疾人家庭无障碍改造有关问题的通知》（京残发〔2012〕53号）	2012年10月17日
2	天津	《关于落实〈天津市贫困重度残疾人家庭无障碍改造工作实施方案〉的通知》（津残联〔2017〕85号）	2017年7月25日
3	山西	《山西省"十三五"加快残疾人小康进程发展规划》（晋政发〔2016〕68号）	2017年7月6日
4	江苏	《江苏省残疾人保障条例》（江苏省第十一届人民代表大会常务委员会公告第121号）	2012年11月29日
5	浙江	《关于印发〈浙江省万户残疾人"无障碍设施进家庭"项目实施办法〉的通知》（浙残联康复〔2012〕52号）	2012年7月19日
6	福建	《关于印发福建省"十三五"加快残疾人小康进程规划纲要的通知》（闽政〔2016〕56号）	2016年11月23日
7	江西	《关于批转江西省残疾人事业"十二五"发展纲要的通知》（赣府发〔2011〕20号）	2011年7月28日
8	山东	《关于进一步做好贫困重度残疾人家庭无障碍改造工作的通知》（鲁残联发〔2017〕9号）	2017年3月29日

续表

序号	地区	政策法规名称	发文时间
9	河南	《关于印发河南省"十三五"加快残疾人小康进程规划的通知》(豫政办〔2016〕207号)	2016年12月15日
10	湖南	《关于印发〈湖南省2016年度贫困残疾人家庭无障碍改造项目实施方案〉的通知》	2016年2月23日
11	广东	《关于加快推进残疾人小康进程的实施意见》(粤府〔2015〕121号)	2015年12月7日
12	广西	《关于印发广西"十三五"无障碍环境建设实施方案的通知》	2016年2月23日
13	重庆	《关于印发〈2017年全市残疾人工作要点〉的通知》	2017年3月8日
14	四川	《关于加快推进残疾人小康进程的实施意见》(川府发〔2016〕6号)	2016年1月22日
15	青海	《关于进一步加快推进残疾人小康进程的实施意见》(青政〔2015〕77号)	2015年9月6日
16	新疆	《关于印发〈自治区无障碍环境建设"十三五"实施方案〉的通知》(新残字〔2017〕11号)	2016年2月17日

无障碍环境建设(是否明确开通无障碍网站、手语、盲文等相关政策)

序号	地区	政策法规名称	发文时间
1	天津	《天津市"十三五"加快残疾人小康进程规划纲要的通知》(津政办发〔2016〕106号)	2016年12月20日
2	河北	《关于印发河北省残疾人事业发展"十三五"规划(2016—2020年)的通知》	2017年1月3日
3	辽宁	《关于印发〈辽宁省残疾人事业信息化建设"十一五"实施方案〉的通知》(辽残联〔2007〕8号)	2007年2月2日
4	吉林	《关于印发吉林省"十三五"加快残疾人小康进程规划纲要的通知》	2016年12月20日
5	上海	《关于印发〈2016年上海市残疾人工作主要安排〉的通知》	2016年1月8日
6	江苏	《江苏省残疾人保障条例》(江苏省第十一届人民代表大会常务委员会公告第121号)	2012年11月29日
7	浙江	《关于加快推进残疾人全面小康进程的实施意见》(浙政发〔2015〕50号)	2015年12月31日
8	安徽	《关于加快推进残疾人社会保障体系和服务体系建设的实施意见》(皖办发〔2011〕2号)	2011年1月21日

续表

序号	地区	政策法规名称	发文时间
9	福建	《关于印发福建省"十三五"加快残疾人小康进程规划纲要的通知》(闽政〔2016〕56号)	2016年11月23日
10	江西	《关于批转江西省残疾人事业"十二五"发展纲要的通知》(赣府发〔2011〕20号)	2011年7月28日
11	山东	《关于印发〈山东省无障碍环境建设"十三五"实施方案〉的通知》	2017年9月21日
12	河南	《关于印发河南省"十三五"加快残疾人小康进程规划的通知》(豫政办〔2016〕207号)	2016年12月15日
13	湖北	《关于举办湖北省聋协第二期国家通用手语培训班的通知》(鄂残联办函〔2017〕15号)	2017年3月30日
14	广东	《关于加快推进残疾人小康进程的实施意见》(粤府〔2015〕121号)	2015年12月7日
15	广西	《关于印发〈广西残疾人文化体育工作"十三五"实施方案〉的通知》(桂残联字〔2017〕40号)	2017年5月26日
16	四川	《关于加快推进残疾人小康进程的实施意见》(川府发〔2016〕6号)	2016年1月22日
17	贵州	《转发省残联等部门和单位关于加快推进残疾人社会保障体系和服务体系建设实施意见的通知》(黔府办发〔2012〕55号)	2012年11月17日
18	云南	《关于印发云南省"十三五"加快残疾人小康进程规划纲要的通知》(云政发〔2016〕106号)	2016年12月26日
19	青海	《关于进一步加强残疾人文化建设的实施意见》(青残联会发〔2012〕92号)	2012年7月25日

无障碍环境建设(是否明确开通无障碍网站、手语、盲文等相关政策)

序号	地区	政策法规名称	发文时间
1	北京	《关于试行对肢体一二级残疾人乘坐无障碍出租车给予补贴的通知》(京残发〔2016〕87号)	2016年12月29日

政府购买服务工作推进(是否出台专项政策)

序号	地区	政策法规名称	发文时间
1	北京	《关于印发〈北京市购买社会力量兴办残疾人服务机构(组织)服务暂行办法〉的通知》	2013年6月19日
2	内蒙古	《关于印发〈政府购买残疾人服务试点工作实施方案〉的通知》(残联厅发〔2014〕47号)	2014年9月3日

续表

序号	地区	政策法规名称	发文时间
3	浙江	《关于推进政府购买残疾人服务工作的实施意见》（浙财社〔2016〕41号）	2016年5月20日
4	安徽	《关于开展政府购买残疾儿童康复训练等服务的通知》（皖残联〔2014〕52号）	2014年7月10日
5	重庆	《关于印发〈重庆市政府购买残疾人服务暂行办法〉的通知》（渝残联发〔2015〕68号）	2015年5月4日
6	贵州	《关于印发〈贵州省残疾人联合会实施政府向社会力量购买残疾人服务暂行办法〉的通知》（黔残发〔2015〕21号）	2015年3月30日

政府购买服务工作推进（是否制定落地方案）

序号	地区	政策法规名称	发文时间
1	河北	《河北省政府购买残疾人服务试点工作实施方案》	
2	辽宁	《辽宁省残联政府购买残疾人服务试点工作实施方案》（辽财综〔2016〕163号）	2016年3月14日
3	上海	《上海市关于政府购买助残服务的实施意见（试行）》	2016年
4	江苏	关于印发政府购买残疾人服务试点工作实施办法的通知	2015年1月4日
5	浙江	《浙江省关于推进向社会力量购买残疾人服务工作的实施意见》	
6	安徽	《关于开展政府购买残疾儿童康复训练等服务的通知》（皖残联〔2014〕52号）	2014年7月10日
7	福建	《福建省残疾人联合会政府购买残疾人服务试点工作实施方案》	
8	江西	《政府购买残疾人间照料服务试点工作实施方案》（赣残联字〔2018〕69号）	2018年5月12日
9	山东	《关于做好政府购买残疾人服务试点工作的意见》	2014年8月21日
10	湖北	《关于向社会力量购买智力残疾儿童康复服务有关工作的通知》	2015年1月15日
11	湖南	《政府购买智力残疾儿童康复服务试点方案》	2015年3月24日
12	重庆	《关于印发〈重庆市政府购买残疾人服务暂行办法〉的通知》（渝残联发〔2015〕68号）	2015年5月4日
13	四川	《关于向社会力量购买残疾人康复服务的意见》	2015年4月14日

续表

序号	地区	政策法规名称	发文时间
14	贵州	《关于印发〈贵州省残疾人联合会实施政府向社会力量购买残疾人服务暂行办法〉的通知》（黔残联发〔2015〕21号）	2015年3月30日
15	西藏	《西藏自治区人民政府办公厅关于政府向社会力量购买服务的实施意见》	2015年2月10日
16	青海	《政府向社会力量购买残疾人服务实施办法》	2014年
17	宁夏	《宁夏回族自治区政府购买残疾人服务试点工作实施办法》	
18	新疆	《关于印发〈政府购买残疾人服务试点工作实施方案〉的通知》（残联厅发〔2014〕47号）	2014年9月3日

政府购买服务工作推进（是否扩大项目范围）

序号	地区	政策法规名称	发文时间
1	吉林	《关于印发吉林省"十三五"加快残疾人小康进程规划纲要的通知》	2016年12月20日
2	安徽	《关于开展政府购买残疾儿童康复训练等服务的通知》（皖残联〔2014〕52号）	2014年7月10日

政府购买服务工作推进（是否出台绩效评估制度）

序号	地区	政策法规名称	发文时间
1	北京	《关于印发〈北京市残疾人职业康复劳动项目绩效考核暂行办法〉的通知》（京残发〔2012〕65号）	2012年11月29日
2	湖南	《关于印发〈2017年度全省残疾人康复工作绩效考核方案〉的通知》（湘残康字〔2017〕9号）	2017年5月19日

辅助器具推广和服务（是否出台专项政策）

序号	地区	政策法规名称	发文时间
1	北京	《关于印发〈北京市残疾人辅助器具服务管理办法（试行）〉实施细则的通知》（京残发〔2016〕60号）	2016年8月25日
2	天津	《天津市辅助器具配发规范化管理制度》	
3	山西	《关于加快发展康复辅助器具产业的实施意见》（晋政办发〔2017〕144号）	2017年11月15日
4	辽宁	关于印发《〈残疾人辅助器具供应服务"十一五"实施方案〉实施办法》的通知（辽康复办〔2007〕11号）	2007年2月27日

续表

序号	地区	政策法规名称	发文时间
5	吉林	《关于印发〈吉林省残疾军人康复辅助器具配置实施细则〉的通知（吉民发〔2017〕2号）》	2017年1月3日
6	黑龙江	《关于印发〈黑龙江省辅助器具推广和服务"十三五"实施方案〉的通知》（黑残联字〔2017〕17号）	2017年10月30日
7	福建	《关于印发〈福建省辅助器具推广和服务"十三五"实施方案〉的通知》（闽残联康复〔2017〕48号）	2017年3月24日
8	湖北	《2016年湖北省贫困残疾人假肢装配项目实施办法》	2016年5月23日
9	广东	《关于印发加快发展康复辅助器具产业实施方案的通知》（粤民发〔2017〕147号）	2017年7月21日
10	广西	《关于印发〈广西辅助器具推广和服务"十三五"实施方案〉的通知》（桂残联字〔2017〕13号）	2017年2月21日
11	云南	《关于加快发展康复辅助器具产业的实施意见》（云政发〔2017〕15号）	2017年3月17日
12	青海	《青海省人民政府办公厅关于加快发展康复辅助器具产业的实施意见》	2017年8月3日

辅助器具推广和服务（是否建立残疾人辅助器具适配补贴制度）

序号	地区	政策法规名称	发文时间
1	北京	《关于印发〈北京市残疾人辅助器具服务管理办法（试行）〉实施细则的通知》（京残发〔2016〕60号）	2016年8月25日
2	天津	《"十二五"天津市彩票公益金低视力残疾人助视器适配项目实施细则》	2015年7月13日
3	吉林	《关于印发吉林省"十三五"加快残疾人小康进程规划纲要的通知》	2016年12月20日
4	安徽	《关于印发〈2014年全省残疾人康复工作要点〉的通知》（皖康复办〔2014〕2号）	2014年1月26日
5	福建	《关于印发〈福建省残疾人基本型辅助器具适配补贴实施办法〉的通知》（闽残联康复〔2017〕9号）	2017年1月24日
6	山东	《关于山东省扶残脱贫助力行动的实施意见》（鲁残联发〔2016〕16号）	2016年6月22日
7	河南	《关于印发河南省"十三五"加快残疾人小康进程规划的通知》（豫政办〔2016〕207号）	2016年12月15日
8	湖南	《关于加快推进残疾人小康进程的实施意见》（湘政发〔2015〕52号）	2015年12月31日

续表

序号	地区	政策法规名称	发文时间
9	广东	《关于加快推进残疾人小康进程的实施意见》（粤府〔2015〕121号）	2015年12月7日
10	广西	《关于印发广西"十三五"加快残疾人小康进程规划的通知》（桂政发〔2016〕81号）	2016年12月29日
11	贵州	《贵州省残疾人事业"十二五"发展纲要（2011—2015年）》	2011年11月21日
12	云南	《云南省残疾人事业"十二五"发展纲要》（云政发〔2011〕238号）	2011年11月24日
13	西藏	《西藏自治区"十二五"时期残疾人事业发展纲要》	2011年12月1日
14	陕西	《关于2016年继续为全省残疾人办实事的通知》（陕政办函〔2016〕66号）	2016年3月1日
15	青海	《关于印发〈青海省政府购买残疾人辅助器具精准适配服务实施办法〉的通知》（青残联会发〔2017〕57号）	2017年5月11日
16	新疆	《关于印发〈新疆维吾尔自治区残疾人事业"十三五"发展规划〉的通知》（新政发〔2017〕13号）	2017年1月23日

辅助器具推广和服务（是否出台残疾人辅助器具生产资格认证标准）

序号	地区	政策法规名称	发文时间
1	北京	《关于印发〈北京市民政局假肢和矫形器（辅助器具）生产装配企业资格认定办法〉的通知》	2006年12月27日

辅助器具推广和服务（是否明确将基本治疗型康复辅具纳入医保支付范围）

序号	地区	政策法规名称	发文时间
1	北京	《关于印发〈北京市残疾预防行动计划（2017—2020年）〉的通知》（京残工委〔2017〕6号）	2017年5月19日
2	山西	《山西省"十三五"加快残疾人小康进程发展规划》（晋政发〔2016〕68号）	2017年7月6日
3	福建	关于印发《福建省实施〈贫困残疾人脱贫攻坚行动计划（2016—2020年）〉的意见》的通知（闽残联教就〔2017〕146号）	2017年8月2日
4	湖南	《关于加快推进残疾人小康进程的实施意见》（湘政发〔2015〕52号）	2015年12月31日
5	云南	《关于加快发展康复辅助器具产业的实施意见》（云政发〔2017〕15号）	2017年3月17日

辅助器具推广和服务（是否明确为残疾人辅助器具生产企业提供资金支持）

序号	地区	政策法规名称	发文时间
1	辽宁	《关于印发〈残疾人辅助器具供应服务"十一五"实施方案〉的通知》（辽残联〔2006〕53号）	2006年12月29日
2	福建	《关于印发〈福建省辅助器具推广和服务"十三五"实施方案〉的通知》（闽残联康复〔2017〕48号）	2017年3月24日
3	河南	《关于印发河南省"十三五"加快残疾人小康进程规划的通知》（豫政办〔2016〕207号）	2016年12月15日
4	陕西	《关于2016年继续为全省残疾人办实事的通知》（陕政办函〔2016〕66号）	2016年3月1日
5	青海	《青海省人民政府办公厅关于加快发展康复辅助器具产业的实施意见》	2017年8月3日

残疾人文化事业发展（是否出台专项政策）

序号	地区	政策法规名称	发文时间
1	北京	《关于加强残疾人文化建设的实施意见》（京残发〔2013〕10号）	2013年1月22日
2	天津	《关于印发〈天津市残疾人事业宣传文化工作"十二五"实施方案〉的通知》	2015年7月13日
3	上海	《关于推进本市残疾人文化建设的实施意见》（沪残联〔2013〕100号）	2013年8月10日
4	江苏	《关于加强残疾人文化建设的意见》（苏残发〔2013〕28号）	2013年4月3日
5	浙江	《关于加强残疾人文化建设的实施意见》（浙残联宣文〔2014〕48号）	2014年12月30日
6	福建	《关于印发〈福建省残疾人文化体育工作"十三五"实施方案〉的通知》（闽残联宣文〔2017〕82号）	2017年4月27日
7	山东	《关于加强残疾人文化工作的意见》（鲁残联发〔2012〕9号）	2012年3月19日
8	河南	《关于加强河南省残疾人文化建设的实施意见》（豫残联发〔2012〕240号）	2012年11月6日
9	广西	《关于印发〈广西残疾人文化体育工作"十三五"实施方案〉的通知》（桂残联字〔2017〕40号）	2017年5月26日
10	青海	《关于进一步加强残疾人文化建设的实施意见》（青残联会发〔2012〕92号）	2012年7月25日

残疾人文化事业发展（是否明确为残疾人提供基本的均等化文化服务）

序号	地区	政策法规名称	发文时间
1	北京	《关于北京市173家A级旅游景区全部对残疾人免收门票的通知》（京旅发〔2009〕25号）	2009年7月2日
2	天津	《天津市"十三五"加快残疾人小康进程规划纲要的通知》（津政办发〔2016〕106号）	2016年12月20日
3	河北	《关于印发河北省残疾人事业发展"十三五"规划（2016—2020年）的通知》	2017年1月3日
4	山西	《转发省残联等部门关于加快推进残疾人社会保障体系和服务体系建设实施意见的通知》（晋政办发〔2011〕87号）	2011年11月4日
5	辽宁	《辽宁省残疾人事业"十二五"发展纲要（2011—2015年）》	2012年2月22日
6	吉林	《关于印发吉林省"十三五"加快残疾人小康进程规划纲要的通知》	2016年12月20日
7	上海	《关于推进本市残疾人文化建设的实施意见》（沪残联〔2013〕100号）	2013年8月10日
8	江苏	《江苏省残疾人保障条例》（江苏省第十一届人民代表大会常务委员会公告第121号）	2012年11月29日
9	浙江	《关于加快推进残疾人全面小康进程的实施意见》（浙政发〔2015〕50号）	2015年12月31日
10	安徽	《关于加快推进残疾人社会保障体系和服务体系建设的实施意见》（皖办发〔2011〕2号）	2011年1月21日
11	福建	《关于印发〈福建省残疾人文化体育工作"十三五"实施方案〉的通知》（闽残联宣文〔2017〕82号）	2017年4月27日
12	江西	《关于做好博物馆、对外开放的文物保护单位向残疾退役人员和优抚对象免费开放工作的通知》	2017年6月2日
13	山东	《山东省实施〈中华人民共和国残疾人保障法〉办法》	2012年5月31日
14	河南	《关于印发河南省"十三五"加快残疾人小康进程规划的通知》（豫政办〔2016〕207号）	2016年12月15日
15	湖南	《湖南省残疾人扶助办法》（湖南省人民政府令第233号）	2008年11月20日
16	广东	《关于加快推进残疾人小康进程的实施意见》（粤府〔2015〕121号）	2015年12月7日
17	广西	《关于印发〈广西残疾人文化体育工作"十三五"实施方案〉的通知》（桂残联字〔2017〕40号）	2017年5月26日

续表

序号	地区	政策法规名称	发文时间
18	海南	《海南省实施〈中华人民共和国残疾人保障法〉办法》（海南省人民代表大会常务委员会公告第73号）	2016年7月29日
19	重庆	《关于印发〈2017年全市残疾人工作要点〉的通知》	2017年3月8日
20	四川	《四川省〈中华人民共和国残疾人保障法〉实施办法》（四川省第十一届人民代表大会常务委员会公告第74号）	2012年7月27日
21	贵州	《贵州省残疾人保障条例》	2014年7月1日
22	云南	《关于印发云南省"十三五"加快残疾人小康进程规划纲要的通知》（云政发〔2016〕106号）	2016年12月26日
23	西藏	《西藏自治区"十二五"时期残疾人事业发展纲要》	2011年12月1日
24	青海	《关于进一步加快推进残疾人小康进程的实施意见》（青政〔2015〕77号）	2015年9月6日
25	新疆	《新疆维吾尔自治区实施〈中华人民共和国残疾人保障法〉办法》（新疆维吾尔自治区第十一届人民代表大会常务委员会公告第49号）	2012年3月28日

残疾人公益事业发展（是否建立残疾人社会组织评估标准）

序号	地区	政策法规名称	发文时间
1	北京	《关于印发北京市残疾人社会组织评估标准的通知》（京残发〔2012〕49号）	2012年9月18日

残疾人公益事业发展（是否出台促进基层残疾人组织建设政策）

序号	地区	政策法规名称	发文时间
1	北京	《关于进一步加强和规范基层残疾人组织建设的实施意见》（京残发〔2010〕55号）	2010年7月1日
2	辽宁	《转发〈关于进一步加强基层残疾人组织建设的意见〉的通知》（辽残工委〔2005〕8号）	2007年6月18日
3	浙江	《关于进一步加强和规范我省基层残疾人组织建设的实施意见》（浙残联组人〔2011〕14号）	2011年3月1日
4	江西	《关于进一步加强基层残疾人组织规范化建设的实施意见》	2010年5月25日

续表

序号	地区	政策法规名称	发文时间
5	山东	《关于进一步加强和规范全省基层残疾人组织建设的实施意见》	2010年12月7日
6	湖南	《关于做好2017年全省残疾人组织建设"强基育人"工程有关工作的通知》	2017年7月18日
7	广东	《关于进一步加强和规范基层残疾人组织建设的意见》（桂残联字〔2010〕31号）	2010年6月8日
8	青海	《关于进一步加强基层残疾人组织规范化建设的意见》（青残联会发〔2010〕114号）	2010年7月15日

残疾人公益事业发展（是否明确建立残疾人行业组织信用体系）

序号	地区	政策法规名称	发文时间
1	北京	《关于印发〈北京市残疾人社会组织行业自律公约（试行）〉的通知》（京残发〔2012〕67号）	2012年11月30日

残疾人事业信息化建设（是否出台专项规划）

序号	地区	政策法规名称	发文时间
1	天津	《关于印发〈天津市残疾人事业信息化和统计"十二五"实施方案〉的通知》	
2	浙江	《关于印发〈浙江省残疾人事业信息化和统计监测"十二五"实施方案〉的通知》（浙残联计财〔2013〕71号）	2013年10月15日
3	山东	《关于做好残疾人基本服务状况和需求信息数据动态更新工作的实施意见》（鲁残联发〔2016〕12号）	2016年6月20日
4	湖北	《关于开展湖北省残疾人基本服务状况和需求信息数据动态更新工作省级试点培训的通知》（鄂残联办函〔2016〕16号）	2016年6月30日
5	湖南	《关于印发〈湖南省残疾人基本服务状况和需求信息数据动态更新工作省级试点细则〉的通知》（湘残办字〔2017〕13号）	2017年4月27日
6	广西	《关于印发〈广西残疾人事业信息化建设"十三五"实施方案〉的通知》（桂残联字〔2017〕24号）	2017年5月5日

残疾人事业信息化建设（是否明确建立基础信息数据系统）

序号	地区	政策法规名称	发文时间
1	浙江	《关于印发〈浙江省残疾人事业信息化和统计监测"十二五"实施方案〉的通知》（浙残联计财〔2013〕71号）	2013年10月15日
2	安徽	《关于加快推进残疾人社会保障体系和服务体系建设的实施意见》（皖办发〔2011〕2号）	2011年1月21日
3	江西	《江西省残联关于做好2017年残疾人基本服务状况和需求信息数据动态更新工作的通知》	2017年5月19日
4	山东	《关于做好残疾人基本服务状况和需求信息数据动态更新工作的实施意见》（鲁残联发〔2016〕12号）	2016年6月20日
5	湖南	《关于印发〈湖南省残疾人基本服务状况和需求信息数据动态更新工作省级试点细则〉的通知》（湘残办字〔2017〕13号）	2017年4月27日
6	广西	《关于印发〈广西残疾人事业信息化和统计"十二五"实施方案〉的通知》（桂残联字〔2012〕21号）	2012年3月29日
7	四川	《关于转发〈省残联关于深化改革推进"量体裁衣"式残疾人服务健全残疾人"两个体系"的实施方案〉的通知》（川委厅〔2015〕7号）	2015年3月25日
8	贵州	《关于印发〈2017年全省残疾人基本服务状况和需求信息数据动态更新工作方案〉的通知》（黔残工委办发〔2017〕6号）	2017年5月9日

残疾人社会福利机构和设施建设（是否明确为残疾人服务机构建设提供资金支持）

序号	地区	政策法规名称	发文时间
1	北京	《关于进一步加强残疾人温馨家园建设意见的通知》（京政办发〔2008〕7号）	2008年2月6日
2	天津	《关于印发〈关于对智力、精神和重度残疾人实行集中托养服务的实施办法〉的通知》（津残工委办〔2010〕7号）	2015年7月13日
3	河北	《关于印发〈河北省"十三五"残疾人托养服务工作计划〉的通知》	2017年3月13日
4	吉林	《吉林省残疾人社会保障工作三年推进计划（2010—2012年）》（吉残联发〔2009〕88号）	2009年9月18日
5	上海	《关于完善阳光职业康复援助基地相关经费补贴的通知》（沪残联〔2014〕85号）	2014年5月23日

续表

序号	地区	政策法规名称	发文时间
6	浙江	《浙江省人民政府办公厅关于进一步健全残疾人康复和托养服务体系的意见》	2015年3月26日
7	福建	《关于印发福建省"十三五"加快残疾人小康进程规划纲要的通知》(闽政〔2016〕56号)	2016年11月23日
8	山东	《关于山东省扶残脱贫助力行动的实施意见》(鲁残联发〔2016〕16号)	2016年6月22日
9	河南	《关于印发〈河南省重心下移、强基固本创造残疾人幸福生活行动方案〉的通知》(豫残联〔2014〕18号)	2014年2月21日
10	四川	《关于批转四川省残疾人事业"十二五"发展纲要的通知》(川府发〔2011〕49号)	2011年12月28日
11	陕西	《关于2016年继续为全省残疾人办实事的通知》(陕政办函〔2016〕66号)	2016年3月1日
12	青海	《关于印发青海省"阳光家园计划"实施方案的通知》(青残联会发〔2010〕88号)	2010年6月3日

残疾人社会福利机构和设施建设(是否为低保家庭残疾人入住社会福利机构提供补贴)

序号	地区	政策法规名称	发文时间
1	北京	《关于印发〈北京市困境家庭服务对象入住社会福利机构补助实施办法〉的通知》(京民福发〔2016〕216号)	2016年5月26日

参考文献
References

[1] 中华人民共和国民政部.2018年中国民政统计年鉴.北京：中国统计出版社，2018

[2] 中华人民共和国国家统计局.2018中国统计摘要.北京：中国统计出版社，2018

[3] 国家卫生健康委员会.2018中国卫生健康统计年鉴.北京：中国协和医科大学出版社，2018

[4] 国家统计局社会科技和文化产业司.2018中国社会统计年鉴.北京：中国统计出版社，2018

[5] 中国残疾人联合会.2018中国残疾人事业统计年鉴.北京：中国统计出版社，2018

[6] 杨团.中国慈善发展报告（2018）.北京：社会科学文献出版社，2018

[7] 国务院关于印发"十三五"加快残疾人小康进程规划纲要的通知（国发〔2016〕47号）

[8] 2017年中国残疾人事业发展统计公报（残联发〔2018〕24号）

[9] 贫困残疾人脱贫攻坚行动计划（2016—2020年）

后记
Postscript

中国社会政策进步指数由北京师范大学中国公益研究院自主研发，运用指数工具，对全国31个省级行政区（不含港澳台）的慈善、老年人、儿童、残疾人等四个关键的社会政策领域的发展状况进行综合评价，以推动社会政策的不断创新、进步。《中国社会政策进步指数报告（2019）》是继2016年、2018年出版中国社会政策进步指数报告之后的第三次出版的最新研究成果。

本报告经过策划与定位、思路和原则确定、指标的采集与论证筛选、数据采集、指标赋权、测算工具选择与数据处理、数据校核、研究报告撰写、多轮内审与改稿、编辑出版等系列流程，历时一年，倾注指数研究团队诸多心血。

本报告各部分撰稿人为：序言——王振耀；第一章——贾龙慧子；第二章——隋欣颖；第三章——成绯绯、柴宇阳；第四章——王淑清；第五章——成绯绯、柴宇阳。隋欣颖、成绯绯、柴宇阳、张柳、王淑清负责指标的设计、数据的搜集与核对、附件的整理。贾龙慧子负责测算与统稿。高玉荣、李坤、程芬、李洁和高云霞参与指数设计。王振耀、高华俊和柳永法对指标体系进行确定，对报告进行审定。李静和张栋负责指数的传播工作。

研究助理王一帆、于畅、张玉函、金姗姗、蔡彦洵、马昌明皓、戴权益、葛雨蒙、张可天、王艺洁、王硕果协助开展指数的数据搜集、数据录入、数据校对、表格制作、报告的文字校对等工作。

中国残联残疾人事业发展研究中心副研究员冯善伟等专家，在指标的设计及数据来源等方面提供了宝贵意见，在此特别感谢。

感谢中国医药卫生事业发展基金会和中国红十字基金会对本书"中国老年人政策进步指数"的撰写给予的资助。

感谢联合国儿童基金会对"中国儿童政策进步指数"的赞助。

感谢中国发展出版社的编辑。

由于数据获取的限制，本指数报告难免存在偏误与不足，敬请读者指正。

北京师范大学中国公益研究院

2019 年 6 月